W0046216

HEYNE
BÜCHER

Tip des Monats

In derselben Reihe
erschienen außerdem als Heyne-Taschenbücher:

Dean Koontz

DREI UNGEKÜRZTE THRILLER

Der Maya-Fries
Schlüssel zum Jenseits
Auf Tauchstation

WILHELM HEYNE VERLAG
MÜNCHEN

HEYNE TIP DES MONATS
Nr. 23/119

Inhaltsverzeichnis

Der Maya-Fries

DIE HAUPTPERSONEN

MIKE TUCKER hat einen ungewöhnlichen Weg gefunden, eine temporäre Finanzmisere zu überbrücken.

JIMMY SHIRILLO geht eine Geschäftsverbindung ein, die sich stürmischer entwickelt als erwartet.

GEORGE KNIGHT ist gleichfalls beteiligt und bringt außer den nötigen Charaktereigenschaften noch eine Yacht in das Unternehmen ein.

ALVARO POZOS macht eine lukrative Bekanntschaft.

GENERAL FRANCISCO LÓPEZ GARRIDO schätzt es ganz und gar nicht, übergangen zu werden.

MASON HOLSTRETH überschätzt die Geldgier eines Lateinamerikaners.

HECTOR MONTOYA tätigt Geschäfte auf eigene Rechnung.

ELISE RAMSAY macht sich Gedanken.

1

Im Jahre 1519 landete Hernán Cortés in Veracruz in Mexiko. Er hatte eine spanische Armee unter seinem Kommando. Als aber Michael Tucker am Montag, den 2. September, 455 Jahre danach, dort eintraf, hatte er nicht einmal eine Handfeuerwaffe. Wie gern hätte er sie gehabt! Bei seiner Art von Beruf konnte alles schiefgehen – würde es auch vermutlich. Ein Unternehmen konnte schon fehlschlagen, ehe es überhaupt angelaufen war. Und wenn das geschah, war ein Revolver oft die einzige Verhandlungsbasis, die Tucker wieder heil nach Hause bringen konnte. Aber er war mit einer internationalen Linie nach Veracruz geflogen, deren Maschinen vom Interkontinentalen Flughafen Houston starteten, und neuerdings waren die Sicherheitsmaßnahmen aller US-Fluglinien strenger als die einer renommierten Schweizer Bank. Aus diesem Grunde kam er nicht wie ein Konquistador, sondern wie jeder andere Tourist.

Der Taxifahrer, den er vor dem Flughafengebäude anheuerte, war ein junger Mexikaner mit zerzauster schwarzer Mähne, glitzernden schwarzen Augen und langen, herabhängenden Schnurrbartenden. Er stellte sich als Alvaro Pozos vor. Im Gegensatz zu vielen Mexikanern, die empfindlich auf herablassende Amerikaner reagierten, war Alvaro weder mürrisch noch unverschämt. Er ging mit Tucker um wie ein Chauffeur, der sich um seinen reichen Chef bemüht. Als er Tuckers zwei Koffer auf dem mit Maschendraht gesicherten Dachgepäckträger des fünf Jahre alten Fords verstaut hatte, rutschte Alvaro auf den Fahrersitz, schloß die Tür, drehte sich zur Rückbank um und lächelte Tucker strahlend an.

»*Buenas tardes, señor.*«

»*Buenas tardes.*«

»*A dónde va usted?*«

»*Emporio Hotel.*«

»Oh«, sagte Alvaro ehrfürchtig. Er war offensichtlich über das Ziel erfreut. Vermutlich gab jemand, der im *Emporio* wohnte, wenigstens angemessene, wenn nicht gar, nach hiesigen Verhältnissen, üppige Trinkgelder. Alvaro schien zu glauben, daß ein Gast des *Emporio* in dringenden, um Leben oder Tod gehenden Geschäften in Veracruz sein müsse oder daß vom Trinkgeld für jede verschwendete Sekunde ein Prozent abgezogen würde, denn er ließ dementsprechend den Gang kommen und trat aufs Gaspedal. Die Reifen kreischten. Der Wagen sprang vorwärts und schoß wie eine Mondrakete von der Startrampe die Zufahrtsstraße des Flughafens entlang. Tucker wurde gegen das Rückenpolster gedrückt.

Der Motor heulte wie mehrere Kreissägen, die sich durch einen Eisenholzbaum fraßen.

Mit 70 Stundenmeilen nahmen sie eine scharfe Kurve und fegten auf die Hauptstraße. Der Ford schlingerte wie eine Shuffleboard-Scheibe. An der Seite zum Straßenrand begleitete sie ein Kieshagel. Alvaro drückte auf den Hupenring, als wolle er ihn von der Steuersäule brechen; die entgegenkommenden Autos machten ihnen Platz.

Alvaro überholte rasant jedes vor ihnen einhertrödelnde Fahrzeug. Wenn die linke Fahrbahn wegen des sich in Richtung Flugplatz bewegenden Autostroms verstopft war, nahm er den rechten Straßenrand. Angst kannte er nicht. Als er zum fünften- oder sechstenmal nach rechts ausscherte, um es mit einem schwerfälligen Linienbus aufzunehmen, hätte er um ein Haar eine alte Frau angefahren, die auf dem geschotterten Rand auf einem mit Körben beladenen Esel ritt. Er stieß einen Fluch aus, brachte den Wagen wieder auf die Straße zurück und kam so nahe an den Bus heran, daß er den Ford beinahe als Schälmesser hätte benützen können, um mit ihm die Chromschicht an der Stoßstange des größeren Fahrzeugs abzupellen.

»Fahren Sie nicht so schnell!« brüllte Tucker.

Alvaro trat aufs Gas und schoß neben den Bus.

Tucker übertrug den Befehl sofort ins Spanische. »*Maneje más despacio!*« In der Vergangenheit hatte er schon oft Auseinandersetzungen mit allen Arten von schwerbewaffneten Gegnern gehabt: mit korrupten Bullen, ehrlichen und pflichtbewußten Polizisten, hinterhältigen Partnern, die die Beute für sich behalten wollten … Michael Tucker war von Beruf Dieb, ein Meister seines Fachs, der die Risiken des Handwerks einkalkulierte. Er war bedroht worden und geschlagen; man hatte auf ihn geschossen und sogar mehr als einmal auf ihn eingestochen. Zu seinen Feinden gehörten so unterschiedliche Widersacher wie die Mafia und ein auf den Mann dressierter Hund. Nie aber hatte ihm jemand soviel Angst eingejagt wie Alvaro Pozos. Tucker brach in Schweiß aus. »*Maneje más despacio!*«

Ohne das Tempo zu vermindern, drehte sich Alvaro halb auf dem Sitz herum und nickte ihm heftig zu. »Sie müssen nicht spanisch sprechen. Ich kann Englisch.«

»Achtung! Passen Sie auf!« Tucker klammerte sich in Erwartung einer wüsten Karambolage am Sitz fest.

Alvaro warf einen Blick auf die Straße. Er riß das Lenkrad hart nach rechts, steuerte den verbeulten Ford unmittelbar vor den Bus und verfehlte nur um Haaresbreite einen entgegenkommenden, mit Gemüse beladenen Lastwagen.

Tucker seufzte vor Erleichterung auf.

Sein Fahrer grinste ihm im Rückspiegel zu. Er schwitzte kein bißchen. »Ich kann das Englische.«

»Dann *fahren* Sie *langsamer!*«

»Meine Fahrgäste brauchen nie zu spät kommen«, brüstete sich Alvaro.

»Aber ich habe nichts, wozu ich zu spät kommen könnte.«

Alvaro blieb eisern. »Vielleicht. Aber ich habe noch mehr Fahrten, Señor. Ich muß das Leben verdienen. Zeit, wie Sie sagen, ist vielleicht Geld.«

»Ich zahle den doppelten Preis«, rief Tucker, als sie schon wieder ansetzten, ein Auto zu überholen, obwohl der Platz für das Manöver bei weitem nicht ausreichte. »Lassen Sie sich Zeit für den doppelten Fahrpreis.«

»Beruhigen Sie sich, Señor. Ich kann Sie doch nicht so betrügen. Und ich habe mir noch nie einen Unfall geleistet.« Er beschleunigte, bis der Ford rüttelte und schüttelte wie ein Karussellauto.

»Alvaro …«

»Nur noch einige Minuten!«

Am Ende begriff Tucker, daß Alvaro Pozos nicht deshalb so

raste, um während seiner Arbeitszeit mehr Fahrten erledigen zu können, und auch nicht, um seine Kunden zufriedenzustellen, die, wie er glaubte, wegen dringender Geschäfte in die City eilen müßten. Nein, Alvaro raste einfach nur deswegen, weil es ihm Spaß machte zu rasen. Er genoß es, mit dem Ford so umzugehen, als wäre er ein Rennwagen. Wenn sich seine Fahrgäste beschwerten – wie soeben Tucker –, dann hatte Alvaro Dutzende von Ausreden für seine Verwegenheit parat. Bis ihm nichts mehr einfiel, war die Fahrt sicherlich zu Ende und der Disput nur noch theoretisch.

»Okay«, sagte Tucker und wechselte resigniert die Front. »Schneller. Viel schneller. *Velocidad máximo!*«

Mit abwechselndem Hupengeheul und Bremsengekreisch, mit Motorenlärm, der sich wie mehrere Preßlufthammer anhörte, die einen Gehsteig demolierten, und mit dem durch das offene Seitenfenster dröhnenden warmen Wind rasten sie dem Herzen von Veracruz entgegen. Sie kamen sehr viel schneller – allerdings auch viel weniger würdevoll – als Hernán Cortés und seine Konquistadoren.

Alvaro fuhr an den Bordstein und stoppte so plötzlich vor dem Haupteingang des Hotels *Emporio*, daß er den Ford beinahe auf die beiden Vorderreifen stellte. Er verschwand so schnell vom Steuer, daß Tucker im ersten Augenblick glaubte, der Mann wäre vom Sitz geschleudert worden.

»Alvaro? «

Keine Antwort.

Als er die Tür öffnete und ausstieg, fand Tucker den Taxifahrer beim Abladen seiner Koffer vom Dachgepäckträger. Nach der derart zermürbenden Fahrt machte die heiße Nachmittagssonne Tucker ein wenig schwindlig. Er lehnte sich gegen den Ford und zog die Brieftasche aus der Innentasche seines weißen Leinenjacketts.

»Sehen Sie?« fragte Alvaro.

»Was soll ich sehen?«

»Kein Unfall!«

»Ja.«

»Alvaro *ist* vorsichtig.«

»Wieviel?«

»*Sehr* vorsichtig.«

»Nein, nein. Was bin ich Ihnen schuldig?« Alvaro nannte ihm die Summe.

Tucker bezahlte und gab mehr Trinkgeld, als er versprochen hatte. Wie viele von Alvaros Fahrgästen wohl zuviel gaben? Fast alle! Wahrscheinlich. Vielleicht sogar alle. Wenn man am Ende in Alvaros Klapperkiste von Ford doch am Bestimmungsort ankam, war man so verdammt dankbar, noch am Leben zu sein, daß man viel zu großzügig reagierte.

»Wenn Sie einen Fahrer für Besichtigungen brauchen«, sagte Alvaro und schob die gefalteten Dollarscheine in eine der Taschen seiner Jeans, »müssen Sie mich natürlich rufen.« Er gab Tucker ein kleines weißes Kärtchen, auf das in sauberer Handschrift eine Adresse und Telefonnummer notiert war. »Sie können mich unter der Adresse, die da steht, erreichen. Meine Mutter nimmt die Aufträge an.«

Tucker schob die Karte in die Brieftasche. Er würde keine Besichtigungstouren machen. Und selbst wenn es ihn überkam, auf Touristenpfaden zu wandeln, würde er lieber von einem Ende von Veracruz bis zum andern zu Fuß gehen, ehe er Alvaro Pozos bestellte. Aber er zerriß die Karte nicht sofort; Pozos wirkte so, als würde er ihm, wenn er seinen Stolz verletzte, schimpfend bis zur Rezeption nachlaufen.

»Sie werden mich nicht vergessen?« fragte Alvaro.

»Ausgeschlossen.«

Strahlend grinsend zerrte Alvaro an den Schnurrbartspitzen und stieg wieder in sein Taxi. Er schlug die Tür zu und winkte Tucker; dann legte er den Gang ein, trat aufs Gaspedal und hinterließ zwei lange schwarze Gummistreifen auf der Straßendecke, ehe er sich tollkühn in den Verkehr auf der Malecón stürzte.

»Der ist ganz verrückt«, sagte der Portier und ergriff Tuckers Koffer.

»Ein temperamentvoller junger Mann.«

»Nein. Verrückt.«

Das Hotel *Emporio*, an der Ecke von Malecón und Xicotencatl, am Hafen gelegen und nur vier Querstraßen östlich der Plaza de Armas, wurde von Reisenden mit Ortskenntnis ge-

schätzt. Für Romantiker verkörperte es noch das *echte* Veracruz, eine Mischung aus Karibik und Spanien. Die meisten der
Hotelzimmer waren mit Balkons und schmiedeeisernen Gittern
davor verziert. Palmen und Palisanderbäume wiegten sich
sanft im warmen Wind und warfen rotviolette Schatten auf
Mauern und Wege. Zu gewissen Jahreszeiten – wenn auch
nicht gerade jetzt – breitete sich hier überall der unglaublich süße Duft von Jasmin aus. Als Tucker zum letztenmal vor zweieinhalb Jahren hier gewesen war, hatte ihn der Duft fast be-
trunken gemacht. Das alte *Emporio* war kühl und einladend,
und Tucker beeilte sich, aus der brütenden Sonne in die klima-
tisierte Halle zu kommen.

Er schrieb die Anmeldung aus und sagte, er würde bei der
Abreise bar bezahlen. Sein Paß, Führerschein, die Geburtsur-
kunde, Kreditkarten und die Versicherungskarte wiesen ihn alle als Michael Tucker aus, wobei nur der Vorname echt war.
Tucker war sein Berufsname, den er benützte, wenn er sich mit
etwas Illegalem befaßte oder sich damit zu befassen plante. Er
hatte kein Konto auf den Namen Tucker; jedes Bank-, Spar-
oder Scheckkonto konnte eines Tages die Finanzbehörde auf
seine Fährte führen, und diese erhabene Institution würde sich
dafür interessieren, warum ein Mann, der Geld verdiente, noch
nie Steuern bezahlt hatte. Wie sollte er erklären, daß Tucker in
Wirklichkeit gar nicht existierte? Obwohl seine Kreditkarten –
American Express, Bank Americard und Diner's Club – absolut
echt aussahen, waren sie alle gefälscht und steckten nur in seiner Brieftasche, um die anderen Ausweispapiere zu ergänzen.
Und das war der Grund, warum er immer nur bar bezahlte.

Eine Viertelstunde nach seiner Ankunft beim Empfang, kurz
vor ein Uhr mittags, wurde Tucker zu seinem Zimmer geführt.
Der ledergesichtige Hausdiener bewegte sich mit dem gemes-
senen Schritt, der einfach sein muß, wenn man im tropischen
Mexiko überleben will, der jedoch für die meisten *norteamericanos* ein Zeichen von Faulheit ist und nicht als schlichte Notwendigkeit erkannt wird. Das Zimmer war ziemlich groß und gut
möbliert, andeutungsweise spanisch, entschieden karibisch
und sehr bequem: ein sehr großes Bett mit einem geschnitz-
ten spanischen Kopfbrett, dunkle Bambusnachttische, dunkle

Rohrsessel mit weinroten Kissen, die zum weinrot-braun-gold gemusterten spanischen Teppich paßten, eine geschnitzte Kommode und ein Standspiegel. Dazu gehörten ein luftiges Badezimmer und ein zwölf mal sechs Fuß großer Balkon, auf dem zwei weitere, wegen der Witterungseinflüsse dick lackierte Rohrsessel und ein niedriger Tisch mit einer runden Glasplatte standen. Obwohl das Zimmer eine Klimaanlage hatte, hing ein altmodischer Ventilator von der Decke, dessen vier Blätter sich sehr, sehr langsam drehten. Er sah wie ein Ausstattungsstück aus *Casablanca* aus.

»Haben Sie noch Wünsche?« fragte der Hausdiener.

»Ich glaube, es ist alles in Ordnung.« Tucker gab ihm ein Trinkgeld.

»Wenn Sie etwas brauchen, fragen Sie nach Juan.«

»Ja, danke, das werde ich mir merken.«

Als der Mann gegangen war, zog Tucker das weiße Leinenjackett aus, lockerte die Krawatte, ging ins Bad und wusch sich Gesicht und Hände. Das kühle Wasser war wohltuend. So erfrischt, schob er die gläserne Schiebetür zum Balkon auf und trat hinaus, um den hektischen Verkehr unten auf der Xicotencatl zu betrachten.

Nach wenigen Minuten klingelte das Telefon.

Er ging ins Zimmer und nahm ab. »Ja?«

Die Stimme am anderen Ende fragte: »Mike?«

»Am Apparat.«

»Hier Jimmy.«

»Bist du im Hotel?«

»Ja. Ich hab ein schönes Zimmer.«

»Ich auch. Komm doch zu mir.«

»Knight ist bei mir.«

»Bring ihn mit.«

»Wir sind in fünf Minuten bei dir.«

Tucker legte auf.

Er zitterte kaum merkbar. Er war angespannt und in seinem Innern zusammengerollt wie eine Schlange, die gleich zustoßen will. Er atmete mehrmals tief ein und versuchte sich zu entspannen. Das Warten war vorbei. Jetzt begann die Arbeit.

2

Für die Leute aus den frommen Weizenstaaten der USA, dachte Tucker, mußte George Knight wie die Verkörperung eines miesen Händlers von Pornoheften aussehen. Er war etwas über einssiebzig groß, wog um die hundertachtzig Pfund, hatte stämmige kurze Beine, einen sehr langen Rumpf und eine dicke Wamme, die über den schwarzen Ledergürtel quoll. In dem breiten slawischen Gesicht gab es nicht einen Zug, der dazu beigetragen hätte, ihn anderen sympathisch zu machen. Die Stirn, durch den zurückweichenden Haaransatz in die Länge gezogen, sah wie roh behauener Granit aus. Die Augen lagen tief in den Höhlen und waren klein und dunkel. Die mehrmals gebrochene und nie richtig gesetzte Nase war schief und knollig. Sein breiter Mund hatte dicke, sehr dunkle Lippen. Allein seine Kleidung rettete ihn davor, wie ein Gorilla auszusehen. Elegant wie ein Dressman aus *Gentlemen's Quarterly*, trug er einen weißen Baumwollanzug im Military-Look, der mindestens 300 Dollar gekostet hatte. Seine Schuhe stammten aus keiner Fabrik; bestimmt hatte ein italienischer Handwerker mindestens zwei Tage an ihnen gearbeitet. Die Uhr war ein Tausend-Dollar-goldgefaßtes-elektronisches-Knopfdruck-Wunder. Anders gekleidet, mit Sonnenbrille und dicker Zigarre, *war* er in der Tat der Prototyp eines Pornohändlers, während er jetzt, so gut und geschmackvoll angezogen, ganz und gar anders wirkte, irgendwie einmalig.

»Ich hab viel von Ihnen gehört«, sagte er zu Tucker, als sie sich die Hand reichten. Seine Stimme war tief und rauh. Der Händedruck war fest.

»Und ich von Ihnen«, sagte Tucker, obwohl das nicht stimmte.

Nachdem die Vorstellung beendet war, ging Jimmy Shirillo zum gewaltigen Bett und legte den Koffer, den er mitgebracht hatte, darauf. Er ließ die Schlösser aufschnappen, hob den Deckel und förderte eine Flasche eisgekühlten Tequila zutage. Dazu gehörten ein Messer mit gesägter Klinge, eine frische Limone, ein Salzstreuer und eine Flasche Mineralwasser. Er baute all das auf einem der Nachttische auf.

»Sehr hübsch«, stellte Tucker fest. »Hast du immer eine tragbare Bar bei dir?«

»Wenn ich das hier nicht hätte«, sagte Shirillo, »würden wir vor Durst sterben. Nein, das ist nicht gelogen! Weißt du, welche Uhrzeit wir haben, Gringo?«

»Ein Uhr.«

»Eben.«

»Ja und?«

»Das ist der Beginn der Siesta.«

»Das hab ich vergessen.«

»Ich halte fast jeden Tag eine Siesta«, erklärte Knight. »Das muß man, wenn man in den Tropen lebt.«

»Zwischen jetzt und vier Uhr nachmittags«, fuhr Shirillo fort, »kann dir jeglicher Humor flötengehen, wenn du jemanden dazu bewegen willst, dir eine Flasche Tequila aufs Zimmer zu bringen. Ich bin erst seit gestern mittag hier, aber ich habe mich schnell angepaßt. Das da ist meine Siesta-Notration.« Er klopfte auf den Koffer.

Jimmy Shirillo sah zu jung aus, um zu trinken – und ganz gewiß zu jung, um ein Meisterdieb und Berufsverbrecher zu sein. Man konnte ihn für siebzehn oder achtzehn halten. In Wirklichkeit war er 24 Jahre alt; und es waren ziemlich abgebrühte 24 Jahre, vollgestopft mit der Erfahrung eines Sechzigjährigen. Obwohl er einer italienisch-amerikanischen Familie entstammte, strafte sein Äußeres das erwartete Bild Lügen. Er war hellhäutig und blauäugig und hatte dickes, semmelblondes Haar. Er war nur eins sechsundsechzig groß und 130 Pfund schwer. Neben Shirillo sah George Knight einem Gorilla noch viel ähnlicher.

Tucker war mit eins zweiundsiebzig und 145 Pfund auch nicht gerade ein großer Mann. Es war ihm klar, daß er ebensowenig wie Shirillo wie ein Dieb aussah. Er hatte dunkelbraune Haare und dunkelbraune Augen, hohe Wangenknochen und eine schmale, rassige Nase. Es haftete ihm überhaupt etwas Aristokratisches an, nicht allein wegen des gutgeschnittenen Gesichts, sondern auch wegen seiner Art, sich zu kleiden, seines Stils, seiner Stimme und seiner eleganten Bewegungen. Er war 29 Jahre alt und sah weder jünger noch älter aus. Und trotz all dem wirkte er, mit Jimmy verglichen, wie ein Berufsringer oder Kraftprotz; er wirkte um vieles erfahrener, aufmerksamer und fähiger – und tausendmal gefährlicher als der junge Mann.

Bei ihrer ersten Begegnung hatte Tucker kein großes Vertrauen in Shirillo gesetzt. Aber dann hatten sie mit der Hilfe zweier anderer Männer der Mafia von Pittsburgh die Bareinnahmen von vierzehn Tagen gestohlen, und Shirillo hatte sich als ein ganz schön hartes Bürschchen erwiesen, dem jede Angst fremd war.

Während er die Tequilaflasche und das Mineralwasser öffnete, redete Jimmy lebhaft. Er wußte, daß Tucker und Knight sich gegenseitig auf Herz und Nieren prüften und daß das Ergebnis diese erste Begegnung und auch das gerade beginnende Unternehmen entscheiden würde. Er gab sich Mühe, den Weg für eine gut funktionierende Partnerschaft zu ebnen. Die meisten wirklich erfolgreichen Diebe, die als Einzelgänger arbeiteten, waren Männer mit einem ausgeprägten, gesunden Selbstbewußtsein und einem kompromißlosen Individualismus, zwischen denen es leicht zu Zusammenstößen kommen konnte. Sie waren Einzelgänger, die es mit dem Establishment aufgenommen und es – oft – besiegt hatten. Sie waren keine dumpfen, brutalen Killer; sie waren aus ganz anderem Holz geschnitzt als die Mafia-Rauschgifthändler oder Gorillas. Viele dieser Freiberufler arbeiteten ihr Leben lang, machten Hunderte von Raubzügen, ohne einmal einen Schuß abgeben zu müssen. Hinzu kam, daß echte Professionelle nicht normale Durchschnittsmenschen beraubten; sie schröpften die Superreichen oder finanzkräftige Institutionen wie Banken, Warenhäuser, Juwelenbörsen oder Geldtransportfirmen, die alle durch Versicherungen gedeckt waren. Sie waren schlaue, erfindungsreiche und fast immer sehr intelligente Männer, die den Wert guter Zusammenarbeit und gegenseitigen Vertrauens hoch einschätzten. Fast jeder würde ein geplantes Unternehmen sofort aufgeben, wenn er der Ansicht war, daß sich Charaktere und Geschäft gegenseitig im Wege stünden. Und darum hatte Jimmy den Tequila mitgebracht und redete nun fröhlich über alles, nur nicht über den Job, der sie hier zusammenführte. »Wir brauchen sechs Gläser, wenn es nach Vorschrift gehen soll.«

Tucker ging ins Badezimmer und holte sechs Pappbecher. Shirillo stellte alle Utensilien auf den niedrigen Tisch in bequeme Reichweite der drei Korbsessel. Dann setzten sie sich alle.

»Ich hab das erst hier kennengelernt«, sagte Jimmy und goß Tequila in drei der Becher und Mineralwasser in die anderen drei. Er viertelte geschickt die frische Limone und legte ein Stück neben jeden Becher mit Tequila. »Ich muß massive Dosen Vitamin B schlucken, um gegen den Kater anzukommen, aber weiß der Himmel, es lohnt sich!«

Tucker streute Salz auf den linken Handrücken, nahm einen kräftigen Schuß Tequila aus dem Becher in der rechten Hand, biß in die Limone, nippte an dem Salz und spülte alles mit einem Schluck Mineralwasser hinunter. Ein, zwei Sekunden lang geschah nichts. Dann explodierte das Feuer in seinem Magen wie ein Knallfrosch in einer Blechdose.

»Das gefällt mir an unserem Beruf«, stellte Shirillo fest. »Könnte ein Bankier bei einer Flasche Tequila über einen Kredit reden?«

Knight beugte sich im Sessel vor. »Da wir gerade von Beruf reden ...«

»Ach, ich dachte, wir sollten uns erst mal eine Weile unterhalten«, sagte Tucker und beobachtete den anderen über den Rand seines Pappbechers.

»Sie haben einen großen Ruf«, sagte Knight. Seine Augen waren wie Skalpelle. Er hatte Tucker rasch, aber sehr intensiv beobachtet und war, zumindest vorläufig, ziemlich sicher, daß sie ohne große, vielleicht auch ohne jede Schwierigkeit miteinander arbeiten könnten. »Es heißt, Sie wären der beste Planer in den Staaten. Ich habe Sie jetzt seit zehn Minuten beobachtet, und ich sehe keinen Grund, an diesem Urteil zu zweifeln.«

»Zehn Minuten sind nicht lang.«

»Lange genug, einen Idioten auszumachen«, erklärte Knight. »Sie sind keiner. Und lange genug, um zu spüren, ob jemand labil ist. Sie sind es nicht.«

»Und was ist mit Ihnen?« fragte Tucker.

»Clitus muß Ihnen von mir erzählt haben.«

Tucker nickte. »Er hat mehrere Ihrer Jobs erwähnt. Gute Sachen. Aber nichts aus jüngster Zeit. Nichts, seitdem Sie hierher nach Mexiko gegangen sind.«

Knight setzte den leeren Becher ab. »Ich habe kein Geld gebraucht. Ich gehörte zu den Leuten, die vor zwei Jahren die *Little Monaco* ausgenommen haben.«

Tucker setzte sich auf. »Das Casino-Schiff, das vor der texanischen Küste kreuzte?«

»Genau.«

Shirillo grinste breit. Seine blauen Augen glänzten. »Mann, das war ein Super-Ding! Ganz große Klasse!«

»Wir waren zu acht«, erklärte Knight. »Eine kleine Armee. Die Beute ging in neun Teile. Einen bekam der Mann, der die Sache finanziert hat. Und ich hab immer noch so viel bekommen, daß es für zwei Jahre reichte.« Er brüstete sich nicht damit. Knight hatte es nicht nötig, sich selber wohlgefällig auf die Schulter zu klopfen. Er gab lediglich Tatsachen an.

»Wer hat sonst noch bei der Sache mitgemacht?« fragte Tucker.

Knight zögerte. »Warum?«

»Ich kenne einen davon.«

»So?«

»Wenn Sie mir seinen Namen nennen, weiß ich, daß Sie das nicht einfach erfunden haben.«

Nach etwa einer Minute nickte Knight. »Sie haben recht. Sie müssen sich sichern.« Er ratterte sieben Namen herunter. »War Ihr Freund dabei?«

»Jawohl«, sagte Tucker. »Und *jetzt* zum Geschäft. Was hat Jimmy Ihnen gesagt?«

»Daß es um hübsche, runde 200 000 Dollar in bar geht. Um US-Dollars.«

»Was sonst noch?«

»Nicht viel.« Jimmy mischte sich ein. »Ich hielt es für besser, George nicht zu viel zu sagen, ehe ihr beide euch nicht kennengelernt hattet. Vielleicht wollte er sich ja danach nicht mehr mit dir zusammentun – oder du dich nicht mit ihm. Und wenn ich dann schon alles erzählt hätte, wäre er für uns ein Risiko geworden. Wir hätten ihn nicht mehr einfach fortgehen lassen können.«

»Mag sein, daß ich immer noch zurücktreten will.« Knight lehnte sich zurück und schlug die Beine übereinander. Die Bügelfalten seiner Hose waren messerscharf. Er trug nicht nur teure Anzüge, er trug sie gut. Man konnte meinen, er posierte für ein Foto. Er hatte die Eleganz, aber nicht das Aussehen eines Dressman. »Wenn ich höre, um was es geht, ziehe ich es vielleicht vor, das Weite zu suchen.«

»Natürlich«, bestätigte Shirillo. »Aber wenigstens wissen wir jetzt, daß für uns drei die Chance einer Zusammenarbeit besteht. Zwischen euch beiden gibt es kein böses Blut.«

Tucker, der immer noch die Wärme des Tequila spürte, faltete die Hände im Schoß und fragte: »Hat Jimmy gesagt, was wir von Ihnen brauchen?«

»Zwei Maschinenpistolen.«

»Und Munition«, fügte Tucker hinzu. »Ich strecke das Geld vor. Haben Sie eine Quelle?«

»Ich *lebe* in Veracruz. Natürlich habe ich eine Quelle.«

»Es müssen saubere Waffen sein. Sie dürfen nicht in Polizeiakten stehen. Wir dürfen nicht mit Waffen geschnappt werden, mit denen Menschen getötet worden sind.«

»Sie werden sauber sein.«

»Was werden sie kosten?« fragte Jimmy.

»Fünfhundert sollten reichen.«

»Was ist mit dem Boot?« fragte Tucker.

Knight lächelte. Das Lächeln sah auf seinem barbarischen Gesicht wie eine Säbelwunde aus. »Ich habe einen 34 Fuß Owens-Kreuzer. Mit Zusatztanks. Vier Schlafkojen. Er ist eine Schönheit.« Sein Lächeln verstärkte sich bis ins Groteske. »Ich liebe das Boot ... Clitus und seine Frau haben im letzten Februar hier unten eine Woche Ferien gemacht. Ich hab sie zum Hochseefischen mitgenommen. Als Clitus wußte, daß ihr für die Sache ein Boot braucht, hat er mich empfohlen.«

Clitus Felton war ein hochbezahlter Verbindungsmann zwischen nichtorganisierten Dieben. Ursprünglich waren seine Kontakte alle an der Ostküste gewesen, aber es lag in der Natur des Geschäfts, daß seine Partner ständig unterwegs waren und umzogen, so daß Clitus am Ende einfach überall Verbindungen hatte. Früher war er ein exzellenter Planer und

Schränker gewesen. Ein Schränker war ein Mann, der Safes öffnete, ohne die Kombination zu kennen. In seiner Glanzzeit hatte Clitus sie wie Sardinendosen geöffnet. Vor einigen Jahren hatte er dem Drängen seiner Frau nachgegeben und in Harrisburg in Pennsylvania eine kleine Buchhandlung aufgemacht. Dieser Ruhestand dauerte ungefähr sechs Monate; dann wußte Clitus, daß er unglücklich sein würde, wenn er dem alten Leben, den alten Freunden und dem vertrauten und immer willkommenen Nervenkitzel entsagen mußte. Darum hatte er Kontakte mit alten Kollegen aufgenommen – nur mit denen, die er bewunderte – und ihnen seine Vermittlerdienste angeboten. In seinem wohlgeordneten Karteikartengehirn bewahrte er Namen, Falschnamen und Adressen der verschiedensten Freiberufler auf: Scharfschützen, Geldschrankspezialisten, Planer, Betrüger, Fahrer für Fluchtautos ... Wenn jemand sich an ihn wandte und ihn bat, die richtigen Partner für einen Job zu finden, erwog Felton alle Möglichkeiten, nahm ein paar Verbindungen auf und versuchte zu vermitteln. Für seine Mühe bekam er, wenn alles nach Plan verlaufen war, fünf Prozent der Beute. In gewissem Sinn waren sie dank Clitus Felton hier in Mexiko, und darum konnte der alte Mann das Gefühl haben, an dem Job teilzuhaben und trotz des Ruhestands noch im Geschäft zu sein.

»Das Boot muß einen Mindestradius von 800 Meilen haben«, sagte Tucker.

Shirillo zog die Brauen hoch. Er kannte den Plan in großen Zügen, war sich aber nicht bewußt gewesen, daß die Aktion so weit von Veracruz entfernt stattfinden sollte.

»Dann wird es also eine längere Reise«, bemerkte Knight.

»Wenn Ihr Boot das schafft.«

»Spielend.«

»Okay.«

»Noch eine Frage.«

»Ja?«

Knight säuberte sich die Fingernägel mit dem Zeigefinger der anderen Hand, aber die lässige Pose wirkte nicht echt. Tucker merkte, daß er nervös war. »Ich habe gehört, daß Sie immer der Chef sein wollen.«

»Das stimmt«, sagte Tucker. »Selbst wenn es nicht mein Job ist. Dies aber ist *meine* Sache. Fragen erübrigen sich also.«

»Das soll mir recht sein. Sie sind ein guter Planer. Den Ruf haben Sie. Schön, Sie sind der Boß. Aber nicht auf meinem Boot.«

Tucker starrte ihn an.

Der altmodische Ventilator an der Decke drehte sich so langsam, daß er die Luft nicht einmal bewegte.

»Auf dem Meer ist das eine Regel.« Knight sah Tucker gerade und unverwandt in die Augen, während Jimmy vom einen zum andern blickte, als wäre er Zuschauer eines Tennisturniers. »Auf dem Wasser kann es nur einen Boß geben. Den Kapitän. Mich. Und das ist für uns alle sicherer.«

Tucker zog die Schultern hoch. »Solange wir auf See sind, passiert nichts. Das Boot bringt uns zu unserem Job und wieder zurück. Ich sehe da keine Schwierigkeit.«

Knight begann wiederum zu lächeln und entspannte sich. »So, und was ist nun mit dem Fünftel einer Million, das wir kassieren wollen?«

»Verstehen Sie was von Maya-Kunst?«

»Nur daß es einen umfangreichen Schwarzmarkt für Kunstwerke gibt, die aus den Maya-Ruinen gestohlen werden«, sagte Knight. »Gehen Sie tiefer in den Süden, in die rückständigen Dörfer am Rand des Dschungels, da ist jeder ein Plünderer oder Räuber.«

»Genau darum geht es.« Tucker ließ sich in den Sessel fallen. »Die präkolumbische Kunst ist im Augenblick *das* Sammelgebiet, wenn man Geld in primitive Kunst investieren will. Noch vor 30 oder 40 Jahren war das Zeug nicht abzusetzen. Maya-Kunstwerke wurden herablassend als ›Sammelstücke‹ bezeichnet und praktisch als wertlos abgetan. In den dreißiger Jahren kaufte man eine Tonfigur, zum Beispiel einen Colima-Hund, noch für zwei oder drei Dollar. Heute würde Sie dasselbe Stück tausend kosten, vielleicht sogar fünfzehnhundert. Maya-Kunst ist Mode geworden. Museen sind hinterher und reiche Sammler. Große, besonders schöne Stücke bringen Hunderttausende ein.«

»Und alle werden illegal verkauft«, ergänzte Knight.

»Ja, 99 Prozent«, sagte Tucker. »Die mexikanische Regierung betrachtet die Maya-Ruinen als mexikanisches Erbe. Sie geht hart mit den Schwarzmarkthändlern und Plünderern um, die sie schnappt. Aber sie schnappt nicht viele. Viele der Wärter der Maya-Ausgrabungsstellen nehmen Schmiergelder, weil sie reich werden können, wenn sie mit den Dieben zusammenarbeiten. Abgesehen davon sind Dutzende von Maya-Bauten bisher nur von den Plünderern entdeckt worden. In den Fällen brauchen nicht einmal Wärter bestochen zu werden.«

Shirillo beugte sich vor. »Heißt das, die Museen kaufen die Stücke und wissen, daß sie gestohlen sind?«

»Ja. Sie tragen dazu bei, daß die Plünderer und Schwarzmarkthändler im Geschäft bleiben. Sie argumentieren, daß wenn sie nicht kauften, die Kunstwerke an private Sammler gingen und damit der Öffentlichkeit und Generationen von Gelehrten vorenthalten würden. Womit sie gar nicht so unrecht haben. Aber das Argument hinkt. Wenn sie *wirklich* die Maya-Kunst retten wollten, würden sie das Geld aufbringen, die Ruinen richtig zu erforschen, aufzunehmen, zu bewachen und möglicherweise baulich zu sichern.« In seiner Stimme schwang Ärger mit. »Sie müßten dafür bezahlen, daß die besten Stücke gefunden und in *mexikanische* Museen gebracht würden. In Wahrheit wollen nur die Museen anderer Länder, vornehmlich die der USA, die Stücke haben, um ihre eigenen Sammlungen eindrucksvoller zu machen.«

»Hm«, murmelte Jimmy. »Schwer vorstellbar, daß ein Museumsdirektor sich als Hehler betätigt! Wenn sie mich oder dich unter der Anklage verhafteten, kämen wir für ein Jahr oder achtzehn Monate hinter Gitter. Haben sie schon jemals einen dieser Museumsdirektoren eingelocht?«

»Nein, keinen«, sagte Tucker.

»Typische Klassenjustiz!«

»Aber wir sind doch nicht hier, um Kunstwerke zu stehlen?« fragte Knight. »Bei uns geht's doch um Geld, wie?«

Tucker stand auf und ging zu seinen Koffern. Er öffnete einen, suchte darin herum und kam mit einer zusammengefalteten Karte zurück. Er wartete, bis Shirillo die Flaschen und Becher vom Tisch geräumt hatte, dann breitete er sie auf der

Tischplatte aus. Die Karte war ein in großem Maßstab gezeichneter Überblick des südlichen Drittels des Golfs von Mexiko.

Knight und Shirillo rutschten nach vorn auf die Sesselkanten.

Tucker tippte auf der Karte auf Veracruz. »Wir sind hier.« Er zog mit dem Finger eine unsichtbare Linie über das südliche Ende des Golfs, über die südwestliche Bucht bis zu einem Punkt an der unbewohnten Küste des mexikanischen Staates Campeche auf der Halbinsel Yucatán. »370 Meilen bis hier. 740 Meilen hin und zurück. 800 Meilen, wenn man leichte Kurskorrekturen auf der Fahrt mit einrechnet.«

Knight betrachtete eingehend die Küste von Campeche. »Da ist dichter Dschungel.«

»Stimmt.«

»Sehr dichter Dschungel.«

»Ich bin nie dort gewesen«, log Tucker.

»Wenn Sie in den Dschungel gehen, kommen Sie möglicherweise nie wieder zurück.«

»Wollen wir lieber nicht melodramatisch werden«, sagte Shirillo.

»Trotzdem stimmt es«, beharrte Knight.

Knight runzelte die Stirn und kratzte sich das Kinn. Er hatte sich noch vor ein paar Stunden gründlich rasiert, aber sein Gesicht wurde dennoch von einer zähen grauen Maske bedeckt. Als er sich kratzte, klang es, als glitten seine Fingernägel über Sandpapier. »Und warum sollten dort im Dschungel 200 000 Dollar in bar herumliegen?«

»Dazu komme ich gleich«, sagte Tucker. Er tippte weiter auf die Karte. »Eine Meile landeinwärts gibt es unentdeckte Maya-Ruinen.«

»Wenn sie unentdeckt sind, wieso wissen Sie davon?« Knight hatte auf einmal viele Fragen.

»Für die allgemeine Öffentlichkeit sind sie unentdeckt«, erklärte Tucker geduldig. »Aber Plünderer haben sie gefunden. Das Ruinengelände ist besonders gut bestückt: Figuren, Masken, Stelen, Töpferwaren – es ist einfach alles da.« Er lehnte sich wieder im Stuhl zurück, blickte aber unverwandt auf die Karte. »Gestern vor einer Woche ist ein Kunstsammler aus Texas, der aber auch auf dem schwarzen Markt handelt, von einem der Plünderer angesprochen worden. Ihm wurde ein neun Fuß langer und sieben Fuß hoher Fries mit Masken angeboten. Es ist ein Stück einer Tempelmauer. Kunstvoll modelliert, bis in jede Einzelheit vollkommen. Stucco. In bestem Erhaltungszustand. Ein ähnliches Objekt, aber viel weniger vollkommen, wurde vor einigen Jahren dem Metropolitan Museum of Art angeboten. Damals wurde eine halbe Million Dollar dafür verlangt.«

Jimmy pfiff leise vor sich hin.

Knight verschränkte die gedrungenen Finger und ließ die Gelenke knacken.

»Das Metropolitan hat am Ende abgelehnt«, sagte Tucker.

»Aber dieser Texaner wird den neuen Fries nicht ablehnen«, stellte Knight fest.

»Stimmt. Die Plünderer wollen 200 000 Dollar von ihm haben. Wenn der Maskenfries in einem Stück verkauft wird, bringt er leicht eine halbe Million. Aber wenn er zerschnitten – mit einer Steinsäge in drei Teile gesägt und stückweise an private Sammler verkauft wird, statt als Ganzes an ein Museum, bringt er mindestens 600 000 Dollar, ohne daß der Texaner sich lange nach einem Käufer umsehen muß.«

»Ich begreife nicht, wie Sie davon Wind bekommen haben«, sagte Knight.

Tucker sank noch ein wenig tiefer in den Sessel. »Der Texaner hat sich an einen New Yorker Kunstexperten gewandt, an einen Mann, der alles weiß, was es über primitive Kunst in Afrika, Südamerika und Mittelamerika zu wissen gibt. Der Experte flog von New York nach Houston. Dann wurden er und der Texaner von den Räubern zu dem Tempelbezirk in Campeche geflogen. Der Experte hat vier Stunden lang den Fries untersucht und die Echtheit bestätigt. Er bekam für seine Beratung 5000 Dollar, flog mit dem Texaner nach Houston und von dort nach Hause nach New York.«

»Und dann hat er dich angerufen?« fragte Shirillo.

»Auf der Stelle.«

»Warum?« Die Frage kam von Knight.

»Geld.«

»Bekommt er einen Anteil?«

»Von dem, was ich bekomme«, sagte Tucker.

Knight war beruhigt.

In Wirklichkeit war Tucker selber der New Yorker Kunstexperte. Unter seinem richtigen Namen war er nicht nur der Sohn eines der zehn reichsten Männer der USA, sondern auch ein bekannter und renommierter Händler für primitive Kunst.

Tucker fuhr fort: »Während der New Yorker Experte im Dschungel war, den Fries prüfte und den Stuck chemischen Untersuchungen unterzog, hörte er mit, welche Vereinbarungen der Texaner mit den Plünderern traf: 200 000 Dollar in bar, zahlbar am 3. September um Mitternacht an einem bestimmten Ort an der Küste, etwa eine Meile von dem Maya-Tempel entfernt.«

»Morgen nacht«, sagte Jimmy.

Tucker nickte. »Der Fries wird, von vier Plünderern bewacht, an der Bucht bereitliegen, wenn der Texaner mit seiner Yacht dort ankommt. Er wird ein ziemlich großes Motorboot mit dreien seiner Männer ans Ufer bringen. Das Geld hat er bei sich. Sobald es die Plünderer gezählt haben, transportiert der Texaner mit seinen Leuten den zersägten Fries auf die Yacht.«

Alle drei schwiegen eine Weile nachdenklich.

Endlich sagte Shirillo: »Wir müssen einfach ein paar Stunden vor den Plünderern und dem Texaner an der Küste sein. Wir müssen irgendwo eine kleine Bucht oder einen Wasserlauf finden, um unser Boot zu verstecken. Dann warten wir, bis es dunkel wird, und nehmen unsere Posten ein. Wenn das Geld an Land ist, schlagen wir zu. Wir entwaffnen den Texaner, seine Leute und die Plünderer. Dann kehren wir zu unserem Boot zurück und fahren wieder nach Veracruz. Die Beute ist sofort absetzbar; es sind nur kleine Scheine, wir brauchen also niemand, der sie für uns vertreibt. Das Geld gehört bis zum letzten Dollar uns.«

»Das ist schon alles«, bestätigte Tucker.

»Es wirkt gut«, sagte Knight. »Einfach.« Er zog den Hemdkragen gerade, schnippte ein graues Fädchen von der Hose und zog die Bügelfalte über dem Knie zurecht. Die braungebrannten, vernarbten und knorrigen Hände paßten einfach nicht zu seiner peniblen Art; sie wirkten wie Gummihandschuhe, die er über die eigenen Hände gezogen hatte. »Aber vielleicht ist es zu einfach. Ist diesen Leuten nicht klar, welche Blößen sie sich geben?«

»Die leben außerhalb der Gesetze, genau wie wir.«

»Das meine ich ja gerade.«

»Es liegt daran, daß sie Männer wie uns nicht kennen«, sagte Tucker. »Sie bestehlen den Staat. Wir bestehlen im Grunde Einzelpersonen. Unser kleines Unternehmen dürfte für sie eine böse Überraschung werden.«

»Hoffentlich!« seufzte Jimmy.

»Was ist mit diesem Freund von Ihnen?« fragte Knight. »Mit dem New Yorker Experten?«

»Was soll mit ihm sein?«

»Wird ihn der Texaner nicht in dem Augenblick, in dem wir in der Bucht auftauchen, verdächtigen? Wird er sich nicht an ihn halten?«

»Warum sollte er das?« Tucker lächelte leise. »Ja, der Mann in New York weiß von der Transaktion. Aber er hat einen makellosen Ruf.« Schließlich hat er einen Millionär zum Vater, dachte Tucker grimmig. Er verabscheute seinen Vater. »Der Texaner hat schon mehrere Expertisen von ihm eingeholt. Er hat jeden Grund, ihm zu vertrauen. Darum ... Statt dessen wird der Texaner die vier Plünderer verdächtigen, die Männer, die jetzt die Mauer mit dem Maskenfries haben. Er wird annehmen, daß sie den Fries *und* sein Geld haben wollen.«

»Das hört sich glaubwürdig an«, bestätigte Knight. »Wie wird geteilt?«

»Durch drei.«

»Meinen Sie drei gleiche Teile?«

»Ich halte es nie anders«, sagte Tucker. »So trägt keiner dem anderen etwas nach, und es gibt keinen Ärger.«

»Das läßt sich hören.« Knight wirkte erfreut.

»Dann bist du dabei?« fragte ihn Jimmy.

»Es dürfte dir schwerfallen, mich rauszuhalten.«

»Das freut mich«, sagte Tucker.

Sich die Hände reibend und mit vor Aufregung strahlendem Gesicht fragte Shirillo: »Wann geht es los?«

»Das müssen Sie entscheiden«, sagte Tucker zu Knight.

Nach einer kurzen Überlegungspause erklärte der: »Wir müssen am späten Nachmittag in Campeche sein, aber es darf noch nicht dunkel sein. Wir brauchen Tageslicht, um das Versteck für das Boot zu finden. Wir sollten also am besten gegen … ja, gegen fünf Uhr früh starten.«

»Werden Sie die Waffen bis dahin haben?«

»Ohne weiteres.«

»Gibt es sonst noch was zu besprechen?«

»Mir ist alles klar«, sagte Jimmy.

George Knight zog an seiner dicken dunkelroten Unterlippe und starrte lange auf die Karte. Dann nickte er. »Ich glaube nicht, daß wir etwas vergessen haben.«

»Noch eine Runde Tequila«, fragte Jimmy, »um die Partnerschaft zu besiegeln?«

Tucker streute Salz auf den Rücken seiner linken Hand.

3

Sich wälzend, im zerwühlten Bett um sich schlagend und leise stöhnend träumte Tucker …

Er sitzt auf einem Metallstuhl in der Mitte einer endlosen grauen Betonfläche, die sich nach allen Seiten hinter dem Horizont verliert. Er ist eigentlich gar nicht von den Gurten und Schnüren gefesselt, kann sich aber dennoch nicht bewegen. Wenn er versucht aufzustehen, hält ihn etwas fest. Ein unsichtbarer Ledergürtel scheint seine Oberschenkel an den Sitz zu fesseln; ein anderer spannt sich um seinen Oberkörper und bindet ihn an die Stäbe der hohen Stuhllehne.

Sechs Menschen sind anwesend. Rechts von Tucker steht Dr. Olin Potter, der ihn früher einmal in mehreren unbefriedigenden psychotherapeutischen Sitzungen behandelt hat. Potter ist klein, dicklich und ungepflegt. Links von Mike steht Albert Littlefield, der Vertrauensanwalt seines Vaters. Littlefield ist hager, kalt, manchmal gönnerhaft und meistens ein erbitterter Widersacher. Etwa zehn Schritte vor Tucker bewachen zwei

Männer in blauen, streng geschnittenen Anzügen Elise Ramsay, die zwischen ihnen steht. Elise ist beinahe so groß wie Tucker, ein großes, naturblondes Mädchen mit grünen Augen, sanfter Stimme und dem Wuchs eines Revuegirls. Tucker liebt sie mehr als sich selbst; die Gefahr, der sie nun ausgesetzt ist – die beiden Männer in den blauen Anzügen haben Revolver in den Händen –, quält ihn unerträglich. Hinter Elise und den beiden bewaffneten Wärtern, halb verborgen in wehenden dunkelroten Schatten, die keinen Ursprung haben, steht Tuckers Vater.

Noch einmal, sagt Littlefield. Seine Stimme hallt, als käme sie aus einem Metallrohr, und Tucker erkennt, daß er ein Roboter mit einem netzüberzogenen Sprachrohr an Stelle eines Mundes ist.

Potter: Sagen Sie, daß Sie Ihren Vater lieben und ihm gehorchen werden.

Ich verabscheue ihn, sagt Tucker.

Potter: Warum? Warum?

Tucker: Er hat mein Erbe gestohlen. Das wissen wir alle, warum lassen wir das Theater nicht?

Littlefield, dessen Augen wie die Kameraaugen eines Roboters glühen: Das Testament Ihrer Mutter bestimmte Ihren Vater so lange zum Treuhänder des Vermögens, bis Sie seines Erachtens nach reif genug sind, das Vermögen selbst zu verwalten.

Tucker kämpft gegen die unsichtbaren Fesseln an. Sie halten ihn fest. Er sagt: Er hat ihr diese Klausel abgezwungen, als sie krank war, im Delirium lag, zwei Wochen vor ihrem Tod. Ich hasse ihn. Ich werde nicht vor ihm kriechen und mein Leben opfern, um das Geld zu bekommen. Er ist egoistisch, verbittert, korrupt …

Potter seufzt laut.

Littlefields Pose drückt aus, wie schockiert er ist; seine Arme klicken und surren bei jeder Bewegung. Er sagt: Aber wirklich!

Der alte Herr beugt sich aus dem Schatten vor. Er hat das Gesicht eines Schakals mit gefährlichen Zähnen. Als er spricht, sind seine Worte sinnloses Knurren und Fauchen, das alle verstehen, nur nicht Tucker.

Potter: Was werfen Sie Ihrem Vater vor? Daß er Sie, als Sie ein Kind waren, nur zwei- oder dreimal im Jahr besucht hat?

Tucker: Noch seltener. Wir waren Fremde.

Potter, über einen Ziegenbart streichend, den er gar nicht hat: Aber Ihr Vater führte die Geschäfte und mehrte das Vermögen, das eines Tages Ihnen gehören wird.

Der alte Herr stimmt schnaufend und grunzend zu. Jetzt hat er das Gesicht eines Wildschweins. Ein stumpfer Rüssel. Gefährliche Kiefer. Noch mehr Zähne als der Schakal. Bösartige kleine Augen.

Tucker: Bei Ihnen hört es sich so an, als hätte der gemeine Hund immer an mich gedacht. Er denkt nur an Geld.

Der Eber grunzt. Geifer tropft von den schwarzen Lippen.

Tucker: Hat mich aufs Internat geschickt. Mich in den Ferien gesehen. Nicht jedesmal. Er hat nie geschrieben. Meine Mutter hätte sich scheiden lassen sollen. Aber sie war sanft. Zu sanft. Er hat ihre Sanftheit verachtet. Weil er sie darum beneidete. Er hat sich ein Dutzend Geliebte gehalten, hat sie offen vorgeführt, selbst als sie sterbend im Krankenhaus lag.

Sein Vater spricht wieder. Er hat das Haupt einer Schlange. Seine gespaltene Zunge züngelt, züngelt …

Potter und Littlefield nicken, der Schlange gehorsam ergeben.

Littlefield, den Kopf vom alten Herrn zu Tucker drehend, sagt metallen: Da Sie die Angebote Ihres Vaters ablehnen und keine Zahlungen aus dem Vermögen akzeptieren, woher leben Sie so gut? Die Wohnung an der Park Avenue, Ihre Kunstsammlung … Wie können Sie sich das leisten?

Ich bin Kunsthändler, sagt Tucker.

Littlefield: Unsere Privatdetektive haben uns mitgeteilt, was Sie verdienen. Sie geben das Dreifache aus. Woher haben Sie Ihr Geld?

Tucker: Ich fälsche es.

Potter, trauervoll: Das ist ein typisches Beispiel für die Unreife, deretwegen man Ihnen die Erbschaft einstweilen vorenthält. Bedenken Sie Ihre Antwort noch einmal. Bitte. Sagen Sie uns, woher Ihr Geld kommt und was Sie tun, es zu verdienen.

Tucker: Scheren Sie sich zum Teufel.

Littlefield schlägt ihm ins Gesicht. Die Hand des Anwalts ist eine Klaue. Die Krallen graben sich in die Haut. Blut fließt.

Potter: Sollen wir es mit der Folter versuchen?

Bewegungslos, nur mehr eine Silhouette, jetzt tief im Schatten, sagt Tuckers Vater: Ich kann ihn nicht mehr ertragen. Wenn ich ihn nicht beherrschen kann, soll er mich auch nicht mehr stören. Wir müssen ihn loswerden – ihn und die Frau.

Littlefield: Jawohl, Sir.

Aus der Dunkelheit hinter Elise streckt der alte Mann die Hände vor und legt sie um ihren Hals. Seine Hände sind nicht von Fleisch und Blut. Sie sind aus Eisen geformt, die Finger mit Nieten an die Handwurzel geschmiedet, unmögliche Hände, Hände Frankensteins, Instrumente des Grauens.

Nein! ruft Tucker.

Littlefield schlägt ihn.

Potter ohrfeigt ihn.

Littlefield kippt den Stuhl um; Tucker fällt mit dem Stuhl, liegt zusammengerollt auf der Seite auf dem Beton, immer noch unsichtbar an den Stuhl gefesselt. Littlefield und Potter beginnen, ihn in die Seiten zu treten, in den Bauch, dann ins Gesicht. Beide haben fellbedeckte Füße mit scharfen Klauen. Durch Blut, Tränen und Schweiß sieht er Elise schreien, sich winden und drehen. Er muß zu ihr. Er kann nicht zu ihr, weil er stirbt. Sie schlägt vergebens auf die Eisenhände, die das Leben aus ihr pressen, die die zarte Haut ihres Halses verletzen, quetschen und reißen ...

Tucker wollte schreien, brachte aber nur ein Keuchen hervor; setzte sich im Bett auf und boxte in die Dunkelheit. Dann erkannte er, wo er war, und ließ die Hände sinken. Er war in Schweiß gebadet. Sein dünner Pyjama war klatschnaß. Die Haare hingen ihm in nassen Strähnen ins Gesicht, als käme er gerade aus der Dusche. Die Brust fühlte sich geschwollen an, war ihm entsetzlich eng. Es fiel ihm schwer, normal Atem zu holen.

Er schwang die Beine auf den Fußboden und setzte sich auf den Bettrand; er dachte an Elise, um nicht an den Alptraum denken zu müssen. Eigentlich war sie der einzige Mensch auf der Welt, der ihm wirklich wichtig war. Sie lebte jetzt seit mehr als drei Jahren mit ihm zusammen. Sie war eine hochbezahlte

Schauspielerin, die fast ausschließlich fürs Werbefernsehen arbeitete. Ihre Beziehung war frisch, offen und mit einer Ausnahme ehrlich. Jeder kam und ging, wie es ihm paßte; keine Lügen, keine Täuschungen, keine Eifersüchteleien. Jeder *verdiente* sich den anderen, sie *gehörten* sich nicht. Sie zahlte die Hälfte der Miete und der Unkosten und kaufte die Hälfte der Lebensmittel; anders kam es für sie nicht in Frage. Sie vertrauten einander, und das einzige Geheimnis, das zwischen ihnen existierte, war Tuckers Doppelleben als Dieb. Er wollte nicht, daß sie davon erfuhr, weil er sie nicht in irgendwelche kriminellen Handlungen verwickeln wollte. Er hatte Angst, daß sie, wenn sie das von ihm wußte, eines Tages unter der Anklage der Beihilfe oder Vorschubleistung bei einem Verbrechen vor Gericht kommen könnte. Und wenn nicht das, würde sie bestimmt dem nie endenden Strom der Privatdetektive seines Vaters als Hauptziel dienen – und nun war er wieder, obwohl er es doch nicht gewollt hatte, mitten in dem verdammten Alptraum!

Hör auf, daran zu denken, befahl er sich. Wenn der Alte wüßte, daß er dir so zusetzt, wäre er entzückt. Das ist genau das, was er erreichen will.

Wenn Tucker lange genug durchhalten konnte, würde der Streit um das Testament seiner Mutter eines Tages vor einem Gericht entschieden werden. Sein Vater konnte nicht *jeden* Richter kaufen. Eines Tages würden die Anwälte seines Vaters am Ende aller legalen Einwände sein und den Prozeß nicht mehr in die Länge ziehen können: Einmal würde das Testament für ungültig erklärt werden. Oder der alte Mann würde sterben. Eines oder das andere. Tucker war es ziemlich gleichgültig, was davon eintraf. Wichtig war nur, daß damit alles ein Ende fand.

Er dachte an die eisernen Hände …

Was, zum Teufel, ist mit dir los? fragte er sich. Es gab Männer, die dich umbringen wollten. In ein Dutzend Fällen. Aber du lebst immer noch, oder nicht? Tatsächlich hast du den Spieß umgedreht. Nicht nur einer der Männer, die dir nach dem Leben trachteten, ist von dir getötet worden. Darauf brauchst du nicht stolz zu sein. Aber es beweist, daß du keine leichte Beute bist, nicht wahr? Warum regst du dich dann so über den Alten auf?

Er wußte, warum. Sein Vater hatte ein riesiges Vermögen und alle Macht, die zum großen Geld gehört; darum war er für Mike so viel gefährlicher als jeder bewaffnete Verbrecher.

Tucker knipste die Nachttischlampe an. Das sanfte gelbe Licht blendete ihn im ersten Augenblick. Er sah auf den Reisewecker.

3 Uhr 31.

Er stellte den Wecker ab.

In einer Stunde würde Shirillo unten in der Halle auf ihn warten.

Er stand vom Bett auf und stellte sich im Badezimmer unter die heiße Dusche. Um zehn nach vier war er fertig angezogen. Er trat auf den Balkon und blickte auf die schlafende Stadt.

Jetzt, während die Minuten über den schwarzen mexikanischen Himmel glitten und am östlichen Horizont die noch unsichtbare Morgendämmerung heraufzog, dachte er kaum mehr an seinen Vater. Sein Selbstvertrauen kehrte zurück. In der Maske von Michael Tucker fühlte er sich unüberwindlich. Schließlich hatte er in nur wenig mehr als vier Jahren fünfzehn Raubzüge geplant, ausgeführt und jedesmal die Beute davongetragen. Einige Vorhaben waren fehlgeschlagen, aber er hatte sie immer rechtzeitig aufgegeben, bevor sie in einer Katastrophe endeten. Er war gut. Der Beste. Im übrigen: mit dem Namen Tucker fühlte er sich frisch, sauber und wie neugeboren. Wenn er sich Tucker nannte, konnte er fast vergessen, daß er mit seinem Vater blutsverwandt war. Diese falsche Identität war nicht einfach ein Schachzug, seinen wahren Namen vor der Polizei und seinen kriminellen Partnern geheimzuhalten, sondern auch eine persönliche Befreiung, eine Flucht vor der Vergangenheit. Wenn er Mike Tucker war, konnte sein Vater nicht an ihn heran, und ihm wurde alles möglich.

Er sah auf die elektronische Armbanduhr, drückte auf den Knopf und las die beleuchteten Zahlen, die auf der schwarzen Fläche erschienen.

4 Uhr 25.

Leise vor sich hin summend, trat er aus dem Zimmer, schloß die Tür ab und ging nach unten, um Jimmy zu treffen.

General Francisco López Garrido, Oberkommandierender der Armee in den vier südlichen, an den Golf grenzenden Staaten Mexikos, lag um halb acht am Dienstagmorgen im Bett und vergnügte sich mit einer Frau, die er über Nacht dabehalten hatte. Er war bis zum Gipfelpunkt wilden Begehrens gelangt, als das Telefon leise surrend ein Hausgespräch ankündigte. Einen Augenblick lang suchte er es zu überhören, obwohl es dicht neben ihm auf dem Nachttisch stand. Dann wollte er es auf den Fußboden werfen, aber endlich drehte er sich von der Frau fort und nahm den Hörer ab.

»Was ist?«

Die Stimme am anderen Ende war zugleich forsch und einschmeichelnd. Jose Sánchez, der Adjutant des Generals, sagte: »Es tut mir unendlich leid, Sie zu stören, Señor. Aber wir haben Nachricht von unserem Mann in Texas.«

»Hat er was?« fragte der General und stand vom Bett auf. Sein Gesicht legte sich plötzlich in strenge Falten.

»Ja, Señor. Er hat was.«

»Wo sind Sie?«

»Im Büro im Keller.«

»Ich komme sofort zu Ihnen.«

General López legte den Hörer auf, schlüpfte in die Pantoffel und nahm den seidenen *double-face*-Hausmantel – außen schwarz und innen golden, das genaue Kehrbild des Generals – vom kunstvoll geflochtenen Rohrstuhl. Als er den Mantel überzog und den Gürtel fest um die Taille band, sagte er zu der auf dem Bett ausgestreckten Frau. »Ich bin sehr bald wieder zurück, meine Liebe.«

Sie antwortete nicht, starrte ihn nur an, und ihr schönes Gesicht war von Haß und Angst gezeichnet.

Lachend, sowohl über den Haß als auch über die Angst erfreut, verließ der General das Zimmer und schloß die Tür hinter sich. Er ging über den langen Flur des zweiten Stocks zur Haupttreppe. Die Hintertreppe wäre viel näher gewesen, aber reine Bequemlichkeit war für General Francisco López Garrido nie ein Anlaß, Dienstboteneingänge oder Hintertreppen zu benützen.

Nie hätte jemand López für einen Dienstboten halten können. Er hielt sich steif, stolz, sogar hochmütig. Er war eins achtzig groß, dunkelhäutig, hatte schmale Hüften und eine massige, aber nicht dicke Taille. Der außerordentlich muskulöse Oberkörper schien einfach bis zum Gürtel zu reichen, so daß es am Platz für eine Einkerbung fehlte. Den Kopf trug er immer hoch und leicht nach vorn gestreckt. Er hatte ein ausgeprägtes Kinn, strichdünne Lippen und eine große, gebogene Nase. Die Augen waren so schwarz, hart, kalt und undeutbar wie die eines Jagdfalken. Kein Mann, der Befehle entgegennahm, im Gegenteil: er war ein Mann, der gern und stets befahl.

López ging in den ersten Stock seines Hauses in Veracruz, durchquerte den großen Ballsaal; die Pantoffeln schlappten auf den handverlegten, leuchtend gelben Fliesen, die die beiden riesigen Perserteppiche umgaben. Das Licht schaltete sich automatisch ein, sobald er ein Zimmer oder einen Flur betrat, und erlosch dann wieder hinter ihm. Aus dem Ballsaal ging er in die große Diele des Erdgeschosses, in der zu viele Ölgemälde hingen, zwei davon waren von Dalí. Die Tür zum Keller war ein einziges, schweres, reich gemasertes Stück Eichenholz. Die Teakholztäfelung der Kellertreppe und der Wände war statt mit Nägeln meisterhaft mit Holzdübeln befestigt.

Die Armee hatte General López Garrido Gutes angetan. Er war ein reicher Mann. Viele Leute glaubten, sein Reichtum rühre von einer glänzenden Heirat her, die er als junger Mann geschlossen hatte. Fünf Jahre lang war er mit der Tochter des zweitreichsten Mannes von Mexiko verheiratet gewesen, und jedermann vermutete, daß López in diesen fünf Jahren, ehe sie sich von ihm scheiden ließ, das Geld seiner Frau benützte, sich ein eigenes Vermögen zu schaffen. Doch die Grundlage seines Vermögens stammte nicht aus der Ehe. Für den größten Teil davon zeichnete die Armee verantwortlich. Sie hatte ihn in eine Stellung gebracht, in der er seine Hilfe und seinen Einfluß an die *huaqueros* verkaufen konnte, an die Plünderer, die die Maya-Ruinen in den Dschungeln des Südens ausbeuteten.

Jose Sánchez erwartete den General in dem 40 mal 40 Fuß großen, von Bücherwänden umgebenen Kellerbüro. Er war vier Zoll kleiner und 40 Pfund leichter als sein bärenhafter Oberkommandierender. Er hatte lockiges schwarzes Haar und große, runde Augen. Er war drahtig, stark und zu allem fähig. Und nicht zuletzt war er reich – wenn auch bei weitem nicht so reich wie der General. Wie alle Männer des Stabs, die der General sehr sorgfältig ausgewählt hatte, hielt Sánchez mehr vom Vorteil als der Ehrlichkeit, mehr vom Gewinn als der Ehre, mehr vom Geld als der Tugend, und er hatte nur zu gern teil an dem Geld, das der General von den Plünderern und Kunstkäufern erpreßte, die die Maya-Ruinen ausbeuteten.

General López trat neben Major Sánchez vor die große Wandkarte des Gebiets des *Golfo de México*. »Na, was haben Sie gefunden?«

Sánchez räusperte sich. »Gestern nachmittag ist der Texaner Holstreth vom Hafen des Yachtclubs Galveston aus in See gestochen. Unsere beiden Männer, die ihm gefolgt sind, haben einen Blick auf die Papiere werfen können, die der Kapitän von Holstreths Boot im Hafenamt ausgefüllt hat. Nach diesen Angaben soll Holstreths Boot, die *Vast Empire*, in südwestlicher Richtung entlang der texanischen Küste nach Corpus Christi fahren.« Sánchez zeigte die Stadt auf der Karte. »Einer unserer Männer ist in Galveston geblieben, falls Holstreth zurückkommen sollte. Der andere ist nach Corpus Christi geflogen, um den Hafen zu beobachten. Er …«

»Hat den Texaner nicht gesehen«, sagte General López.

»Stimmt.«

»Weil der lange vor Corpus Christi den Kurs gewechselt hat.«

»Jawohl, Señor.«

»Dann haben wir Holstreth verloren?«

»Nein, Señor.« Sánchez deutete auf eine rote Nadel, die in nord-südlicher Richtung etwa in der Mitte im Golf steckte. »Holstreths Boot ist ungefähr hier. Es hat Kurs nach Süden direkt zur Küste von Campeche.«

»Woher wissen Sie das?«

Sánchez führte den General zum Konferenztisch, auf dem Dutzende großer, verschwommener Fotografien lagen. »Das Wetteramt in Mexico City bekommt täglich Funkfotos von den NASA-Meteorologen in Houston.«

»Satelliten-Bilder«, sagte der General bewundernd, nahm eines davon in die Hand und betrachtete es eingehend.

»Ja, Señor. Sie liefern ein genaues Bild des Wetters auf dieser Seite des Atlantik, über dem südlichen Pazifik und dem ganzen Golf von Mexiko. Mir kam der Gedanke, daß man vielleicht, wenn man die Fotos vergrößerte, den Schiffsverkehr auf dem Golf erkennen könnte.«

»Ausgezeichnet«, sagte López. »Aber wie sind Sie gerade auf diese Fotos gekommen?«

»Ich habe in einem Zeitungsartikel gelesen, daß die NASA unser Wetteramt unterstützt. Schon vor ein paar Monaten. Aber ich hab mich daran erinnert.«

»Sehr gut. Aber wie sind Sie an die Bilder gekommen?«

Sánchez war offensichtlich stolz auf seinen Einfall. Die großen, fast immer weit offenen Augen waren nun zu fröhlichen Schlitzen zusammengezogen. »Gestern, als ich erfuhr, daß Holstreth nicht nach Corpus Christi unterwegs war, konnte ich Sie nicht rechtzeitig finden, um neue Befehle entgegenzunehmen. Sie waren den Tag über nicht in der Stadt. Ich habe darum aus eigener Entscheidung gehandelt und einen unserer Leute nach Mexico City geschickt. Sie werden wissen, daß ein Hurrikan in westlicher Richtung von der Karibik her zum östlichen Rand des Golfs vordringt. Ich habe den Sturm als Vorwand benützt, unseren Mann zum Wetteramt zu schicken. Er überbrachte dem Chef des Wetteramts einen von Ihnen unterzeichneten Brief, in dem Sie Ihre Sorge über mögliche Schäden in den Hafenstädten Ihres Bezirks ausdrücken, falls der Sturm den Golf heimsuchen sollte. Sie baten den Chef, Ihren Mann im Wetteramt zu stationieren, damit er Daten sammeln und Ihnen dreimal täglich Bericht erstatten könne, bis die Krise beendet sei. Ich habe mir die Freiheit genommen, den Brief mit Ihrem Namen zu unterzeichnen.«

»Das haben Sie gut gemacht«, sagte López. Er legte das Foto wieder aus der Hand. »Und der Chef des Wetteramts hatte nichts dagegen einzuwenden?«

»Nichts. Er ist sich der Gefahr für die Küstenstädte nur zu bewußt, falls der Hurrikan bis in den Süden des Golfs vordringt.« In Sánchez' Stimme lag nun eine Spur Ironie. »Er hält Ihre Sorge und Initiative für bewunderungswürdig.«

»Und unser Mann hat die Fotos im Wetteramt gestohlen?«

»Ja. Jede Funkübertragung der NASA liefert sechs identische Sätze von Fotos. Diesen hier wird niemand vermissen. Unser Mann hat ihn gestohlen und an Corporal Gómez weitergegeben, den ich ebenfalls nach Mexico City geschickt hatte.«

»Von wann stammen diese Aufnahmen?« fragte López.

»Sie sind heute morgen, ein paar Minuten nach der Dämmerung, aufgenommen worden.«

»Vor noch nicht drei Stunden!«

»Jawohl, Señor. Sobald Gómez sie hatte, ist er mit ihnen hierhergerast. Er brachte sie dann zu Señor Delgado, dem Fotografen und Fälscher in der Gasse, die von der Avenida República abgeht. Delgado hat sie sofort vergrößert. So gut es ihm möglich war.«

»Und auf den Fotos haben Sie die *Vast Empire* ausgemacht?« fragte der General erregt.

»Ja, Señor.« Sánchez erlaubte sich ein Lächeln.

López erwiderte es. »Zeigen Sie sie mir.«

»Es war nicht ganz so schwierig, wie es sich anhört. Die *Vast Empire* ist eine 1970 in privatem Auftrag in Kopenhagen gebaute Motoryacht. Ihre Konstruktion ist einmalig und sogar aus der Luft gesehen unverwechselbar mit jedem anderen Schiff im ganzen Golf. Sie ist 120 Fuß lang. Das ist kein gewöhnliches Segelboot, sondern eine große Yacht. Die Satellitenkameras haben sie sogar in der bewegten See aufgenommen.« Er nahm eines der Fotos und reichte es dem General. »Das ist Holstreths Schiff.«

López prüfte das Bild. Es war körnig und verschwommen. »Daß da ein Boot ist, kann ich sehen. Aber klar ist es wirklich nicht. Sind Sie sicher, daß es die *Vast Empire* ist?«

»Absolut sicher.«

Der General seufzte laut auf. »Dann hat unser Informant also die Wahrheit gesagt.«

»Ja, General.«

»Holstreth will einen Fries mit Masken – oder ein anderes Kunstwerk – aus den neuentdeckten Ruinen in Campeche an sich bringen.«

»Das muß so sein.«

»Warum, Jose?« fragte der General verletzt. »Warum versucht er, mir das noch einmal anzutun? Beim letztenmal hatte er keinen Erfolg damit.«

»Der Texaner ist ein Dickkopf«, sagte Sánchez traurig.

»Und dumm.«

»Sehr dumm«, bestätigte Sánchez.

»Es ist unglaublich!«

»Ja, Señor«, sagte der Major. »Unglaublich.«

Der General schüttelte langsam den Kopf, als könne er es nicht fassen, daß jemand so borniert und gemein sein sollte wie der Texaner Holstreth. »Was kann der Fries wert sein? Mindestens eine halbe Million US-Dollar nach heutigen Preisen. Und was hätte er an mich zahlen müssen?«

»Zehn Prozent. Wie jeder andere auch.«

»50 000 Dollar.«

»Jawohl, Señor, 50 000 Dollar.«

»Ist das denn so viel, Major?«

»Nein, das ist nicht viel«, sagte der Major gehorsam.

»Ich habe Unkosten.«

»Ja, einen großen Stab.«

»Und ich bin großzügig zu meinen Leuten.«

»Überaus großzügig, General.«

López' Gesicht hatte die bewegliche Mimik eines Schauspielers. Nun wurde es lang und traurig. Der General sah wie ein Bluthund aus. »Wenn man vergleicht, was Holstreth dabei verdient, ist dann mein kleines Honorar von 50 000 Dollar nicht winzig?«

»Geringfügig«, sagte Sánchez.

In einem einzigen Augenblick verwandelte sich die Trauer auf López' Gesicht in Wut. Er schlug mit schwerer Faust auf den Konferenztisch. Einige der NASA-Fotos flatterten auf den Fußboden. »Warum will er mich dann schon wieder betrügen?«

Der Major schwieg.

»Der Texaner ist ein *Schwein!*«

Sánchez nickte.

»Ein grunzendes, dreckiges Schwein!«

»Ja.«

Speichel rann dem General über das Kinn. »Ein gieriges, verfressenes Schwein!«

»Ja«, bestätigte Sánchez. »Ein Schwein. Wie Sie sagen.«

Mehr als je zuvor glichen die Augen des Generals denen eines Falken: eisig, gnadenlos, voller Wildheit. Sein braunes Gesicht wurde noch dunkler. Während er auf das unscharfe Luftbild der *Vast Empire* starrte, fragte er den Major: »Haben Sie jemals auf einem Bauernhof gelebt, Sánchez? Verstehen Sie was von Schweinen?«

»Nein, Señor.«

»Eine Sau wirft nicht ein oder zwei Ferkel, sondern gleich ein Dutzend oder noch mehr. Schweine vermehren sich schneller, als man sie zu Frühstücksspeck verarbeiten kann. Wenn wir diesen Holstreth, diese texanische Sau, weitermachen lassen, werden wir der Schweine nicht mehr Herr. Wir werden von Schweinen überrannt: Es kommt eine Schweineepidemie!«

»Ich verstehe Sie ganz genau, General.«

»Das dürfen wir nicht zulassen.«

»Natürlich nicht.«

Das Gesicht des Generals war nicht mehr ganz so wütend; es wurde nun überlegend. »Befindet sich mein Kanonenboot noch auf der Inspektionsfahrt bei Zacatal?«

»Jawohl«, sagte Sánchez.

»Dann werde ich heute nachmittag nach Zacatal fliegen.«

»Ihr Pilot wird sofort zum Einsatz bereitstehen«, sagte der Major dienstbeflissen. »Wann wollen Sie starten?«

»Um zwei Uhr.«

»Ich werde alles veranlassen.«

»Der Flug darf nicht registriert werden.«

»Jawohl, Señor.«

»Sie werden mich begleiten.«

Sánchez grinste breit. »Gewiß, Señor. Ich möchte auf keinen Fall das Schweineschlachten verpassen.«

López lächelte nicht.

Darum hörte auch Sánchez auf zu lächeln.

Mit vorgestrecktem Kopf und so fest zusammengebissenen Zähnen, daß die Muskeln an seinem Hals anschwollen, machte General López kehrt und ging zur Treppe. Er stieg die ersten

Stufen hinauf und warf dann einen Blick auf den Major. »Sagen Sie der Köchin, daß sie um elf Uhr das Frühstück auf mein Zimmer schickt.«

»Jawohl, Señor.«

»Und eine halbe Flasche Champagner.«

»Zwei Gläser, Señor?«

»Eines. Die Dame wird nicht mit mir frühstücken. Sie wird um zehn Uhr hier unten sein. Sorgen Sie dafür, daß sie nach Hause kommt.«

Sánchez nickte.

Vom Knistern des seidenen Hausmantels begleitet, kehrte der General in den zweiten Stock zurück. Selbstverständlich lag die Frau wartend auf dem Bett. Er ging auf sie zu, setzte sich neben sie und berührte das üppige kastanienrote Haar.

Sie zuckte zusammen.

Er lachte.

Sie war ungewöhnlich schön: langes, fließendes Haar, Augen, so blau wie die Bucht von Acapulco, ein üppiger Mund, große, hoch angesetzte Brüste, ein flacher Bauch, wunderbar lange Beine und kleine Füße.

»Bitte«, sagte sie.

»Bitte?« fragte der General und täuschte Erstaunen vor. »Du sehnst dich so nach mir, daß du bettelst?«

»Bitte, lassen Sie mich gehen.«

»Wenn ich mit dir fertig bin.«

Er zog den Seidenmantel aus.

Sie war spät in der Nacht mit ihm hierhergekommen, aber sie hatten erst am Morgen mit dem Liebesspiel begonnen. Er war in der Nacht viel zu müde gewesen. Er hatte sie am Morgen um halb sieben aufgeweckt, und anfangs hatte sie nicht auf seine Wünsche eingehen wollen. Sie war voller Kampfeslust gewesen. Aber die Flammen hatte er rasch gelöscht. Nun kehrte ein Rest dieses Feuers wieder zurück. »Ich gehe zur Polizei!«

»Da glaubt dir keiner.«

»Ich kann ihnen – blaue Flecken zeigen«, sagte sie.

»Du bist ein Callgirl.«

»Ist das ein Grund?«

»Eine Nutte«, stellte López lachend fest. »Und ich bin einer der geachtetsten und ehrbarsten Männer von ganz Mexiko. Möglich, daß du blaue Flecken hast. Aber kann ein Mann wie General Francisco López Garrido so etwas getan haben? Nein, das glaube ich nicht. Die Polizei wird es auch nicht glauben. Sie wird sagen, daß dich ein anderer Kunde so zugerichtet hat und daß du nur versuchst, mich zu erpressen.«

Sie war wütend und fletschte die Zähne wie eine wütende Löwin. Sie schüttelte die kastanienrote Mähne. »Ich kann beschreiben, wie Ihr Schlafzimmer aussieht! Wie wollen Sie *das* der Polizei erklären?«

Er starrte sie an.

»Na, begreifen Sie?«

»Ich begreife.«

»Sie sollten mich also lieber gehen lassen.«

Obwohl er sie weiter anlächelte, verfinsterte sich sein Gesicht. »Wenn du zur Polizei gehst, mein Kind, wirst du selbstverständlich sterben. Ein Unfall mit Fahrerflucht. Eine Vergewaltigung. Ein psychopathischer Mörder. Ein Einbrecher, der durchdreht. Irgendwie wirst du umgebracht!«

Sie öffnete den Mund, wollte ihm wütend antworten, und dann sah sie, daß es ihm ernst war. Ihre Lippen bewegten sich, ohne einen Ton hervorzubringen – und plötzlich war sie wieder ganz klein.

Er streckte sich auf seiner Seite des Bettes aus; die rechte Hand griff nach ihren Brüsten.

»Es sind schon andere Mädchen hier gewesen«, sagte sie. »Nicht wahr?«

»Dutzende, meine Liebe.« Er kniff in ihre Brüste. »Sie sind alle sehr gut bezahlt worden. Wie du es auch wirst. Sie haben nicht daran gedacht, zur Polizei zu gehen.«

»Warum wollen Sie mir denn weh tun?«

»Weil mich nur das erregt.«

»Was? Frauen weh zu tun?«

»Jedem weh zu tun. Männern und Frauen.«

Sie wand sich und schrie auf, als seine Zärtlichkeiten brutal wurden.

Er schlug ihr ins Gesicht. »Leide stumm, Mädchen.«

Später dann, als er sie nahm, hatte er überhaupt kein Gefühl mehr für die Schönheit ihres Körpers. Das Bild, das seine Leidenschaft zum Höhepunkt brachte, existierte nur hinter seinen geschlossenen Lidern: der Texaner auf dem sandigen Strand einer Bucht, der Texaner hilflos zu Füßen von General Francisco López Garrido, der Texaner blutend und erniedrigt ...

5

Unter Deck, in der großen Kabine von George Knights Kreuzer *Golden Girl*, frühstückten Tucker und Shirillo mit frischem Orangensaft und Mandelbrötchen, während Knight Kurs Ost-Nordost auf die Küste von Campeche nahm. Das Boot lag wunderbar ruhig, nicht einmal der Orangensaft schwappte über.

Nach dem Frühstück spielten sie etwa zwei Stunden lang Pinokel. Jimmy wollte um einen Dollar pro Punkt spielen, aber Tucker handelte ihn auf zehn Cent herunter. Beide spielten ausgekocht gut, waghalsig, wenn es sich machen ließ, und wenn nicht, blufften sie mit dem Geschick geborener Lügner. Der Spielstand war fast immer ausgeglichen.

»Sollen wir das noch weiter fortsetzen?« fragte Tucker endlich.

Shirillo sammelte die Karten ein und schob sie in den Karton. »Weißt du, was ich hoffe?«

»Was denn?«

»Daß wir uns nie in dieselbe Frau verlieben.«

»Das könnte Ärger geben«, sagte Tucker.

»Ärger?« Shirillo grinste. »Es könnte tödlich werden.«

Tucker stand auf, streckte sich und klopfte mit den Fingerknöcheln gegen die niedrige Decke. »Ich glaube, ich gehe mal rauf und leiste George Gesellschaft. Kommst du mit?«

»Nein. Aber sag ihm, daß ich ihn für einen großartigen Käpten halte. Das Boot schaukelt so sanft wie eine Wiege.« Shirillo streckte sich auf einer der Kojen aus und gähnte. »Ich mache mal ein Auge zu.«

»Du bist doch gerade erst aufgestanden.«

»Ja, aber ich hab in der Nacht nicht gut geschlafen. Ich war zu aufgeregt. Nachdem die Sache in Gang ist, fühle ich mich viel wohler.«

»Dann träume schön.«

»Ja, von sehr viel Geld.«

Mike hielt sich am blitzblanken Messinggeländer fest und stieg die sehr steile und schmale Treppe zur glasverkleideten Brücke der *Golden Girl* hinauf. Er nahm seine Sonnenbrille aus der Hemdtasche, setzte sie auf und krauste so lange die Nase, bis sie richtig saß. Knight saß auf einem Hocker vor dem Ruder des Kreuzers, das jetzt auf automatische Steuerung gestellt war. Er blickte abwechselnd auf die Instrumententafel und dann wieder in ein Herrenmoden-Magazin.

»Mode ist dir wirklich wichtig, was?« fragte Tucker, lehnte sich gegen ein Schott und kreuzte die Arme vor der Brust.

»Ja, sehr«, bestätigte Knight.

Heute trug er weiße Mokassins ohne Socken, eine elegant geschnittene weiße Leinenhose, einen weißen Ledergürtel mit silberner Schnalle und ein blaßgrünes, kurzärmeliges Hemd aus feinster reiner Seide. Das Hemd stand am Hals auf, darunter trug er einen weichen, grün und schwarz karierten Apachenschal.

»Das ist sehr hübsch«, sagte Tucker. Er und Shirillo trugen Mokassins, Bluejeans und dunkelblaue T-Shirts. »Gegen dich sehen wir wie Vorstadtganoven aus.«

Knight ließ wieder ein Lächeln aufblitzen, das auf seinem harten Gesicht wie das einer Katze wirkte, die den soeben verspeisten Kanarienvogel genüßlich verdaut. »Als ich sehr viel jünger war, hab ich mich gehaßt. Ich wußte, wie häßlich ich war.«

Tucker fiel keine Antwort ein.

»Gesichtschirurgie war nichts für mich«, fuhr Knight fort. »Ein Arzt konnte mein Gesicht vielleicht ein wenig verbessern, aber hübsch wäre ich nie geworden. Aber selbst wenn er mein Gesicht veränderte, blieb mir der falsch proportionierte Körper: kurze Beine, zu langer Rumpf, Wurstfinger und ein zu dicker Hals … In der Badehose konnte ich mich nicht sehen lassen. Und dann hab ich entdeckt, was teure Kleidungsstücke aus mir machen konnten.« Er tippte auf das Modejournal. »Eines Tages hab ich 10 000 Piepen in der Lotterie gewonnen. Ich hab sie rausgeworfen. Hab mir einen Fünftausend-Dollar-Sportwagen gekauft, jede Menge eleganter Anzüge und Hemden und eine Fünfhundert-Dollar-Uhr. Mit einem Schlag kam ich mir schön vor. Und zum erstenmal in meinem Leben haben Frauen mit mir geflirtet. Daraus hab ich gelernt ... ich hab gelernt, daß man schäbige Ware bestens verpacken muß. Auf die Art wird heutzutage alles auf der Welt verkauft – Aufstieg, Reklame, billiges Vergnügen oder Betrug. Sehr viel Betrug übrigens. Die elegante Schale trägt viel dazu bei, die Tatsache zu vertuschen, daß ich nicht gerade wie ein Adonis gebaut bin.«

Tucker war etwas erschüttert über dieses Seelenbekenntnis, aber er erkannte, daß Knight nicht verbittert war. Nein, er war sogar stolz und glücklich, sich so gut mit der ihm von der Natur gegebenen Häßlichkeit abgefunden zu haben. »Das Boot ist vermutlich auch eine Art, mit dem Problem fertig zu werden«, sagte er.

»Eine sehr wichtige sogar«, bestätigte Knight. »Es ist die Schleife auf dem Päckchen. Ich sorge dafür, daß es tipptopp ist. Es sieht besser und prächtiger aus als jedes andere Boot seiner Klasse in Veracruz.«

Tucker dachte an das polierte Geländer, an dem er sich festgehalten hatte, als er vor ein paar Minuten die Treppe heraufgekommen war, und konnte nur zustimmen.

»Wegen der Kleidung, des Sportwagens und des Boots mußte ich meinen normalen Beruf aufgeben«, fuhr Knight fort.

»Und was warst du?«

»Geschichtslehrer an der High-School. Damit macht man kein Geld. Und es braucht viel Geld, wenn ich gut aussehen will. Um das zu schaffen, mußte ich stehlen.«

Es dauerte nicht lange, und Tucker saß auf dem anderen Hocker, und sie unterhielten sich über verschiedene Coups, die sie erfolgreich gelandet hatten. Tucker stellte mit Erstaunen fest, wieviel er und Knight gemeinsam hatten. Nach einer halben Stunde war es fast so, als hätten sie sich seit Jahren gekannt.

Ein paar Minuten vor zwölf, als Knight gerade die Geschichte von der Kaperung der *Little Monaco* zu Ende erzählt hatte, nahm Tucker die Sonnenbrille ab und betrachtete den östlichen Horizont. »Wieviel Wolken auf einmal da sind«, stellte er fest.

Knight setzte seine Brille ab, warf einen Blick auf den Himmel und setzte die Brille wieder auf. »Heute abend könnte es ein bißchen Regen geben, aber vor morgen früh wird …«

»Der Hurrikan?«

»Der kann frühestens morgen abend hier eintreffen, nach der Dämmerung. Denk daran, ich bin auf diesem Boot der Boß. Was ich sage, gilt.«

»Schön, warten wir ab, was der Boß sagt, wenn wir im tobenden Meer untergehen.«

Knight lachte. »Für dich wird's Zeit, daß du was zu tun bekommst. Hier draußen auf dem Golf bleibt die Zeit stehen. Kein Land in Sicht und nichts, woran du erkennst, daß wir wirklich vorwärtskommen. Wenn man nicht daran gewöhnt ist, kann einen eine lange Reise auf dem offenen Wasser verrückt machen. Warum holst du nicht mal die Maschinenpistolen und probierst sie aus?«

»Hast du das noch nicht gemacht?«

»Keine Zeit. Der Händler ist zuverlässig, aber auf alle Fälle …«

Tucker drehte sich einmal um 360 Grad im Kreis. Er sah kein Land und kein anderes Schiff. »Doch, das sieht gut aus«, sagte er und stand auf.

»Denk daran, nicht aufs Wasser zu schießen«, mahnte Knight. »Halte nach vorn in die Wolken, dann gibt es keine Querschläger.«

Die Maschinenpistolen waren schwere, aus Belgien stammende luftgekühlte Waffen mit Magazinen für 200 Schuß. Sie waren von mattem Schwarz und hatten sogar mattschwarze lederne Schultergurte; nichts an ihnen konnte blitzen oder blinken. Es waren Waffen für Söldner. Sie wirkten handfest und tödlich.

Er trug sie zur Steuerbordreling des Achterdecks. Eine der Maschinenpistolen legte er auf das Deck und schlang den Ledergurt um das Fußgelenk, dann hob er die andere auf, stützte sie auf die rechte Hüfte und stellte sich in Positur. Er drückte ab und riß den Lauf nach oben, die Mündung auf die fernen Wolken gerichtet. Das plötzliche Geräusch übertönte für einen Augenblick die Maschinen der *Golden Girl*.

Als Tucker auch die zweite Waffe ausprobiert hatte, kam Jimmy Shirillo aus der Kajüte herauf. »Das ist aber ein gemeiner Wecker!« sagte er.

Tucker grinste. »Hm. Diese Wecker können dich für immer einschlafen lassen.«

Shirillo griff nach einer der Maschinenpistolen. »Die Dinger können einen Mann glatt halbieren.«

»Und ob sie das können.«

»Glaubst du, daß wir heute nacht jemanden halbieren müssen?«

»Hoffentlich nicht.«

Die Waffe wesentlich höher haltend als Tucker, fast in Schulterhöhe, gab Jimmy eine Salve auf die Wolken ab. Als der Lärm sich über den sonnenbeschienenen Wellen verloren hatte, sagte er: »Ich frage mich immer wieder, ob es so leicht sein wird, wie wir glauben. Schließlich sind wir drei gegen acht.«

»Das schon, aber wir haben den Vorteil der Überraschung. Im allgemeinen reicht das aus.«

»Ja«, sagte Jimmy. »Im allgemeinen schon, aber nicht immer.«

Das 120 Fuß lange und schwerbewaffnete Küstenwachschiff *Miguel Hidalgo* im Hafen von Zacatal war ein eindrucksvoller Anblick. Es war von Norwegern entworfen, von Japanern gebaut und von den allgegenwärtigen Griechen nach Mexiko überführt worden. Es war grau und weiß gestrichen und fuhr unter der vertikal gestreiften rot-weiß-grünen Flagge von Mexiko. In dem kleinen Hafen von Zacatal neben den winzigen, leichten Booten der Fischer von Campeche sah die *Miguel Hidalgo* riesig aus.

Um halb fünf am Dienstagnachmittag, nach einem Dreihundert-Meilen-Flug von Veracruz, gingen General Francisco López Garrido und Major Sánchez an Bord der *Miguel Hidalgo*. Der General war in Uniform, trug ein silbernes Stöckchen und eine Sonnenbrille aus Spiegelgläsern. Der Major hielt sich ein, zwei Schritte hinter ihm; er trug keinen Stock und eine ganz normale Brille.

In dem Augenblick, in dem er an Bord kam, übernahm der General das Kommando. Der Kapitän der *Miguel Hidalgo* gehörte zusammen mit seiner Crew von zwölf Mann dem persönlichen Stab des Generals an und bekam einen Teil des Geldes, das López von den Plünderern und Kunsthändlern einzog, die die Maya-Ruinen ausraubten.

»Ich erwarte Ihre Befehle«, sagte Kapitän Ramirez, als der General zu ihm auf die Brücke kam.

»Natürlich«, sagte López.

Zehn Minuten darauf legte das Schiff ab und verließ den Hafen von Zacatal. Es nahm Kurs nach Norden in den Golf. Der Wind hatte aufgefrischt, die Wellen gingen ziemlich hoch. Niedrige schwarze Wolken jagten über sie weg und verdeckten schnell die letzten Reste des blauen Himmels, die im Westen in Richtung von Veracruz noch zu sehen waren.

»Wie war die letzte Hurrikanwarnung?« fragte López.

»Hurrikan Gerda, wie ihn die *norteamericanos* nennen«, sagte Kapitän Ramirez, »nähert sich dem östlichen Rand des Golfs. Aber uns wird er vor morgen nacht nicht gefährlich.«

López schob sich die Brille auf die Nasenspitze, betrachtete prüfend die schwarzen Wolkenbänke und rückte die Brille dann wieder zurecht. »Aber der Himmel sieht jetzt schon schlecht aus.«

Ramirez nickte heftig und eifrig. »Jawohl! Das ist wahr, General. Der Himmel sieht schrecklich aus.«

Major Sánchez, der hinter dem General stand, gab Ramirez ein Zeichen, nicht zu unterwürfig zu sein. Der General konnte womöglich glauben, der Kapitän wäre sarkastisch, aufsässig und disziplinlos. Für Ramirez konnte sich das böse auswirken.

Ramirez änderte seinen Tonfall ein wenig. »Wir werden Regen bekommen. Leichten Regen, Señor.«

Stirnrunzelnd, alles sehend, aber hinter der Spiegelbrille selbst nicht sichtbar, sagte der General: »Wird uns der Regen bei der für heute abend geplanten Aktion stören?«

»Keineswegs, Señor.« Ramirez wölbte die Brust. »Mein Boot könnte im schlimmsten Hurrikan noch auf Kurs bleiben, wenn es dahin kommen sollte.« Er sah den Ausdruck, der über das bewegliche Gesicht des Generals glitt, und fügte schnell und nervös hinzu: »Aber soweit kommt es ja nicht!«

»Hoffen wir es«, sagte López, als würde er Kapitän Ramirez persönlich für jede Behinderung durch schlechtes Wetter verantwortlich machen. Er wußte, daß der Kapitän entsetzliche Angst vor ihm hatte, und genoß das sehr. Ramirez sollte weiterhin Angst vor ihm haben, obwohl ihm das wirklich nicht viel Mühe abverlangte.

Um Viertel vor sechs kam der erste Funkspruch vom Piloten des Generals und brachte gute Nachrichten. López' Maschine hatte auf seinen Befehl hin in Zacatal aufgetankt und war sofort nach Norden über den Golf geflogen, um die *Vast Empire* zu suchen. Und nun hatte der Pilot die Yacht genau dort ausgemacht, wo der General sie vermutete.

Der Steuermann der *Miguel Hidalgo* berechnete die Angaben des Piloten und ortete die *Vast Empire*. Auf der großen Karte markierte er die Positionen der beiden Schiffe. Er nahm zwei bunte Stecknadeln: rot für die Yacht des Texaners, weiß für die *Miguel Hidalgo*.

»Welche Befehle haben Sie?« fragte Ramirez.

»Sehr einfache«, sagte López. Er suchte in der Tasche seiner streifenbesetzten Uniformjacke, holte einen Zettel heraus und händigte ihn dem Kapitän aus. »Dies sind die Koordinaten eines Punktes an der Küste von Campeche in genau 190 Meilen Entfernung von hier. Dahin will der Texaner. Ich möchte, daß er vor uns dort ankommt, aber nur ein paar Minuten früher.«

»Jawohl, General«, sagte Ramirez und wandte sich seinem Steuermann zu, der bereits Karten der Küstengewässer ausbreitete.

»Noch etwas.«

Ramirez wirbelte herum, außer sich, dem General den Rükken gekehrt zu haben, ehe der ausgeredet hatte. Er war einmal Zeuge geworden, wie der General einen Mann mit der Machete aufgeschlitzt und so zerhackt hatte, daß der Leichnam kaum mehr einem menschlichen Wesen ähnelte. Seit jenem Tag konnte er die Angst vor dem General nicht mehr verbergen. »Señor?«

Sie müssen sich auf der Fahrt zum Rendezvous immer dicht an die Küste halten, damit uns das Radargerät der *Vast Empire* nicht aufgreift. Wir werden durch die direkt hinter uns liegende unregelmäßige Küstenformation gut getarnt sein.«

»Ja, Señor.« Der Kapitän nickte heftig. »In der Tat, das ist ein ausgezeichneter Gedanke, Señor.«

»Natürlich«, sagte López.

Als Tucker die sandige Landzunge wiedererkannte, zu der die Plünderer ihn und Holstreth vor einer Woche gebracht hatten, drosselte Knight die Maschinen und hielt die *Golden Girl* im unruhigen grauen Wasser auf der Stelle.

»Dort wird das Geld gegen den Fries getauscht werden«, sagte er und zeigte in die Richtung.

Die Stelle unterschied sich wenig von allen anderen, die sie in diesem Teil des Golfs gesehen hatten. Seit mehr als 100 Meilen waren immer wieder solche Buchten aufgetaucht: sehr kleine, offene Ovale mit tiefem, ruhigem Wasser bis dicht an die Uferlinie. Gelbweißer Sand reichte bis zu einem Saum grauer und grüner Schlingpflanzen, die bald wucherten und bis zum monolithischen Wall des dampfenden, smaragdgrünen Dschungels hinaufreichten. Die schwarzen und braunen mächtigen Baumstämme stiegen aus der Tintenschwärze in eine etwas leichtere Dunkelheit auf, um dort einen Baldachin sonnensuchenden Grüns zu treiben. Die Palmenblätter bewegten sich im aufkommenden Sturmwind lebhaft hin und her. Tucker empfand sie fast als etwas animalisch Bewegtes, das gierig nach der *Golden Girl* griff und enttäuscht war, weil sich die Yacht ihrem federleichten, chlorophyllischen Zugriff entzog.

Shirillo sagte: »Das Unterholz reicht an beiden Seiten der Landzunge bis dicht ans Wasser und hängt sogar über. Wir müßten eigentlich leicht ein Versteck finden.«

»Ja, aber ein Versteck für mein Boot zu finden könnte viel schwieriger werden«, stellte George Knight etwas besorgt fest.

Er kratzte sich über das stoppelige Kinn und wiegte zweifelnd den Kopf. »Ich habe unterwegs keine passende Bucht gesehen, wenigstens nicht in der Nähe.«

»Fahren wir weiter. Wir werden schon was finden«, sagte Tucker.

Knight brachte die Maschine wieder auf Touren und steuerte die *Golden Girl* geschickt durch die einlaufende hohe Brandung. Sie bewegten sich langsam an der Küste entlang nach Nordosten. Die Maschinen dröhnten.

Nach ein paar Minuten rief Jimmy: »Da!«

Knight stoppte das Boot so plötzlich, daß es schlingerte. Er starrte eine Weile zur Küste hinüber und sagte dann: »Ich sehe nichts.«

»Ich schon.« Tucker zeigte auf eine etwa 40 Fuß breite Küstenstrecke, an der die Bäume und das Unterholz bis unmittelbar ans Wasser reichten. An beiden Seiten dieses herausragenden Dschungelarms bestand das Ufer aus weißen und rosa Korallen. Es sah so aus, als fielen die Korallen steil zum Wasser ab, um einen mindestens 20, vielleicht aber auch 25 Fuß breiten Kanal zu bilden, doch das war schwer zu erkennen, weil Schlingpflanzen, Gummigewächse und moosüberwachsene Ranken den Eingang fast verdeckten.

»Es sieht zu seicht aus«, sagte Knight.

»Fahr dichter ran.«

»Das könnte gefährlich werden.«

»Das müssen wir riskieren«, mahnte Tucker. »Wir müssen uns das genauer ansehen.«

»Dann stell du dich nach vorn an die Reling«, befahl Knight resigniert. »Wenn du siehst, daß der Grund ansteigt, schreist du wie verrückt. Und warte ja nicht ab, ob es wieder absinkt. Schrei, sobald es flacher wird.«

Tucker stellte sich nach vorn, umspannte die Reling mit beiden Händen und beugte sich weit hinaus. Das Wasser schäumte und sprudelte um das Boot. Er konnte etwa 12 bis 14 Fuß tief ins Wasser sehen, aber nicht bis auf den Grund.

Mit viel Geschick manövrierte Knight die *Golden Girl* herum, bis der Bug genau auf die Küste gerichtet war. Zögernd steuerte er geradeaus.

»Langsam!« schrie Tucker zur Brücke hinauf. »Sieht gut aus, George … sehr tief … genau auf Kurs bleiben!«

Knight hielt das Steuer so fest, daß seine Knöchel weiß hervortraten.

Sehr rasch beruhigte sich das Wasser. Die sich überschlagenden Wellen wurden flach, und der salzige Schaum verschwand. Auch die Farbe des Wassers veränderte sich; es war nicht mehr so grau, es wurde blauer und klarer als noch vor einer Minute. Unmittelbar vor der Küste war auch keine Brandung mehr. Vor dem Einlaß zur Bucht glich die See einem harmlosen Dorfteich, der sich nur ein wenig kräuselte.

»Das ist keine Bucht des Golfs«, sagte Jimmy, der neben Tucker über die Reling gebeugt war. »Wir sind in einer Flußmündung. Darum reicht der Dschungel auch bis an den Rand des Wassers – kein Salz, das das Wachstum hindert.« Er rief Knight zu, was er entdeckt hatte.

Zehn Fuß vor dem Dschungel stoppte Knight das Boot und hielt es auf der Stelle. »Flußmündungen haben immer Sandbänke. Wir können überall auf Grund laufen.«

»Es sieht aber immer noch sehr tief aus«, sagte Tucker.

»Ich bin der Kapitän. Wir gehen nicht weiter rein, ehe wir nicht *wissen*, daß es tief ist.«

»Der Fluß hat eine starke Strömung. Ich glaube nicht, daß sich hier Sedimente absetzen können. Die müssen viel weiter nach draußen getragen werden.«

Knight ließ sich nicht umstimmen.

»Weißt du was?« sagte Jimmy. »Soll ich nicht das Rettungsboot nehmen und vorausfahren? Dafür ist es nicht zu flach. Ich kann den Fluß ausloten und sehen, ob die *Golden Girl* nachkommen kann.«

»Das ist die einzige Möglichkeit«, sagte Knight.

Tucker und Shirillo brachten das sieben Fuß lange Rettungsboot zu Wasser.

»Das ist wie ein Traum.« Shirillo strahlte. »Als Kind hab ich mich für die alten Filme begeistert, in denen Forscher sich durchs tiefste Afrika einen Weg gehackt haben, um das schöne blonde Mädchen zu finden, das bei einem Flugzeugabsturz verschollen ist.«

»Bloß gibt's hier kein schönes blondes Mädchen.«

»Ach, das kannst du nie wissen.«

»Nimm dich lieber vor Schlangen in acht.«

»Ja, und vor Alligatoren.«

»Und Kopfjägern.«

Shirillo kletterte grinsend ins Rettungsboot. Er nahm eine lange Nylonleine und ein zweipfündiges Bleigewicht mit, um den Fluß auszuloten. Er löste die Flaschenzugkabel vom Schandeck, stieß sich mit den Rudern von der *Golden Girl* ab und startete dann den Außenbordmotor. Er kippte den Motor so, daß die Schraube nicht tiefer als der Boden des Boots im Wasser lag, und steuerte dann in die Mitte des Wasserlaufs. Eine Barriere ineinander verflochtener Ranken und Blätter tauchte vor ihm auf. Vorsichtig fuhr er mittendurch; hinter ihm schloß sich der Blättervorhang.

Tucker strich sich mit dem Handrücken den Schweiß von der Stirn und wischte die Hand an den Jeans ab.

Fünf Minuten vergingen.

Hinter den schwarzen Wolken donnerte es drohend, und das Echo lief widerhallend über den langen Horizont.

Zehn Minuten.

»Zum Teufel, wo bleibt er denn?« fragte Knight.

Tucker zog die Schultern hoch.

Vielleicht gab es wirklich Schlangen und Alligatoren.

Knight fluchte leise vor sich hin.

Tucker zog eine Rolle Drops aus der Tasche und pellte das Papier ab. Er steckte sich eine Scheibe mit Limonengeschmack in den Mund. Seine trockene Zunge wurde rasch wieder feucht.

Fünfzehn Minuten nach dem Start kam Jimmy mit dem Rettungsboot zurück. Er stellte den Motor ab und ließ sich an die Seite der *Golden Girl* treiben. Als er die Flaschenzugkabel wieder eingeklinkt hatte, schrie er: »Erfolg!« Er kletterte an Bord und half Tucker beim Einholen des Rettungsboots; dann gingen sie beide zu Knight auf die Brücke.

»Wie breit?« fragte der sofort.

»An keiner Stelle weniger als zwanzig Fuß, meistens so etwa fünfundzwanzig.«

»Und wie tief?«

»Ich hab mindestens zwanzigmal gelotet; es waren nie weniger als sechzehn Fuß.« Jetzt endlich lächelte Knight.

Jimmy erklärte: »Das Flußbett ist nur ungefähr 300 Yards lang und stammt von einem Wasserfall, der da von einem 80 Fuß hohen Felsen herunterstürzt.«

»Worauf warten wir noch?« fragte Tucker. Er kehrte zur Steuerbordreling am Bug zurück und starrte ins Wasser, falls Shirillo eine Untiefe entgangen war.

Mit dröhnenden Motoren nahm die *Golden Girl* Kurs auf die Mitte des verborgenen Flußbetts. Der Vorhang aus Blättern und Weinranken, Schlingpflanzen, hängenden Stielen, blaßgelben Ausläufern, dünnen Luftwurzeln, Farnen und Moos tauchte drohend vor ihnen auf. Der Bug des Kreuzers berührte ihn; der Vorhang erzitterte. Im selben Augenblick schon hatte der Bug die grüne Wand mit einer Wucht durchbrochen, die einem Schiff mit einem so weiblichen Namen eigentlich nicht anstand. Der Dschungel schien zu seufzen und aufgeregt zu wispern. Tucker hockte sich hinter der Reling nieder, als das Blattwerk an ihm vorbeipeitschte. Die rötlichweißen Unterseiten der Blätter berührten schmerzlos sein Gesicht, und nur eine dünne, dornenbesetzte Ranke kratzte leicht über die linke Wange und das Kinn und hinterließ einen schmalen Blutfaden. Dann waren sie auch schon wieder im freien Wasser, von der wuchernden Vegetation unbehindert, auf der Fahrt stromaufwärts.

Tucker blickte zurück. Der Vorhang hatte sich hinter ihnen wieder geschlossen. Die Flußmündung sah aus, als hätte sich noch nie ein Schiff den Einlaß erzwungen.

»Na, hab ich's nicht gesagt?« rief Jimmy von der Brücke.

»Es ist einfach perfekt!«

»Wirklich perfekt.«

Der Dschungel preßte sich an beiden Ufern an den Fluß und überragte ihn wie eine Kuppel. Schrille Vogelrufe drangen wie die Schreie Liebender durch das Dickicht. Die Luft war warm und schwer, von tausend Düften geschwängert. Das Boot glitt durch den schwach beleuchteten grünen Tunnel.

Die drei schlanken, dunkelhäutigen Männer erreichten die Maya-Ruinen nicht über das Wasser und nicht durch die Luft, sondern auf dem Landweg. Sie waren von einer 70 Meilen weit entfernten Stadt durch den Dschungel gefahren. Ihre drei geländegängigen Minitransporter waren offen, verdecklos und stabil. Sie sahen so aus, als hätten die Hersteller von Jeeps den Auftrag bekommen, Golfkarren zu konstruieren. Jedes der mit Ballonreifen ausgerüsteten Fahrzeuge hatte Platz für zwei Personen und direkt hinter der Sitzbank eine vier mal fünf Fuß große Ladewanne. Niedrig gebaut und mit einer für ihre Länge sehr breiten Achse, konnten sich die Transporter durch alles einen Weg bahnen, es sei denn Treibsand. Sie konnten sogar durch einen Fluß fahren, denn die Reifen machten sie schwimmfähig, und sie waren mit einem Paar vierblättriger Schrauben ausgerüstet.

Der vierte Plünderer hatte seit zwei Tagen bei den Ruinen kampiert und sie bewacht. Er freute sich über die Ankunft der anderen und stiftete eine Flasche Tequila, die sie gemeinsam leerten.

Die Ankömmlinge hatten zwei Fässer Benzin mitgebracht, eine elektrische Spezialsäge mit einem Schwertfischblatt und einen tragbaren Generator. Sie tankten den Generator auf, ließen ihn an und setzten die Säge auf die Batterie auf. Dann zersägten sie sehr sorgfältig den Mauerfries mit den Masken in drei gleich große Teile, die jeweils einen Yard mal sieben Fuß maßen. Danach luden sie ächzend, grunzend und fluchend die großen Wandstücke auf die Ladewannen der Geländewagen, wobei zwei oder drei Fuß des Frieses über das Heck der Wagen hinausragten. Die Nacht brach herein, noch ehe sie fertig waren. Sie setzten die Arbeit im gespenstischen Licht von zwei zischenden Colemanlaternen fort.

6

Etwas Langes glitt sehr schnell durch das hohe Gras zu seiner Rechten, und Tucker hätte um ein Haar laut aufgeschrien. Er wollte aufspringen, machte sich dann aber klar, daß die ganze Sache auffliegen konnte, wenn er nicht vorsichtig war, und legte sich wieder platt auf den Bauch. Ganz langsam stieß er die Luft aus, die er für den Aufschrei gesammelt hatte.

Schlangen, dachte er.

Sie gehören nun mal zu dem Job, sagte ein anderer Teil seines Verstands, als hausten in seinem Kopf zwei verschiedene Geister. Du hast gewußt, daß sie dazugehörten, als du die Sache geplant hast.

Ich kann Schlangen nicht ausstehen, dachte der Pessimist. Nur eine von zehn tropischen Schlangen hat ein Gift, das für Menschen gefährlich ist, erklärte der Optimist.

Woher weißt du das?

Hab ich in einer Illustrierten gelesen.

In welcher?

Das spielt keine Rolle.

Klar spielt es eine Rolle, dachte der Pessimist. Ich verlasse mich nicht auf irgendeine Illustrierte. Wenn es zum Beispiel der *Reader's Digest* wäre, würde mir das sicher nicht besonders gut gefallen.

Willst du dich jetzt endlich mal beruhigen? mahnte der Optimist in ihm. Die verdammten Schlangen haben wahrscheinlich mehr Angst vor dir als du vor ihnen.

Eine Schlange, die Angst hat?

Warum denn nicht?

Dieses innere Mutmachen half nicht viel. Er hielt den Kopf nach rechts geneigt und horchte angestrengt nach weiteren raschelnden Geräuschen.

Tucker lag zwischen Gras und Schlingpflanzen unmittelbar am Rand des Dschungels, nur ein paar Fußbreit von der Sandbucht entfernt, in der Holstreth die vier Plünderer treffen wollte. Eine der Maschinenpistolen lag neben ihm. Campeche lag in seinem Rücken. Wenn er den Kopf hob, konnte er auf den dunklen Golf und den sternenlosen, fast schwarzen Sturmhimmel blicken. Etwa zwanzig Schritte rechts von ihm, auf der anderen Seite des aus dem Dschungel kommenden Fußpfads, auch in einem Nest aus Gras und Ranken versteckt, wartete George Knight mit der zweiten Maschinenpistole. Jimmy Shirillo lag direkt am Wasser, in der auslaufenden Brandung ausgestreckt und nur mit der Unterhose bekleidet. Er war halb vom Sand bedeckt, mit Schaumflocken betupft und eng an eine Korallenbank gepreßt, die mit zackigen Zähnen aus dem Meer aufragte. Obwohl er wußte, wo sie waren, konnte Tucker weder Shirillo noch Knight entdecken. Er hoffte, ebensogut verborgen zu sein.

Um Viertel vor zwölf, nachdem Tucker mittlerweile zwei Stunden zwischen den Schlangen gelegen hatte, kamen die vier Plünderer mit den Geländewagen aus dem Dschungel. Jeder der kleinen Transporter war mit einem Mauersegment des Maskenfrieses beladen. Die suppentellergroßen gelben Scheinwerfer der Transporter beleuchteten Bruchstücke der Stuckgesichter und hüllten andere Teile in tiefe Schatten. Obwohl so brutal zerstückelt, war der Wandfries eines der schönsten Stücke präkolumbischer Kunst, die Tucker je gesehen hatte; ein hieroglyphenumringtes, drei mal fünf Fuß großes Gesicht mit einem dicklippigen, offenen Mund, zwei hervorstehenden steinernen Fängen und zwei Kugeln in den Nasenlöchern; eine übereinander angeordnete Totemreihe von drei kleineren Köpfen, das obere und das untere Gesicht jedesmal fast normal geformt, während die in der Mitte abscheuliche Wolfsfratzen zeigten; dann ein Kopf, ganz von Schlangen eingerahmt, mit Augen und Lippen, die aus einem Vipernnest lächelten ... Die *huaqueros* fuhren die Wagen an Tucker vorbei und den Strand hinunter bis direkt ans Wasser. Sie parkten sie in einer ordentlichen Reihe und schalteten dann die Scheinwerfer aus.

Tucker war plötzlich nachtblind. Er kniff die Augen zu, um sie wieder an die Dunkelheit zu gewöhnen. Hoffentlich ging es den Plünderern nicht anders! Nach einer Minute öffnete er die Augen wieder, konnte immer noch nichts sehen und schloß sie abermals für eine Minute. Als er sie dann wieder aufmachte, erkannte er die drei auf dem Strand parkenden Transporter, die mit der Front zur See standen. Die Mauersegmente, die über die Ladeflächen hinausragten, verbargen die vorderen Sitze und die vier *huaqueros*.

Vielleicht, dachte Tucker, sind sie gar nicht in den Wagen. Vielleicht sind sie ausgestiegen, während ich nichts mehr sehen konnte.

Er hob den Kopf ein wenig an und warf einen Blick über die leere, dunkle Bucht. Keine Spur von den Männern.

Dann hörte er ihre Stimmen: schnell gesprochenes Spanisch, Gelächter ... Sie saßen also immer noch in den Wagen. Höchstwahrscheinlich redeten sie davon, wie reich sie bald sein würden.

Plötzlich strahlten die Scheinwerfer auf, als wollten die Plünderer geradewegs ins Meer fahren. Diese Geländewagen konnten fast alles, das wußte Tucker, aber *das* konnten sie wohl doch nicht. Nach wenigen Sekunden schalteten sie die Lichter wieder aus; dann stellten sie sie wieder an und beleuchteten die platzenden Schaumblasen auf dem Kamm der vordersten Welle. Dann schalteten sie aus – und wieder ein. Danach schalteten sie sie wieder aus, und diesmal blieb es dabei ...

Tucker drückte auf den Knopf seiner Uhr und las die beleuchteten Zahlen, die auf der schwarzen Fläche aufblitzten.

11 Uhr 50.

Das Rendezvous mußte bald stattfinden.

Der Ostwind zerfetzte die Stimmen der vier *huaqueros*, die weiter über ihren Reichtum redeten, viel lachten und stinkende Zigaretten rauchten, die Tucker sogar aus fünfzig Schritt Entfernung noch riechen konnte. Einer von ihnen stieg aus dem Transporter aus und ging bis an den Wasserrand, wo er stehenblieb und pinkelte. Als er zurückkehrte, gab es laute, derbe Scherze.

Noch einmal blendeten die Scheinwerfer auf und aus, auf und aus und auf und aus.

11 Uhr 55.

Blitze zuckten über das Antlitz des Himmels, und der Donner folgte wie ein Aufschrei der Pein und Wut.

Als sie um Mitternacht noch einmal ihre Signale gegeben und keine Antwort bekommen hatten, waren die *huaqueros* nicht mehr in der Laune zum Reden und Scherzen. Sie wurden still und nervös.

Auch Tucker war nervös. Dies war der für das Treffen verabredete Zeitpunkt. Wo blieb die *Vast Empire*? Hatte Holstreth es sich anders überlegt? Hatte es vielleicht Ärger mit der Yacht gegeben?

12 Uhr 05.

Nichts.

Tucker spähte auf den Golf hinaus und versuchte, die Umrisse eines unbeleuchteten Schiffs auszumachen. Aber die Nacht war viel zu dunkel, um über das phosphoreszierende Licht auf den Kämmen der Brecher hinwegsehen zu können, die ans Ufer brandeten. Wenn dort draußen ein Schiff war, war es unter dem stygischen Himmel und der rollenden schwarzen See wohl verborgen.

12 Uhr 10.

Die *huaqueros* gaben ihr Signal.

Plötzlich, nur 100 Yards von der schmalen Landzunge entfernt, leuchteten über dem Wasser rote und weiße Lichter auf. Die *Vast Empire* war da, die Backbordseite dem Ufer zugekehrt, 120 Fuß langes Meisterwerk der Schiffsbaukunst. Dutzende von Lichtern ließen sie drei oder vier Sekunden lang sichtbar werden. Dann war der Golf wieder so schwarz wie ein Stollen in einem Bergwerk.

Die vier Plünderer lachten und redeten auf einmal wieder.

Tucker, der alle Schlangen vergessen hatte, legte die Hand auf die Maschinenpistole und zählte stumm die letzten paar Minuten vor dem Zuschlagen.

Um 12 Uhr 20 löste sich ein Zwölf-Fuß-Motorboot, an beiden Seiten mit Schwimmtanks bestückt, von der *Vast Empire* und fuhr kurz darauf vor den Transportern auf den Sand auf. Es war das Boot, mit dem Holstreth den Maskenfries zur *Vast Empire* transportieren wollte, jedes Teilstück in einer Fahrt. Jetzt brachte es vier Männer an Land. Sie stiegen aus dem Boot und wateten durch den nassen Sand. Sie blieben bei den Transportern stehen, bei denen einer der Plünderer eine Colemanlampe angezündet hatte. Der größte der vier war Holstreth. Die anderen drei, alle breitschultrig und schmalhüftig, waren seine Leibgarde. Einer hielt sich dicht an seinen Chef. Die anderen trugen jeder einen Koffer.

Das war das Geld.

200 000 Dollar.

Mit leicht zitternden Händen setzte sich Tucker sorgfältig die Gummimaske mit dem Gesicht von Donald Duck auf, die er bisher an einem festen Gummiband um den Hals getragen hatte. Dann nahm er die Maschinenpistole in die Hand, stand auf und ging kühn auf die Transporter zu.

Niemand blickte in seine Richtung.

Holstreth dachte nicht an irgendwelche Zwischenfälle. Der Texaner nahm vermutlich an, daß die Mexikaner keine Dummköpfe waren und es nur Dummköpfen einfallen konnte, hier etwas Böses im Schilde zu führen. Zum einen hatte Holstreth nicht seine gesamte Mannschaft an Land gebracht; auf der *Vast Empire* waren genug Männer der Besatzung zurückgeblieben, die schießen konnten. Darüber mußten sich die Mexikaner im klaren sein. Zum anderen würde es sich schnell herumsprechen, wenn die *huaqueros* ihn hereinlegten. Nie wieder würden sie mit einem kaufkräftigen Kunsthändler ins Geschäft kommen. Holstreth mußte annehmen, daß die Mexikaner den lukrativen Fortgang dieses Handels nicht für den fünften Teil einer Million aufs Spiel setzen würden. Allerdings würde Holstreth, wenn Tucker erst mal zum Zuge gekommen war, seine Meinung über viele Dinge geändert haben.

Auch die vier Plünderer konnten eigentlich nichts Böses erwarten. Mason Holstreth stand in hohem Ansehen. Er betrog seine Lieferanten nie. Er verdiente mehr, wenn er ehrlich war und keine krummen Sachen machte. Holstreth gab sich nicht mit kleinen Fischen ab. Er stahl kein Geld; er stahl kostbare, unersetzbare Kunstwerke. Nach dem Raubüberfall mußten die vier *huaqueros* völlig konfus sein – und verzweifelte Versuche machen, Holstreth davon zu überzeugen, daß sie nichts mit dem Überfall zu tun hatten.

Tucker näherte sich der Gruppe von links hinten und hielt etwa zehn Fuß von dem ihm nächststehenden Mann an. Er stand direkt am Rande des weißen Lichtkreises, den die Gaslaterne warf.

Einen Augenblick lang beobachtete er die Männer beim Abzählen der Geldbündel im Koffer, dann sagte er in fließendem Spanisch: »Waffen steckenlassen! Keine schnelle Bewegung!«

Mit einem einzigen Ruck, als säßen sämtliche Köpfe auf einem einzigen Körper, drehten sich die acht Männer herum und starrten ihn an. Alle miteinander sprachlos vor Schrecken.

Mit von der Donald-Duck-Maske entstellter Stimme fuhr Tucker weiter auf spanisch fort: »Ich könnte euch alle zusammen durchlöchern, ehe auch nur einer eine Waffe ziehen und einen Schuß abgeben könnte.«

Anscheinend konnten Holstreths Männer genügend Spanisch, um ihn zu verstehen. Ihre Augen senkten sich von der Maske auf den Lauf der schlanken belgischen Maschinenpistole.

»Ist das klar?« fragte Tucker.

Einer der Leibwächter nickte, dann noch einer, dann der dritte. Sie waren Profis. Sie wußten, daß er recht hatte und daß es sinnlos war, darüber mit ihm zu rechten. Die vier Mexikaner nickten fast übertrieben eifrig.

»Mist!« sagte Holstreth.

»Wenn ihr euch umdreht«, erklärte Tucker, »könnt ihr sehen, daß ich nicht allein bin.«

»Verdammt!« sagte Holstreth.

Mit geröteten Gesichtern und zusammengepreßten Lippen drehten sie sich um und standen Knight gegenüber.

George hielt sie etwas von der Seite her in Schach, so daß er Tucker nicht in die Schußlinie bekam, falls er die Maschinenpistole gebrauchen mußte – und seinerseits nicht von Mike getroffen werden konnte. Er trug eine Gummimaske mit dem Gesicht von Mickymaus mitsamt den großen schwarzen und runden Ohren. In einem noch fließenderen und akzentloseren Spanisch sagte er: »So, und nun dreht euch noch mal um 60 Grad herum und seht euch die Brandung an. Was ihr da seht, wird euch sicher interessieren.«

Sie folgten seiner Aufforderung.

Jimmy Shirillo stand neben den spitzen Zähnen der rosa Korallen. Er hielt eine 32er Automatic in der Hand und einen kleinen Segeltuchsack. Er kam nun aus der Dunkelheit näher nach vorn. Sein schlanker, muskulöser Körper funkelte von den Wassertropfen, als wäre er mit Brillanten besetzt. Auch er verbarg sich hinter einer Disney-Maske, dem unermüdlichen Goofy, dem raffzähnigen Gefährten von Mickymaus.

»Gemeine Hunde!« fauchte Holstreth.

Einer der *huaqueros* kicherte hysterisch.

Holstreth fuhr zu ihm herum. »Was ist mit dir los, du Idiot! Das ist ein Überfall! *Jesus!*« Holstreth war groß, ein John-Wayne-Typ, ungeschlacht und mit der Stimme eines wütenden Stiers.

Der Gedanke, die Disney-Figuren an Stelle furchteinflößender Masken zu nehmen, stammte von Tucker. Vor noch nicht langer Zeit hatte er einen Artikel über den verstorbenen Horrorfilmstar Lon Chaney gelesen. Chaney war einmal nach der furchterregendsten Szene gefragt worden, die er sich vorstellen könne. Er hatte etwa folgendes gesagt: ein Klopfen an der Tür zu hören, die Tür genau um Mitternacht sich öffnen und davor einen Mann in einem Clownkostüm stehen zu sehen. Der Clown um Mitternacht ... Das war so furchterregend, weil der Clown zur falschen Zeit am falschen Ort war. Fern vom Zirkus, um Mitternacht vor einer Tür, war der Clown nicht mehr ein Wahrzeichen der Fröhlichkeit; er war ein Wahnsinniger. Es war nicht länger seine Aufgabe, Heiterkeit zu verbreiten – er verbreitete Schrecken und Auflösung. Vor einer dunklen Haustür in der Geisterstunde wurde der Clown zur Personifizierung des Todes, der gekommen war, um Ernte zu halten. Und ebenso waren Donald Duck, Mickymaus und Goofy hier in der einsamen Bucht in der ersten Stunde eines sturmwolkenverhangenen Tages bizarre und angsteinflößende Gestalten. Die Masken waren ein psychologischer Trick, wie auch die Maschinenpistolen zum Teil dazu dienten, die Opfer zu verunsichern und verunsichert zu lassen, bis es für sie zu spät war, sich zu wehren.

Holstreth sagte: »Ihr seid Idioten! Drei Idioten! Damit kommt ihr nicht durch. Ich habe da draußen auf dem Boot Leute. Sie beobachten uns durch Ferngläser. Wahrscheinlich bringen sie schon das nächste Beiboot aufs Wasser.«

»Davon bin ich überzeugt«, stimmte Knight ihm zu. »Darum müssen wir uns jetzt auch beeilen.«

»Alle flach auf den Boden!« befahl Tucker. Knight hatte englisch gesprochen, aber Tucker blieb beim Spanischen, um seine Stimme besser zu tarnen. »Platt auf den Bauch. Wenn nur einer von euch auf dumme Gedanken kommt, habt ihr's alle gehabt! Ist das klar?«

Es war klar. Die Mexikaner und die drei Leibwächter lagen flach im Sand.

Nur Holstreth blieb stehen; seine Kiefer malmten, und er wurde röter und röter.

»Runter!« befahl Tucker energisch. Das konnte gefährlich werden. Holstreth mit seinem krankhaften Größenwahn spurte vielleicht nicht. Wenn er zu aufsässig wurde, mußten sie ihn niederschießen. Und wenn der erste Schuß gefallen war, glaubten die sieben Männer auf dem Sand vielleicht, nichts mehr zu verlieren zu haben, wenn schon geschossen wurde. Und dann würde das Chaos kommen. »Runter, du dämlicher Cowboy«, zischte Tucker wütend auf englisch und hoffte, daß das Flüstern und die Maske Holstreth nicht verraten würden, wer da sprach.

Der Texaner maß ihn: »Wissen Sie, wer ich bin? Ihr drei lebt nicht lange genug, um einen Dollar von dem Geld auszugeben. Keine Chance. Ihr seid geliefert. Ihr dummen Hunde! Ihr armen, dummen Blödmänner!«

Knight tippte ihm auf die Schulter.

Erschrocken drehte sich Holstreth um.

Knight rammte dem Texaner den Lauf der Maschinenpistole in den Bauch. Als Holstreth aufstöhnte und auf dem Hintern landete, trat er einen Schritt zurück. »Na, wird's bald, Großmaul?«

»Ich kriege euch – alle zusammen!« Holstreth japste nach Luft.

Knight trat auf ihn zu und hob die Waffe, als wolle er Holstreth mit dem Schaft über den Schädel schlagen.

Sein grinsendes Mickymausgesicht sah dabei unglaublich bösartig aus.

Endlich rollte sich der Texaner auf den Bauch.

Jimmy Shirillo legte die automatische Pistole aus der Hand und öffnete den Segeltuchsack. Er schüttete den Inhalt auf den Sand: sechzehn Paar starker Stahlhandschellen, die Knight vor mehreren Jahren beim Überfall auf die *Little Monaco* gebraucht hatte. Jimmy fesselte der Reihe nach die Fußgelenke der Männer. Dann schritten er und George je von einer Seite die Reihe ab und fesselten ihnen auch die Handgelenke.

Tucker ging zu den Koffern, klappte die Deckel zu und ließ die Schlösser einschnappen.

Es läuft ausgezeichnet, dachte er.

In der nächsten Sekunde heulte ganz in der Nähe eine Sirene auf.

»Zum Teufel, was war das?« fragte Knight.

»O Jesus!« fluchte Jimmy.

300 Yards westlich von ihnen, dicht am Ufer, lag ein mexikanisches Kanonenboot bewegungslos im Wasser. Es hatte keine Positionslaternen gesetzt, und die Maschinen liefen nicht. Plötzlich blendeten alle Lichter auf, die Maschinen dröhnten, das Boot bewegte sich vorwärts, und mehrere Maschinengewehrgarben prasselten zur Warnung über Tuckers Kopf in den Dschungel.

7

»Abhauen!« rief Tucker.

Während er es rief, folgte er dem eigenen guten Rat. Er packte einen der schweren, mit Geld gefüllten Koffer und rannte damit zum nächststehenden der drei Geländewagen. Es blieb nicht genug Zeit, zu Fuß zu fliehen, wie sie es geplant hatten. Er warf den Koffer auf den Beifahrersitz, schob die Maschinenpistole daneben und schwang sich hinter das Steuer.

Immer noch in der Unterhose, weder von einem Koffer noch sonst etwas behindert, war Jimmy Shirillo sogar noch schneller als Mike gewesen. Er saß schon im zweiten Transporter, ließ den Motor aufheulen und warf einen Blick auf Tucker. Sein Gesicht war grimmig.

Die Sirene schrillte immer weiter.

Als das Patrouillenboot näher kam, blendeten die am Bug auf die Reling montierten Scheinwerfer auf. Helle, scharf begrenzte Lichtkegel glitten über die Brandung und dann über den Sandstrand.

Tucker startete seinen Wagen und brachte den Motor auf

Touren, bis er die Benzindünste roch. Er hörte Holstreth – hilflos auf dem Sand – fluchen und aus Leibeskräften rufen, aber er richtete keinen Blick auf ihn oder die anderen sieben Männer in Handschellen, sondern spähte an Jimmy vorbei zu Knight hinüber, der soeben mit dem zweiten Geldkoffer in den letzten Transporter sprang. Als er feststellte, daß sie alle startbereit waren, ließ er die Kupplung kommen, steuerte nach rechts und fuhr in einem Bogen vom Golf und dem heranrauschenden Kanonenboot fort und dem Dschungel entgegen. Er trat das Gaspedal bis zum Boden durch.

Maschinengewehrsalven kamen wieder in Intervallen vom mexikanischen Schiff, gingen über sie weg und schlugen in die Bäume. Die Botschaft war so klar, als wären die Kugeln Worte aus einem Lautsprecher. Bleibt stehen oder ihr seid tot.

Aber Stehenbleiben bedeutete Gefängnis. Ein mexikanisches Gefängnis. In einem mexikanischen Gefängnis konnte man verfaulen, ohne einen Anwalt zu sehen oder eine Botschaft ans amerikanische Konsulat durchzubekommen.

Tucker fuhr weiter.

Es gab gar keine andere Wahl.

Der Geländewagen war nicht das beste Fluchtauto, das er je gefahren hatte. Er bewegte sich langsam und schwerfällig vorwärts, behindert vom Gewicht des großen Mauersegments auf der Ladefläche. Der Sand rutschte unter den Ballonreifen weg.

Schneller, dachte Tucker gehetzt. Schneller, verdammt noch mal!

Er saß dicht vor dem Lenkrad, die Schultern hochgezogen, das Kinn an die Brust gepreßt, als rechnete er mit einem heftigen Schlag auf den Hinterkopf. Er blickte in den Seitenspiegel und sah, daß Jimmy ihm folgte. Shirillo beugte sich ebenso weit übers Steuer wie Tucker; er hob sich deutlich vom Maskenfries ab, der hinter ihm von der Ladefläche aufragte. Noch in der Bucht und nahe bei den acht gefesselten Männern startete George Knight gerade seinen Wagen und schloß sich als letzter der Reihe an.

Sie hatten alle drei ausgezeichnet reagiert, stellte Tucker fest. Nur ein paar Sekunden waren seit dem ersten Sirenenton des Patrouillenboots vergangen, und schon waren sie mit dem

Geld auf dem Rückweg. Schneller hätte niemand reagieren können. Aber so schnell sie auch gewesen waren – vielleicht war es doch nicht schnell genug.

Die Lichtkreise der Scheinwerfer sprangen, zuckten, hüpften und glitten wie Irrlichter vor dem Wall des Dschungels auf und ab, tauchten dann tiefer und beleuchteten die Sandfläche der Bucht. Plötzlich glänzte der dunkle Sand rechts und links von Tucker auf und blendete ihn. Einer der Lichtstrahlen hatte ihn erfaßt.

Es folgte eine längere Salve aus dem Maschinengewehr auf dem Schiff, länger als alle anderen zuvor, und diesmal zielte sie sehr viel niedriger und zerfetzte die fedrigen Palmen und die grauen Bärte des spanischen Mooses direkt über ihm.

Die dritte Warnung, dachte Tucker. Wie viele mochten noch kommen? Eine? Nein, nicht mal das. Nur diese drei, die sie schon gegeben hatten. Mit den Warnungen war es getan. Bei Gott, jetzt ging es wirklich los!

Die Sirene erstarb. Trotz des heulenden Winds und des steten Motorenlärms der drei Transporter schien die Nacht plötzlich unnatürlich still zu sein. Solange die Sirene noch heulte, bedeutete das, daß die Männer auf dem Patrouillenboot glaubten, die strenge Autorität des Staates würde genügen, Tucker, Shirillo und Knight aufzuhalten. Wenn die Sirene aber verstummte, bedeutete das, daß die Mexikaner ihren Optimismus aufgegeben hatten. Sie würden keine kostbare Zeit mehr verschwenden. Als aus dem Kommandogeheul der Sirene ein verlorenes Jammern wurde, das sich in Schweigen auflöste, kam sich Tucker wie ein Mann mit verbundenen Augen vor einer Mauer vor, der darauf wartet, daß das Hinrichtungspeloton sein Werk verrichtet.

Kugeln regneten! Sie prallten von der stählernen Rückwand der Ladefläche ab und splitterten Stuccopartikel ab. Tucker wurde von der alten Mauer gedeckt, hatte aber Angst vor Querschlägern. Und vor Schüssen in die Reifen. Wenn bei jedem der Transporter nur ein Reifen ein Loch bekam, würden die Wagen Schlagseite bekommen und im Sand steckenbleiben. Zu Fuß konnten sie dem mexikanischen Militär nie entkommen. Entweder wurden sie von den Maschinengewehren an

Bord zerstückelt oder von der Mannschaft verfolgt, eingekreist und verhaftet.

Der Pfad durch den Dschungel, der, den die *huaqueros* benützt hatten, um die Mauersegmente ans Ufer zu transportieren, ein schmaler Tunnel im Blättergewirr, war nur noch zwanzig Fuß entfernt.

Zu weit! dachte Tucker.

Aber dann wich der Sandstrand plötzlich der engverschlungenen Matte von Kriechgewächsen am Rand des eigentlichen Dschungels. Die Reifen fanden hier festeren Halt als auf dem Sand. Der Transporter machte einen Satz nach vorn, wurde schneller und glitt mit einemmal in den Schutz der Bäume und des Unterholzes.

Tucker sah in den Seitenspiegel. Immer noch leuchteten zwei Scheinwerferpaare hinter ihm. Jimmy Shirillo war schon im Dschungel und nicht mehr in Sicht des Patrouillenboots; Knight erreichte gerade die Grenze.

Laut fluchend, wenn der Dschungelvorhang dicht genug heranreichte, um ihm mit langen, pelzigen Ranken oder gummiartigen Blättern ins Gesicht zu schlagen, stemmte Tucker den Fuß fest aufs Gaspedal. Er fuhr, bis er das Gefühl hatte, so tief zwischen den Bäumen zu sein, daß die Männer auf dem Patrouillenboot seine Scheinwerfer nicht mehr sehen konnten, dann bremste er heftig und ging in den Leerlauf. Ohne den Motor oder die Scheinwerfer abzuschalten, sprang er über die niedrige, türlose Seitenwand und lief zu Jimmy Shirillos Wagen, der fünf Schritte hinter ihm anhielt. Shirillo war schon ausgestiegen und stand am Rand des schmalen Pfads. Er hatte eine große Dose Insektenspray aus der Segeltuchtasche genommen, in der die Handschellen gewesen waren. Jetzt sprühte er sich gründlichst von Kopf bis Fuß ein und gab die Dose dann Tucker. »Mein Gott! Ich werde bei lebendigem Leib von Tausenden dieser Biester aufgefressen!«

»Besser, als von Tausenden kleiner MG-Kugeln zerfetzt zu werden«, stellte Tucker fest.

»Da magst du recht haben.«

Jimmy zerrte Hose und Hemd aus dem Sack und zog sich an. »Das Zeug ist ein bißchen feucht geworden«, sagte er. »Da

sieht man, was man von dem Schild *wasserdicht* zu halten hat.«
Wenn der Überfall wie geplant gelaufen wäre, hätte er reichlich
Zeit gehabt, sich am Strand anzuziehen.

Tucker sprühte sich den Kopf und die Arme ein, dann machte er die Augen wieder auf und nieste das Insektengift aus, das
ihm in die Nase geraten war.

»Gesundheit!« sagte George Knight und trat zu ihnen.

Er nahm Tucker die Spraydose ab, benützte sie und händigte
sie Jimmy wieder aus.

Shirillo versprühte den Rest und warf die leere Dose zwischen die Bäume. »Was jetzt?«

»Zurück zu der *Golden Girl!*« Das gespenstische Streulicht
der niedrigen Scheinwerfer gab Knights zerklüftetem Gesicht
einen noch finstereren Ausdruck als sonst. Er sah furchteinflößend aus. Hier in der Nacht im Dschungel konnte die elegante-
ste Aufmachung seine unglückselige Erscheinung nicht mehr
verbergen. Er hätte leicht eine monströse Kreuzung, ein gefährlicher Affenmensch aus einem Roman von Edgar Rice Bur-
roughs sein können.

»Du magst ein guter Kapitän sein«, sagte Jimmy. »Aber nicht
mal du kannst mit einem Luxusdampfer wie der *Golden Girl*
diesem verdammten Kanonenboot davonfahren. Sie werden
vor der Küste kreuzen und nach uns Ausschau halten. Wenn
wir herauskommen, richten sie ihre Kanonen auf uns.«

»Dann warten wir einfach, bis sie abhauen«, sagte Knight.

»Die hauen nicht ab.«

»Nein.« Knight nickte. »Das glaube ich auch nicht.«

»Wahrscheinlich haben sie schon ein Boot im Wasser. In ein
paar Minuten sind ihre Leute am Strand, wenn sie nicht längst
da sind. Bis morgen früh haben sie Verstärkung, und dann suchen hundert Mann den Dschungel nach uns ab. Sie werden
auf den Fluß stoßen und auf die *Golden Girl.*« Er spuckte Insektengift aus und fuhr mit dem Handrücken über seine Lippen.
»Die bleiben so lange da, bis sie uns einkassieren können.«

»Okay«, sagte Knight. »Was schlägst du vor?«

»Wir fahren bis zu den Maya-Ruinen«, antwortete Jimmy und
wandte sich an Tucker. »Dieser New Yorker Kunstexperte …«

»Was ist mit ihm?«

»Du hast gesagt, er hätte erzählt, die Plünderer hätten ein kleines Lager bei der Ausgrabungsstätte.«

»Ja, das hat er.«

»Haben sie da auch einen Benzinvorrat?«

»Das müßten sie wohl.« Tatsächlich hatte Tucker, als er vor wenig mehr als einer Woche mit Mason Holstreth bei den Ruinen gewesen war, neben anderen Vorräten drei Fässer Benzin gesehen.

»Dann ist es okay. Wir fahren zu den Ruinen, kippen die drei Stücke der Mauer aus, tanken die Transporter auf und fahren Richtung Osten ins Landesinnere.«

»Und wohin da?« fragte Knight.

Tucker sagte nichts. Sein Entschluß, was zu tun war, stand ziemlich fest, aber er wollte erst die Vorschläge von Shirillo und Knight hören, um sicher zu sein, keine Möglichkeiten übersehen zu haben.

»In dieser Gegend hier ist der Dschungel gar nicht so tief«, erklärte Jimmy. »Wir fahren auf die nächste Stadt zu.«

»Wie weit ist das?« fragte Knight.

»So ungefähr fünfzig Meilen«, antwortete Tucker.

»Wenn wir dort ankommen, werden wir von zwei Dutzend mexikanischer Polizisten erwartet«, wandte Knight ein.

»Das kann sein.« Shirillo zuckte die Achseln.

»Das ist so«, beharrte Knight. »Zehn Minuten, nachdem wir aus dem Dschungel kommen, sitzen wir schon in einem mexikanischen Gefängnis.«

»Vielleicht dauert es nur fünf Minuten. Aber was sollen wir sonst machen?«

Beide sahen Tucker an.

»Wir müssen zur *Golden Girl* zurück«, entschied Mike.

Stirnrunzelnd murrte Jimmy: »Ich dachte, das hätten wir lang genug erörtert und wieder verworfen.«

George Knight schwieg. Er wollte nichts lieber als zu seinem Boot zurück, egal, ob dies die klügste Entscheidung war oder nicht. Der Gedanke, den Kreuzer zurücklassen zu müssen, machte ihn krank.

»Wenigstens können wir uns auf der *Golden Girl* verbarrikadieren, wenn es dazu kommen sollte«, sagte Tucker.

»Gegen eine Armee?« fragte Jimmy zweifelnd.

»Ja. Ich glaube nämlich, daß wir sie verstecken können.«

»Die *Golden Girl?*«

»Ja.«

Die beiden Männer starrten ihn blinzelnd und verständnislos an.

Am gestrigen Nachmittag, als die *Golden Girl* an der breitesten Stelle des Flusses direkt vor dem Wasserfall Anker geworfen hatte, war Tucker nicht in Laune gewesen, mit Knight und Shirillo Karten zu spielen oder zu schlafen und hatte statt dessen am westlichen Flußufer einen kurzen Spaziergang gemacht. Am Fuß der Felsen war er eine Weile stehengeblieben, um den Wasserfall zu bewundern, und hatte dabei eine merkwürdige Entdeckung gemacht. Ein ziemlich großer Affe war hinter dem Wasserfall hervorgekommen und war schnatternd und kreischend durch den Vorhang des fallenden Wassers getaucht. Als er Tucker entdeckte, hatte der Affe ihn mit schriller Stimme beschimpft und war dann im Dickicht des Dschungels verschwunden.

Jimmy schlug nach einem Insekt, das um seinen Kopf schwirrte. »Glaubst du, daß sich hinter dem Wasserfall eine Höhle befindet?«

»Es muß so sein.«

»In der Affen hausen?«

»Das weiß ich nicht. Ich glaube nicht, daß Affen in Höhlen wohnen. Aber der hat sie zumindest erforscht.«

»Ja, ist sie denn für die *Golden Girl* groß genug?« fragte Knight.

»Das kann ich auch nicht sagen. Ich hab nicht versucht, sie mir genauer anzusehen, aber jetzt sollten wir das mal tun.«

»Selbst wenn sie für mein Boot hoch, breit und lang genug ist, wird sie nicht tief genug sein. Eine Höhle hinter einem Wasserfall? Die wird so flach sein wie ein Waschbecken.«

»Es ist unsere beste Chance«, sagte Tucker.

Jimmy schüttelte den Kopf. »Du bist vielleicht eine Nummer, Tucker. Ich hätte den Affen gesehen und mir nichts dabei gedacht. Und selbst wenn ich in die Höhle hinter dem Wasserfall gestolpert wäre, hätte ich nicht daran gedacht, daß wir Georges Boot darin verstecken könnten.«

»Wenn du bei meinem letzten Job mitgemacht hättest«, sagte Tucker, »wärst du darauf gekommen.« Zu längeren Erläuterungen fehlte die Zeit, und er machte erst gar keinen Versuch. »Machen wir, daß wir weiterkommen.«

Ein gräßlicher, kreischender, heulender Aufschrei drang plötzlich durch den Urwald und ließ sie herumfahren.

»Was, zum Teufel ...«, begann Jimmy.

»Das hört sich an wie ein böser Geist«, sagte Knight.

»Ein Jaguar oder irgendeine andere Raubkatze«, erklärte Tucker. Er hatte den Schrei früher schon gehört, bei seinem ersten Besuch – in der Eigenschaft eines Experten für primitive Kunst –, als er mit Mason Holstreth und den vier Plünderern zusammen war, die den Fries der Masken gefunden hatten.

Der Schrei erscholl wieder; dann war es still.

Um sie herum schien der Dschungel zu pulsieren und näher zu rücken. Plötzlich wurde ihnen abermals bewußt, wie weit sie ihrem normalen Leben entrückt waren.

»Ich hätte nie geglaubt, daß ich nach dem guten alten Pittsburgh mal solche Sehnsucht haben könnte«, sagte Jimmy.

Tucker ging nach vorn zu seinem Transporter, setzte sich hinter das Steuer und fuhr tiefer in den Dschungel hinein. Als er etwa hundert Yards gefahren war, verlangsamte er das Tempo und prüfte eingehend das Gelände links von ihm. Er erkannte vertraute Wegzeichen, kleine Veränderungen im dichten Unterholz, und fuhr den Transporter vom gebahnten Weg herunter. Die Blätter teilten sich, und ein noch schmalerer, sumpfiger Pfad wurde erkennbar, der feucht das gelbliche Licht der Scheinwerfer widerspiegelte. An dieser Stelle waren sie auf ihrem Fußmarsch vom Fluß vor einigen Stunden auf den Hauptweg gestoßen. Sie hatten die Waffen schußbereit in der Hand gehalten, um sie auf Schlangen zu richten, die ihre Taschenlampen aufstöbern könnten. Es war verhältnismäßig gut zu gehen gewesen, obwohl der Boden sumpfig war. Aber Tucker war nicht sicher, ob die Geländewagen ihren Namen Ehre machten und so schnell hier durchkamen wie ein Mann zu Fuß. Wenn die Transporter einmal vom festeren Grund des gebahnten Wegs abkamen, wurden sie möglicherweise eher zu einer Behinderung als zu einer Hilfe. Dennoch trat er fest aufs

Gaspedal und hielt das Lenkrad mit beiden Händen fest. Die dicken Reifen drehten auf dem Matsch durch und sanken dann wie Steine ins Wasser; sie drehten weiter, um dann ganz plötzlich mit einem Ruck wieder aus dem schwarzen Morast aufzutauchen. Der Wagen rutschte, schlingerte von einer Seite zur andern und raste dann nach vorn zwischen die eng zusammenstehenden Palmengruppen und die höheren und dickeren, rauhen Stämme der tropischen Eukalyptusbäume, der Bananenstauden und moosbehangenen Zypressen. Tucker nahm das Gas weg und kämpfte mit dem Lenkrad, das in diesem schwierigen Gelände viel Widerstand leistete.

Etwa fünfzig Schritt vom Hauptpfad entfernt, schon tief im dichten Dschungel, leuchtete ein orangeroter Kreis auf dem blassen Stamm einer mächtigen Palme. Als Tucker vom Fluß kam, hatte er den Weg mit phosphoreszierender Farbe markiert, um wieder zum Boot zurückzufinden. Jetzt hielt er den Transporter auf einem Stückchen festerem Grund an, stieg aus und suchte nach der Sprühdose, die er fortgeworfen hatte, als er merkte, wie dicht er schon beim Hauptpfad war.

Jimmy Shirillo trat zu ihm und sagte: »Ich glaube, es ist gar nicht schlecht, daß wir den Fries mit uns schleppen. Er belastet die Transporter, und dadurch fassen die Reifen besser.«

»Bis wir in *tiefen* Sumpf kommen«, antwortete Tucker. »Dann versinken wir wegen der Mauer gleich ganz.«

»Du kannst einem wirklich Mut machen.«

Tucker stocherte zwischen wucherndem Sauerklee und Känguruhwein herum.

»Was machst du da?« fragte Shirillo.

»Ich suche die Sprühdose.«

»Warum?«

»Ist doch egal. Hilf mir lieber.«

Nach ein paar Sekunden fand Jimmy sie unter einem grünen Riesenblatt eines Elefantenohrphilodendrons. Er gab sie Tucker.

»Wunderschön.«

»Vielen Dank. Alle Damen sind deiner Meinung. Gewinne ich bei einer Konkurrenz?«

»Du bist noch nicht einmal im Halbfinale«, sagte Tucker.

Die Dose war mindestens halb voll, reichlich genug für seine Zwecke.

»Nicht im Halbfinale? Na, warte mal, bis du mich in der Badehose gesehen hast.«

»Das hab ich.«

»Und?«

»Kein Preis.«

»Dann warte, bis die Talentprobe kommt.«

Tucker ging zu seinem Transporter zurück. »Singst du?«

»Ich bin Tambourmajor.«

»Das kann ich überhaupt nicht ausstehen.«

»Und ich rasple Süßholz.«

»Noch schlimmer.«

»Ach«, seufzte Shirillo, »vielleicht wählen sie mich immer noch zur Miss Liebenswürdig. Das kann mir keiner nehmen.« Er ging zu seinem Wagen und gab George Knight ein Handzeichen zur Weiterfahrt.

Tucker ließ seine Uhr aufleuchten.

12 Uhr 47.

Die Donald-Duck-Maske hing ihm noch um den Hals. Er zog sie sich über den Kopf und warf sie auf den Beifahrersitz. Der gehärtete orange Gummischnabel stand halb auf, als zische Donald ihn an. Die leeren Augen schienen ihn zu beobachten. Er drehte die Maske andersherum.

Er fuhr tiefer zwischen die Bäume, folgte den gelbsüchtigen Scheinwerferkegeln. Nicht immer konnte er auf dem Weg bleiben, den er auf dem Hinweg markiert hatte. Manchmal standen die Bäume zu dicht, um die Transporter durchzulassen; gelegentlich hingen Lianen mit dem Durchmesser von Abflußrohren so tief herunter, daß sie den über die Laderampen hinausragenden Fries mit seinen Geisterfratzen blockierten. Aber jedesmal, wenn ein Hindernis umrundet war, kehrte Tucker auf den mit Farbe markierten Pfad zurück. Sie hatten eine Stunde und fünfzehn Minuten gebraucht, um zu Fuß vom Fluß über den trügerischen Sumpfboden bis zum Hauptweg zu kommen. Dank der Geländewagen kamen sie jetzt sehr gut voran und sollten den Rückweg von jetzt an in zwanzig, höchstens dreißig Minuten schaffen können.

Aber auch die Männer vom mexikanischen Patrouillenboot würden verdammt rasch vorwärtskommen. Sie würden sehr schnell die acht gefesselten Männer vom Strand verhört haben. Sie würden inzwischen alles über den Überfall wissen und den drei Männern mit den Transportern folgen. Bestimmt würden sie den mit Farbe markierten Weg entdecken und bis an seinen Ausgangspunkt gehen. Sie würden zu Fuß sein, aber vielleicht waren sie sehr viel besser als Tucker, Shirillo und Knight an tropische Sümpfe gewöhnt und holten schnell auf.

Wieviel Vorsprung werden wir haben, wenn wir bei der *Golden Girl* sind? fragte sich Tucker. Eine Stunde? Anderthalb Stunden? Bestimmt nicht länger. Vielleicht weniger. Möglicherweise sehr viel weniger.

Durch den Lärm des Motors drang der wilde Schrei der Dschungelkatze. Tucker empfand ihn als böses Omen.

8

»Ich schwöre, daß ich nichts mit dem Raub zu tun habe. Ich bin ein ehrlicher Dieb. Ich plündere nur die Ruinen. Die Männer in den Mickymaus-Masken kenne ich nicht«, sagte Montoya.

»Und sie warten nicht im Dschungel auf euch?«

»Nein! Das schwöre ich!«

»Ich möchte dir raten, mich nicht zu belügen.«

»Nur ein Dummkopf würde Sie anlügen, General.«

»Du hast auf eigene Faust mit dem Texaner Geschäfte gemacht. Du wolltest mich um meine Prozente bringen.«

»Da war ich ein Dummkopf.«

»Und jetzt bist du keiner?«

»Nein, jetzt nicht«, sagte Montoya.

López sah ihn eine Minute lang eindringlich an. Endlich sagte er: »Ich glaube fast, daß du die Wahrheit sagst.«

Montoya nickte heftig und lächelte.

»Was ist so komisch?« fragte López.

Montoyas Lächeln wurde starr wie bei einer Zahnpastareklame. »Nichts«, flüsterte er verzagt.

»Dann hör mit diesem idiotischen Grinsen auf.«

Montoya tat, was ihm geheißen war. Sein dunkles Gesicht wurde ausdruckslos.

Wie der Stuhl im Mittelpunkt eines riesenhaften Verhörzimmers wurde der Strand von den sich überschneidenden drei Suchscheinwerfern der *Miguel Hidalgo* grell beleuchtet.

General López, Major Sánchez und drei weitere uniformierte Männer standen mit dem Rücken zum Golf. Sie hoben sich als Silhouetten von den Scheinwerfern ab, ohne von ihnen geblendet zu werden. Die scharfen weißen Lichtstrahlen spießten die acht Männer auf – vier mexikanische Bauern und vier *norteamericanos* –, als wären sie Insekten und der Sand unter ihnen der samtbezogene Boden des Glaskastens eines Schmetterlingssammlers. Sechs der mit Handschellen gefesselten Männer lagen noch auf ihren Bäuchen am Boden. Sie hatten sich so weit herumgewälzt, daß sie über die Schultern die mexikanischen Soldaten sehen konnten. Zwei Männer, Mason Holstreth und der *huaquero*-Anführer Hector Montoya, standen aufrecht, aber immer noch gefesselt vor dem General. Es fiel ihnen schwer, stehenzubleiben, aber sie gaben sich große Mühe, denn López und Sánchez traten sie, sobald sie fielen. Holstreth und Montoya zwinkerten im grellen Scheinwerferlicht und versuchten, ihre Gesichter in den Schatten des Generals und des Majors zu bringen. Aber López und Sánchez bewegten sich andauernd, während sie Fragen stellten, und das Licht fiel ständig auf die beiden gefesselten Männer.

Hector Montoya war schweißgebadet. Das schwarze Haar klebte ihm am Kopf und glitzerte vom Schweiß; salzige Tropfen lösten sich von den Haarspitzen und rannen ihm über die breite Stirn. Unter der milchkaffeefarbenen Haut sah er blaß und krank aus. Tagelang hatte er jede Angst vor General Francisco López Garrido laut abgestritten, aber jetzt zitterte er wie vom Schüttelfrost gepackt.

Holstreth und Montoya eigneten sich ganz vorzüglich als Beispiel für Gegensätze. Der Texaner war ein Löwe, Montoya eine Gazelle. Holstreth schwitzte nicht; er sah vielmehr so aus, als schwitze er *nie*. Er war ein harter Mann. Sein Gesicht war nicht unter der Bräunung blaß, und er zitterte auch nicht. Seine

Augen hefteten sich auf López. Er mußte sie zusammenkneifen, um nicht völlig von den Scheinwerfern geblendet zu werden, aber die kobaltblauen Augen verrieten keine Spur der Unruhe und Furcht, die ihn ausfüllen mußten.

Noch ehe diese Stunde vorüber ist, dachte General López, wird das texanische Schwein seine Angst ebenso offenkundig und unübersehbar zeigen wie Hector Montoya.

López drehte sich zu den drei uniformierten Männern um, die links von ihm standen. Einer trug eine Maschinenpistole. Zu den anderen, die beide Arme frei hatten, sagte er: »Trennt die Plünderer von Holstreths Männern. Bringt sie dort hinten an den Rand des Dschungels.«

Die Soldaten gehorchten sofort. Sie trugen die drei gefesselten *huaqueros* einen nach dem andern zu dem von Kriechpflanzen bewachsenen Randstreifen vor den ersten Bäumen. Sie legten sie bäuchlings nebeneinander, wie sie schon auf dem Strand gelegen hatten. Dann drehten sie sich zum General um, seine Befehle erwartend.

Zu Saenz, dem Mann mit der Maschinenpistole, sagte López: »Bring die Hunde um!«

Saenz zögerte.

»Auf der Stelle!«

»Jawohl, Señor.« Resigniert, aber nicht widerstrebend ging Saenz zum Ende der Bucht. Er nahm schon auf dem Weg den Gurt der Maschinenpistole von der Schulter und machte sie schußbereit. Wie die anderen 21 Männer vom persönlichen Stab des Generals war auch Saenz wegen vier besonderer Eigenschaften ausgewählt worden: er war in Armut geboren und aufgewachsen, und sein einziger Kontakt mit einem besseren Leben war General Francisco López Garrido; er war von einer fast krankhaften Gier nach Geld und Besitz besessen; er fürchtete und respektierte den General; und er war zu allem fähig, auch zu Mord. Saenz gab den beiden anderen Soldaten ein Zeichen; sie machten ihm Platz. Er stand etwa drei Schritt hinter den drei liegenden Männern und hob die Waffe.

Weder Montoya noch Holstreth konnten sehen, was sich hinter ihnen abspielte. Der Mexikaner machte die Augen zu. Holstreth starrte weiter unverwandt den General an.

Wegen des heftigen Winds und grollenden Donners hatten die *huaqueros* ihren Urteilsspruch nicht gehört. Aber sie spürten wohl, was geschehen sollte. Auf einmal begannen sie herumzurutschen, aufzuschreien und um Gnade zu bitten.

Die Waffe dröhnte wie ein Schlaghammer.

Die Schreie verstummten, als wäre ein Tonarm von einer Platte gehoben worden.

Montoyas Augen blieben geschlossen. Er schwitzte noch mehr und murmelte vor sich hin.

Holstreth schien ganz unberührt.

»Montoya«, sagte der General.

Der Mann, der um seine Rettung betete, hörte nicht, daß sein Name gefallen war.

Der General kniff Montoya in die Wange.

Die Augen des Mexikaners klappten wie die einer Schlafpuppe auf: groß, rund, überrascht, aus dieser Welt in die Wirklichkeit in einer anderen Welt starrend. Allmählich nur erfaßte sein Blick López und wurde sofort furchterfüllt.

»Weißt du, warum ich deine Leute habe töten lassen?«

Montoya öffnete den Mund und bewegte die Lippen, brachte aber keinen Ton heraus.

»Um dir eine Lehre zu erteilen.«

»Eine Lehre.« Endlich fand Montoya die Stimme wieder. Sie war dünn, zittrig und fast unhörbar.

»Niemand verrät mich. Niemand betrügt mich. Niemand hält mich zum Narren. Niemand!« Speichelbläschen perlten an einem Mundwinkel auf den dünnen, blutleeren Lippen des Generals. Er hatte die Sonnenbrille abgesetzt; seine Augen waren starr und dennoch so durchdringend wie die Spitze eines Messers. »Hast du die Lehre begriffen?«

Montoya nickte.

»Hast du das wirklich?«

»Ja.«

»Du lügst.«

»Nein, nein. Ich lüge nicht. *Nein!*«

López riß die Lasche des Halfters an seiner rechten Hüfte auf und holte einen .45kalibrigen Revolver heraus. »Wenn wieder ein Händler auftaucht, einer wie dieses habgierige texanische

Schwein, wirst du dann an ihn verkaufen, ohne erst eine Abmachung mit mir zu treffen?«

»Nie wieder.« Montoya verfolgte den Revolver und starrte geradewegs in die Mündung. »Das war mir eine Lehre.«

López betrachtete ihn lange prüfend. Im gleißenden Licht der Suchscheinwerfer sah jede Pore auf dem Gesicht des Mannes wie ein Mondkrater aus. Nach einer Minute des Schweigens seufzte der General theatralisch auf. »Ich weiß nicht, was ich denken soll … Vielleicht sagst du ja die Wahrheit.«

»Ja«, sagte Montoya eifrig. Er wollte lächeln, aber das Lächeln wurde zu einer Grimasse. »Ja, ich sage die Wahrheit. Es war mir eine Lehre. Sie sind zu klug für mich.«

»Hm.« Der General nickte gedankenvoll. Als er sprach, schien er sich nicht an Montoya, Holstreth oder die umstehenden Soldaten zu richten, sondern allein an sich selbst. »Wahrscheinlich sagst du die Wahrheit, Montoya«, überlegte er. »Aber ich kann mich nicht darauf verlassen. Ich kann dir nicht trauen. Wer sich in diesem Geschäft auf andere verläßt, endet mit vielen Messern in seinem Rücken. Im übrigen hast du mich zum Narren halten wollen. Das mag ich überhaupt nicht.«

Er schoß Hector Montoya in die Brust und dann in den Hals und tötete ihn auf der Stelle.

Im fluoreszierenden Licht der Scheinwerfer sah das Blut auf dem Sand unnatürlich rot und dick aus.

López senkte den rauchenden Revolver und wandte sich dem Texaner zu. »Sie sehen sehr gelassen aus, Mr. Holstreth«, sagte er voll ehrlicher Bewunderung.

Holstreth war wie eine Kobra, die darauf wartet, daß die Flöte aussetzt, um zuschlagen zu können. »Warum sollte ich aufgeregt sein? Nichts, was Sie getan haben, war unvernünftig. Sie sind ein guter Geschäftsmann. Sie handeln rasch. Das bewundere ich. Sie mußten die Männer töten, zur Abschreckung für jeden anderen Plünderer in Ihrem Territorium. Allein der *Versuch*, Sie zu hintergehen, verdiente den Tod.«

Lächelnd stellte López fest: »Ich verstehe, warum Sie viele Millionen Dollar wert sind.«

Holstreth schwieg.

Sich an Saenz wendend, der vom Blutbad am Dschungelrand zurückgekehrt war, hob der General die Stimme: »Du wirst jetzt die drei anderen Männer exekutieren!« Er zeigte auf die gefesselten Leibwächter von Holstreth.

»Hier?« fragte Saenz.

»Wir werden zurücktreten, um nicht im Wege zu sein.«

Major Sánchez packte Holstreths Hemd und zwang ihn, rückwärts einige Schritte in die auslaufende Brandung zu stolpern.

In grimmigem Befehlsgehorsam trat Saenz auf die Männer zu und feuerte. Seltsamerweise fluchte kein Mann von Holstreths Leibwache, schrie oder bat um Gnade. Unmittelbar bevor Saenz abdrückte, sagte einer: »Mr. Holstreth? Mr. Holstreth?« Aber das war alles. Offenbar konnte sich keiner von ihnen auch nur vorstellen, daß ein reicher, bedeutender Mann wie Mason Holstreth es zulassen würde, daß seine Angestellten von einem armseligen mexikanischen General hinterrücks niedergeschossen wurden. Sie starben mit dem Ausdruck der Verwunderung auf den Gesichtern.

Das Tatatatat der Maschinenpistole prallte von der Mauer des Dschungels ab und widerhallte über die verlassene Bucht. Blitz und Donner folgten wie eine Ankündigung göttlichen Zorns.

»Alle tot.« Der General grinste. »Einer von ihnen war der Informant, der mir Ihr – nicht genehmigtes Geschäft mit Montoya zugetragen hat. Er rechnete vielleicht damit, daß ich ihn am Gewinn beteiligen würde.«

»Ein Narr«, sagte Holstreth.

»Drei Leichen mehr. Ist das auch ein gutes Geschäft, Mr. Holstreth? Immer noch ein gutes Geschäft?«

»Gewiß. Sie hatten schon die vier Plünderer ermordet. Sie wollten möglichst wenige Zeugen haben.«

»Und was ist mit Ihnen?«

»Ich bin kein Zeuge.«

»Ach?«

»Ich bin Ihr Komplice.«

»So, sind Sie das?«

Zum erstenmal in dieser Nacht lächelte Mason Holstreth. »Sie und ich, wir tun uns zusammen, um die drei Räuber zu fassen, die sich mit meinen 200 000 Dollar davongemacht haben. Und wir bringen den Fries wieder an uns. Dann teilen wir die Beute. Jeder bekommt 50 Prozent des Geldes und 50 Prozent des Kaufpreises für den Fries. Ich habe einen Käufer an der Hand.«

Mit zutiefst betrübtem Gesicht schüttelte López den Kopf. »Was für ein schönes Drehbuch. Schade, daß es nie verwendet werden wird. Ich kann diese drei Meisterdiebe auch ohne Ihre Hilfe finden. Wenn Sie nicht versucht hätten, mich zu betrügen, wenn Sie meinen Stolz nicht verletzt hätten … Aber das haben Sie. Vor einem Jahr wollten Sie den Olmekenkopf von dem blinden Mann in Coatzacoalcos kaufen, ohne mich zu beteiligen. Ich habe das einmal durchgehen lassen – für einen gewissen Preis. Zweimal kann ich das nicht. Was sollten meine Männer von mir halten?« Er gab die vorgetäuschte Trauer auf. Das Blut schoß ihm ins Gesicht und die Augen sprühten vor Zorn. »Sie sind ein Schwein. Ein grunzendes, sich sielendes, dreckiges Schwein! Und jetzt werden Sie geschlachtet werden wie ein Schwein.«

Der Texaner glaubte immer noch, daß López bluffte. »Wir verschwenden nur Zeit. Es ist sinnlos, zu versuchen, mir angst zu machen, General. Ich kenne Sie zu gut. Wir sind uns zu ähnlich. Ihnen ist nichts wichtig, nur Geld. Sie tun alles für Geld. Sie sind nicht verrückt. Sie lassen sich von Ihrer Eitelkeit nicht den Verstand trüben. Auch Ihr Stolz wird Sie nicht daran hindern, gemeinsam mit mir Geld zu verdienen.«

López hob den Revolver. »In gewisser Hinsicht sind Sie ausgesprochen dumm.«

»Hören Sie schon auf, verdammt noch mal! Sie werden es nicht wagen, mich zu töten. Und im übrigen hab ich ein Dutzend Männer, die auf der *Vast Empire* warten.«

»Eine Crew von meinem Schiff hat Ihre Yacht geentert, Mr. Holstreth. Ihre gesamte Besatzung ist tot.«

Stirnrunzelnd und nun etwas unsicherer sagte der Texaner: »Ich bin für Sie lebendig mehr wert als tot.«

»Oh, im Gegenteil. Wenn Sie tot sind, bin ich der einzige, der diese neuen Maya-Ruinen kennt. Soweit ich unterrichtet bin, befinden sich in diesen Ruinen Kunstgegenstände im Werte von Millionen und aber Millionen Dollar. Wenn Sie nicht mehr da sind, gehört der ganze Schatz mir – und natürlich auch meinen Männern.«

Major Sánchez, der während des ganzen heftigen Auftritts des Generals stumm geblieben war, räusperte sich nun und sagte: »Wie Sie sehen, sind Sie tot mehr wert als lebendig.«

»Unendlich viel mehr«, bestätigte López.

Zum erstenmal hatte Mason Holstreth Angst. In nüchternen, rechnerischen Fakten dargelegt, schien ihm sein Schicksal klarzuwerden. Er begann zu schwitzen und zu zittern wie vor ihm Hector Montoya. Auch die Farbe wich aus seinem gebräunten Gesicht. Jetzt war er kein harter Mann mehr. »Warten Sie doch. Lassen Sie uns darüber reden. Wir können ...«

Der General schoß ihn in den Bauch. Als der Texaner nach vorn sackte, schoß ihm López eine zweite Kugel in die Brust. Sie traf ihn ziemlich hoch, nahe des Schlüsselbeins. Aus dieser Nähe getroffen, wurde der Texaner zurückgeschleudert.

»Ich mag es nicht, wenn mich jemand zum Narren hält.«

»Schon gar nicht, wenn es ein Mann wie er ist«, pflichtete ihm Sánchez bei.

»In der Tat.«

»Oder die drei, die noch in Freiheit sind.«

López nickte.

Sánchez tippte die Leiche mit dem Fuß an und grunzte, als sie nicht mehr reagierte.

Ein zackiger Blitz drang durch die Wolken auf die Fläche des Meeres. Er spiegelte sich in den erschrockenen blauen, toten und weit offenen Augen von Mason Holstreth.

»Das wäre es fürs erste«, sagte der General und lud den Revolver neu. »Holen wir uns jetzt die 200 000 Dollar und die Mauer mit dem Fries. Und die drei Schufte, die sie gestohlen haben. Ich will sie haben, tot! Ich will bis zur Morgendämmerung *elf* tote Männer hier in der Bucht sauber aufgereiht liegen haben.« Er steckte den Revolver in den Halfter. »Elf ist eine Glückszahl.«

9

Eingehüllt in die prachtvoll glänzenden grünen Blätter und zusammengefalteten weißen Blüten von Hunderten von Kelchblumen, versperrte der sechs Fuß im Quadrat messende steinerne Kopf den von der Natur geschaffenen Pfad, dem Tucker seit zehn Minuten durch den Dschungel folgte, seit er Shirillo und Knight mit den drei Transportern am Flußufer zurückgelassen hatte. Vorstehende Augen, so groß wie Fußbälle, starrten blind durch eine dünne Kapuze aus blühenden Kriechpflanzen, Flechten und Moos auf ihn herab. Die lange Dämonenzunge, die breit zwischen den grauen Lippen hervordrang, war in der Mitte abgebrochen, wo sie sich in zwei Spitzen hätte gabeln sollen. Tucker vergeudete ein paar Sekunden und betrachtete das Dämonengesicht im harten Strahl seiner Taschenlampe. Er bewunderte die großartige handwerkliche Arbeit. Dann wandte er sich von dem Kopf ab, watete durch kniehohes Gestrüpp und kehrte hinter dem steinernen Totem auf den Pfad zurück.

In der Hoffnung, daß die mexikanischen Soldaten wertvolle Zeit verlieren und sich verwirren lassen würden, legte Tucker einen falschen Weg ins Nirgendwo. Zehn Schritte hinter dem riesigen Maya-Haupt sprühte er die rote Leuchtfarbe aus der Dose auf die abblätternde Rinde eines Eukalyptusbaums, wiederum zehn bis fünfzehn Schritte entfernt hinterließ er einen weiteren leuchtenden Kreis auf dem Stamm einer Kohlpalme.

Aber bald, nur wenige Schritte hinter der Kohlpalme, wurde aus dem ziellosen Pfad auf einmal ein Weg mit einem Ziel. Tucker trat auf eine rechteckige Lichtung von annähernd 60 Fuß Länge und 40 Fuß Breite. Im ersten Augenblick glaubte er, diese kahle Stelle müsse ein besonders gefährliches Sumpfgelände oder eine Tasche aus Treibsand sein. Er bewegte sich sehr vorsichtig vorwärts und prüfte jeden Fußbreit, ehe er fest auftrat. Aber der Grund war hart und nicht einmal leicht sumpfig oder schwammig vom Moder wie unter den Bäumen. Plötzlich ging ihm auf, daß die Form der Lichtung viel zu regelmäßig und geometrisch war, um von der Natur geschaffen zu sein. Neugierig legte er die Sprühdose und die Taschenlampe auf den Boden und kniete im Lichtkegel nieder. Mit beiden

Händen rupfte er das Moos und das dünne, bräunlich-drahtige Gras aus, das nur in einzelnen Büscheln wuchs. Dann schob er die feine Schicht lockerer Erde fort und entdeckte, was er schon erwartet hatte: die Oberfläche eines alten Steinpflasters, große, tief eingebettete und sauber vermörtelte Granitblöcke, den Fußboden eines alten Hofes oder vielleicht eines kleinen Tempels der Maya.

Er griff wieder nach der Sprühdose und der Taschenlampe und richtete sich auf. Als er einmal um die ganze Lichtung herumging, fand er, daß Reste anderer Bauwerke oder Nebengebäude des längst verfallenen Tempels noch existierten. Bröckelnde Teile verfallener Mauern, Säulen, Statuen und Trümmerhaufen standen und lagen zwischen den Bäumen. Geborstene Stelen und mit Hieroglyphen bedeckte Säulen hoben sich aus der schwarzen Dschungelerde wie die haltsuchenden Finger eines monumentalen Proteus.

Dies waren nicht die Ruinen, in denen Hector Montoya und die anderen drei Plünderer den Fries der Masken entdeckt hatten. Das Ruinenfeld war mindestens eine halbe oder dreiviertel Meile von hier entfernt. Diese Ruine war ein Teil eines Außenpostens oder Vorwerks, das am Rande der ursprünglichen Maya-Siedlung gelegen hatte. Die *huaqueros* oder *estoleros*, wie sie sich lieber nannten, hatten vermutlich keine Ahnung von der Existenz dieser Ruinen; auf jeden Fall war jetzt niemand hier.

»Großartig«, flüsterte Tucker. Dann lachte er laut auf und sagte wiederum: »Großartig.«

Ein kurz über den schwarzen Dom des Himmels zuckender Blitz war die Antwort.

Er hatte nicht damit gerechnet, über etwas so gut Verwendbares wie diesen mit Steinen gepflasterten freien Platz zu stolpern. War die mexikanische Truppe erst einmal den leuchtenden Ringen an den Bäumen gefolgt und bis zu dieser Lichtung vorgedrungen, würde sie sich nicht die Mühe machen, weiterzusuchen. Die Männer würden nicht umkehren und den Fluß absuchen, wo – und das fürchtete Tucker – die Gefahr bestand, doch auf eine Spur der *Golden Girl zu* stoßen. Beim ersten Blick auf die Lichtung würden sie überzeugt sein, daß hier ein Hubschrauber auf Tucker, Shirillo und Knight gewartet hatte. Sie mußten annehmen, das verfolgte Wild wäre entkommen, und die Menschenjagd einstellen.

Er sah auf die Uhr: 1.30.

Es blieb nicht viel Zeit, alles so herzurichten, wie er es plante. Wirklich nicht viel Zeit. Aber doch genügend.

Er warf die Sprühdose fort und hastete über die Lichtung und den soeben von ihm markierten Pfad. Er umrundete das steinerne Gesicht mit der abgebrochenen Zunge, setzte sich in Trab und schaffte es in nur etwas mehr als fünf Minuten bis zum Fluß.

Fünfzig Schritt stromabwärts vom Wasserfall herrschte am Ufer reger Betrieb. Die Geländewagen standen dicht am Wasser aufgereiht. Zwei parkten stumm und unbeleuchtet, der dritte beschien mit aufgeblendeten Scheinwerfern und laufendem Motor das niederstürzende Wasser. Der Wasserfall wirkte in diesem Licht wie gefilmt. Die *Golden Girl* lag im engen Flußkanal dicht am Ufer vor Anker. George Knight machte sich auf dem Deck zu schaffen. Hätten die Soldaten sie nicht zu Fuß durch den Dschungel verfolgen müssen, wäre ihnen auf dem Wasser das Licht sofort aufgefallen, und sie wären längst hier gewesen.

Jimmy Shirillo lehnte sich gegen einen der dunklen Transporter und zog seine Jeans mühsam über die nackten Beine und die klatschnasse Unterhose. Als er Tucker sah, hielt er inne und sagte: »Du hattest recht. Ich bin hinter den Wasserfall geschwommen und hab mich umgesehen. Die Höhle dahinter ist verdammt groß.«

»Gott sei Dank.«

»Ja.« Jimmy zog den Reißverschluß hoch. »Lang und breit genug. Ganz vorn ist sie vielleicht sechzig Fuß hoch, dann fällt sie nach hinten zu um zwanzig Fuß ab. Aber das Boot ist nicht annähernd so hoch. Das ist also kein Problem.«

»Wie tief ist das Wasser?«

Jimmy Shirillo zog sich das T-Shirt über und kämmte sich die langen Haare mit den Fingern aus den Augen und der Stirn. »Am Rand des Teichs ist ein Steinvorsprung.« Er zeigte auf den schäumenden, dunstverschleierten Wasserfall. »Den hat wahrscheinlich der Affe erforscht. Ich bin ganz herumgekrochen und hab immer wieder gelotet. Der Teich ist an keiner Stelle flacher als sechs Yards. Soviel Tiefgang hat die *Golden Girl* gar nicht – auch nicht schwer beladen.«

George Knight kam über die lange, verschiebbare Gangway, welche die *Golden Girl* mit dem Ufer verband. »Ich hab getan, was ich konnte. Aber wenn wir nicht vorsichtig sind, wenn einer von diesen verdammten Mauerbrocken uns wegrutscht ...«

»Nur keine Sorge.«

»Ach Mann, der bricht uns glatt durch das Deck!«

»Das kann schon sein. Aber darauf lassen wir es erst gar nicht ankommen«, beruhigte ihn Tucker.

Als sie am Flußufer angekommen waren, hatte Tucker die beiden anderen damit überrascht, daß er beharrlich verlangte, die drei Segmente der Mauer müßten auf das Boot verladen werden. Er sagte, es wäre unverantwortlich, den Fries mit den Transportern im Fluß zu versenken. Das Kunstwerk könnte irreparabel beschädigt und vielleicht für immer verloren werden. Sie könnten den Mauerfries aber nicht einfach liegen lassen, weil er den Mexikanern zeigen würde, daß sie hier an den Fluß gekommen wären. Im übrigen war der Fries viel Geld wert, mindestens so viel wie die Summe, die sie Holstreth gestohlen hatten, also noch mal 200 000 Dollar. In fünfzehn bis zwanzig Minuten konnten sie gemeinsam die drei Mauerstücke auf das Boot schaffen. Die *Golden Girl* würde dadurch vielleicht etwas tiefer im Wasser liegen als sie sollte, bestimmt aber würde sie keine Grundberührung bekommen. Und waren sie dann aus der Falle entkommen, fiel auf jeden ein doppelt so hoher Anteil an der Beute wie anfangs erwartet. Als George alle möglichen Bedenken anmelden wollte, hatte Mike ihn daran erinnert, wer eigentlich die Leitung des Unternehmens hatte, und hinzugefügt, daß keiner von hier fortkäme, ehe nicht der Fries an Bord war. Jimmy schlug sich auf Tuckers Seite, noch ehe dieser ganz ausgeführt hatte, wie alles zu bewerkstelligen sei. George hatte sich allmählich, wenn auch zögernd, überreden lassen. Er murrte über Risse, Kratzer, Schrammen, Löcher und Beulen an seinem schönen Boot.

Nachdem nun Tucker die falsche Spur durch den Dschungel

gelegt und Jimmy die Höhle hinter dem Wasserfall erforscht hatte, führte Knight Tucker über die Gangway zum Hauptdeck. »Ich hab alle vier Matratzen aus den Kojen geholt«, erklärte er. Die vier dicken Schaumgummimatratzen lagen entlang der Reling. »Wenn wir jedes einzelne Mauerstück nur zwei Fuß tief fallen lassen, wie wir es geplant haben, werden die Matratzen so viel von der Wucht abfangen, daß die Brocken nicht gleich durchs Deck gehen. Aber wenn wir vorher die Gewalt verlieren ...«

»Keine Sorge, George! Wir drei zusammen können fünfhundert Pfund halten. Sie rutschen uns bestimmt nicht weg.«

»Hoffen wir, daß du recht hast«, murrte George, und es war ihm anzusehen, daß er keineswegs daran glaubte.

Tucker ging zum ersten Transporter, ließ den Motor an, ging in den Rückwärtsgang und fuhr vorsichtig auf die nur leicht geneigte, stählerne Laderampe. Die Hersteller hatten sie nicht für derartige Gewichte geplant. Der Stahl erzitterte und bog sich durch, brach aber nicht. Als das Heck des Transporters vor der Öffnung in der Reling des Decks war – sie war für den *Little-Monaco-Job* konstruiert worden –, kommandierte Knight Stopp, und Tucker ging in den Leerlauf und stellte den Motor ab.

Knight und Shirillo holten aus dem Werkzeugkasten des Boots vier Kettenstücke von zehn Fuß Länge, vier Druckschlösser, um die Ketten zu verbinden, und eine große Rolle Dreitausend-Pfund-Spanndraht. Mike maß die Strecke aus, über die sie das Mauerstück transportieren mußten, und berechnete, wie sie mit den wenigen Hilfsmitteln, über die sie verfügten, am besten zurechtkommen konnten. Sie arbeiteten sehr schnell, kontrollierten sich aber gegenseitig, umwickelten die Mauer und befestigten die Enden der Ketten und Drähte sorgfältig am Rahmen des Minitransporters.

»Fertig?« fragte Jimmy.

»Fertig!« sagte Tucker.

Alle drei gingen hinter den Transporter und zogen das Mauerstück zurück, bis das hochragende Vorderende – das auf dem vier Fuß hohen Stahlrahmen lag, der den vorderen Abschluß der Ladefläche bildete, vom Rahmen herunterrutschte und auf den Boden der Ladefläche aufschlug. Durch den Aufprall wippte der Transporter hin und her.

»So weit, so gut«, sagte Knight.

Sie benützten die Ketten zur Befestigung einer dreifach zusammengeflochtenen Zugleine aus Spanndraht und zogen den Mauerbrocken vom Transporter über die hochstehende Wand des Decks und ließen ihn dann auf die Matratzen fallen. Die grotesk-schönen Steingesichter blickten starr zum Nachthimmel auf. Die Rückseite der Mauer, die flach auf dem Schaumgummi lag, war unbearbeitet und ohne jede künstlerische Verzierung. Schnaufend und ächzend und leise fluchend zogen sie die Matratze und den Fries über das Deck zur anderen Seite des Boots, damit nun, wenn das nächste Mauerstück vom nächsten Transporter auf das Deck schlug, das Gewicht gleichmäßig auf das gesamte Deck der *Golden Girl* verteilt wurde. Sie gestatteten sich nicht mehr als eine halbe Minute Pause, dann gingen sie zur Gangway zurück, um ja schnell mit der Arbeit fertig zu werden.

Die Maschinenpistole schußbereit in der Hand, führte Sánchez die Suchmannschaft zu dem phosphoreszierenden roten Kreis, den einer der fünf Männer vom Hauptpfad aus erspäht hatte.

»Farbe«, sagte einer. »Sprayfarbe.«

»Schau mal da rüber.« Das war Ruiz, der Schwager von Saenz.

Die Männer drehten sich in die Richtung, in die er zeigte, und sahen einen weiteren roten Kreis in etwa zwanzig Schritt Entfernung. Sie gingen auf ihn zu – und sahen das nächste phosphoreszierende Zeichen noch ein Stück tiefer im Dschungel.

»Waren die so dämlich, daß sie sich den Weg markiert haben, statt nach dem Kompaß zu gehen?« fragte einer.

Saenz erklärte überheblich: »Die sind nicht an den Dschungel gewöhnt. Großstädter. Sind ihr Leben lang noch nicht aus der Stadt rausgekommen. Richtige Gangster. Vielleicht können sie gar nicht mit dem Kompaß umgehen. Und als sie den Raub geplant haben, sind sie nicht auf den Gedanken gekommen, daß sie *uns* auf der Fährte haben würden.«

»Dann gehen wir also den Farbklecksen nach?«

»Ja, und zwar rasch. Die haben schon einen viel zu großen Vorsprung. Wenn sie uns entwischen, wird der General ziemlich böse werden.«

Die vier anderen nickten düster. Sie wußten nur zu gut, was das bedeutete.

Saenz steuerte auf den dritten roten Kreis zu und beobachtete den Dschungel um sich herum sehr aufmerksam.

Sie parkten die drei Geländewagen am Rand der Lichtung mit dem Plattenboden, die Tucker erst vor so kurzer Zeit zufällig entdeckt hatte.

»Bleibt beieinander und paßt auf den Weg auf, wenn ihr zurückgeht«, sagte Tucker. »Der Pfad ist ganz schön breit und frei, aber er ist höllisch glitschig. Und es fehlt uns gerade noch, daß sich einer ein Bein bricht.«

»Oder eine Kugel in den Kopf bekommt«, sagte Jimmy.

»Oder ein Messer in den Rücken«, ergänzte Tucker.

»Oder von einer Schlange gebissen wird.«

»Oder von einem Alligator.«

»Oder einer Malariamücke.« Jimmy grinste.

»Ihr seid alle beide verrückt«, stellte Knight fest.

Tucker verschwand lachend zwischen den Bäumen.

Im schwankenden Licht einer einzigen Taschenlampe rannten sie den Pfad entlang, auf dem sie gerade mit den Transportern gekommen waren. Sie verlangsamten ihr Tempo und umrundeten das riesige Steingesicht, liefen dann, als sie das Totem hinter sich hatten, wieder schneller und kamen schließlich nur wenige Schritte von der *Golden Girl* entfernt am Flußufer an. Das Boot lag in tiefster Finsternis.

Ihr Zusammenspiel hätte Zirkusakrobaten alle Ehre gemacht. Sie liefen über die Rampe aufs Hauptdeck. Während Knight sofort im glasverkleideten Steuerhaus verschwand, lösten Tucker und Shirillo die verbogene Stahlplanke, zogen sie an Bord und verankerten sie in ihrer Halterung an der Steuerbordreling. In der Zwischenzeit startete George Knight die Schiffsmaschinen. Shirillo fügte das abnehmbare Stück Reling wieder in die Lücke, wo die Rampe gewesen war. Tucker holte den Anker ein. Danach trafen sich alle drei im Steuerhaus, um dort die kurze Fahrt bis hinter den Wasserfall abzuwarten.

»Bist du sicher, daß unten im Wasser keine Felsbrocken liegen?« fragte Knight mit gerunzelter Stirn und tiefen Furchen im Gesicht, die im schwachen Licht der Armaturenbeleuchtung noch schroffer wirkten.

»Ganz sicher«, antwortete Jimmy.

»Meistens *sind* Felsbrocken am Grund eines Wasserfalls.«

»Der Fluß ist sehr tief«, beruhigte ihn Shirillo. »Wahrscheinlich ist er vor ewigen Zeiten durch ein Erdbeben oder einen Vulkanausbruch entstanden. Und wenn durch die Erosion Felsen von oben von der Steilwand runtergekommen sind, ist immer noch genug Wassertiefe für dein Boot da. George, das ist doch nur ein kleiner Fall und nicht der Niagara. Der hat nicht so viel Wucht, daß er große Felsen aus der Wand reißt. Und im übrigen ist das Flußbett wahrscheinlich weich und schlammig, und die Steinbrocken sind ganz tief im Morast eingesunken. Glaub mir doch, wir laufen nicht auf Grund und bekommen kein Leck. Ich verspreche es dir.«

Knight drehte sich zu Tucker um. »Hat er recht?«

»Das möchte ich schwer hoffen.«

»Aber du weißt es nicht?«

»Woher soll ich es wissen?«

Knight legte die Stirn in Falten.

»Und ich werde mich auch zu keiner Meinung versteigen«, sagte Tucker. »Wir sind auf deinem Boot, und du bist hier der Boß. Erinnerst du dich?«

Die Maschinen liefen mit halber Kraft, langsam und ziemlich leise, nicht mit dem ohrenbetäubenden Dröhnen bei äußerster Kraft zu vergleichen. Und dennoch, so leise es war, konnte das Motorengeräusch doch so weit tragen, daß die Mexikaner aufmerksam wurden, die Tucker, Shirillo und Knight verfolgten.

Knight zögerte nur wenige Sekunden, dann schaltete er die starken Nebelscheinwerfer ein. Er holte tief Luft und bereitete sich auf das Knirschen und Splittern vor, mit dem er jeden Augenblick rechnete. Er schob die *Golden Girl* vorsichtig vorwärts.

Das niederstürzende Wasser reflektierte die Scheinwerfer-strahlen und sah wie eine Lawine von Glassplittern aus.

Der Bug zerteilte den Nebelvorhang vor dem Wasserfall, aber dann wurde die *Golden Girl* langsamer, schlingerte und rollte und stoppte schließlich ganz, von der starken Strömung, die vom Wasserfall ausging, auf der Stelle gehalten. Das Boot begann ganz allmählich, aber unaufhaltsam zurückzutreiben. Knight gab mehr Kraft voraus. Zum zweitenmal brach der Bug durch den Nebel – und diesmal durch die senkrecht herunter-stürzenden Wassermassen.

Das Wasser donnerte mit einem Geräusch auf den Bug, das sich wie ein Kanonenhagel anhörte. Die *Golden Girl* stampfte und zitterte unter dem Aufprall. Die Wassermengen des Falls waren gar nicht so groß, aber sie kamen aus einer Höhe von 80 Fuß und bekamen dadurch eine gewaltige Wucht. Das Deck stand unter Wasser, und dicke Strahlen schossen aus den Spei-gatten in den Fluß.

Nachdem sie nun gegen die Strömung ankamen, drosselte Knight die Maschinen, damit das Boot nicht unter dem Wasser-fall durch und gegen die Rückwand der Höhle schoß. »Festhal-ten!« befahl er.

Wie ein Schmiedehammer, der glühenden, weichen Stahl be-arbeitet, schlug das Wasser auf das Dach des Steuerhauses. Das Dach beulte sich durch. Eines der Seitenfenster sprang, vibrier-te wie ein Trommelfell und fiel in Scherben nach draußen, als sich der Rahmen der Seitenwand verzog. Das Wasser stürzte in den kleinen Raum und floß gurgelnd durch die nach hinten of-fene Seite über das Heck und durch die Speigatte.

Bis auf die Haut naß und kalt, klammerte sich Tucker an das Messinggeländer am Fenster. Das Deck hüpfte und bohrte un-ter seinen Füßen. Er bezweifelte jetzt, daß sein Plan so beson-ders schlau gewesen war. Er stellte sich die *Golden Girl* fast in Stücke zerschlagen auf dem Grund des Flusses vor, über der Wasseroberfläche nur noch ein Teil der Antenne sicht-bar … Wenn sie das Boot einbüßten, wie zum Teufel sollten sie aus dem Dschungel entkommen und nach Veracruz zurück-kehren?

Jimmy Shirillo war vom Wasser umgeworfen worden. Er

versuchte aufzustehen, als die Flut an ihm vorbeiraste, war aber ausgerutscht und wieder hingefallen. Jetzt blieb er geduldig auf den Knien und Händen und harrte aus.

Gleich darauf hatte sich das Boot ganz durch den Wasserfall gekämpft. Knight stellte die Maschinen ab. Die *Golden Girl* war plötzlich so leise wie ein Geisterschiff und trieb von Sekunde zu Sekunde langsamer vorwärts. Das schützende Gummipolster am Bug traf federnd auf den Steinvorsprung, der die Höhle umgab. Das Boot blieb bewegungslos liegen.

Vor lauter Hast, den Anker niederzulassen, stolperte Jimmy aus der Kabine und wäre beinahe noch einmal gefallen.

»Mein schönes Boot«, sagte Knight und blickte zur eingebeulten Decke hinauf.

»Wenn die Mexikaner uns erwischt hätten«, sagte Tucker, »hätten sie dein schönes Boot kassiert. Du hättest es nie wiedergesehen. Das da läßt sich wenigstens reparieren.«

Knight machte immer noch ein finsteres Gesicht.

Ein nicht enden wollender Sturzregen hatte eingesetzt. Er fegte mit kalten Schauern über das Dach des Dschungels und zerfetzte die Blätter der höchsten Palmen. Er prasselte auf die Lichtung, die einmal der Boden eines Maya-Tempels gewesen war, und Millionen von Wassertropfen sprangen wie die Querschläger von Gewehrkugeln von den Steinen hoch.

Die vier Soldaten des von Saenz geführten Suchtrupps kehrten einer nach dem andern aus dem Umkreis der Lichtung zurück und gesellten sich zu Saenz, der bei den drei abgestellten Transportern stand. Jeder berichtete dasselbe: niemand verbarg sich in der Dunkelheit des Dschungels; keine Spur vom Fries der Masken, und es gab keine Anzeichen, daß jemand zu Fuß durch das Dickicht gegangen war.

Saenz blickte auf die Geländewagen und dann auf den Sturmhimmel. Er schüttelte geschlagen den Kopf und sagte: »Dann muß es ein Hubschrauber gewesen sein.«

Die anderen Männer starrten auf die zuckenden Blitze und die über den Himmel fegenden schwarzen Wolken.

»Der hier auf sie gewartet hat? Bei dem Wetter?« fragte Ruiz und wischte sich Regen und Schweiß vom Gesicht.

»Ja«, erklärte Saenz. »Ein sehr guter Pilot fürchtet sich nicht vor einem Sturm. Nicht, wenn es um so viel Geld geht. Wahrscheinlich ein alter Militärhubschrauber. Er muß groß genug sein, um die drei Mauerstücke tragen zu können. Vielleicht ein Rettungshubschrauber, so was eben.«

»Warum kann es kein Trick sein?« beharrte Ruiz. »Vielleicht gibt's gar keinen Hubschrauber. Vielleicht sind sie zu Schiff gekommen. Ganz in der Nähe ist ein Fluß. Vielleicht haben sie ein Boot auf dem Fluß, und dies ist eine Finte, ein Trick. Sie wollen uns verwirren.« Er sah die anderen der Reihe nach an. »Warum kann es nicht das sein?«

»Möglich, daß du recht hast«, sagte Saenz. »Wir werden am Flußufer entlang zur Bucht zurückgehen. Aber ich bin sicher, daß wir nichts finden. Es war ein Hubschrauber. Ich weiß es. Ich hab's im Gefühl.«

»Und wenn es ein Hubschrauber war?« fragte Ruiz. »Was sollen wir dann machen?«

»Zur Bucht zurückgehen. Es dem General sagen. Vielleicht kann er alle Flugplätze innerhalb von hundert Meilen beobachten lassen.«

»Aber ein Hubschrauber kann überall landen«, warf Ruiz ein.

»Das stimmt.«

»Glaubst du denn, daß eine Chance besteht, sie zu fangen?«

»Nein«, sagte Saenz.

»Der General wird sehr wütend sein.«

»Er wird vor Wut kochen.«

Sie bahnten sich einen Weg durch den Dschungel bis zum Wasserfall und folgten dann dem Flußlauf zur Bucht. Sie sahen kein Boot.

10

Sergeant Rodriguez, der Sprengstoffexperte, kam aus Holstreths Privatsuite auf der *Vast Empire*. Er warf einen Blick auf die Armbanduhr. »29 Minuten nach sieben. Um 7 Uhr 30 ist die

Explosion.« Er lächelte den General und Major Sánchez strahlend an. Weil seine Schwester mit einem *norteamericano* verheiratet war, kannte der Sergeant Hunderte von Redensarten und Slangausdrücken von jenseits der Nordgrenze. Und nun baute er sie zu einem Wortspiel zusammen: »Morgenstund hat Bums im Bund.«

Weder der General noch Sánchez lachten. Sie lächelten nicht einmal. Sie starrten Rodriguez an, als wäre er ein Kandidat für die Gummizelle.

Sie lehnten alle drei an der Wand vor der Schlafkabine, um nicht von Splittern getroffen zu werden, die durch die offene Tür nach draußen geschleudert werden konnten. Jeder von ihnen zählte stumm die letzten 30 Sekunden mit.

Die Explosion war kurz, dumpf und wenig eindrucksvoll.

»Ist das alles?« fragte López.

»Ja, Señor«, sagte Rodriguez. »Für den Safe hab ich nur sehr wenig Gelignit gebraucht.«

Sie kehrten in die Schlafkabine zurück. Dünner gelber Rauch, der nach stinkendem Fisch und Schwefel roch, stand im Raum. Hustend und mit den Armen wedelnd, um den Rauch zu vertreiben, öffneten sie alle Bullaugen und traten dann vor den Wandsafe.

Der Safe war völlig zerstört. Die runde Tür hing nur noch an einer der drei Angeln. Obwohl der zwei Fuß breite und zwei Fuß tiefe Zylindertresor dunkel war, konnten sie vage einige Gegenstände erkennen.

»Ist das Metall heiß?« fragte López.

»Ja, ziemlich heiß.«

Major Sánchez trat zwischen sie und sagte: »Darf ich?« Er griff vorsichtig in den Tresor, um ja nicht das erhitzte Metall zu berühren, und holte einen dicken braunen Umschlag heraus, der mit Papieren vollgestopft war. Er händigte ihn dem General aus.

López öffnete den Umschlag und nahm etwa ein Dutzend Aktenstücke heraus, blätterte sie durch und ließ sie auf den Fußboden fallen. »Wertlos!«

Sánchez streckte abermals den Arm in den Safe. Diesmal förderte er ein Päckchen mit US-Banknoten zu Tage. Auf der Banderole stand: *Dollar 5000.* »Fünfzig-Dollar-Scheine«, sagte Sánchez und gab sie dem General.

Lächelnd und nickend blätterte López die Geldscheine durch und hielt sie sich unter die Nase, als wären sie duftende Blüten. »Ist noch mehr davon da?«

Es war noch sehr viel mehr da. Der Safe enthielt 80 000 Dollar in Hundertern und Fünfzigern. Sie häuften sich zu einem kleinen, aber ansehnlichen Stapel auf der Felldecke von Holstreths Bett.

López zog eines der Daunenkissen aus dem Bezug und stopfte das Geld hinein. Mit dem Gürtel von Holstreths Bademantel band er den Stoffsack zu.

»Na, vielleicht sind die Diebe mit den 200 000 Dollar und dem Fries entkommen«, sagte Sánchez. »Aber wir sind auch nicht leer ausgegangen.«

»Aber wir haben nicht genug«, sagte der General. »Bei weitem nicht genug.« Er griff nach dem mit Geld gefüllten Kissenbezug, drehte sich um und ging aus der Kabine.

Vom Hauptdeck der Yacht des Texaners aus wirkte es so, als wäre der Hurrikan Gerda bereits über ihnen. Nur wenig Tageslicht drang durch den regenverhangenen Himmel. Aufgetürmte Gewitterwolken rollten wie gewaltige schwarze Blutstropfen nach Westen über das Gesicht des Himmels. Zackige Blitze jagten einander und wirkten wie weiße Knochen, die aus dem Blut hervorragten. Die See ging bedrohlich hoch. Das Wasser war nicht mehr blau oder grün, sondern vom fleckigen Graubraun lange toter Haut. Der Schaum war gelb statt weiß. Fünfzehn Fuß hohe Wellen donnerten gegen die lange Flanke der *Vast Empire,* und trotz ihrer Ausmaße rollte und schlingerte die Yacht gefährlich.

Mörderisches Wetter, dachte der General übellaunig. Vielleicht würde es die drei Schweinehunde töten, die den Fries und das Geld des Texaners geraubt hatten.

Als er die Reling erreichte, blickte er auf das Motorboot nieder, das auf den Sturmwellen ritt und gefährlich nahe an den Rumpf der Yacht geschleudert wurde. Der Steuermann des Landeboots starrte zu ihm auf. Er war von den Wellen und dem Regen durchnäßt; sein Gesicht hatte die weiße Farbe eines

Fischbauchs. Sehr lange würde er das Boot nicht mehr neben der Yacht halten können.

López schlug den Kragen seines schweren Plastikmantels hoch und kletterte von Bord auf das Fallreep an der Seite. Er hielt den Zipfel des Kopfkissensacks in der linken Hand und schaffte es dennoch, sich mit beiden Händen an der Leiter festzuhalten. Zweimal rutschte sein Fuß von der Sprosse, und er hing verzweifelt nach Halt suchend im Leeren, aber beide Male gelang es ihm, den Abstieg fortzusetzen. Am Ende der Leiter blickte er über die Schulter und sah das Boot direkt hinter sich. Er ließ mit der linken Hand die Leiter los, drehte sich halb herum, atmete tief die mit Schaum vermischte Luft in die Lungen, wartete, bis das Boot von ihm fortgetrieben wurde, und sprang die letzten vier Fuß vorwärts und nach unten ins Heck des Landeboots, wo er mit Wucht aufschlug.

Das Boot hatte etwa zwei Dutzend Kunstwerke geladen, keines davon war besonders groß, aber jedes einzelne war ein prachtvolles Beispiel für die Kunstfertigkeit der Maya. Es waren Gegenstände, die Holstreths Räume auf der Yacht geschmückt hatten und nun dem General gehörten.

Er kroch zwischen ihnen durch und setzte sich auf eine der beiden Bänke. Er stopfte den Leinensack unter den Regenmantel, damit die Geldscheine nicht vom Wasser beschädigt wurden.

Sánchez und Rodriguez folgten dem General und hockten unglücklich auf der gegenüberliegenden Bank. Sie waren die letzten Menschen, die lebend von Bord der *Vast Empire* gingen.

Der Steuermann startete das Boot und hielt von der Yacht fort. Sie pflügten nicht direkt von vorn durch die Brandungswellen, sondern glitten seitlich durch die Wellentäler der Brecher, die sich über ihnen auftürmten und hinter ihnen zusammenbrachen. Dennoch bebte und knirschte das Boot. Mindestens ein dutzendmal fiel die See unter ihnen plötzlich fort, so daß das Landeboot einige Fuß tief stürzte, ehe es wieder so hart aufs Wasser schlug, daß die Bodenbretter hätten splittern können. López' Zähne schlugen jedesmal aufeinander, und einmal hätte er sich fast die Zunge abgebissen. Der eisige Regen peitschte sie erbarmungslos. Das Wasser schwappte über den Rand, pladderte über ihre Füße und lief durch die Speigatte ab. Als das Boot um das Heck der großen Yacht bog, tauchte in 200 Yard Entfernung die *Miguel Hidalgo* vor ihnen auf. Der Steuermann stand auf, kämpfte mit dem schweren Steuerrad und nahm Kurs auf das Kanonenboot, die Strömung nach besten Kräften ausnützend. Aber das verschonte sie nicht, durchgeschüttelt und durchnäßt zu werden, ehe sie endlich die im Wasser schleppenden Haltetaue des Flaschenzuges des mexikanischen Schiffs erreichten.

Als er von der Leiter aufs Hauptdeck kletterte, stolperte der General, fiel auf die Knie und blamierte sich vor seinen Leuten. Ein schmerzhafter Schock lief durch seine Schenkel, war aber nicht so unerträglich wie die Erniedrigung. Als einer der Männer ihm helfen wollte, schüttelte López zornig seine Hand ab und richtete sich allein wieder auf.

Zitternd, durchnäßt, gegen die Übelkeit ankämpfend, zerschunden und erschöpft saß López müde auf einem Holzschemel im Kontrollraum. Als Major Sánchez einen Augenblick nach ihm hereintaumelte, sagte der General: »Da sehen Sie, was ich wegen der Diebe habe durchmachen müssen. Sie haben mich zum Narren gehalten.«

Sánchez sagte nichts. Er griff nur nach einem Geländer, lehnte sich gegen die Trennwand und tropfte Wasser auf den Fußboden.

»Vielleicht bekomme ich nicht heraus, wohin sie mit dem verdammten Hubschrauber geflogen sind.« López fletschte die Zähne, und jeder Muskel seines Gesichts verkrampfte sich. »Aber glauben Sie mir, Major, ich werde diese Hunde finden und umbringen! Ich werde jeden einzelnen von ihnen umbringen!«

Sánchez nickte.

»Das ist mein Ernst!«

»Ja, Señor.«

»Ich werde sie verfolgen.«

»Ja, Señor.«

»Und wissen Sie wie?«

»Nein, Señor.«

Der General grinste ohne einen Funken Heiterkeit. »Sie werden den Fries der Masken an einen Sammler verkaufen, oder etwa nicht?«

»An einen Sammler«, sagte Sánchez. »Ja, das werden sie, General.«

»Und der Fries ist ein ausgefallenes Stück, nicht wahr?«

»Ja, sehr ausgefallen«, bestätigte Sánchez gehorsam.

»Darüber wird geredet werden.«

»Jawohl.«

»Früher oder später werde ich erfahren, welcher Sammler ihn gekauft hat, nicht wahr?«

»Wahrscheinlich früher und nicht später.«

»Dann gehe ich zu diesem Sammler, egal, wo er leben mag. Wenn ich muß, gehe ich bis nach Europa. Überallhin. Ich werde mit diesem Sammler sprechen. Und er wird mir sagen, wer ihm den Fries verkauft hat. Er *wird* es mir sagen, Major. Und dann finde ich sie.«

11

Tucker und Shirillo krochen durch das Gehölz niedriger Klebsamenbäume. Nach einem kurzen Stück streckten sie sich auf einem Polster zebrablättriger, gelbblütiger Alphelandra aus, die direkt unter dem Gipfel des Hügels so dicht war wie das Haar eines jungen Mädchens. So nahe der Bucht bot der lichter werdende Dschungel nur noch ungenügenden Schutz. Ein stetiger kalter Regen prasselte auf sie nieder.

Tucker neigte sich zu Shirillo und flüsterte: »Vielleicht haben sie auf der Hügelkuppe einen Posten aufgestellt. Es wäre der geeignete Platz, von dem aus man den Rand des Dschungels entlang der ganzen Bucht überblicken kann.«

Jimmy nickte. Er hielt ein teures japanisches Messer in der Hand, das er nun mit einer Bewegung des Handgelenks aus dem Griff springen ließ.

Sie krochen vorsichtig weiter.

Während der Nacht hatten sie abwechselnd geschlafen und Wache gestanden. Keiner war ausgeruht. Das Donnern des

Wasserfalls machte sie mit der Zeit wahnsinnig und wurde zu einer kaum ertragbaren Tortur. Tucker war vier- oder fünfmal aus demselben Alptraum aufgeschreckt: er und Elise wurden von riesenhaften Eisenfäusten gepackt, jeder in einer der Hände, beide schrien sie, und es gab keine Hoffnung und keine Befreiung ... Am Morgen, um kurz vor sieben, hatte Mike vorgeschlagen, Knight solle auf der *Golden Girl* in der Höhle bleiben, während er und Jimmy herausbekommen wollten, was die Mexikaner machten. Jetzt waren sie schon seit mehr als einer Stunde durch den Dschungel geschlichen, ohne eine Spur der Soldaten zu finden.

Auf der Hügelkuppe stand kein Posten.

Trotzdem hielt Jimmy das Messer in der Hand bereit.

Die Alphelandra wich nun kniehohen Caladien mit schönen Blättern in allen Schattierungen von Grün, Elfenbein, Weiß, Rosa und Rot. Tucker und Shirillo lagen auf dem Bauch zwischen den sich wie Krepp anfühlenden Pflanzen und hoben vorsichtig die Köpfe, um auf den stürmischen Golf zu blicken.

Direkt vor ihnen lag die *Vast Empire* vor Anker, während das mexikanische Schiff etwa zweihundert Yards weiter westlich und näher am Ufer schaukelte.

»Verdammt!« murmelte Jimmy. »Sie scheinen uns nicht auf den Leim gegangen zu sein.«

»Möglich.«

»Wenn sie wirklich glaubten, daß wir mit einem Hubschrauber auf und davon sind, warum treiben sie sich dann bei dem Sturm noch hier herum?«

»Dafür gibt's 'ne Menge Gründe.«

»Sag sie mir.«

Tucker hob das Zeissglas, das er an einem Ledergurt um den Hals trug. Er richtete es auf das mexikanische Schiff und sah gerade einen Mann von der Brücke kommen und auf dem schmalen Steg oberhalb des Hauptdecks stehenbleiben. Es war ein großer, finster aussehender Mann in einem schwarzen Uniformregenmantel aus Plastik. Er stand aufrecht, steif und herrisch und starrte auf die *Vast Empire,* als könne er ihren Anblick nicht ertragen.

»Was Besonderes?« fragte Shirillo.

»Nein, eigentlich nicht.«

Tucker blickte durch den Feldstecher von links nach rechts zur *Vast Empire* hinüber, wo die gesamte Mannschaft an der Reling des Hauptdecks aufgereiht zu stehen schien, als erwarte sie einen Appell. Er stellte die Gläser schärfer ein und erkannte, daß diese Männer zu keinem Appell mehr antreten konnten. Es verschlug ihm den Atem, als er die Situation erfaßte. Er ließ das Glas sinken und holte endlich wieder Luft.

»Was ist denn?« fragte Shirillo.

»Sie sind tot.«

»Was?«

»An die Reling gekettet.«

»Wer?«

»Die Texaner.«

»Bist du sicher?«

»Ich hab Holstreth erkannt.«

»Die Mexikaner haben sie ermordet?«

»Wer soll es sonst gewesen sein?«

Shirillo sagte nichts mehr.

»Möchtest du es selber sehen?«

»Nein, danke.«

Tucker hob das Glas wieder an die Augen.

»Warum?« fragte Jimmy. »Warum haben sie alle ermordet?«

»Wahrscheinlich haben sie auch die *huaqueros* umgebracht.«

»Aber *warum?*«

»Das Kanonenboot fährt jetzt.«

Sie sahen dem mexikanischen Schiff nach, das nach Westen in den stürmischen Golf hinaushielt. Es schwankte schwerfällig in den sich türmenden Wellen und rollte ein wenig auf die Steuerbordseite, aber die hohe See vor dem Ausbruch des Hurrikans war nur mehr eine Belästigung, keinesfalls eine drohende Gefahr für das Boot.

»Lassen sie etwa die Yacht mit all den an die Reling geketteten Leichen einfach hier zurück?« fragte Jimmy ungläubig.

»Ich weiß es nicht.« Tucker sah aufs Meer und sagte dann plötzlich: »Sie haben wieder beigedreht.«

Gerade in dem Augenblick erschütterte eine Explosion die *Vast Empire*. Zuerst sahen sie das Licht: einen weiß-gelborange-roten Feuerball hoch oben am Bug. Dann kam das Geräusch: ein Donnerschlag, lauter als der natürliche Donner, der aus den Wolken zu ihnen drang. Rauch quoll aus einem riesigen Loch, das an der Seite des Schiffs aufgebrochen wr.

»Zum Teufel, was …« begann Jimmy.

Zwei weitere Explosionen ereigneten sich auf der Yacht. Eine in der Mitte, die andere am Heck: Licht, Geräusch, Rauch. Die neuen Lecks lagen an der Wasserlinie. Das schwarze Wasser ergoß sich in die tiefsten Laderäume der *Vast Empire.*

Tucker richtete das Glas wiederum auf das mexikanische Schiff. Er konnte immer noch die Gestalt des Offiziers im schwarzen Mantel erkennen. Er stand an derselben Stelle des Stegs, an der er schon gestanden hatte, als das Schiff noch an der Küste lag. Er starrte auf die Yacht und bewegte sich nicht. Er reagierte auf keine Weise auf die Kette von Explosionen; er stand einfach da und sah zu, als hätte er das alles erwartet. Natürlich hatte er es erwartet.

»Sie sinkt schnell«, sagte Jimmy.

Tucker hatte wieder die *Vast Empire* im Visier. Die wunderschöne Yacht lag auf der Seite und brannte lichterloh. Die toten Männer baumelten an der Reling.

Innerhalb von kaum fünfzehn Minuten war das gräßliche Schauspiel vorüber. Zurück blieb nichts als eine Öllache auf dem Wasser, ein paar Holzstücke und anderes Treibgut.

»Mit Mann und Maus untergegangen«, sagte Jimmy.

»Und die Mexikaner nehmen wieder Fahrt auf«, stellte Tucker fest.

Sie blieben flach in den Caladien liegen und beobachteten das Kanonenboot, bis es nur noch ein schwarzer Punkt am westlichen Horizont war.

»Sie sind wirklich fort.«

»Sieht ganz so aus.«

»Dann *sind* sie uns auf den Leim gegangen. Sie *glauben*, daß der Hubschrauber auf uns gewartet hat.«

»Ja.«

Eine Minute lang starrte Jimmy auf das Treibgut, das von dem Punkt aus, an dem die *Vast Empire* untergegangen war, zur Küste getrieben wurde. »Aber warum all diese Morde?«

Tucker sagte leise: »Sie waren auf einem Patrouillenboot mit den Kennzeichen der mexikanischen Marine. Sie trugen mexikanische Uniformen …«

»Aber du glaubst nicht, daß sie zum Militär gehören?«

»Doch, dazu gehören sie ganz bestimmt«, sagte Tucker. »Zivilisten könnten so ein Schiff nicht an sich bringen, nicht in dem guten Zustand. Sie gehören zur Armee, aber im Augenblick sind sie nicht im Dienste Mexikos. Diese Kapertour haben sie auf eigene Rechnung gemacht.«

»Mein Gott!« seufzte Shirillo. »Gibt es denn heute keinen ehrlichen Menschen mehr?«

12

»General Francisco López Garrido höchstpersönlich«, sagte Knight, als er Tuckers Beschreibung des Offiziers im schwarzen Plastikregenmantel hörte.

Die drei saßen im Schein einer Taschenlampe im Ruderhaus der *Golden Girl*. Die Lampe warf gespenstische Schatten auf ihre Gesichter. Sie sahen wie Dämonen aus.

»López«, wiederholte Tucker. »Kennst du ihn?«

»Flüchtig.«

»Und?«

»Er ist wahrscheinlich der reichste Offizier von Mexiko. Von seinem Dienstgehalt ist er nicht so reich geworden. Er mischt bei zahllosen dunklen Geschäften mit. Ich kann dir nicht aufzählen, wo er überall irgendwelche Provisionen kassiert.«

»Auch beim Handel mit gestohlenen Antiquitäten?«

»Höchstwahrscheinlich.« Knight kratzte einen Insektenstich an seinem Hals und schob sorgsam den Kragen wieder zurecht. »Garrido ist ungeheuer geldgierig. Wenn ihm alles Geld auf der Welt gehörte, wollte er immer noch mehr. Abgesehen davon ist er auch noch größenwahnsinnig. Und ein Sadist.«

»Woher kennst du ihn?« fragte Jimmy.

»Vom Überfall auf die *Little Monaco*.«

Überrascht fragte Tucker: »Hat er da mitgemacht? Du hast ihn neulich nicht erwähnt.«

»*Mitgemacht* hat er nicht. Aber irgendwie hat er herausbekommen, wer es gemacht hat. Als wir uns abgesetzt hatten, um zu warten, bis sich die Wogen legten, tauchte er bei uns auf. Er drang ganz dreist in unser Versteck ein! Er forderte 50 000 Mäuse Schweigegeld. Wenn wir nicht berappten, wollte er mit ziemlich unangenehmen Leuten in Houston reden, mit den Männern, denen die *Little Monaco* gehörte.«

»Und ihr habt bezahlt?«

»Das war leichter, als ihn umzulegen«, sagte Knight. »Vergiß nicht, daß wir, als wir uns die *Little Monaco* schnappten, nicht von der Polizei verfolgt wurden. Es war ein Überfall auf eine illegale Spielbank. Unsere einzigen Feinde waren gewisse Typen aus der Unterwelt. Wenn wir López ermordet hätten, wären wir von der mexikanischen Polizei gejagt worden. Das war es uns nicht wert, zumal die 50 000 Dollar nur ein Bruchteil der Beute waren. Und der General ist kein Mann, der sich so exponiert, daß er leicht zu schnappen ist. Du kannst dir sicher vorstellen, wie ich das meine?«

Tucker dachte an seinen Vater. Er nickte.

»Was passiert jetzt?« fragte Jimmy.

»Warten wir den Hurrikan ab«, schlug Tucker vor.

»Das kann Tage dauern«, sagte Knight.

»Du hast genug Proviant an Bord. Wenn wir ihn rationieren, muß es reichen. Und wenn wir das Flußwasser abkochen, sollte es trinkbar sein.«

»Das ist nicht das Problem, Jimmy«, sagte Knight. Er machte ein sorgenvolles Gesicht.

Tucker legte die Stirn in Falten und kramte die Rolle Drops aus der Tasche. »Was ist das Problem?«

»López wird zurückkommen.«

»Woher weißt du das?«

»Von dem, was du von den neuen Maya-Ruinen und all den wertvollen Skulpturen erzählt hast.«

»Das ist eine regelrechte Fundgrube. Der Mauerfries mit den Masken war bloß das augenfälligste Stück.«

»Okay«, sagte Knight. »López ist nur wegen des Hurrikans

abgehauen. Sobald das Wetter sich wieder bessert, wird er kommen, um die Ruinen auszuplündern. Dann kann er tagelang hier sein. Und solange das Kanonenboot vor der Küste liegt, sitzen wir wieder in der Falle.«

Tucker stand auf, ging zum Steuer und starrte durch die Schutzscheibe auf die dunklen Wände der Höhle. Endlich drehte er sich um. »Du hast recht. Wir müssen jetzt fort. Ehe der Sturm mit voller Kraft ausbricht und die See für uns zu wild wird.«

Jimmy lachte nervös auf. »Mensch, ist die nicht schon viel zu wild für uns?«

»Die *Golden Girl* ist ein zähes Mädchen«, sagte Knight stolz. »Und ich kann mit ihr umgehen. Sie schafft das. Wir kommen schon durch, keine Angst.«

»Du hast das da draußen nicht gesehen«, beharrte Jimmy.

»Möglich, aber ich kann's mir gut vorstellen.«

Tucker ging vom Ruder fort. »Okay, hören wir auf zu reden, und schreiten wir lieber zu Taten.«

In knapp zwei Minuten holten sie den Anker ein und warfen die Maschinen an. Die Schrauben dröhnten in der Höhle überlaut, und das Boot glitt langsam rückwärts durch den Wasserfall in den Fluß. Wasser schlug durch das offene Fenster und verwandelte das Steuerhaus in ein Schwimmbecken. Es stieg Tucker bis über die Hüften und floß dann plötzlich wieder über das Deck in den Fluß zurück.

»Auf Kurs bleiben!« brüllte Shirillo so laut er konnte. Er stand im Heck und gab Knight die Position an, damit der sich nicht umdrehen mußte und am Ruder bleiben konnte.

»Jetzt ein wenig Backbord.«

»Weiß der überhaupt, wo Backbord ist?« fragte Knight.

»Ich glaube schon«, sagte Tucker.

»Ach? Du glaubst das?«

»Ganz bestimmt.«

»Noch ein bißchen mehr Backbord«, schrie Jimmy. »Okay. Gut so. Auf Kurs bleiben.«

Schon nach kurzer Zeit glitten sie durch den grünen Blättervorhang, der dicht vor der Flußmündung lag, drehten und hatten den tobenden Golf vor sich.

»*O boy, o boy!*« sagte Knight, als er den tiefhängenden Himmel und die sich türmenden Wellen sah.

»Ich hab's dir gesagt!« Jimmy rannte vom Heck zu ihnen. »Vergiß nicht, daß ich es dir gesagt habe.«

»Schaffst du das?« fragte Tucker.

»Klar.« Knight steuerte die *Golden Girl* in den Golf und nach Westen, den Wellentälern folgend. Seewärts stieg das graue Wasser höher und höher, bis es drohend über ihnen hing wie ein bösartiges Monstrum aus einer Schauergeschichte. Aber sie kamen dennoch rasch genug vorwärts, um dort zu bleiben, wo die Welle sich formte, während sie hinter ihnen den höchsten Punkt erreichte, sich brach und niederdonnerte. Sie rutschte über das Meer wie ein Surfer, nur daß der die Welle reitet, während sie die Wellentäler ritten. »Haltet euch von der Reling fern«, befahl Knight. »Bei dem Wetter könnt ihr zu leicht über Bord gespült werden. Geht entweder unter Deck, da seid ihr sicher – oder bleibt hier im Steuerhaus.«

Beim Gedanken an die fürchterliche Enge in der Kombüse und den Schlafkojen sagte Tucker rasch: »Ich bleibe hier.«

»Ich auch«, sagte Jimmy. »Vielleicht können wir ja mehrstimmig schöne alte Seemannslieder singen.«

»Was?« fragte Knight.

»Seemannslieder.«

»*Yo-Ho-Ho and a Bottle of Rum*«, erklärte Tucker.

»Das ist gut! Und wie wär's mit: *What shall we do with a drunken sailor?*«

»Und dem Walfänger-Lied?«

»Oder *The Captain's Chanty?*«

»Das kann doch nicht wahr sein!« murmelte Knight.

»Würden wir dich anlügen?«

Knight schüttelte nur noch den Kopf.

Das Steuerhaus war kein angenehmer Aufenthaltsort. Der Wind, nunmehr mit Sturmstärke, heulte durch das zerbrochene Fenster und schnitt in ihre Gesichter, ließ ihre Augen tränen und schlug ihnen von hinten, von der zum Deck offenen Seite, in den Rücken. Der vom Sturm getriebene Regen schien waagrecht zu fallen. Er peitschte, durchnäßte und durchkühlte sie, stach sie in die Gesichter und Arme und perlte glitzernd auf den messingbeschlagenen Instrumenten und Armaturen.

Nach weniger als einer Stunde Fahrt sagte Tucker: »Ich glaube, wir treiben dem Land zu.«

»Stimmt.« Knight mußte brüllen, um sich durch Wind, Regen, Donner und Motorenlärm verständlich zu machen.

»Ist das gut?«

»Gar nicht gut! Aber ich hab von Anfang an gewußt, daß wir dem Wellental nicht bis nach Veracruz folgen können.« Er zeigte auf die dunklen Wasserberge, die an der Steuerbordseite über ihnen aufragten. »Wir werden ein bißchen klettern müssen. Tiefer in den Golf hinein. Andernfalls landen wir auf den Felsen.«

»Wann?« fragte Tucker.

Die Küste, das Wellental und die hohen Brecher eine Weile prüfend, sagte Knight: »Hm. Lieber jetzt als später.«

»Mach dich auf was gefaßt«, sagte Tucker zu Shirillo.

Jimmy saß auf einer Bank, die an der Steuerbordwand befestigt war. Er hakte die Arme unter das Geländer hinter ihm. Er war blaß und sah so aus, als würde ihm gleich schlecht werden.

Tucker folgte seinem eigenen Rat, umklammerte mit beiden Händen das Geländer an der Backbordwand und spreizte die Beine auf dem rollenden, regennassen, glitschigen Deck.

Die Prüfung begann. Die *Golden Girl* fuhr der Küste entgegen, um besser manövrierfähig zu sein, und kam dann herum, den Bug auf den offenen Golf gerichtet. Die See hob den kleinen Kreuzer hoch und immer höher. Die unter der Wasseroberfläche liegende Strömung der Sturmflut glitt unter dem Boot weg, obwohl der sichtbare Teil der Zwanzig-Fuß-Welle noch vor ihm war. Noch ehe sie ganz gedreht hatte, sprang die *Golden Girl* wie ein Würfel in einem Würfelbecher. Die beiden Schrauben kreischten auf, als sie aus dem Wasser tauchten, und drehten sich nutzlos in der regengepeitschten Luft. Das Ruder glitt durch Knights Hände, erst nach der einen, dann nach der anderen Seite, prellte ihm die Finger und versengte ihm die Handflächen. Dann fiel das Boot, die See kam ihm entgegen, und der Aufprall hatte die Wucht eines Autos, das mit 40 Stundenmeilen gegen eine Mauer rast. Tuckers Füße rutschten unter ihm weg. Er fiel auf die Knie, aber es gelang ihm, sich weiter mit den Händen am Geländer festzuhalten. Er war gerade wieder auf den Beinen, als das Boot ganz herumkam. Das Zittern und Schlingern hörte auf. Sie erklommen den Scheitel der riesigen Woge. Der Bug richtete sich auf, höher und höher, bis der Kreuzer auf dem Heck zu stehen schien. Dann brach sich die Welle ganz plötzlich, das Boot kam zur Hälfte aus dem Wasser, und die in der Luft stehenden Schrauben kreischten abermals, dann glitt der Bug über den Kamm, der Rest des Boots kam nach, und sie rasten die Welle hinunter wie ein Skiläufer einen Steilhang. Sie gruben sich ins nächste Wellental und begannen erneut den Anstieg eines Wasserbergs. Diesmal erreichten sie den Wellenkamm mühelos; dann kam wieder der Abstieg, ein weiteres Wellental und eine neue Welle, und das ging endlos so weiter. Tucker verlor alles Zeitgefühl. Minuten oder Stunden später zog die *Golden Girl* hart nach Steuerbord, und alle Geschicklichkeit und Anstrengung Knights fruchteten nichts. Die See spielte mit ihnen. Sie zog und schob sie, wohin sie wollte. Das Boot begann wieder zu zittern. Auf dem Kamm einer Welle brach das Wasser über die Schiffsflanke und ergoß sich über das Deck. Im ersten Augenblick war Tucker sicher, daß sie vollaufen und auf den Grund des Golfs sinken würden. Aber sie kamen frei, schossen durch den Wellenkamm und schlugen hart auf dem Rücken der Woge auf. Tucker verlor den Halt am Geländer und rollte schmerzhaft durch das Steuerhaus. Er spürte, daß es ihm dunkel vor Augen wurde, kämpfte die Ohnmacht aber nieder. Zerschlagen und schwindlig kam er zum Knien und sah sich nach Shirillo und Knight um, ob sie den Aufprall überstanden hatten –

– und sah, daß Knight nicht mehr am Ruder stand. Er lag auch nicht neben dem Ruder auf den Planken. Das Rad drehte sich wie ein Glücksrad auf dem Jahrmarkt.

Sie trieben führerlos.

Tucker richtete sich auf, hielt sich am Steuerbordgeländer fest, um das Jimmy noch die Arme geschlungen hatte, und blickte sich suchend nach Knight um. Der Kapitän der *Golden Girl* war aus dem Steuerhaus geschleudert worden und an Deck gegen eines der Mauerfragmente gerollt, die dort vertäut waren. Knight bewegte sich nicht. Er lag mit geschlossenen Augen auf dem Rücken. Tucker glaubte, Blut auf seinem Gesicht zu sehen, war aber nicht sicher.

Was nun?

Mit gegen die Regen- und Windschauer zusammengekniffenen Augen spähte Tucker durch die Schutzscheibe, vor der die Wischer den Regen, die See und den salzigen Schaum fortschoben. Die Yacht trieb seitlich dem nächsten Wellental entgegen. Wenn sie nicht wieder den richtigen Kurs bekamen, wenn sie mit der Flanke nach vorn in die nächste Welle kamen, würden sie kentern, voll Wasser laufen, zerschlagen und zerschellen.

Jimmy schrie zu Knight hinaus: »George! Steh auf! Um Gottes willen, George!«

Tucker drehte sich zu ihm um. »Geh raus und sieh nach, ob er lebt. Wenn er lebt, leg ihn auf den Bauch und paß auf, daß er nicht ertrinkt.«

»Nimmst du das Steuer?«

»Ja.«

»Kannst du das denn?«

»Ich werd es lernen.«

Tucker ging schwankend zum Ruder und hielt sich an ihm fest, bis er wieder sicher auf beiden Beinen stand. Er drehte das Rad probeweise. Bis sie unten im Wellental waren, hatte er die *Golden Girl* schon schräg zur Welle bekommen. Er blieb eine Weile im Wellental und kämpfte gegen die mörderische, nie nachlassende Strömung. Nach einiger Zeit hatte er das Boot wieder auf dem richtigen Kurs und steuerte es in die sich wölbende Wand einer 25 Fuß hohen Welle.

Fünf Minuten verstrichen.

Dann zehn.

Seine Arme schmerzten von den Schultern bis zu den Handgelenken. Die Fingerknöchel seiner schlanken Hände hoben sich weiß vom Stahl- und Mahagonisteuerrad ab. Er versuchte sich zu entspannen, sagte sich immer wieder, er müsse gegen die Verkrampfung ankommen, unter der sich seine Armmuskeln verknoteten. Vielleicht mußte er die *Golden Girl* bis nach Veracruz steuern, falls sie den Sturm überstanden, und dann durfte er nicht wegen Muskelkrämpfen einfach ausfallen. Es mochten noch neun oder zehn Stunden zermürbender, härtester Arbeit vor ihm liegen, und er mußte mit seinen Kräften sparen. Aber dennoch: seine Hände krampften sich weiter fest, als habe er keinerlei Macht mehr über sie.

Eine neue Welle kam heran.

Sie werden immer höher, dachte Tucker. Bald wird eine von ihnen für uns einfach zu hoch sein.

Die *Golden Girl* schaffte den Aufstieg. Auf dem Kamm blieben sie einen langen Augenblick stehen, dann krachte der Bug nach unten.

Sie lagen wieder auf dem Wasser.

Um ein Haar wäre er wieder auf die Planken gefallen.

Fluchend und mit trockenem, übelschmeckendem Mund hielt er das Ruder, kämpfte gegen das Ruder und hielt sie auf Kurs.

»Ich löse dich wieder ab.«

Tucker blickte auf und sah Knight neben sich. Eine tiefe Schramme lief über seine Stirn, Blut sickerte in seine Augenbraue und rann über die rechte Schläfe. Er war so kalkweiß wie Mikes Fingerknöchel. »Du siehst nicht so aus, als könntest du dir das zumuten.«

»Mir geht's gut.«

Tucker zögerte.

»Du hast es gut gemacht«, sagte Knight. »Aber auf die Dauer schaffst du das nicht. Wenn du weitermachst, gehen wir unter Garantie unter.«

Tucker wußte, daß er recht hatte. »Bist du *sicher*, daß du es schaffst?«

»Wieso? Sehe ich nicht so aus?«

»Nein.«

»Ach, die blöde Schramme ist nicht so wichtig«, sagte Knight, berührte seine Stirn und zuckte zusammen. Er starrte auf die blutigen Fingerspitzen. »Das sieht schlimmer aus als es ist. Die meisten Sorgen machen mir meine Sachen.«

»Sachen?«

»Sieh dir an, wie ich aussehe! Das Hemd ist in Fetzen. Da, die Bügelfalten gibt's nicht mehr! Meine Schuhe sind hin. Durchgeweicht, schmutzig, voller Blut …« Er verzerrte das Ge-

sicht, als wollte er ausspucken. »Eine Schande, wie ich aussehe.«

Grinsend nahm Tucker das nächste Wellental und hielt das
Ruder fest, als der nächste Wasserberg ihnen entgegenkam und
unter ihnen verschwand. »Ich will dir was sagen: Wenn Mr.
Blackwell dich so sieht, kommst du dieses Jahr bestimmt nicht
auf die Liste der bestangezogenen Männer.«

»Und damit hatte ich fest gerechnet.«

»Vielleicht nächstes Jahr.«

»Nächstes Jahr kann ich schon tot sein.«

»Kein Grund für Mr. Blackwell, dich zu streichen.«

»So, wertet der auch Leichname?«

»Nur von den besten Beerdigungsinstituten.«

»Ich reise immer erster Klasse.«

Jimmy Shirillo hielt sich an einem der Bügel an der eingedrückten Decke fest und beugte sich zu ihnen vor. »Ihr seid alle
beide plemplem!«

Lachend und verwundert darüber, daß er inmitten eines solchen Chaos noch Scherze machen konnte, überließ Tucker
Knight das Steuer.

Knight steuerte die *Golden Girl* weiter in den Golf hinein und
korrigierte den Kurs nach Veracruz. »Sucht mal nach einem
Tau«, wies er Tucker und Shirillo an. »Bindet mich ans Rad.«

»Machst du Witze?«

»Nein. Wenn ich festgebunden bin, kann ich nicht wieder
fallen.«

Sie erfüllten seinen Wunsch.

Die Yacht wurde in den Rachen des weit offenen Mauls der
See gewirbelt.

13

Obwohl die See vor Veracruz bei weitem nicht so hoch war wie
weiter im Osten, hatte sich die Hafenbehörde auf das Schlimmste gefaßt gemacht. Die meisten Seefahrzeuge – alle Arten von
Fischerbooten, Kabinenkreuzer und Yachten, meist im Besitz

von *norteamericanos,* Schleppkähne, Tanker und Passagierdampfer – waren von den Anlegeplätzen verwiesen worden. Sie lagen beleuchtet im Hafenbecken vor Anker, wo sie – wenn und falls der Hurrikan Gerda vom Golf hereinkam und sie traf – nicht an den Kaimauern oder aneinander zerschellen konnten. Es regnete trotz des dicken Nebels heftig. Die Wellen waren zehn bis zwölf Fuß hoch, und die Schiffe tanzten wie Korken auf dem Wasser.

Um acht Uhr abends kam die *Golden Girl* im Schein gelber, roter und grüner Positionslampen vom Golf herein und schob sich durch die seltsam zusammengestückelte Flottille. Die Yacht fuhr vom Süden entlang der Küste vor Veracruz bis nach Norden, dämpfte unterwegs die Lichter und löschte sie dann ganz. In der Dunkelheit und im Schutze von Regen und Nebel schob sich das Boot zwischen die verlassenen Kais zweier zum Abbruch verurteilter Lagerhäuser.

George Knight schaltete die Maschine ab und wartete geduldig, bis Mike und Jimmy den Anker heruntergelassen und das Boot am Kai festgemacht hatten, ehe sie zu ihm kamen, um ihm die Hände loszubinden. Er rieb sich vorsichtig die zerschundenen Handgelenke und deutete auf die rostenden Wellblechhallen und die bröckelnden, verkommenen Anlegestellen. »Ich hab euch gesagt, daß dies hier ideal für uns ist. Hier kommt kein Mensch mehr her. In sechs Monaten ist alles abgerissen.«

Große, aufgeweichte Pappschilder waren in die Kaimauern genagelt. Auf jedem Schild stand unter der kleingedruckten Mitteilung der Stadtverwaltung in drei verwitterten Farben jedesmal ein Wort: PELIGRO – PELIGRO – PELIGRO.

GEFAHR, GEFAHR, GEFAHR, dachte Tucker müde. Als wollten sie mich vor mehr als nur der Baufälligkeit des Kais warnen. »Das macht keinen schlechten Eindruck«, bemerkte er zu Knight.

»Aber wir können die *Golden Girl* nicht lange hier lassen. Wenn die See rauher wird – und das kann verdammt bald sein –, haut sie sich an diesen Pfählen in Stücke. Hoffen wir also, daß dein Freund noch vor Mitternacht einen Lastwagen und einen Flaschenzug besorgen kann. Sonst muß ich sie mit dem Fries an Bord in den Hafen bringen.«

»Nur keine Aufregung«, sagte Tucker. »Machen wir uns an die Arbeit.«

Jimmy holte aus dem unter Deck gelegenen Vorratsraum drei quadratische Segeltuchplanen und Nylonseile. Sie hüllten die Mauerstücke schnell ein, falls durch einen unvorhersehbaren Zufall doch jemand in diesem Abbruchgebiet herumschnüffeln sollte.

»Wenn der Wind sehr viel stärker wird, halten die Planen wohl kaum«, sagte Jimmy, als sie mit der Aktion fertig waren. »Sie werden wie Papierdrachen über den Hafen segeln.«

»Bis es dazu kommt, sind wir längst zurück.«

Sie gingen in die Kajüte, um die Koffer mit dem Geld zu holen.

Knight nahm sich die Zeit, einen kleinen Koffer mit einem Anzug zum Wechseln zu packen. Dann stiegen sie an Deck, kletterten auf den Kai und gingen zwischen den beiden Lagerhallen durch in die Richtung des Hotels *Emporio*.

Die Stadt hatte sich auf den Hurrikan Gerda vorbereitet. Tausende von Sandsäcken stapelten sich an allen niedrigen Punkten der Straßen entlang des Hafens. Die meisten kleinen Fenster waren durch Laden geschützt oder mit Brettern zugenagelt. Die großen Schaufenster waren kreuz und quer mit breiten Klebstreifen überzogen, und bei einigen waren die Eisengitter heruntergelassen und versperrt. Sämtliche in der Nähe des Hafens geparkten Autos waren fortgeschafft worden, um nicht von einer Sturzwelle weggerissen zu werden. Tucker, Shirillo und Knight waren die einzigen Fußgänger auf den dunklen, nebligen Straßen. Sie kamen bis zum *Emporio*, ohne irgend jemandem aufzufallen.

Um nicht die Hotelhalle durchqueren zu müssen, benutzten sie den Hintereingang und die Personaltreppe.

Fünf Minuten nach Verlassen der *Golden Girl* waren sie sicher in Tuckers Zimmer.

Mike setzte sich neben das Telefon und suchte in seiner Brieftasche nach Alvaro Pozos' handgeschriebener Geschäftskarte. Er lehnte sie an die Lampe.

»Wer ist dieser Freund von dir?« fragte Knight und las den Namen und die Adresse auf der Karte.

»Ein Taxifahrer.«

»Kann der uns einen Lastwagen und eine Winde besorgen?«

»Weißt du sonst jemand, mit dem wir es versuchen könnten?«

»Nein.«

»Dann bleibt uns nur Alvaro.«

»Kennst du ihn so gut, daß du ihm traust?«

»Aber sicher«, log Tucker.

Knight wußte, daß es eine Lüge war. »Na ja, wir werden ihn wohl nehmen müssen, selbst wenn wir nicht sicher sind, ob man ihm trauen kann.«

»Das meine ich auch.«

»Soll ich schon das Geld aufteilen?« fragte Jimmy.

»Leg 5000 Dollar für Alvaro beiseite«, sagte Tucker, »dann fang ruhig damit an.«

»Ich werde dir helfen.« Knight legte einen Koffer auf den niedrigen Tisch und setzte sich in einen der Korbsessel.

Tucker wählte die Nummer auf Alvaros Karte. Er ließ es fünfundzwanzigmal klingeln, dann legte er auf.

»Nicht zu Hause?« fragte Knight.

»Es ist die Nummer seiner Mutter. Die kann an so einem Abend kaum bis spät unterwegs sein.« Er stand auf und streckte sich. »Ich werde erst mal duschen und mich umziehen.«

»Das sind die fünftausend für Alvaro«, sagte Jimmy.

Tucker legte das Päckchen mit den Geldscheinen auf die Kommode. Er nahm sich Unterwäsche, Socken und ein Hemd aus der oberen Schublade, holte sich eine Hose aus dem Schrank, nahm alles ins Badezimmer mit und schloß hinter sich die Tür. Er stellte die Dusche so heiß, daß er es soeben noch ertragen konnte, und ließ sich fünf Minuten lang aufheizen. Nach einem kurzen Guß mit kaltem Wasser, um wieder munter zu werden, trocknete er sich ab, zog sich an und kehrte ins Schlafzimmer zurück, um noch einmal anzurufen.

Shirillo und Knight saßen noch vor dem niedrigen Tisch und zählten und teilten die Beute.

»Ich komme mir wie J. Paul Getty vor«, sagte Jimmy.

»Ich wie Howard Hughes.«

»John D. Rockefeller.«

»König Faisal.«

»Ihr spinnt alle beide«, stellte Tucker fest, griff nach dem Hörer und begann zu wählen.

Das Amt unterbrach ihn. »Entschuldigen Sie, Señor«, sagte eine weibliche Stimme. »Wir haben heute abend so viele Störungen, daß ich muß verbinden Sie.« Ihr Englisch hatte den scharfen Akzent und die eigentümliche Grammatik aller mexikanischen Telefonistinnen in den größeren Städten. »Welches ist die Nummer, die Sie wünschen?«

Tucker gab sie an.

Nach dem siebten Klingelzeichen meldete sich Alvaros Mutter. Sie hatte eine musikalische, leise Stimme, die sich interessant anhörte.

»*Alvaro Pozos, por favor*«, sagte Tucker.

»Sie kommen aus den Vereinigten Staaten«, sagte sie ebenso fließend, aber nicht so formell wie die Telefonistin.

Daraufhin wechselte auch er vom Spanischen zum Englischen. »Ja, das stimmt.«

»Aus dem Osten.«

»Ja.«

»Aus New York City.«

»Sie haben ein gutes Gehör, Mrs. Pozos. Können Sie auch den Stadtteil erkennen?«

Sie lachte. Es war ein sympathisches Lachen. Sie hörte sich an, als wäre sie etwa Mitte Dreißig. Demnach hätte sie Alvaro so ungefähr mit sechzehn auf die Welt gebracht haben müssen. »Ein Mann, der so kultiviert wie Sie spricht, kann eigentlich nur aus Manhattan kommen.«

»Sie sind ganz erstaunlich!«

»Ich habe neun Jahre lang mit meinem Mann in New York gelebt«, erklärte sie. »Aber das wollen Sie alles gar nicht hören. Alvaro ist leider nicht zu Hause.«

»Wissen Sie, wann er wiederkommt?«

»Heute abend nicht mehr.«

»Es ist für mich ungeheuer wichtig, ihn zu sprechen. Wissen Sie, ob ich ihn irgendwie erreichen kann?«

Sie zögerte.

»Ich muß etwas Geschäftliches mit ihm besprechen«, sagte Tucker. »Für ihn geht es dabei um mehrere tausend Dollar.«

»US-Dollars?«

»Ja.«

»In bar?«

»Wie denn sonst?«

Sie verstummte.

»Mrs. Pozos?«

»Ohne Steuern?« fragte sie.

»Von mir erfährt das Finanzamt nichts«, sagte Tucker voller Bewunderung für diese nüchterne Dame. Schon am Telefon erinnerte sie ihn an Elise: zupackend, gescheit, klug und dennoch sehr weiblich.

»Das ist ein Scherz.«

»Nein.«

»Es muß ein Scherz sein.«

»Kein Scherz.«

»Sie haben Ihren Namen nicht genannt.«

»Michael Tucker.«

»Ist das wirklich Ihr Name?«

»Ja«, log er.

»Ich habe nie von Ihnen gehört.«

»Trotzdem gibt es mich.«

Sie lachte, sagte aber nichts.

Tucker erklärte: »Ich bin bereit, Alvaro 5000 Dollar zu bezahlen. Noch heute. Und morgen abend denselben Betrag noch einmal.«

»Das ist sehr viel Geld.«

Diesmal war es an ihm, zu schweigen.

Seufzend sagte sie: »Alvaro ist heute abend bei einem Freund. Carlos Lima. Kennen Sie Carlos?«

»Nein.«

Sie gab ihm die Adresse. »Es ist ein Dachgeschoß über einem Lebensmittelgeschäft. Die Treppe ist hinter dem Haus. Carlos ist Maler, Künstler.«

»Und die Telefonnummer?«

»Carlos hat kein Telefon. Sie müssen zu ihm gehen. Kennen Sie den Weg?«

»Nein, nicht genau.« Er notierte sich ihre Angaben und las sie ihr vor, als sie es verlangte.

»Was für eine Arbeit ist das, die Sie Alvaro geben wollen?«

»Das möchte ich lieber nur Alvaro sagen.«

»Machen Sie ihm damit auch keinen Ärger?«

»Nein.«

»Geben Sie mir Ihr Ehrenwort?«

»Mein Ehrenwort.«

»Er ist ein guter Junge.«

»Das weiß ich«, sagte Tucker. »*Muchas gracias, señora.*«

»*De nada.*«

»*Adios.*«

Tucker legte den Hörer auf. Er kam sich gemein und hinterhältig vor, weil er sie belogen hatte: Er konnte Alvaro eine Menge Ärger machen, wenn etwas schiefging.

Sich von den Geldstapeln auf dem Couchtisch abwendend, sagte Knight: »Ich nehme an, daß seine Mutter jung und hübsch ist.«

»Zumindest ist sie sehr interessant.« Tucker ging zum Schrank, um den Regenmantel zu holen.

»So?« fragte Jimmy. »Du, dann wirf mal lieber den Zettel mit der Telefonnummer nicht fort.«

Tucker steckte die 5000 Dollar ein – ein Päckchen Fünfzig-Dollar-Scheine – und ging zur Tür. »Ich werde in etwa einer Stunde zurück sein. Haltet euch dann bereit.«

14

Tucker stieg die steilen Stufen hinauf und stand im Regen auf dem geländerlosen Podest. Sanftes Licht drang durch die Ritzen der zusammengeflickten Tür. Er vernahm Musik. Bach: *Passacaglia* und *Fuge in c-Moll*. Tucker hörte eine Minute lang zu, dann klopfte er laut auf eine der eingelegten Glasscheiben.

Die Nadel kam zum Ende der Platte, und jemand nahm sich die Zeit, sie umzudrehen, ehe er auf das Klopfen an der Tür reagierte. Eine Stimme, nicht die Alvaros, fragte: »*Qué desea usted?*«

»*Quiero hablar Alvaro Pozos*«, sagte Tucker unbeholfen. Er war zu müde, um sich eine korrektere Redewendung auszudenken.

»*Cómo se llama usted?*« fragte der Mann hinter der Tür.

»Michael Tucker.«

Das Schloß klickte, die Tür ging ein paar Fingerbreit auf. Ein sehr dunkler, hübscher Mexikaner musterte ihn.

»*Norteamericano?*«

»Ja. Sind Sie Carlos Lima?«

Der Mexikaner nickte und sprach nun englisch. »Warum wollen Sie Alvaro sprechen?«

»Ich möchte ihm ein Geschäft vorschlagen. Seine Mutter hat mir gesagt, daß ich ihn hier finden kann.«

»Gut.« Er trat zurück und zog die Tür auf.

Tucker trat rasch ein.

Der Dachboden war sehr hoch und durch eine nur bis zur halben Höhe reichende Mauer, in der nur eine Tür war, in zwei Räume geteilt. Der vordere Raum war fast leer, aber sehr anziehend: weiße Wände, ein gedübelter Holzfußboden, eine skandinavische Couch, zwei breite Schreibtischsessel aus Chrom, ein altmodischer Kühlschrank und ein elektrischer Herd mit vier Heizplatten. Das sanfte Licht und die Musik kamen aus dem anderen Zimmer, das vermutlich Carlos' Atelier und Schlafraum war.

Tucker drehte sich zu Lima um, weil er ihm ein Kompliment über die schöne Wohnung machen wollte – und erfaßte, daß der Mann nackt war. Er stand zu aufrecht, mit zurückgenommenen Schultern und feindseligem Gesicht. Er wartete auf eine anzügliche Bemerkung von Tucker. Gerade in dem Augenblick wurde die Musik lauter. »Bachs *Toccata* und *Fuge in d-Moll*«, stellte Tucker fest.

Carlos war überrascht.

»Eugene Ormandy und das Philadelphia Orchestra. Sie haben einen guten Geschmack.«

Der Künstler verwandelte sich; die Feindseligkeit wich einem plötzlichen Lächeln und einem Ausdruck geheimen Einverständnisses. Carlos' Körper war schlank und muskulös und von der Farbe gut durchgezogenen Tees, und er war entweder verdammt gut ausstaffiert oder ungeheuer unternehmungslustig.

Wahrscheinlich beides, dachte Tucker, hob den Blick und entdeckte, daß Carlos womöglich noch breiter grinste als zuvor. »Alvaro ist hier?«

»Klar. Wollen Sie uns Gesellschaft leisten?«

»Tut mir leid«, sagte Tucker. »Ich bin anderweitig orientiert.«

»Das tut mir ebenfalls leid.« Er kratzte sich genüßlich den flachen Bauch und lächelte wiederum. »Ich hole Alvaro.« Auf dem Weg zur Schlafzimmertür sah er über die Schulter. »Setzen Sie sich.«

Tucker setzte sich in einen der Direktorensessel und betrachtete das große Gemälde, das über der Couch hing: eine durchsichtige Ballettszene vor dem stärker akzentuierten Hintergrund des Hafens von Veracruz. Tanger und elegante Segelboote übereinander auf der Leinwand, verwoben in einem Taumel von Bewegung und Farbe. Das Bild trug die Signatur von Carlos Lima und war sehr gut.

Zwei Minuten danach kam Alvaro aus dem Schlafzimmer; er zog den Reißverschluß hoch, knöpfte das Hemd zu und kämmte sich die dichte schwarze Mähne mit den Fingern. Carlos folgte ihm immer noch nackt, stellte sich neben eines der Bücherregale und ließ sich bewundern. Alvaro schüttelte Tucker die Hand und setzte sich dann gegenüber auf die Couch.

»Ich weiß nicht, ob Sie sich an mich erinnern?«

»Aber selbstverständlich. Ich hab Sie am Montagmorgen vom Flughafen in die Stadt gefahren.«

»Ja. Ich …«

»Sie hatten Angst, mit mir zu fahren.«

Tucker lächelte.

»Sie haben mir ein anständiges Trinkgeld gegeben.«

»Ja, das war ich.«

»Was kann ich für Sie tun, Señor Tucker?«

»Ich brauche einen Lastwagen.«

»Was für einen Lastwagen?«

»Er muß groß genug sein, um etwas zu transportieren, das neun Fuß lang und sieben Fuß breit ist.«

Alvaro zog an seiner Unterlippe. »Was wiegt dieser Gegenstand?«

»Ich schätze, eine Dreivierteltonne.«

»Soll ich diesen Lastwagen stehlen?« fragte Alvaro und rutschte auf die Kante der Couch.

»Nein, leihen.«

»Das wollte ich auch gerade sagen. Ich leihe ihn aus.«

»Ja.«

»Und ich soll ihn auch fahren?«

»Ja.«

»Wo?«

»Heute nur in der Stadt. Morgen fahren wir nachts zu einer verlassenen Marihuanaplantage bei Jalapa de Díaz.«

Alvaro nickte lebhaft. »Die kenne ich. Da ist schon viel gelaufen.« Er war nervös geworden.

»Es geht nicht um Heroin«, beruhigte ihn Tucker. »Es hat nichts mit Drogen zu tun.«

Alvaro war erleichtert. Er grinste und schlug sich wie ein Koch in die Hände, der Mehl abstäuben will. »Na, dann sehe ich da keine Probleme. Ich kann den Lastwagen in einer Stunde für Sie besorgen.«

»Damit ist es noch nicht getan.«

»Macht nichts. Ich schaffe es schon.«

»Entweder muß der Lastwagen einen eingebauten Flaschenzug haben, oder wir brauchen einen, der sich an ihm anbringen läßt.«

»Um die Dreivierteltonne zu heben?«

»Nein, dreimal je eine Vierteltonne.« Alvaro schloß die Augen und legte den Kopf zur Seite, als lausche er der Musik. Er dachte eine Weile nach und sagte dann: »Das läßt sich machen. Aber es ist nicht so einfach.«

»Sollen wir über Geld sprechen?« fragte Tucker.

Alvaro wurde sofort wieder fröhlich. »Ja! Warum nicht?«

Tucker nahm das Päckchen mit den Fünfzig-Dollar-Scheinen aus der Tasche seines Regenmantels und warf es Alvaro zu.

Der hielt es in den Lichtstrahl, der aus dem Schlafzimmer drang. »Sind die echt?«

Carlos kam vom Bücherregal zu ihm herüber, um sie sich anzusehen. Zum erstenmal, seit Tucker das Dachgeschoß betreten hatte, schien er nicht mehr an Sex zu denken. Er berührte die Scheine und pfiff leise durch die Zähne.

»Sie sind echt«, sagte Tucker. »Das Zeug läßt sich leichter verdienen als fälschen.«

»Dann müssen Sie ein reicher Mann sein.«

»Ich bin ein reicher Dieb.«

»Aha.«

»Ich möchte, daß Sie begreifen, in was Sie sich einlassen.«

»Sagen Sie's mir.«

So knapp es ging, berichtete ihm Tucker vom Fries der Masken. Dann fügte er hinzu: »Ich gebe Ihnen 5000 Dollar jetzt. Morgen nacht, wenn wir das Geld vom Sammler haben, bekommen Sie weitere 5000 Dollar.«

»Sie können mich zählen, noch ehe ich aus dem Ei geschlüpft bin«, sagte Alvaro strahlend und fächelte sich mit einem Fünfzig-Dollar-Schein Luft zu.

»Was?« fragte Tucker.

»Er meint, daß Sie auf ihn zählen können«, erklärte Carlos.

»Gut.«

»Brauchen Sie keinen zweiten Mann?« fragte Carlos.

»Leider nein.«

Carlos schüttelte wehmütig den Kopf. »Wenn man bedenkt, wie gut ich das Geld gebrauchen könnte!«

Alvaro stand auf, zählte ganz schnell zwanzig Scheine ab und drückte sie Carlos in die Hand.

»Was ist das?« fragte er erstaunt.

»Tausend Dollar.«

Carlos wollte sie ihm wieder aufdrängen. »Ich bin doch kein Fall für die Wohlfahrt.«

Alvaro weigerte sich, das Geld zurückzunehmen. »Wer hat was von Wohlfahrt gesagt? Ich gebe dir 1000 Dollar als Anzahlung auf ein Bild.«

»Blamier mich doch nicht so.« Carlos wollte ihm immer noch das Geld zurückgeben. »Du weißt, daß ich dir jedes Bild, das du haben willst, umsonst male.«

»Jetzt nicht mehr«, sagte Alvaro. »Du hast mir Dutzende von

den schönsten Bildern geschenkt. Von jetzt an bezahle ich.« Er sah, wie verletzt Carlos' dunkle Augen blickten, und fügte rasch hinzu: »Es sei denn, du schenkst mir ein Bild zu besonderen Anlässen, zu Geburtstagen oder Festen.«

»Und zu Weihnachten.«

»Zu Weihnachten möchte ich zwei Bilder geschenkt bekommen.«

Carlos lächelte. »Okay, dann nehme ich das als Anzahlung. Ich male dir ein Bild, wie du es noch nie gesehen hast.«

Tucker hatte das Gefühl, der störende Dritte bei einer zärtlichen Szene zwischen einem Mann und seiner Frau zu sein. Er stand auf. »Wie schnell können Sie einen Lastwagen mit einer Hebebühne beschaffen?«

»Wie spät ist es jetzt?«

Tucker drückte auf den Knopf seiner Uhr. »9 Uhr 40.«

Alvaro hob den Blick von den leuchtenden Zahlen auf dem Zifferblatt. »Ich habe den geeigneten Laster bis heute abend um halb zwölf.«

»Bestimmt?«

»Darauf kann ich, wie ihr *norteamericanos* zu sagen pflegt, das Hemd von meinem Rücken geben.«

»Er meint«, dolmetschte Carlos, »daß Sie sich felsenfest auf ihn verlassen können, Mr. Tucker.«

»Ja, das stimmt.« Alvaro legte die Hand auf Tuckers Arm und ging mit ihm zur Tür. »Wo sollen wir uns treffen?«

Tucker nannte den abbruchreifen Kai.

»Oh, ich weiß genau, wo das ist. Ich bin um halb zwölf auf Knopfdruck da.«

Als Alvaro die Tür öffnete, um ihn hinauszulassen, sagte Tucker: »Etwas verstehe ich nicht.«

»Fragen Sie doch.«

»Ich habe heute abend mit Ihrer Mutter telefoniert. Sie spricht fließend englisch.«

»Als wäre sie dort aufgewachsen und geboren«, stellte Alvaro voller Stolz fest.

»Aber Sie haben – Schwierigkeiten. Ihre Redewendungen, Ihre Umgangssprache …«

Alvaro grinste. »Ich weiß, aber ich gebe mir viel Arbeit. Wissen Sie, mein Vater hat mir fast mein Leben lang verboten, Englisch zu lernen. Er hat meiner Mutter verboten, es mir zu unterrichten. Darum lerne ich es erst seit zwei Jahren.«

»Hat er es sich plötzlich anders überlegt?«

»Nein. Er ist gestorben.«

»Ach, das tut mir leid.«

»Braucht es nicht. Mir nämlich auch nicht. Er war ein hundsgemeiner Kerl. Meine Mutter hat ihn erschossen.«

Tucker erinnerte sich an ihre Stimme, versuchte, sie sich als die Stimme einer Mörderin vorzustellen, und konnte es nicht. »Ihre *Mutter!*«

»Ja. Vater hat sie mit einem anderen Mann im Bett erwischt. Er wollte seinen Revolver aus dem Nachttisch holen. Mutter mußte ihm den abnehmen. Peng! Es blieb ihr keine Wahl.«

»Ihre Mutter ist eine erstaunliche Frau.«

»Ja, die Beste von allen!« Alvaro war ganz ernst geworden.

Tucker ging in den Regen hinaus, die wackelige Stiege hinunter und durch die Gasse auf die große Straße. Er machte sich auf den Heimweg zum Hotel *Emporio*. Obwohl er nach der stürmischen Fahrt von Campeche entsetzlich müde war, fühlte er sich ganz auf der Höhe. Er hatte eine seiner Ahnungen, eine jener Intuitionen, auf die er sich verlassen konnte: sie würden Glück haben, und die ganze Sache würde gut enden.

Ein Windstoß warf ihn fast um.

15

Tucker saß auf der einen Seite des Telefons und Jimmy auf der anderen. Shirillo hielt den Hörer ans Ohr. Beim Sprechen beobachtete er Tucker. Er gab der Vermittlung die Nummer in Mexico City durch, wartete und sagte dann zu Tucker: »Jetzt klingelt es.«

»Vergiß nicht, den Hörer vom Ohr fortzuhalten, sobald er sich meldet, damit wir ihn beide hören können.«

Eine scharfe Stimme am anderen Ende der Leitung sagte: »Hallo?«

»Dr. Frigo?« fragte Shirillo.

»Wer ist da?« Der Doktor mußte erkannt haben, daß Shirillo ein *norteamericano* war.

»Sie kennen mich nicht, aber …«

»Dies ist eine nichtregistrierte Nummer«, sagte Frigo schroff. »Woher haben Sie sie?«

»Ich rufe an, um zu fragen …«

»Wie sind Sie an meine Nummer gekommen?« beharrte Frigo.

Erbittert sagte Shirillo: »Dr. Frigo, wenn Sie nur einen Funken Verstand haben, gehen Sie jetzt aus Ihrem Haus, suchen sich eine Telefonzelle und rufen die Nummer an, die ich Ihnen jetzt gebe.« Shirillo las die Nummer zweimal vor. »Rufen Sie in genau einer Viertelstunde an.«

»Was soll …«

Jimmy legte auf. »Was für ein schroffer Mensch!«

»Aber reicher als Krösus.«

»Das wertet ihn ein bißchen auf.«

»Und was das Wort *Skrupel* angeht, das hat er noch nie gehört.«

»Da wird er ja geradezu sympathisch.«

»Er wird den Fries der Masken haben wollen.«

»Ein richtiger Heiliger!«

George Knight kam aus dem Badezimmer. Er hatte sich in ein Badetuch gewickelt. »Puh!« Er wischte sich mit einem feuchten Waschlappen über das Gesicht. »Da drin ist es ganz schön schwül.«

»Wieso? Hast du eine Frau bei dir?«

»Unser kleiner Scherzbold.«

»Mich holen sie noch mal nach Las Vegas zu einem Galaauftritt.«

»Wie ist es mit dem Mann in Mexico City gegangen?« fragte Knight.

»Bisher gut«, antwortete Mike.

Jimmy stand auf. »Wir sollten uns auf den Weg machen.«

»Warten wir lieber noch ein bißchen«, sagte Tucker. »Es ist nicht gut, wenn wir da unten zuviel Zeit vertrödeln müssen.«

Jimmy begann auf der Stelle zu laufen.

»Du hast einen guten Laufstil.«

»Danke.«

Fünf Minuten vor dem Zeitpunkt, an dem Frigo telefonieren sollte, verließen Tucker und Shirillo das Zimmer und fuhren mit dem Lift in die Hotelhalle. Sie gingen direkt in die mittlere der drei Telefonzellen. Jimmy setzte sich auf den Hocker, Tucker blieb unter der offenen Tür stehen.

Der Hotelportier stand im Portal der Halle und blickte durch die Glastüren in den Regen hinaus. Der Boy leistete ihm Gesellschaft und schnatterte auf englisch von einer langbeinigen Blondine, die am Nachmittag im Hotel ein Zimmer genommen hatte.

Der Angestellte am Empfang betrachtete Tucker aus schläfrigen Augen und vertiefte sich dann wieder in seine Illustrierte.

Nach zehn Sekunden klingelte das Telefon.

Shirillo nahm ab, ehe das Klingeln verstummt war.

»Hallo?«

»Ich hab's eilig«, sagte Dr. Frigo.

Tucker quetschte sich in die Zelle und zog die Tür hinter sich zu. Er beugte sich dicht zu Shirillo herüber, um das Gespräch mitzuhören.

»Ich habe einen Fries mit Masken zu verkaufen.«

»Sprechen wir über präkolumbische Kunst?«

»Natürlich.«

»Beschreiben Sie den Fries.«

Shirillo tat das in aller Ausführlichkeit.

»In drei Stücken?«

»Jawohl.«

»Wie stark sind die Beschädigungen durch das Zersägen?«

»Sehr geringfügig. Es wurde von Fachleuten gemacht.«

»*Huaqueros.* Bauern. Idioten!«

»Sie haben es trotzdem sehr gut gemacht.«

»Sie haben mich unter der unregistrierten Nummer angerufen. Es ist ein besonderer Apparat. Mein Personal meldet sich nicht. Nur ich beantworte die Anrufe.«

Jimmy sah Tucker mit einem Augenaufschlag an. Zum Doktor sagte er: »Ja, das weiß ich.«

»Woher haben Sie die Telefonnummer?«

»Von einem Herrn aus New York.«

»Ich kenne viele Herren in New York«, sagte Frigo. Er hörte sich wie eine zänkische alte Jungfer an. »Wie ist der Name dieses Herrn?«

»Es ist Ihnen doch sicher lieber, wenn ich am Telefon keine Namen nenne«, sagte Jimmy.

In Wahrheit kannte Jimmy den Namen nicht. Tucker hatte ihn nicht genannt, weil es Tuckers eigener Name war, sein *echter* Name, den er um jeden Preis vor allen seinen kriminellen Partnern geheimhalten wollte.

»Wenn Sie mir den Namen nicht sagen können«, erklärte Frigo, »nennen Sie mir ein Geschäft, das wir gemeinsam abgeschlossen haben.«

»Sie haben durch seine Vermittlung im vorigen März eine Jadefigur gekauft. Und ein Jahr davor hat er Ihnen geholfen, den Verkauf eines Picasso in die Wege zu leiten, dessen rechtmäßiger Besitzer Sie waren.«

Frigo blieb einige Sekunden lang stumm. Dann: »Das ist ein sehr guter Mann. Hat er Sie zu mir geschickt?«

»Ja.«

Der Doktor hatte einen Entschluß gefaßt. »Was verlangen Sie?«

»Zweihunderttausend.«

»US-Währung?«

»Bestimmt keine mexikanische.«

»Ich dachte an die Schweiz.«

»Dollars reichen mir.«

»Wann und wo?«

»Elf Uhr morgen abend«, sagte Jimmy. »Ist Ihnen eine aufgegebene Marihuanaplantage fünf Meilen von Jalapa de Díaz entfernt bekannt?«

»Das war mal eine berüchtigte Gegend.«

»Sie wird es wieder werden.«

»Ich bringe einen bewaffneten Mann mit«, sagte Frigo.

»Ich ebenfalls.«

Tucker grinste. Er wußte, daß beide logen, weil es zu den Spielregeln gehörte, zu lügen.

»Wenn der Fries nicht so gut ist wie Ihre Beschreibung, müssen wir einen neuen Preis festsetzen, sobald ich ihn gesehen habe.«

»Natürlich«, stimmte Jimmy zu. »Aber Sie sollten doch besser die 200 000 Dollar mitbringen. Er ist so gut, wie ich es sage.«

Sie legten beide auf.

Jimmy schwitzte, als wäre er soeben ein paarmal um den Block gerannt. Er wischte sich mit dem Ärmel über die Stirn. »Der Mann ist ein Raubtier.«

Tucker öffnete die Tür und ging rückwärts aus der Zelle. Als er sich umdrehte, sah er, daß der Mann am Empfang zu ihnen herüberstarrte. Er lächelte und winkte ihm zu. Der Angestellte lächelte und winkte ebenfalls.

»Ist das ein Freund von dir?« fragte Jimmy.

»Mein Halbbruder.«

»Ach, wirklich?«

»Er hat in Cleveland eine chemische Reinigung gehabt.«

»Ich finde, er sieht wie ein Friseur aus.«

»Er war Friseur, ehe er die Reinigung aufmachte.« Tucker drückte auf den Liftknopf.

»Warum hat er denn die gute alte Schere an den Nagel gehängt?« fragte Shirillo.

»Weil er aus der Friseurschule geflogen ist.«

»Wirklich?«

»Ja, beim Abschlußexamen. Er hatte das schriftliche und mündliche Examen hinter sich und war fast am Ende der praktischen Prüfung. Dann hat er aus Versehen dem freiwilligen Kandidaten die Kehle durchgeschnitten.«

»Beim Rasieren.«

»Ach, du hast davon gehört?«

»Mein Halbbruder war der freiwillige Kandidat.«

»Na, so was!«

»Warum hat er denn die chemische Reinigung aufgegeben?« fragte Shirillo, als er durch die aufgleitenden Türen in den Lift trat.

»Schweres Asthma«, sagte Tucker und folgte ihm.

»Er war allergisch gegen die Dampfpressen.«

»In der Tat.«

»Er ist wegen des warmen Klimas in den Süden gegangen.«

»Davon mußt du auch gehört haben.«

Die Türen schlossen sich, und der Lift glitt nach oben.

Jimmy lehnte sich an die Wand und verschränkte die Arme vor der Brust. »Weißt du, was ich mir denke? Ich denke mir, daß du diesen New Yorker Kunstexperten verdammt gut kennst.«

»Sehr gut.«

»Er gibt dir sogar unregistrierte Telefonnummern, wie die von diesem Frigo.«

»Wenn er glaubt, daß ich sie brauchen kann.«

»Soll ich dir mal sagen, in welchem Verdacht ich dich und diesen New Yorker Kunstexperten habe?«

Tucker starrte ihn lange stumm an. Die Türen des Lifts öffneten sich in ihrem Stockwerk, aber keiner von ihnen stieg aus. »Nein«, sagte Tucker dann. »Sag es mir nicht.«

»Gut.« Shirillo machte einen Schritt zur offenen Tür.

Tucker griff nach seiner Schulter. Die Türen begannen sich zu schließen. Tucker drückte auf den Haltknopf. »Jimmy, an deiner Stelle würde ich darüber auch nichts zu George Knight sagen.«

»Meine Lippen sind versiegelt.«

»Wenn sie es nicht sind, muß ich sie dir versiegeln.«

Von dem gefährlichen Unterton in Tuckers Stimme verwirrt, sagte Shirillo: »Hör mal, ich bin dein Freund. Weißt du das nicht mehr?«

»Möglicherweise bist du der einzige Freund, den ich in diesem Geschäft habe«, sagte Mike. »Aber niemand verrät meine wahre Identität. Niemand. Du weißt jetzt ein bißchen, aber nicht viel. Versuche nicht, mehr herauszubekommen.«

Sie kehrten in das Zimmer zurück. Es war 10 Uhr 55.

16

Um 11 Uhr 10 an diesem Abend stand General Francisco López Garrido im Schießstand im Keller seines Hauses in Veracruz. Er gab sich große Mühe, einem Mann aus Pappe mit sechs

Schuß sechsmal ins Herz zu schießen. Aber das Beste, was er zustande brachte, waren vier Treffer bei sechs Schuß. Die beiden anderen Schüsse gingen in den Papphals oder Pappmagen. Ein-, zweimal verfehlte er den Feind sogar ganz. Damit befaßte er sich nun seit fast drei Stunden, seit er aus Zacatal zurückgeflogen war. Er ärgerte sich bis zur Weißglut über sich selbst. Auf das Herz zielend, hatte er den Pappmann gerade in den Schenkel geschossen, als Major Sánchez den Schießstand betrat und ihm zuwinkte. López riß die Ohrenschützer ab.

»Was gibt es?«

»Telefon für Sie, General.«

»Wer?«

»Dr. Frigo.«

»Der Hund.«

Lächelnd sagte Sánchez: »Es geht um den Fries der Masken.«

»Ich komme sofort.« López zog die Lederhandschuhe aus und warf sie neben den Revolver. Im Büro im Keller nahm er den Hörer auf und sagte: »Guten Abend, Doktor.«

»Mir ist ein präkolumbischer Mauerfries mit Masken angeboten worden«, sagte Frigo. »Neun mal sieben Fuß. Drei Einzelstücke. Sie stammen von Campeche und sind in den letzten Tagen von dort fortgebracht worden.«

López hätte am liebsten gelacht. Er triumphierte. Die Haare im Nacken richteten sich auf, und durch seine Schenkel glitt ein angenehmes Zittern. Er hielt die Stimme gesenkt und ruhig.

»Warum haben Sie mich angerufen?«

»Ich wollte mich vergewissern, ob der Verkauf mit Ihnen abgesprochen ist.«

»Nein, das ist er nicht.«

»Das dachte ich mir. Ich glaube, daß die Verkäufer aus New York kommen.«

»Aha!«

»Ich glaube, es ist ihnen nicht bekannt, wie so etwas hier korrekt abgewickelt wird.«

López umfaßte den Hörer so fest, daß die dünne Plastikmasse sich leicht verformte. »Wieviel fordern sie?«

»200 000 Dollar.«

»Wann?«

»Morgen nacht um elf Uhr.«

»Wo?«

Frigo sagte es ihm.

»Ich will die Männer haben«, sagte López. »Ich hatte sie beinahe schon in Campeche.«

Der Doktor war überrascht. »Dann wußten Sie schon von diesem Fries, bevor ich angerufen habe?«

»O ja. Der Fries gehört mir.«

Zögernd murmelte Frigo: »Das verstehe ich nicht.« Es hörte sich an, als kaue er auf den Nägeln.

López nahm einen Bleistift in die freie Hand und zerbrach ihn in zwei Stücke. »Den Fries habe ich zu verkaufen.«

Darüber dachte Frigo eine Weile nach. »Sie sind also bei dem Geschäft persönlich sehr stark beteiligt, General. Verstehe ich Sie richtig?«

»Ganz richtig. So ist die Sache sehr viel lohnender. Wie ist es – würden Sie meinen Fries gern kaufen, Dr. Frigo?«

»Was verlangen Sie?«

»Wenn Sie mir helfen, diesen Männern eine Falle zu stellen, überlasse ich Ihnen den Fries für 100 000 Dollar.«

»Wenn er nicht von der Qualität ist, die mir versprochen wurde …«

»Dann werden Sie und ich einen neuen Preis aushandeln«, sagte der General. »Wir sind beide vernünftige Männer.«

Offenbar immer noch auf den Nägeln kauend, fragte der Doktor: »Was für eine Rolle spiele ich bei dieser Aktion?«

»Morgen abend werden Sie mit einem Lastwagen kommen, in dem Sie den Fries nach Mexico City transportieren wollen.«

»Ja. Es ist ein neuer Ford.« Dr. Frigo sagte es so, als sei die Firmenmarke des Lastwagens von Bedeutung.

Was für ein Idiot! dachte López. Laut fragte er: »Wie viele Männer dürfen Sie laut Verabredung im Lastwagen mitbringen?«

»Nach der Absprache einen bewaffneten Mann.«

»Dann werden Sie einen bewaffneten Mann vorn im Führerhaus mitnehmen, und drei weitere Männer werden im Laderaum versteckt sein.«

»Das läßt sich einrichten. Ich werde selbst auch bewaffnet

sein. Wenn ich … na … verstehen Sie … also … sie werden die Plantage nicht so verlassen, wie sie sie betreten haben.«

»Sie werden sie als Leichen verlassen«, sagte der General.

Der Doktor räusperte sich. »Sollten Sie so etwas am Telefon sagen?«

»Es ist nicht angezapft.«

»Trotzdem …«

»Die Diebe kommen mit dem Mauerfries um elf Uhr«, sagte der General. Es war ebensosehr ein Selbstgespräch wie eine Unterhaltung mit Frigo. »Sie werden um 10 Uhr 30 zur alten Plantage kommen und sie dort erwarten. Zwei Minuten nach elf werden meine Männer und ich Ihnen folgen.«

»Das klingt gut. Wissen Sie, wie viele es sind?«

»Zu dritt. Sie haben keine Chance.«

Sie besprachen alle Einzelheiten des Hinterhalts und verabschiedeten sich, weil der Sturm die Verbindung zu stören begann.

López ließ die Hand auf dem Hörer ruhen, nachdem er aufgelegt hatte. Dann lachte er.

Auch Sánchez lachte.

»Wir haben sie!«

»Und so bald schon.«

Der General blieb lange sitzen, starrte auf seine Hände und lächelte. Endlich sagte er: »Ich bin nicht schwierig, wenn es darum geht, mit mir Geschäfte zu machen.«

»Das stimmt«, bestätigte Sánchez.

»Aber sie haben versucht, mich zu betrügen.«

»Das war unverzeihlich.«

»Ich habe gar nicht viel verlangt.«

»Überhaupt nicht viel.«

»Wissen Sie, was diese Männer sind?«

»Nein, Señor.«

»*Schweine!*«

»Ja, Señor.«

»Sie sind gierige kleine Schweine.«

»Schlimmer als der Texaner«, erklärte Sánchez.

»Viel schlimmer.« López hob den zerbrochenen Bleistift auf und notierte drei Namen. »Das sind unsere besten Männer. Sie werden uns morgen abend begleiten, wenn wir nach Jalapa de Díaz fahren.«

Sánchez nahm den Zettel, faltete ihn einmal und steckte ihn in die Tasche. »Maschinengewehre?«

»Drei.«

»Es wird alles vorbereitet.«

»Und Granaten.«

Gegen ein erstauntes Stirnrunzeln ankämpfend und dennoch die Stirn runzelnd, wiederholte Sánchez: »Granaten.«

»Ein halbes Dutzend.«

»Für drei Mann, Señor?«

»Sie sollen keine Chance haben!« López hieb mit der geballten Faust auf die Schreibtischplatte.

»Granaten. Jawohl, Señor.«

López schwieg nun, starrte auf seine Hände, krallte die Finger zusammen und streckte sie wieder aus.

Endlich fragte Major Sánchez: »Soll ich den Schießstand aufräumen, oder wollen Sie ihn heute noch benützen?«

»Das Übungsschießen ist nun vorbei«, sagte López. »Jetzt hätte ich gern eine Frau. Sorgen Sie dafür.«

»Jawohl, Señor.« Sánchez verließ den Raum.

17

Am Ende von neun Meilen geschotterter Straße und fünf Meilen einer zugewachsenen, kaum mehr passierbaren Lehmpiste lag die Marihuanaplantage auf der Kuppe eines langen, sanft ansteigenden Hügels. Dicht wachsende Marihuanapflanzen hatten früher einmal wie ein Fell die Abhänge überzogen. Vor fünfzehn Jahren, während eines periodisch von den USA finanzierten Kreuzzugs, hatte die mexikanische Regierung die Plantage zerstört. Die Polizei konfiszierte das schon verkaufsfertige Rauschgift, zerschlug die Trockenöfen und andere Anlagen und verhaftete die Eigentümer und Arbeiter. Eine Militäreinheit verbrannte dann die Felder auf den Hängen mit Flammenwerfern. Später kam ein anderer Trupp, eggte die Asche durch und schüttete scharfe Lauge darüber. Wiederum einige Wochen danach wurde der Hügel mit einem starken Entlaubungsgift getränkt, das später auch in Vietnam eingesetzt wurde. Viele Jahre lang war der Hügel kahl gewesen, dann kehrte das Gras zurück, dann die Wildblumen. Heute bestand die Vegetation des Hügels zu einem Drittel aus Marihuanapflanzen.

Das einzige Gebäude der Plantage war ein Schuppen für die Veredelung von Marihuana, der groß und baufällig oben auf der Hügelkuppe stand und dem eine Seitenwand und das halbe Dach fehlten. Das Holz moderte und war von Schimmel und Moos überzogen. Fenster und Türen fehlten.

An diesem Abend brannte zum erstenmal seit vielen Jahre helles Licht im Gebäude, das dadurch etwas Schemenhaftes und Gespenstisches bekam; denn zu diesem längst verlassenen Schuppen paßte einfach kein Licht.

Tucker, Shirillo, Knight und Alvaro Pozos saßen auf dem Lehmboden im Lichtkreis von Alvaros Colemanlampe. Sie spielten seit ein paar Stunden Poker, und Alvaro hatte gerade den Pott in Höhe von 800 Dollar gewonnen.

Während Jimmy die Karten mischte, sah Tucker auf die Uhr und sagte: »Halb zehn. Ich meine, wir sollten die Lampe ausmachen und uns auf Besuch vorbereiten.«

»Nur noch ein Spiel«, bat Knight. »Mir juckt es in den Fingern. Das bedeutet Glück.«

»Das einzige, was dir in den Fingern juckt, ist das Geld, das du gleich verlieren wirst«, sagte Shirillo.

»Alvaro hat schon dreitausend meiner hartverdienten Dollars. Noch ein Spiel und …«

»… und er hat viertausend von deinen hartverdienten Dollars«, sagte Jimmy und schob die Karten in den Karton.

»Ich würde gern noch ein Spiel machen.« Alvaro steckte seinen Gewinn ein.

»Dir würde es nichts ausmachen, noch eine Million Spiele zu spielen.« Shirillo grinste. »Du mußt Gedanken lesen können.«

»Nein, nein. Ich geh nur an allen Sonn- und Feiertagen zur Messe. Ich laß nie einen Tag aus.«

»Ah so, der Schutz Gottes«, sagte Shirillo.

»Ich glaube viel eher, daß die Karten gezinkt waren«, murrte Knight.

»Du Atheist«, erklärte Shirillo.

Tucker ging um die Männer herum zum Lastwagen, den sie in die Scheune gefahren hatten, und löschte die Gasdrucklampe, die auf der Motorhaube stand. Im nächsten Augenblick hüllte tiefe Schwärze sie ein.

Die Dunkelheit löste Schweigen aus, und das Schweigen gab jedem der Männer Zeit, darüber nachzudenken, ob er wohl wahnsinnig war, hierhergekommen zu sein.

Vor 22 Stunden hatten sie Alvaro am abbruchreifen Kai getroffen und dann zu viert den Fries der Masken aus der *Golden Girl* auf den mit Persenning bespannten Lastwagen geladen. Sie luden auch die Maschinenpistolen auf den Wagen und holten von Bord der *Golden Girl* ihre Mickymaus-Masken. Um ein Uhr morgens hatte Knight das Boot in den Hafen gebracht und in großem Abstand von allen anderen Schiffen Anker geworfen. Er ließ die Positionslampen an Bord brennen und fuhr mit dem motorisierten Dingi zum Kai zurück. Von dort waren sie geradewegs zur Marihuanaplantage gefahren, die etwa zweieinhalb Stunden von Veracruz entfernt lag. Im Inland war der Regen etwas schwächer, hörte aber nie ganz auf. Die fünf Meilen auf der Lehmpiste waren rutschig, matschig und tückisch. Knight kannte die Plantage, denn sie war das Versteck, in dem er und seine Männer sich mehrere Wochen lang nach dem *Little-Monaco*-Überfall verborgen hatten. Alvaro kannte sie auch; er hatte öfters ganze Wagenladungen von Pilgern zur Plantage gefahren, auf deren vergifteten Marihuanafeldern Schwarze Messen gehalten worden waren. Als sie um vier Uhr morgens dort ankamen, stimmten George und Alvaro darin überein, daß sie genauso war, wie sie sich an sie erinnerten. Es war nichts Ungewöhnliches festzustellen, nichts, was nicht hätte sein sollen. Keine Fallen. Alvaro fuhr den Lastwagen rückwärts durch die fehlende Wand und löschte die Scheinwerfer. Sie machten es sich bequem, wachten abwechselnd und holten versäumten Schlaf nach. Der Tag verstrich langsam, der Abend aber ging schnell vorbei, als Jimmy die Spielkarten herausholte. Sie begannen die erste Pokerpartie um halb sechs und hörten um halb zehn nur darum auf, weil Tucker ihnen das Licht ausmachte.

Alvaro paßte sich als erster an die Dunkelheit an. Er stand auf, streckte sich, gähnte und nahm dann seinen Posten am hinteren Fenster der Scheune ein. Er nahm die Goofy-Maske.

Etwa eine Minute nach ihm erhob sich Jimmy Shirillo und ging zum Lastwagen. Er öffnete die Tür auf der Fahrerseite, tastete auf der Bank nach seiner Mickymaus-Maske, streifte sich das Gummiband über den Kopf und um den Hals und nahm dann eine der Maschinenpistolen. Er stellte sich an das Fenster, von dem aus er den Lehmweg, die einzige Zufahrt zur Plantage, beobachten konnte.

Knight holte die andere Maschinenpistole und stellte sich an ein drittes Fenster.

Tucker prüfte das Magazin seiner Pistole nach, hängte sich die Donald-Duck-Maske um den Hals und nahm hinter einem Schutthaufen direkt bei der fehlenden Seitenwand Aufstellung.

Er drückte auf den Knopf seiner Uhr.

21 Uhr 40.

Der Regen tropfte durch das löchrige Dach und trieb durch die leeren Fensterrahmen.

George Knight hüstelte leise.

22.00 Uhr.

Alvaro summte ein selbsterfundenes Lied vor sich hin, nicht laut, aber zu laut.

»He, Caruso!« flüsterte Shirillo auf der anderen Seite der großen Scheune. »Legst du's drauf an, eine Kugel in den Kopf zu bekommen?«

»Entschuldigung«, sagte Alvaro.

22 Uhr 15.

22 Uhr 20.

Tucker, der angestrengt in die Finsternis hinter dem Gebäude starrte, fragte sich, was Elise, zu Hause in New York, wohl jetzt gerade tat. Plötzlich überfiel ihn ein schmerzhaftes Heimweh.

22 Uhr 25.

22 Uhr 30.

22 Uhr 35.

»Es kommt jemand«, sagte Shirillo.

»Wird auch Zeit.« Das kam von Knight.

Tucker hörte das ferne Rumpeln eines Lastwagens, der aus dem spärlichen Wald kam und die offenen Hänge, die die Plantage umgaben, heraufkroch. Er schien stundenlang zu warten, dann endlich huschte ein Lichtschein über den Hügel, und der Lastwagen fuhr um die Scheune herum und hielt etwa fünfzig Schritt von ihr entfernt an.

»Zwei Männer«, wisperte Shirillo.

Der Mann auf dem Beifahrersitz öffnete die Tür und stieg aus. Er ging um den Laster herum und öffnete beide Türen des Laderaums. Er beugte sich hinein, verharrte etwa eine Minute in dieser Haltung und trat dann zurück.

Drei Männer sprangen aus dem Lastwagen und scharten sich dicht um den Mann, der ihnen die Türen geöffnet hatte. Sie waren alle mit Gewehren bewaffnet.

Jimmy trat von seinem Fenster weg und ging zu Tucker hinter den Schutthaufen. Er prüfte seine Maschinenpistole, damit sie auch bestimmt schußbereit war. »Dr. Frigo mogelt.«

»Hm.«

»Aber er ist dämlich.«

»Sehr sogar.«

»Wann schnappen wir sie uns?«

»Laß sie erst hereinkommen.«

»Hier herein?«

»Ja.«

»Ist das dein Ernst?«

»Ja.«

»Das ist gefährlich.«

»Aber die beste Lösung.«

Der Mann, der die Ladetüren geöffnet hatte, ging wieder nach vorn und stieg neben Frigo ein.

Die drei Männer mit den Gewehren setzten sich in Bewegung und gingen auf die offene Wand und damit genau auf Tucker und Shirillo zu.

»Auf denn!« murmelte Jimmy.

»Denk daran: hier drinnen!«

»Verstanden.«

Die Schützen sprachen leise und aufgeregt. Sie benützten keine Taschenlampen, waren aber nicht besonders verstohlen oder vorsichtig. Sie rechneten mit nichts Bösem. Sich aufmerksam einen Weg durch die Trümmer auf dem Fußboden bahnend, kamen sie durch die offene Seite des Schuppens herein und gingen an Tucker und Jimmy vorbei. Dann sagte einer von ihnen auf spanisch: »Ein Lastwagen!«

Tucker richtete sich hinter ihnen auf und sagte auch auf spanisch: »Ein Mucks – und ihr seid alle tot! Wir sind zu viert! Zwei Maschinenpistolen. Habt ihr begriffen?«

18

Tucker schlich sich zum Ford-Lastwagen bis unter das Fenster der Fahrerseite und faßte nach dem Türgriff. Er hörte Frigo mit seinem Leibwächter über Fußball reden. Dann hörte er, daß auf der anderen Seite plötzlich die Tür aufgerissen wurde. Jimmy Shirillos Stimme erklang. Tucker riß die Tür auf der Fahrerseite auf und rammte die Maschinenpistole in Frigos Seite.

»Ich hatte nicht vor fortzugehen«, sagte Frigo.

»Hände aufs Lenkrad!«

Der Doktor tat, was ihm befohlen war.

»Ist bei dir alles klar?« fragte Jimmy.

»Alles in Ordnung.«

»Ich nehme meinen mit und schnüre ihn mit den anderen drei zusammen.«

Frigo sagte: »Es wäre sehr dumm, uns umzubringen.«

Tucker griff nach innen und zog die Pistole aus dem Schultergurt des Doktors. Er schob sie sich unter den Gürtel. Dann stieß er Frigo mit dem Lauf der Maschinenpistole an. »Aussteigen!«

Frigo kletterte herunter und blieb an der Seite des Lastwagens stehen.

Nach zwei Minuten kamen Alvaro (als Goofy) und Jimmy (als Mickymaus) hinter der Heckseite des Lasters hervor. Da Frigo Tuckers Stimme vielleicht wiedererkennen konnte, wenn er sie zu oft hörte, war Jimmy in diesem Stadium des Unternehmens der Sprecher. Er trat zum Doktor und tätschelte ihm die Wange. »Sie haben versucht, uns reinzulegen, lieber Freund.«

»Nein.«

»Na, mir kommt es aber ganz so vor.«

»Ich habe nur für meinen Schutz gesorgt.«

»Aber sicher.«

»Es wäre töricht, uns zu ermorden.« Frigos Stimme kippte ein wenig über.

»Natürlich wäre es das«, sagte Jimmy. »Wollen Sie wissen, was ich tun werde? Ich werde das Geld abzählen, das Sie mitgebracht haben. Dann werde ich den Fries aus meinem Lastwagen auf Ihren umladen lassen. Und obwohl Sie versucht haben, uns zu betrügen, werde ich fortfahren und Ihnen den Fries überlassen. Was halten Sie davon?«

»Ich verstehe Sie nicht.« Frigo war ein kleiner, kahler Mann mit dichten, buschigen schwarzen Augenbrauen, die wie die von Groucho Marx aussahen. Jetzt waren die Brauen dort, wo früher einmal sein Haaransatz gewesen sein mußte.

»Ich halte mein Wort«, betonte Shirillo. »Auch wenn Sie Ihr Wort nicht halten.«

Frigo leckte sich über die Lippen.

»Wo ist das Geld?«

»Ich.«

»Ja?«

»In einer Aktentasche. Vorn auf der Bank.«

Alvaro holte sie und gab sie Jimmy.

Shirillo trug sie vor den Lastwagen und stellte sie dort ab, wo die Scheinwerfer sie anstrahlten. Er ließ die Schlösser aufschnappen. Nach drei Minuten kam er zurück. »Es sind nur hunderttausend drin.«

»Bist du sicher?« fragte Tucker.

»Ich hab mitgezählt«, sagte Alvaro.

Shirillo sah den Doktor an und fragte: »Wo ist das übrige Geld?«

Als Frigo nicht antwortete, stieß Tucker ihn mit der Maschinenpistole an, bis er aufstöhnte.

»Wo sind die anderen hunderttausend?« fragte Jimmy wiederum.

Frigo gestand: »Ich habe nicht mehr mitgebracht.«

»Nur die Hälfte?«

»Ja.«

»Ich glaube Ihnen nicht.«

»Es ist wahr. Ich hab gedacht, daß Sie es nehmen würden, wenn einfach nicht mehr da wäre. Nur wenige Leute können barem Geld widerstehen, selbst wenn es nur die Hälfte von dem ist, was sie erwartet haben.«

Shirillo wechselte einen Blick mit Mike.

»Nein«, sagte Tucker. Emilio Frigo machte nicht auf solche Art Geschäfte. Er war ein habgieriger Sammler, ein Mann, der von jeder Gattung präkolumbischer Kunst ein Exemplar haben mußte. Er besaß nichts auch nur annähernd Vergleichbares zu der Tempelmauer mit dem Maskenfries, und er würde es nicht riskieren, das Geschäft aufs Spiel zu setzen, nur um 100 000 Dollar zu sparen.

Jimmy händigte Alvaro seine Maschinenpistole aus, trat dicht an Frigo heran und begann auf ihn einzureden; leise, langsam und ihn bedrängend, er solle ihm den wirklichen Grund erklären, warum er nur die Hälfte des Geldes mitgebracht hätte. Als der Doktor sich weigerte, mehr zu sagen, nahm Shirillo das Schnappmesser aus der Tasche und ließ mit einer Bewegung des Handgelenks die Klinge herausspringen. Er setzte die Spitze auf Frigos Kehle.

Sie hatten Glück: Frigo, ein Chirurg, der Hunderte von Patienten mit dem Messer aufgeschnitten hatte, fürchtete sich entsetzlich vor einem Messer, das nicht er in der Hand hielt. Er begann zu zittern. Er würgte. Er machte einen Versuch, in den Lastwagen zu klettern, nur um Shirillo zu entgehen. Und endlich gestand er ihnen, warum er nur 100 000 Dollar mitgebracht hatte; das Geld war nicht für sie, sondern für General Francisco López Garrido bestimmt.

»Verdammt!« sagte Shirillo.

Tucker drehte die Maschinenpistole um, trat auf den Mann zu und schlug ihm den schweren Schaft seitlich über den Kopf. Frigo war so von dem Messer gebannt, daß er den Schlag nicht kommen sah. Er fiel neben dem Lastwagen in sich zusammen und rührte sich nicht. Tucker sagte: »Die Zeit reicht nicht, ihn zu fesseln. Machen wir, daß wir fortkommen. Los!«

Shirillo griff nach der Tasche mit den 100 000 Dollar. »Es wäre schade, wenn wir unser Taschengeld vergäßen.«

Sie rannten zur baufälligen Scheune und kletterten auf ihren Lastwagen. Knight und Shirillo fuhren im Laderaum, wo der Fries war. Tucker setzte sich neben Alvaro auf den Beifahrersitz. Alvaro ließ den Motor an, trat aufs Gas und fuhr durch die offene Seite der Scheune.

»Ich weiß, daß du wie ein Wahnsinniger fahren kannst«, sagte Tucker. »Das darfst du jetzt unter Beweis stellen.«

Alvaro grinste über die Goofy-Maske hinweg, die ihm unter dem Kinn hing. »Bitteschön.« Er lenkte den Lastwagen auf den Lehmpfad und raste den Hügel hinunter.

Zwischen dem Vordersitz und dem Laderaum war eine breite Öffnung. Knight und Shirillo lehnten sich von hinten zu ihnen herüber. »Es war so eine gute Idee, den Treffpunkt hier zu verabreden. Sie hatten nur einen Zufahrtsweg; wir brauchten nur eine Straße im Auge zu behalten. Aber jetzt wäre mir wohler, wenn es noch einen zweiten Weg gäbe.«

Ein Stück weiter unten kam ein Lastwagen aus dem Wald und spießte sie mit seinen Scheinwerfern auf.

»López«, stellte Tucker fest.

Alvaro Pozos sagte: »Haltet eure Schuhe fest!«

»Hüte«, korrigierte ihn Tucker.

Sie rasten auf den entgegenkommenden Lastwagen zu.

19

Eine Meile vor der Marihuanaplantage hielt Major Sánchez den Lastwagen an. Drei Soldaten sprangen aus dem Laderaum, und der General ging nach hinten, um ihnen die Befehle zu geben. Sánchez schob den Seitenspiegel zurecht und sah zu, während der General bei der Einrichtung eines Maschinengewehrnests die Aufsicht führte. Nur vom roten Bremslicht des Lastwagens beleuchtet, wirkten die vier Männer wie emsige Dämonen bei einem teuflischen Plan.

Als López zurückkehrte, sich neben ihn setzte und die Tür zuschlug, stellte er fest: »Wenn die Hunde an uns vorbeikommen, werden sie hier aufgehalten. Für immer.«

»Anders haben sie es nicht verdient«, sagte Sánchez.

»Doch.«

»Señor?«

»Sie haben Schlimmeres verdient.«

»Jawohl, Señor.«

»Wenn es sich irgendwie machen läßt, will ich sie lebendig haben.«

Der Major wußte, was das bedeutete. Es wurde ihm innen kalt und außen heiß. Schaudernd legte er den Gang ein und fuhr weiter den langen Abhang hinauf.

Als sie die Bäume hinter sich ließen, gelangten sie zwischen die Felder, die einstmals mit Marihuana bewachsen waren. Auf dem Gipfel des Hügels stand eine verkommene Scheune. Vor ihr parkte ein Lastwagen, dessen Scheinwerfer die Wildnis von Feldern und Bäumen beleuchteten – und ein anderer Lastwagen kam ihnen auf der Lehmpiste entgegen.

»Etwas ist schiefgegangen«, sagte der General. »So schnell können sie den Fries nicht von einem Wagen auf den andern geladen haben.«

»Ist das Dr. Frigos Wagen, der uns entgegenkommt?« fragte Sánchez.

»Nein.«

»Die Räuber!«

López beugte sich lächelnd nach vorn. »Fahren Sie weiter, Major. Der Weg ist viel zu schmal. Sie können nicht an uns vorbei. Und wenn sie versuchen, aufs Feld zu fahren, bleiben sie im Matsch stecken.«

»Aber sie kommen genau auf uns zu«, wandte Sánchez beunruhigt ein.

»Das bedeutet nichts.«

»Meinen Sie nicht?«

»Sie werden umdrehen.«

Die näher kommenden Scheinwerfer strahlten grell und

blendeten sie. Ihre Scheinwerfer mußten die Hunde ganz genauso blenden.

»Sie drehen nicht um!«

»Sie werden schon.«

Noch hundert Yards …

Sánchez nahm den Fuß vom Gas.

Achtzig Yards …

Siebzig …

Sechzig …

López konnte jetzt den Motor des anderen Wagens hören.

»Señor, sie …«

»Major, *passen Sie auf!*«

Sánchez trat auf die Bremse und schrie auf.

López hielt schützend die Hände vor das Gesicht.

20

»Nein!« schrie Shirillo.

Im allerletzten Augenblick riß Alvaro das Steuer nach rechts. Sie passierten den Lastwagen des Generals. Metall kreischte gegen Metall, Funken sprühten. Dann folgte ein lautes Splittern, als die beiden Seitenspiegel gegeneinander trafen. Gleich darauf ein Kreischen, dann ein Quietschen. Der Wagen erzitterte, rammte mit seinem hinteren Kotflügel den des anderen Wagens, und dann waren sie an ihm vorbei.

»Er fährt, wie er Poker spielt«, stellte Shirillo fest.

Alvaro lachte.

»Ich bin in meinem ganzen Leben nicht fromm gewesen«, stöhnte George Knight, »aber hiernach könnte ich vielleicht doch sonntags zur Messe gehen.«

»Schaden tut es nichts«, sagte Alvaro, trat das Gaspedal bis zum Boden durch und hielt den Lastwagen in der Mitte des lehmigen Pfads.

Tucker drehte sich zu Alvaro um. »Mir ist aufgefallen, daß der Laster des Generals unserem Wagen bis auf die kleinste Einzelheit gleicht.«

»Aber natürlich«, sagte Alvaro. »Die fahren auch einen Armeelastwagen, Señor Tucker.«

»Auch?«

»Ja, natürlich.«

Völlig verblüfft fragte Shirillo: »Alvaro, heißt das, daß du einen *Armee*-Lastwagen gestohlen hast?«

»Bessere gibt's nicht«, sagte der Mexikaner.

»Da hat er recht«, stellte Knight fest. »Es sind die besten. Ein von einer normalen Fabrik gebauter Laster hätte sich in seine Bestandteile aufgelöst, als wir eben an López vorbeigefahren sind.«

»Der Seitenspiegel ist hin«, stellte Alvaro fest. »Kann einer von euch mal nachsehen, was der General macht?«

Jimmy drehte sich um und sah durch das offene Heck der seitlich mit einer Plane überzogenen Ladefläche, auf der er stand. »Er hat gedreht und kommt uns nach.«

»Holt er auf?« fragte Alvaro.

»Nein.«

Ohne den festen Griff zu lockern, klopfte Alvaro einen flotten synkopischen Rhythmus auf das Lenkrad.

»Wozu war das?« fragte Tucker.

»Ich bin glücklich.«

Shirillo beobachtete immer noch den Lastwagen hinter ihnen. »Übrigens ist er noch nicht mal am Waldrand. Jetzt kommt er gerade an. Er scheint sich zurückzuhalten.«

»Absichtlich?« fragte Tucker.

»Ich weiß warum. Vor uns. Auf dem Weg.« Alvaro deutete.

»Soldaten«, sagte Knight.

Mündungsfeuer blitzte mehrfach auf. Kugeln prallten vom Kühlergrill und der Motorhaube des Lasters ab.

»Wenn eine davon den Kühler trifft …« Knight beendete seinen Satz nicht.

Die Soldaten stoppten das Maschinengewehrfeuer, hoben den Lauf, stellten ihn fest und feuerten die nächsten Magazine. Kugeln sirrten über sie weg und klingelten auf dem Dach. Zwei Schüsse gingen durch die Windschutzscheibe, verletzten aber niemand.

»Alvaro«, sagte Tucker, »wir können nicht durch sie hindurchfahren. Das überleben wir nicht.«

Ohne jede Warnung und mit einem Triumphschrei riß Alvaro das Steuer hart nach rechts und steuerte den Lastwagen vom schmalen Weg hinunter. Sie pflügten sich durch ein Gewirr abgestorbener Büsche, die jetzt sehr naß waren, und schienen geradewegs auf niedrige, verkrüppelte Bäume loszufahren.

Jetzt ist es geschehen, dachte Tucker.

Aber ganz plötzlich befanden sie sich auf einem anderen lehmigen Pfad, der vielleicht sogar ein wenig breiter und ebener war als der, den sie soeben verlassen hatten. Auf keinen Fall war er schlechter. Und auf diesem gab es keine Soldaten und keine Maschinengewehre. Der Weg führte anderthalb bis zwei Meilen bergab zu einem dunklen, tiefer gelegenen Becken.

»Alvaro, woher wußtest du, daß es hier noch einen Weg gibt?« fragte Shirillo.

»Ich hab Ihnen doch erzählt, daß ich früher ganze Wagenladungen von Teufelsanbetern zur alten Marihuanaplantage gefahren habe. Manchmal war ein hübsches Mädchen dabei – oder ein hübscher Junge. Wir haben uns dann während der Messe davongeschlichen. Ich habe viel Zeit damit verbracht, nach – wie ihr sagen würdet – guten Jagdgründen zu suchen.«

»Da kommt López«, rief George Knight.

»Keine Sorge.« Alvaro beugte sich tiefer über das Steuer und trat das Gaspedal durch. Der Lastwagen raste mit mehr als hundert Stundenmeilen den Abhang hinunter, und Alvaro sprach leise auf ihn ein und beschwor ihn, schneller zu fahren.

»Sie holen auf«, sagte Knight.

»Nur keine Aufregung. Am Ende des Abhangs kommt ein ausgetrocknetes Flußbett. Da springen wir rüber. Das machen sie uns nicht nach.«

»Springen?« fragten Tucker, Shirillo und Knight im Chor.

General López Garrido schlug sich mit der Faust aufs Knie. »Wir kriegen sie noch! Schneller, Major! Fahren Sie dichter ran!«

»Wenn sie plötzlich anhalten …«

»Die halten nicht an, Sie Narr! Die wollen entkommen. Sie …«

Vor den Augen des Generals ereignete sich etwas ganz Unglaubliches. Der andere Lastwagen, nur hundert Schritt vor ihnen, schien plötzlich den Weg zu verlassen. Er sprang in die Dunkelheit hinein, und der Weg vor ihm schien sich in Luft aufgelöst zu haben.

»Ein Canyon!« schrie Sánchez. Er trat hart auf die Bremse und steuerte den Wagen schräg zum Weg.

Der Abgrund raste auf sie zu.

López war von der Leere vor ihnen wie hypnotisiert. Dann fielen ihm die Handgranaten ein, und er senkte den Blick auf die kleine Kiste zwischen seinen Füßen, in der ein halbes Dutzend stählerne Miniaturananasse herumrollten und aneinanderstießen.

»Sánchez, stopp!«

»General!«

»Sánchez, verdammt noch mal!«

Sie kippten über ihre Längsachse in den Canyon, der sich als 30 Fuß tiefes, ausgetrocknetes Flußbett entpuppte. Der Lastwagen landete auf der Seite und rollte auf das Verdeck. Die Bügel knickten ein. Die Persenning zerriß. – Er rollte immer weiter: auf die andere Seite, dann wieder auf die Achsen und noch einmal auf die Seite. Die Reifen platzten wie Luftballons, und der Benzintank explodierte. Flammen schossen in die Höhe. Und die Handgranaten gingen wie eine Kette Silvesterknallfrösche für Riesen in die Luft.

21

Tucker war auf den Wagenboden geschleudert worden, als sie am anderen Rand des Flußbetts auf dem Boden aufprallten. Er lag dort einige Sekunden lang und fragte sich, ob er wohl noch am Leben sei. Dann zog er sich auf den Sitz hoch. Er schien nichts gebrochen zu haben. Er blutete nicht.

Auf dem Sitz neben ihm hielt Alvaro Pozos immer noch das Steuer mit beiden Händen gepackt. Er war so weit nach vorn geschleudert worden, daß er sich die Stirn an der Windschutzscheibe aufgeschlagen hatte; über dem rechten Auge war Blut, aber sonst schien er es heil überstanden zu haben. Er lächelte und fragte: »Haben Sie sich verletzt, Señor Tucker?«

»Für den Rest meines Lebens wird mich das in meinen Träumen verfolgen«, sagte Tucker. »Aber sonst kommt es mir so vor, als wäre ich okay.« Er drehte sich auf dem Sitz herum und spähte dabei in den Laderaum. »Jimmy? George?«

»Hier«, meldete sich Shirillo und zog sich zur Öffnung zwischen dem Laderaum und der vorderen Sitzbank hinauf. Sein linkes Auge wurde schon blau, und das Gewebe darunter schwoll dick an.

»Bist du verletzt?«

»Blaue Flecken und Schrammen. Ich werd's überleben. Aber George scheint den Arm gebrochen zu haben. Er hat starke Schmerzen. Ich kann den Knochen dicht unter dem Ellbogen unter der Haut spüren.«

»Kein Problem«, sagte Alvaro. »Ich kenne einen guten Arzt in Veracruz. Er stellt keine Fragen. Ich bringe ihn hin.«

Tucker schloß eine Minute lang die Augen und suchte Ordnung in seine Gedanken zu bringen. Es gelang ihm nicht. Er machte die Augen wieder auf, sah den Mexikaner an und fragte: »Ist der Lastwagen hin, oder können wir noch mit ihm fahren?«

»Ach, der fährt schon noch.«

»Dann können wir nach Veracruz zurück?«

Alvaro ließ den Motor an und fuhr etwa hundert Schritt vorwärts. »Das einzige, was mir Sorgen gemacht hat, waren die Reifen. Beim Aufschlag hätten ein oder zwei platzen können. Aber es ist nichts passiert.«

»Dann nichts wie weg!« Tucker lehnte sich erschöpft zurück.

»In drei Stunden sind wir da«, sagte Alvaro ermutigend.

»So eilt es nicht.«

»Drei Stunden, Mr. Tucker.«

Nach einiger Zeit sagte Tucker: »Alvaro, das war ein ziemlicher Wahnsinn.«

»Was?« fragte der Mexikaner verwundert.

»Über die Schlucht zu springen.«

Alvaro winkte mit der Hand ab, als wäre das ganze Unternehmen nicht gefährlicher gewesen, als eine Straße zu Fuß zu überqueren. »Ich hab das schon oft mit meinem Taxi gemacht. Viermal.«

»Was?«

»Oh, sicher.«

»Und warum?«

»Aus Spaß.«

»Spaß?«

»Na, war's denn keiner?«

Tucker machte sich nicht erst die Mühe, darauf zu antworten. Er drehte sich zu Shirillo um. »Jimmy, ich steige aus dem Geschäft aus.«

»Ja, wirklich?« fragte Shirillo.

»Ich bin dem nicht mehr gewachsen.«

»Wo anders kannst du so viel Geld so leicht verdienen?«

»*Leicht?*«

»Na ja, ich gebe zu, diesmal waren ein paar Komplikationen dabei. Aber jeder von uns hat in ein paar Tagen 100 000 Mäuse oder wenigstens beinahe soviel verdient. Die meisten Leute müssen dafür zehn Jahre arbeiten.«

»Ja, aber die leben lange genug, um ihre Renten zu beziehen.«

»Wer will schon im Monat von 200 lumpigen Dollar leben?« fragte Shirillo.

»Ich steige aus«, wiederholte Tucker.

»Na, dann viel Glück.«

Nach zwei Stunden fing Alvaro an, Jimmy von einem Lagerhaus in Veracruz zu erzählen, in dem große Mengen von Marihuana und Haschisch lagerten, um am Ersten jedes Monats nach verschiedenen Häfen in Texas verschifft zu werden. Am Letzten jedes Monats kamen mehrere Einkäufer aus den USA mit Bargeld zum Warenhaus, um das Rauschgift zu bezahlen. Alvaro sah eine Möglichkeit, ihnen das Geld abzunehmen.

Als Shirillo und der Mexikaner einen vorläufigen Plan ausgearbeitet hatten, mischte Tucker sich ein: »Ich glaube, ihr macht einen Fehler.«

»Wieso?« fragte Shirillo.

»Wenn die Sache mit dem Lagerhaus seit Jahren funktioniert und wenn die Einkäufer immer am letzten Tag jedes Monats kommen, muß die Polizei darüber im Bilde sein. Mindestens einige von den Bullen. Daraus läßt sich schließen, daß die Polizei Schmiergelder kassiert, denn sonst hätten sie das Geschäft schon längst auffliegen lassen. *Entiendo?*«

»Aber warum sollte das was ausmachen?« fragte Shirillo.

Tucker richtete sich wieder auf. »Alvaro sagt, nur drei bewaffnete Männer bewachen das Lagerhaus. Selbst an den Tagen, an denen die Einkäufer mit dem vielen Geld anrücken, wären es nicht mehr. Okay. Vielleicht sind wirklich nur drei *private* Wächter da. Aber ich gehe jede Wette ein, daß die Besitzer des Lagerhauses die Polente bezahlen, daß sie in der letzten Nacht des Monats das ganze Gebiet unter scharfer Kontrolle hält. Das müßt ihr in eure Pläne einbeziehen. Ehe ihr zuschlagt, müßt ihr wenigstens drei Monate lang die Situation auskundschaften. Ihr müßt herausbekommen, wo die Polizeikontrollen sind, und ihr müßt einen Plan entwickeln, wie ihr sie fernhaltet. Ihr könnt es nicht darauf ankommen lassen, daß ihr Polizisten erschießen müßt.«

»Du hörst dich ziemlich interessiert an«, stellte Shirillo fest.

»Möglich. Ich müßte es erst überprüfen.«

»Wann?« fragte Alvaro.

»Jimmy könnte im November wieder nach Mexiko kommen. Ihr beide könntet das Lagerhaus in den betreffenden Nächten im November, Dezember und Januar genau beobachten. Ich werde im Februar wiederkommen. Wenn die Sache machbar erscheint, schlagen wir in der letzten Februarnacht während des Karnevals zu.«

»*Fantastical!*« rief Alvaro und kam um ein Haar von der Straße ab. »Ja! Karneval! Karneval in Veracruz ist, wie Sie sagen, wie ein Irrenhaus. Das gibt eine gute Deckung für die Flucht, falls die Polizei doch mitmischen *sollte*.«

»Eben«, sagte Tucker.

»Ich dachte«, murmelte Shirillo, »du wolltest wie jeder normale Mensch deine Rente kassieren.«

Grinsend fragte Tucker: »Wer will schon im Monat von 200 lumpigen Dollar leben?«

22

Der Arzt wohnte in einem großen Haus von etwas schäbiger Eleganz. Es lag auf einem Eckgrundstück im besten Teil der General Primero, einer ruhigen Wohnstraße dicht am Zamora-Park. Von Büschen umgeben und von vier hohen Palmen überragt, lag das Haus in der frühen Morgenstunde still und dunkel da. Ein neuer, perlgrauer Citröen SM parkte in der Einfahrt, den Kühler der Straße zugewandt; der regennasse Wagen glänzte im Lichtschein der vielen Blitze jedesmal strahlend auf.

Tucker beobachtete von der Vorderbank des Lastwagens aus Shirillo und Alvaro, die George Knight über den Rasen führten und ihm die Stufen zur Haustür hinaufhalfen. Alvaro klingelte, und obgleich der Sturmwind durch die Straße heulte und der Regen unablässig auf das Dach des Fahrerhauses trommelte, konnte Tucker schwach die Glocke im Haus hören. Einen Augenblick später ging hinter einem der Fenster im ersten Stock ein Licht an. Alvaro klingelte noch einmal, und gleichzeitig gingen nun auch im Parterre mehrere Lichter an. Die Haustür öffnete sich einen Spalt breit, dann ging sie ganz auf, und die drei Männer betraten das Haus.

Tucker ließ seine Uhr aufleuchten.

2 Uhr 27.

Der Lastwagen schwankte leicht im Sturmwind.

Auf der Straße war kein Verkehr.

2 Uhr 35.

Alvaro rannte aus dem Haus über den Rasen zum Lastwagen. Als er einstieg, war er tropfnaß. »Der Doktor möchte Mr. Knight 24 Stunden zur Beobachtung dabehalten. Jimmy bleibt bei ihm.«

»Dann nichts wie los«, sagte Tucker.

Bei der nächsten Ecke hinter dem Haus des Arztes fragte Alvaro verwundert: »Zum Museum?«

»Ja, zum Museum.«

Alvaro schüttelte den Kopf. »Dann wollen Sie den Fries wirklich aufgeben? Sie wollen den Lastwagen einfach vor dem Museum abstellen und fortgehen, als wären Sie die Katze, die den Kanarienvogel gefressen hat?«

»Ja, und du auch.«

»Aber *warum*?«

»Alvaro, bei jedem Geschäft und beim Verkauf jedes Produkts gibt es etwas, das das Gesetz der sich vermindernden Einnahmen heißt. Unweigerlich kommt einmal die Zeit, in der Arbeit und Kosten, die man einsetzt, um ein Produkt zu verkaufen, höher sind als jeder erhoffte Gewinn. Mit dem Fries sind wir jetzt bei dem Punkt angelangt. Wir haben uns lange genug auf unser Glück verlassen. Ich habe einfach das *Gefühl*, daß was passiert, wenn wir weiter versuchen, ihn zu verkaufen. Wir enden im Gefängnis, oder wir sind tot.«

»Sind Sie ein Hellseher?«

»Vielleicht.«

Der Mexikaner brütete vor sich hin. »Ja. Ich glaube an Hellseherei. Vielleicht haben Sie recht.«

»Ich weiß, daß ich recht habe.«

Tucker griff nach dem Blatt Papier auf dem Sitz und las noch einmal die Mitteilung, die er für die Museumsleitung aufgeschrieben hatte.

Dieser Maskenfries stammt von Maya-Ruinen, die den mexikanischen Behörden noch nicht bekannt sind. Sie wurden von einem Plünderer namens Hector Montoya entdeckt und ausgeschlachtet. Montoya verkaufte den Fries an einen texanischen Kunsthändler namens Mason Holstreth. Ehe das Geschäft abgeschlossen werden konnte, wurden Montoya, Holstreth und ihre Leute von General Francisco López Garrido ermordet. Die Leichen wurden mit Holstreths Yacht versenkt, und López fuhr mit einem mexikanischen Kanonenboot fort. Es kam zu weiteren Schwierigkeiten, die mit dem Tod des Generals und seines Fahrers bei einem Unfall in den Hügeln bei Jalapa de Díaz endeten. Wir, die wir anonym bleiben müssen, haben den Fries der Masken als Geschenk für das Land Mexiko hier zurückgelassen. Wir möchten die zuständigen Museumsbeamten dringend bitten, die neuentdeckten Ruinen in Campeche zu sichern, ehe sie all ihrer Schätze beraubt werden.

Soweit zufrieden notierte Tucker noch den Längen- und Breitengrad des Punktes an der Küste von Campeche, an dem Montoya und Holstreth ermordet worden waren. Dann zeichnete er auf die Rückseite des Blattes eine rohe Skizze des Weges, der zu den Ruinen führte. Er markierte auch etwa die Stelle, an der die *Vast Empire* versenkt worden war.

Fünf Minuten danach parkte Alvaro den Lastwagen vor dem zweiflügeligen Tor der Laderampe des Museums. Er schaltete die Scheinwerfer aus, stellte den Motor ab und übergab Tucker die Schlüssel.

Tucker steckte die Schlüssel ein und legte die Nachricht oben auf das Armaturenbrett. Er sah sich nach allen Seiten um und überlegte, ob er etwas vergessen hatte. Fingerabdrücke? Nein. Da sie Handschuhe getragen hatten, brauchten sie den Lastwagen nicht abzuwischen, um mögliche Abdrücke zu entfernen. Auch sonst gab es nichts, was ihm später Sorgen machen konnte.

»Fertig?« fragte Alvaro.

Tucker ergriff die Tasche, in der die 100 000 Dollar waren. »Ja, fertig.«

Drei Tage später, um 14 Uhr 30, erreichte Tucker sein Apartment in der Park Avenue, schloß die Tür und betrat den von der Diele aus begehbaren Schrankraum. Im Schrank drehte er das Kombinationsrad des Wandsafes. Er legte die Tucker-Brieftasche mit all seinen Tucker-Papieren in den Safe und nahm seine echte Brieftasche mit den echten Papieren heraus. Dann öffnete er den Koffer und füllte den Safe mit Bündeln neuer US-Geldscheine.

Er ging durch die Wohnung und suchte Elise, aber sie war nicht zu Hause.

Vom langen Flug verschwitzt und zerknittert, stellte er sich unter die Dusche und rasierte sich.

In der Bibliothek mixte er sich einen Dry-Martini, dann setzte er sich in den ledernen Drehsessel und versank in der Betrachtung der primitiven Kunstwerke, die zwischen den Büchern überall auf den Regalen standen. Die neuesten Stücke seiner Sammlung waren drei kleine Steinfiguren, die er von den Maya-Ruinen mitgebracht hatte, als er vor zwei Wochen mit Mason Holstreth dort gewesen war. Er stand auf und stellte die drei Figuren auf den Schreibtisch, um sie besser sehen zu können. Er setzte sich wieder, betrachtete die Figuren und trank in kleinen Schlucken den Martini. Er mixte sich noch ein Glas, und dann noch eines.

Elise kam um fünf Uhr nach Hause. Sie trug einen dunkelblauen Hosenanzug mit einer rosa Bluse. Ein schlichter, aber sehr kostbarer Brillantanhänger hing im tiefen Halsausschnitt eingebettet zwischen den großen, runden Brüsten. Sie beugte sich über seinen Stuhl und küßte ihn. Ihr langes blondes Haar kitzelte seinen Hals und ihre flinke Zunge seine Lippen. Er wollte sie festhalten, aber sie machte sich frei und ging zur Bar. Sie machte sich etwas zu trinken und ließ sich in den einzigen anderen Sessel im Zimmer fallen.

Sie war die schönste Frau, die er je gesehen hatte. Auf einmal dachte er nicht mehr an die herrlichen Steinfiguren.

»War die Reise erfolgreich?« fragte sie.

Er hatte ihr gesagt, er müsse nach Los Angeles, um den privaten Verkauf einer kleinen, aber sehr exquisiten Sammlung chinesischer Miniaturen in die Wege zu leiten. »Ich habe fast 100 000 Dollar dabei verdient«, sagte er. »Aber im Grunde war es ganz langweilig. Ich hab das jetzt schon so oft gemacht. Reden wir nicht davon. Wie ist es dir ergangen? Was hast du getan?«

Zur Zeit war Elise die begehrteste Schauspielerin beim Werbefernsehen. Sie verdiente damit mehr als Tucker mit seinen kriminellen Unternehmungen. »Wir haben jetzt vier Tage lang einen Werbefilm für ein Intimspray gedreht, das wie Limonade riecht.«

»Du nimmst mich auf den Arm.«

»Nein, leider nicht. Es ist wahr.«

»Limonade?«

Sie lachte. »Du kannst dir ja wohl vorstellen, daß man das nicht im Fernsehen vorführen kann. Man muß drumrum reden. Man beschreibt, wie herrlich sich das anfühlt und riecht. Und dann deutet man an, daß es sogar noch wunderbarer schmeckt. Und wenn der Spot zu Ende ist, können die Zuschauer, wenn sie nicht ganz genau aufgepaßt haben, der Meinung sein, man hätte ihnen ein neues, alkoholfreies Getränk angepriesen.«

»Limonade«, sagte er staunend. »Hast du eine Probe?«

»Zufällig ja.«

Er grinste. »Nachher müssen wir mal einen Warentest machen.«

»Nach dem Abendessen. Um deine Rückkehr aus der kalifornischen Wildnis zu feiern, lade ich dich in den *Leopard* ein. Wir werden ins beste Restaurant der Stadt gehen – und zum Nachtisch gibt es Limonade.«

Das Essen im *Leopard* dauerte drei Stunden und war so hervorragend wie immer, wenn sie im Laufe der letzten drei Jahre dort gegessen hatten. Danach, zu Hause, dauerte der Limonade-Nachtisch nur eine halbe Stunde, aber er war auch nur die erste Kostprobe einer großen Auswahl von Desserts.

Erst nach zwei Uhr morgens schliefen sie in enger Umarmung ein.

Eine Stunde später wachte Tucker schreiend auf.

Elise hielt ihn in ihren Armen. »Es ist alles gut«, flüsterte sie sanft. »Es ist gut. Es ist gut. Nur ein Alptraum, Darling.«

Als das Zittern verebbt war, sagte er: »Es tut mir leid.«

»Es muß schlimm gewesen sein.«

»Ja.«

»Erinnerst du dich?«

»Nein«, log er. Er hatte von den an die Reling der *Vast Empire* geketteten Toten geträumt. Im Traum war er mit ihnen angekettet gewesen und hatte, als das Schiff unterging, verzweiflungsvoll versucht, sich zu befreien.

»Weißt du, was du geschrien hast?«

Er schüttelte den Kopf.

»›Ich bin nicht tot!‹ Immer wieder.«

»Ich kann mich nicht erinnern.«

Sie ging in die Küche und kam nach wenigen Minuten mit zwei hohen Gläsern mit eisgekühltem Pepsi zurück. Der viele Wein beim Essen hatte ihre Münder trocken werden lassen. Sie saßen im Bett, tranken und redeten Belanglosigkeiten. Nach einer Weile sagte sie: »Früher oder später wirst du mir sagen müssen, was du *wirklich* tust, wenn du diese kleinen Reisen unternimmst.«

Von ihrer Wahrnehmungsfähigkeit erschüttert, sagte er: »Aber das habe ich dir doch gesagt. Ich war in Los Angeles, um ...«

»Nicht lügen. Ich kann verstehen, daß es Gründe gibt, warum du mir nicht sagen kannst, was du wirklich auf diesen Reisen tust. Das akzeptiere ich. Womit ich mich aber nicht abfinden kann, sind weitere Lügengeschichten.«

»Du hast recht.«

»Willst du es mir sagen?«

»Noch nicht.«

»Wirst du es mir jemals sagen?«

»Warten wir's ab.« Er stellte das Glas ab, nahm sie in die Arme und hielt sie ganz fest. Sie war sein Talisman gegen die dunklen Abgründe der Nacht.

Schlüssel zum Jenseits

DIE HAUPTPERSONEN

MIKE TUCKER hat einen ungewöhnlichen Weg gefunden, eine temporäre Finanzmisere zu überbrücken.

MERLE BACHMAN kommt bei einer Aktion abhanden, was eine zweite Aktion nötig macht.

PETE HARRIS ist ein Sicherheitsrisiko.

JIMMY SHIRILLO hat vielversprechende Anlagen.

M. MELLIO verleiht nur Geld gegen Sicherheiten.

ROSS BAGLIO trifft ausnahmsweise eine falsche Entscheidung.

CLITUS FELTON verkauft eine Art von Dienstleistung.

LORAINE wechselt das Lager.

ELISE RAMSAY ist da, wenn sie gebraucht wird.

PAUL NORTON ist auf Abruf startbereit.

1

Sie waren zu dem Entschluß gekommen, daß sie nur vier Mann benötigten, um den schweren Wagen auf der schmalen Bergstraße zu stoppen, die Insassen in Schach zu halten und die Koffer mit dem Geld hinter den Vordersitzen hervorzuholen. Zuerst hatte Merle Bachman, der das Geld im Kofferraum des blauen Chevrolet allein abtransportieren sollte, auf einem fünften Mann bestanden. Nummer fünf sollte am unteren Ende des Privatwegs postiert werden – gewissermaßen als Abfangstation für den Fall, daß irgend jemand zur Zeit des Überfalls von der Hauptstraße in den Privatweg abbiegen sollte. Die andern stimmten gegen Bachman, weil der Privatweg zum Baglio-Grundstück nur sehr schwach befahren wurde, besonders am Tage des Geldtransports, der alle zwei Wochen stattfand. Außerdem hatte niemand Lust, sich seinen Anteil durch Beteiligung eines fünften Mannes unnötig schmälern zu lassen. Der wirtschaftliche Nutzen der Sparmaßnahmen leuchtete Bachman ein, und da die anderen seinen Einwand für nicht so wichtig hielten, hatte er sich damit einverstanden erklärt, die Sache als Viererunternehmen zu starten. Nun saßen die dunkel gekleideten Männer auf ihren vorher festgelegten Posten und warteten, während der Zeitpunkt des Überfalls näher rückte.

Oben auf dem Berg, hinter einem Kalksteinausbiß, war die Asphaltstraße zu sehen, auf der sich der Überfall abspielen sollte. Sie lief etwa hundert Yards geradeaus, vorbei an einer Ausweichbucht, wo sich entgegenkommende Autos passieren konnten, zog sich weitere vierhundert Yards bergabwärts, ehe sie um einen zweiten Kalksteinausbiß verschwand und etwas weiter dann in die Hauptstraße einmündete. Die beiden scharfen Biegungen, die jede weitere Sicht versperrten, und die stille Morgenluft vermittelten das Gefühl, als habe eine unerklärliche Katastrophe die übrige Welt ausgelöscht.

Ein Blick nach oben zeigte, daß die linke Straßenseite von einer etwas über mannshohen nackten Felswand gesäumt wurde; oberhalb der Wand war ein dichter Nadelwald und Strauchwerk von der Farbe frischer Dollarnoten. Obwohl sich das hohe Gras am Waldrand sanft in der Morgenbrise wiegte, geschah das völlig geräuschlos – die Halme senkten und hoben sich in einem anmutigen stummen Ballett. Jimmy Shirillo lag in der oberen Ecke über der ersten Straßenbiegung im tiefschwarzen Schatten der dicken Bäume und beobachtete die Baglio-Villa durch einen Feldstecher. Die langen taufeuchten Grashalme streiften sein Gesicht und hinterließen glitzernde Tautropfen auf seiner reinen, jugendlichen Haut. Seine profihafte Ruhe, die Sparsamkeit seiner Bewegungen und die Intensität, mit der er seine Beobachtungsaufgabe wahrnahm, straften sein jugendliches Aussehen Lügen und vermittelten den Eindruck von langer Erfahrung.

Das einzige, was einem zufälligen Beobachter oben in der Villa hätte auffallen können, waren die Linsen des Feldstechers, aber sie waren entspiegelt, um jedes verräterische Blinken zu verhindern. Michael Tucker hatte auch daran gedacht, wie er eben an alles dachte.

Hundert Yards unter Shirillo, auf der linken Seite, saß Pete Harris im Buschwerk oberhalb der Felswand und hielt eine alte Thompson-Maschinenpistole – ein Erinnerungsstück aus dem Zweiten Weltkrieg – im Arm. Harris hatte sie zerlegt, geölt, in Tücher gepackt und in fünf verschiedenen Päckchen von Paris an seine Heimatadresse in den Staaten geschickt. Damals, am Ende des Krieges, war so etwas noch leicht möglich gewesen. Er hatte gar nicht daran gedacht, die Waffe einmal zu illegalen Zwecken – oder überhaupt zu irgendwelchen Zwecken – zu benutzen; für ihn war der Krieg damals ein für allemal vorbei gewesen. Im Zivilleben jedoch stand ihm seine Unfähigkeit im Wege, von neun Uhr morgens bis fünf Uhr abends einer geregelten Arbeit nachzugehen, und aus Verzweiflung hatte er einen Privatkrieg gegen das System, gegen die Langeweile, die Ehrbarkeit und fortdauernde Armut vom Zaun gebrochen. Seine Unfähigkeit, sich dem herrschenden System anzupassen, entsprang nicht etwa einer überdurchschnittlichen Sensibilität oder Intelligenz; Harris verfügte nur über durchschnittliche Geistes- und Auffassungsgaben. Aber er war auch eigensinnig, er hatte seine persönlichen Vorstellungen vom Leben und einen teuren Geschmack. Und das ließ ihn am Ende zwangsläufig zum Verbrecher werden, weil er es auf allen anderen Gebieten höchstens zum kleinen Büroangestellten gebracht hätte. Er war der älteste der vier Männer hier. Mit achtundvierzig hatte er Bachman zehn Jahre, Mike Tucker zwanzig und Jimmy Shirillo fünfundzwanzig Jahre voraus, obwohl er sein Alter und seine Erfahrung nicht dazu nutzte, um die Macht innerhalb der Gruppe an sich zu reißen, wie es andere vielleicht getan hätten. Ihm ging es einzig und allein um den Erfolg des Unternehmens und um seinen Anteil, und im übrigen wußte er, daß Tucker ein verdammt guter Mann war.

Der Gedanke an das Geld machte ihn unruhig; er streckte seine langen Beine aus, um den Krampf aus seinen muskulösen Oberschenkeln zu entfernen. Zu Beginn der Wache hatte er sich damit beschäftigt, Stacheln und Dornen aus seinen Kleidern zu ziehen; sie konnten den dicken Schwielen an seinen Fingern nichts anhaben. Jetzt war er zu nervös, um sich mit solchen unwichtigen Details abzugeben. Er sehnte sich nach Aktion.

Auf der rechten Seite der Straße, Harris genau gegenüber, fiel die geschotterte Böschung schroff ab in eine mit Steinen und Felsbrocken übersäte Schlucht, die hundert Yards tiefer endete. Die einzige sichere Stelle auf dieser Seite war die fünfzig Schritt lange Ausweichbucht, wo der Dodge und der Chevrolet – beide gestohlen – mit leicht nach unten geneigter Nase parkten. Dort warteten Tucker und Bachman, der ältere am Steuer des Chevy, Tucker hinter dem Dodge und so von der Straße her nicht sichtbar.

Bachman, wie auch Tucker, trug eine Pistole Kaliber .32 in einem Wildleder-Schulterhalfter. Im Gegensatz zu Tucker jedoch fingerte Bachman ständig an der Waffe herum, wie ein Wilder an seinem Talisman. Mit feuchten Fingerspitzen zog er das schraffierte Muster des Kolbens nach und hob die Waffe immer wieder aus dem Halfter, um etwaige Hemmnisse zu entdecken – obwohl er es schon seit Jahren benutzte und genau wußte, daß es keine solchen gab.

Bachman war nur mit dieser Pistole bewaffnet, Tucker dagegen trug zusätzlich eine kurzläufige Flinte, beide Kammern geladen und sechs Reservepatronen in den Jackentaschen verteilt. Hätte Bachman die Flinte gehabt, er hätte dauernd seine Taschen abgeklopft, um sich zu vergewissern, daß die Patronen noch da waren. Tucker jedoch stand ruhig wartend da und bewegte sich so wenig wie nötig.

»Eigentlich müßten sie schon hier sein!« rief Bachman durch das offene Fenster des Chevy. Er wischte sich mit seiner schlanken Hand über das schmale Gesicht, um seine Ungeduld im Zaum zu halten. Noch war er nervös und zerfahren, und er redete zuviel, aber wenn es soweit wäre, würde er funktionieren wie eine gut geölte Maschine; Tucker hatte es bei ihren drei gemeinsamen Unternehmen bisher jedesmal feststellen können.

»Immer mit der Ruhe, Merle«, sagte Tucker. Er war bekannt für seine Gelassenheit, seine zur Schau getragene Gemütsruhe war auch unter stärkster Anspannung nicht zu erschüttern. Aber im Innern war er völlig verkrampft, sein Magen zuckte nervös hin und her wie ein Tier in der Falle, und sein ganzer Körper war in Schweiß gebadet – Zeichen der unterdrückten Angst.

Er war von Geburt und Erziehung nicht für diese Lebensart bestimmt, in Verbrecherkreisen hatte er sich nie heimisch gefühlt. Sein unbestrittener Erfolg in diesem Metier beruhte auf seiner fast fanatischen Entschlossenheit, alles zu erreichen, was er sich vorgenommen hatte, und in keiner Gruppe wurde ihm die Führung streitig gemacht, ganz einfach weil die anderen seine Zielstrebigkeit erkannten und bewunderten.

Oben am Hang ließ Jimmy Shirillo den Feldstecher sinken, rollte auf den Rücken und legte die Hände trichterförmig vor den Mund. »Sie kommen!« rief er. Seine Stimme überschlug sich bei dem letzten Wort, aber jeder hatte verstanden, was er sagen wollte.

»Los!« rief Tucker und schlug mit der flachen Hand auf die Motorhaube des gestohlenen Dodge.

Bachman startete den Motor des Chevrolet, ließ ihn ein paarmal aufheulen und rollte vorwärts, so daß der Wagen die Fahrbahn diagonal versperrte. Ohne eine Sekunde zu verlieren, wie geölt, stellte er den Automatikhebel auf Parkstellung, zog die Handbremse an, öffnete die Tür, sprang hinaus und nahm

Deckung am Ende des hinteren Kotflügels, wo er sich leicht mit einem Sprung in Sicherheit bringen konnte, wenn er sah, daß es zum Zusammenstoß kam. Einem nachträglichen Einfall folgend, nahm er die groteske Karnevalsmaske, die an einem Gummiband um seinen Hals hing, und zog sie sich über den Kopf.

Karneval im Juni! dachte er. Eine Gummimaske in dieser Jahreszeit, bei dieser Hitze und Luftfeuchtigkeit.

Oben am Hang war Jimmy an den Rand des Kalksteinausbruchs herangekrochen, bereit, hinter dem Cadillac auf die Straße zu springen, sobald der schwere Wagen vorbei wäre. Er fuhr sich mit der Hand über sein Elfengesicht, fühlte den Tau und dachte – ohne jeden Grund –, es sei Blut. Angst. Nackte Angst, nichts weiter. Wütend auf sich selbst setzte er die Maske auf.

Unten an der Parkbucht, hinter dem Dodge, verwandelte sich Tucker mit einer schnellen Handbewegung in eine runzlige alte Hexe, zog eine Grimasse bei dem Geruch von Latex, den er nun mit jedem Atemzug einsog, und schaute über die Straße zu den Büschen oberhalb der Felswand. Wo war Harris? Da. Keine schlechte Deckung für einen Stadtjungen, kaum zu erkennen zwischen dem Grünzeug. Die Thompson im Arm, das Gesicht eine groteske Fantasiemaske, wirkte er noch mal so groß und gefährlich wie sonst.

Tucker hob die Flinte und legte den Lauf auf den Kotflügel des Dodge. Er zwang sich, locker und entspannt zu bleiben. Sein Magen kribbelte, Galle stieg ihm in die Kehle. Hinter der Maske konnte er sich ein krampfhaftes Zucken gestatten. Die anderen würden es nicht sehen.

Das Motorgeräusch des Cadillac war jetzt zu hören. Tucker fragte sich, ob er wohl zu schnell fuhr, um rechtzeitig stoppen zu können, und er spielte in Gedanken alle Züge durch, die ihm zu Gebote standen, falls der Cadillac die Straßensperre rammte. Obwohl der Schock des Aufpralls die Reaktionszeit bei Baglios Leuten verzögern und ihre Überwältigung erleichtern würde, bestand die Gefahr, daß sich die Türen verklemmten. Und Brandgefahr. Baglios Leute sollten ruhig verbrennen – aber was wäre mit dem Geld? Das anschwellende Dröhnen des

Motors klang für einen Moment wie Flammen, die ganze Bündel frischer Dollarnoten verzehrten.

Der Cadillac kam in Sicht.

Der Fahrer reagierte schnell. Er trat auf die Bremse, ließ den Wagen seitlich ausbrechen und nahm dann den Fuß vom Bremspedal, um die gefährliche Fahrt auf den Rand des Abgrunds korrigieren zu können. Er brachte die schwere Maschine zwei Schritt vor der rechten Tür des Chevy mit einem Ruck zum Stehen.

Wie geplant jagte Pete Harris eine Maschinengewehrsalve hoch über die Köpfe hinweg, ehe die anderen auf die Limousine zustürzen konnten. Das Echo der Schüsse wurde von den Hängen zurückgeworfen wie eine Serie schwerer Hammerschläge auf einen Amboß. Das Getöse würde weithin hörbar sein und vermutlich Verstärkung aus der Villa herbeirufen. In fünf Minuten würde es hier von Baglios Leuten nur so wimmeln. Aber es war die schnellste und einfachste Möglichkeit, denen im Wagen klarzumachen, wie ernst es für sie aussah und daß sie hoffnungslos unterlegen waren.

Als das Echo erstarb, war Tucker am Fahrerfenster, den Lauf der Flinte auf den Hals des Chefs gerichtet. Ein Schuß aus einem der Läufe würde das Fenster zerschmettern – und den Schädel des Fahrers dazu –, ehe er sich auf den Boden des Wagens werfen könnte. Der alte Gauner wußte das; er blieb sitzen, wo er saß, und rührte sich nicht.

Der zweite Mann auf dem vorderen Sitz war Vito Chaka, Baglios ›Buchhalter‹ und enger Vertrauter; vierzig Jahre alt, schlank, fast feminin, graumelierte Schläfen. Er trug einen dünnen Schnurrbart, der wie ein gemalter Strich ein Drittel seiner Oberlippe bedeckte. In den dreißiger Jahren hätte er die Frauen wild gemacht, dachte Tucker. Und vielleicht tat er es sogar heute noch – bei seiner Position und seinem Bankkonto. Chaka musterte ihn mit einem Blick, dann nickte er und legte beide Hände, die Handflächen nach oben, langsam auf das gepolsterte Armaturenbrett – ohne Trick, ein Profi weiß, wann er aufzugeben hat.

»Aussteigen!« sagte Tucker. Seine Stimme klang belegt und drohend durch den Schlitz der Gummimaske.

Der Fahrer und Chaka gehorchten sofort. Als die beiden Muskelprotze auf dem Rücksitz zögerten, klopfte Jimmy Shirillo mit dem Pistolenlauf ans Rückfenster. Er war geräuschlos auf den Kofferraum des Cadillac geklettert, und seine Koboldmaske schien zu grinsen, als die beiden überrascht zusammenfuhren.

Shirillo fühlte sich wohl, besser, als er vorausgesehen hatte, weniger ängstlich als vorher. Er schwitzte, und die Maske kitzelte ihn im Nacken, aber das war unwichtig.

Dreißig Sekunden später standen Baglios Leute, sauber aufgereiht, auf der Fahrerseite des Cadillac, die Hände flach auf dem Dach oder der Haube, die Beine gespreizt, vornübergebeugt, den Kopf eingezogen, alles im klassischen Stil, wie aus dem Lehrbuch. Nur Chaka hatte seine Selbstsicherheit nicht abgelegt, vornehm und elegant noch in der unwürdigsten Pose.

Bachman riß die hintere Tür auf der anderen Seite auf. »Drei Koffer«, sagte er. Keine Spur mehr von seiner vorherigen Besorgnis in der Stimme.

Jimmy Shirillo lachte triumphierend.

»Kein verfrühter Jubel!« sagte Tucker. »Pack mit an!«

Bachman hob den schwersten Koffer heraus und trug ihn, vom Gewicht niedergebeugt, zum Chevy. Niemals hätte er einen der kleineren Koffer genommen; aus dem gleichen Grund trug er übrigens Hosen mit hochreichendem Bund: sollte ihn nur keiner für klein halten, wenn er auch klein war.

Jimmy ging um den Wagen herum und nahm die beiden letzten Koffer. Er trug sie ohne Mühe zu dem gestohlenen Chevrolet, stellte sie in den offenen Kofferraum und schlug den Deckel zu, während Bachman schon nach vorn lief.

»Immer Ruhe bewahren!« sagte Tucker zu den auf den Cadillac gestützten Männern, obwohl sich keiner von ihnen bewegt hatte.

Keiner gab Antwort.

Bachman startete den Chevy, ließ den Motor einmal aufheulen, legte den Rückwärtsgang ein und fuhr rückwärts bergab.

»Vorsichtig!« rief Tucker.

Aber es war überflüssig, einem so guten Fahrer wie Merle Bachman zur Vorsicht zu raten. Er schätzte jede Situation richtig ein und operierte stets mit der höchstmöglichen Geschwindigkeit.

Harris kam von der Felswand herunter. Die Maske verstärkte das Geräusch seines schweren Atmens. Während Bachman den Chevy zurücksetzte, kam Harris zu Tucker herum und sagte: »Saubere Arbeit!«

»Kein verfrühter Jubel!« sagte Tucker wieder.

Bachman hatte den Wagen gewendet, trat leicht aufs Gaspedal und fuhr bergab auf die zweite Kurve zu. Die Hitze stand schimmernd über dem Dach und der Haube des Chevy.

»Hol den Dodge!« sagte Tucker zu Shirillo.

Der Junge ging.

Pete Harris war der einzige, der den Chevy im Auge behielt und an all das viele Geld im Kofferraum und an den wohlverdienten Ruhestand dachte, er war der erste, der sah, daß es schiefgehen würde. »Scheiße!« sagte er.

Er hatte das Wort noch nicht ausgesprochen, als Tucker das schrille Kreischen der Bremsen hörte und herumwirbelte, um zu sehen, was schiefgegangen war.

Alles war schiefgegangen.

Bachman hatte gerade etwas mehr als die Hälfte der Strecke zur unteren Kurve zurückgelegt, als ein Cadillac um den Kalksteinfels bog und bergauf entgegenkam. Es war das genaue Gegenstück zu dem, den sie eben gestoppt hatten, und er fuhr zu schnell, viel zu schnell für die Straßenverhältnisse. Der Fahrer riß das Steuer hart nach links und versuchte, aufs Bankett auszuweichen. Es war hoffnungslos, weil die felsige Böschung fast bis an den Fahrbahnrand heranreichte. Ein Reifen platzte mit der Wucht eines Kanonenschusses. Der Wagen ruckte und bockte wie ein wütendes Tier. Mit metallischem Scheppern wurde ein Kotflügel auf die Hälfte des Raumes zusammengedrückt, den er vorher eingenommen hatte.

Mit angezogenen Bremsen schaukelte der Chevrolet wie irr hin und her, während Bachman den Wagen unter Kontrolle zu bekommen suchte, und scherte plötzlich nach außen hin aus.

»Der Caddy ist viel zu groß. Er kommt nie drum herum!« sagte Harris.

Aber Bachman versuchte es wenigstens. Noch war seine

Aufgabe nicht beendet, noch behielt er die Ruhe und arbeitete schnell und berechnend. Er hatte nur noch eine Chance, die Sache erfolgreich zum Abschluß zu bringen, und so winzig diese Chance auch war, er mußte sie wahrnehmen. Der Cadillac war inzwischen völlig zum Stehen gekommen, eine Seite ziemlich übel zerbeult, und der Chevy bohrte sich in seine hintere Tür wie ein Schwein, das mit der Nase im Boden wühlt. Der Wagen bäumte sich auf, und seine Vorderachse verfing sich an der Oberkante der eingedrückten Tür; gleichzeitig rutschte er nach links zu dem hundert Yards tiefen Abgrund hinüber. Die Hinterräder glitten über den Rand hinaus und drehten leer durch. Einen Augenblick lang glaubte Tucker, der Chevy würde sich losreißen und abstürzen, aber dann sah er, daß er sich im letzten Moment fing. Halb auf den größeren Cadillac hinaufgeschoben, blieb er stehen, wo er stand. Bachman hatte es gewagt – und verloren.

Die Beifahrerseite des Cadillac war vollkommen unbeschädigt geblieben. Nun ging die vordere Tür auf, und ein großer, dunkelhaariger Mann stieg aus. Er schüttelte, völlig benommen, den Kopf, drehte sich um und starrte ungläubig auf das hochaufragende Vorderteil des demolierten Chevy. Dann beugte er sich vornüber, beide Hände auf die Knie gestützt, und übergab sich. Dann schien ihm etwas einzufallen, was wichtiger war als diese natürliche Regung. Er richtete sich auf, schaute in den Wagen hinein und half einer jungen Frau beim Aussteigen. Sie schien ebenso unverletzt wie er, zeigte jedoch im Gegensatz zu ihm keine physische Reaktion auf den Vorfall. Sie trug eine weiße Bluse zum sehr kurzen gelben Rock – eine attraktive, großgewachsene Blondine. Ihre lange Mähne flatterte wie ein Banner im Wind, während ihr Blick die Straße hinauf, zu Tucker und den anderen, wanderte.

»Hier!« rief Jimmy Shirillo. Er hatte den Dodge gewendet und stand nun mit der Nase nach oben zum Berg.

»Los, steig ein!« sagte Tucker zu Harris.

Harris, die Thompson zärtlich in beiden Händen haltend, stieg ein.

»Ich möchte nicht gezwungen werden, irgendeinen von euch in den Rücken zu schießen«, sagte Tucker, während er sich

langsam rückwärts auf die offene Hintertür des Dodge zu bewegte.

Baglios Männer schwiegen.

Er ließ sich auf den Sitz fallen, ohne sie aus den Augen zu
lassen, hob die Flinte und feuerte einen Schuß in den Himmel,
und während Jimmy mit kreischenden Reifen losfuhr, schlug er
die Tür hinter sich zu und zog Kopf und Schultern bis unter
den Fensterrahmen, bis der Wagen um die obere Kurve bog.

»Und Bachman lassen wir einfach da?« fragte Harris.

Tucker schälte die Maske von seinem Gesicht und schob sich
die schweißnassen Haarsträhnen aus der Stirn. Sein Magen
quälte ihn mehr denn je. Er sagte: »Wir sind zu schwach, um
Bachman herauszuholen und gleichzeitig Baglios ganze Armee
in Schach zu halten.« Er rülpste und schmeckte den Orangensaft, der heute sein ganzes Frühstück gewesen war.

»Aber …«, begann Harris.

Tucker unterbrach ihn. »Bachman hatte recht – wir hätten
doch einen fünften Mann gebraucht.« Sein Ton war gereizt und
bitter.

2

»Wir sind geliefert«, sagte Shirillo.

Die Privatstraße schmiegte sich nun nicht mehr an den Rand
der Schlucht, sondern bog auf die breiten Innenhänge des Ber-
ges ab, und zu beiden Seiten öffnete sich weites Land. Von
Fichten gesäumt, führte sie, wie mit dem Lineal gezogen, auf
die kreisförmige Anfahrt vor Rossario Baglios Villa zu, ein
grellweißes, mit zahllosen Fenstern versehenes Unding von einem Haus, nur noch eine Meile vor ihnen.

Eben kam ein schwarzer Mustang aus der Einfahrt, direkt
auf sie zu.

»Keineswegs.« Tucker zeigte nach vorn links. »Ist das da eine Abzweigung?«

»Sieht so aus. Tatsächlich.«

»Dann bieg ab!«

Shirillo riß das Steuer hart nach links und bremste, als sie in den Waldweg einbogen. Fast wäre der Wagen gegen ein paar kräftige kleine Fichten geschleudert. Die Räder holperten über eine Reihe tiefer Radspuren, aber Jimmy war nicht aus der Ruhe zu bringen. Er gab Gas und grinste in den Rückspiegel.

»Ist ja nicht mein Wagen«, sagte er.

Tucker mußte nun doch lachen. »Behalte du die Straße im Auge!«

Jimmy sah nach vorn, nahm einen großen Stein mitten auf dem Weg zwischen die Räder und erhöhte das Tempo.

Der Wind heulte an einem offenen Ausstellfenster, und Insekten klatschten gegen die Scheibe wie Geschosse aus weicher Knetmasse.

»Sie sind dicht hinter uns«, sagte Harris. »Eben eingebogen.«

Tucker und Harris starrten gespannt durchs Rückfenster, der Mustang konnte jeden Moment hinter ihnen auftauchen. Sie fuhren erschrocken herum, als Shirillo plötzlich scharf bremste. »Was zum Teufel …!« entfuhr es Tucker.

»Da liegt ein Baumstamm im Weg«, sagte Shirillo. »Entweder wir räumen ihn weg, oder wir gehen zu Fuß weiter.«

»Alles raus!« befahl Tucker und stieß seine Tür auf. »Wir heben ihn weg! Pete, bring die Thompson mit!«

Der Stamm, dessen Krone jemand mit einer scharfen Axt abgeschlagen hatte, sah aus, als sei er hier abgelegt worden, um die Weiterfahrt zu versperren, obwohl er ebensogut von einem Holztransporter heruntergefallen sein konnte, als die Wälder hier noch das Material für Papierfabriken oder Sägewerke lieferten. Tucker und die beiden anderen nahmen an einem Ende des Stammes Aufstellung, so daß er zwischen ihren Beinen lag. Sie hoben gleichzeitig an und wichen schnell zur Seite, und so schafften sie es, daß der Stamm ein Stück von der Stelle rückte.

»Reicht nicht«, sagte Shirillo.

»Wo ist der Mustang?« fragte Harris.

»Er kommt auf diesem schlechten Weg nicht so gut voran wie unser schwerer Wagen«, sagte Tucker. Dann mit einem tiefen Atemzug: »Noch mal!«

Diesmal schafften sie die Sperre so weit aus dem Weg, daß sich der Dodge fast vorbeizwängen konnte, aber als sie ihre schmerzenden Rücken aufrichteten, um Atem zu schöpfen, sagte Harris: »Ich höre den andern Wagen.«

Tucker lauschte, hörte ihn ebenfalls, wischte seine brennenden Handflächen an der Hose ab. »Nimm die Thompson, Pete, und bereite den Herren einen würdigen Empfang.«

Harris hob lächelnd die MP auf und legte sich hinter dem Dodge mitten auf den Weg. Er war groß, über eins achtzig, und mehr als zweihundertvierzig Pfund schwer; als er sich auf dem Boden niederließ, wirbelte er eine Staubwolke auf.

Tucker bückte sich, schob die Hände unter die überraschend glatte Oberfläche des Fichtenstammes und fand einen einigermaßen festen Halt. Sein Hemd war unter den Achselhöhlen naß vom Schweiß. »Fertig?« fragte er.

»Fertig«, sagte Shirillo.

Sie hoben und keuchten, während sich ihre Bauchmuskeln schmerzhaft spannten. Tucker fühlte einen stechenden Schmerz im Rücken, und der Schweiß brach ihm am ganzen Körper aus. Aber er ließ nicht locker, hob den Stamm wenige Fingerbreit vom Boden und riß ihn ein winziges Stück zur Seite, ehe sie ihn wieder fallenlassen mußten. Diesmal setzte sich Shirillo außer Atem auf den Stamm und hechelte wie ein Hund nach einem schnellen Lauf in sengender Junihitze.

»Keine Müdigkeit«, sagte Tucker sofort.

Er war ebenso mitgenommen wie der Junge, vielleicht noch mehr – immerhin war er fünf Jahre älter als Shirillo, fünf Jahre weicher; und er hatte achtundzwanzig Jahre eines leichten, sorglosen Lebens hinter sich, gegenüber Shirillos dreiundzwanzig Jahren einer rauhen Kindheit und Jugend im Getto. Aber er wußte, daß er den anderen vorangehen mußte, daß er etwas von seiner fanatischen Entschlossenheit auf die anderen übertragen mußte. Tucker fürchtete den Mißerfolg mehr als den Tod.

»Komm schon, Jimmy, Menschenskind!«

Shirillo erhob sich mit einem tiefen Seufzer und schwang erneut ein Bein über den Stamm. Als er sich bückte, um zuzufassen, tönte das irre Rattern von Harris' Maschinenpistole durch den Wald. Shirillo hob den Kopf, konnte jedoch nichts sehen, weil der Dodge ihm die Sicht versperrte und der Weg zu steil nach hinten abfiel. Er bückte sich wieder und packte den Stamm, legte alle Kraft in diese letzte verzweifelte Anstrengung. Gemeinsam schoben sie den Stamm diesmal weiter aus dem Weg als beim letztenmal. Mit dumpfem Geräusch landete der Baum im Staub des trockenen Weges.

»Weit genug?« fragte Shirillo.

»Ja«, sagte Tucker. »Tempo jetzt!«

Sie liefen zu ihrem Auto zurück. Shirillo sprang hinter das Lenkrad und ließ den Motor an. Das genügte als Zeichen für Harris, der seine Maschinenpistole seit fast sechzig Sekunden nicht mehr benutzt hatte. Er sprang auf und stieg hinten in den Dodge ein. Tucker saß vorn bei Shirillo und fummelte an seinem Sicherheitsgurt herum. Das Schloß klickte zu, als Jimmy anfuhr. Tucker drehte sich zu Harris um und fragte: »Hast du einen Reifen erwischt?«

»Nein«, mußte Harris zerknirscht zugeben; er hatte großen Respekt vor Tucker und legte Wert darauf, daß der junge Mann seinen Respekt erwiderte. Wenn diese Sache geklappt hätte, wäre es seine letzte gewesen; nun, da sie sie verpfuscht hatten, würde er wohl weitermachen müssen, und da war es ihm immer noch lieber, mit Tucker zu arbeiten als mit irgend jemand sonst, auch nach diesem Fiasko. »Die Halunken haben zu schnell geschaltet und sind im Rückwärtsgang ausgerissen, ehe ich einen der Reifen erwischen konnte.« Er fluchte leise und wischte über seinen schmutzigen Nacken.

»Kommen sie?« fragte Shirillo.

»Wie die Feuerwehr«, sagte Harris.

»Festhalten!« lachte Shirillo und trat das Gaspedal durch. Sie wurden für einen Moment gegen die Rückenlehne gedrückt, während der Wagen eine lange schattige Gerade hinaufraste.

»Warum lassen sie uns nicht in Ruhe?« fragte Harris, den Blick nach vorn, die Thompson im Schoß. Die harten kantigen Züge seines Gesichts paßten zu seinem Körper. Die Stirn massiv, die schwarzen Augen tief versunken und voll kalter Intelligenz. Die Nase, mehr als einmal gebrochen, war knollig, ohne dümmlich zu wirken, der Mund eine lippenlose Linie, eine Falte am oberen Rand des starken, eckigen Kinns. All diese herben

Züge liefen in einem Blick voll bitterer Enttäuschung zusammen. »Wir haben ihnen das Geld ja gar nicht abgenommen.«

»Aber versucht haben wir's«, sagte Tucker.

»Und Bachman dabei verloren. Reicht das nicht?«

»Denen nicht.«

»Die Eiserne Hand«, sagte Shirillo. Er nahm eine Kurve zu weit außen; Fichtenzweige kratzten über das Dach wie polierte Fingernägel, und die Federung sang wie ein indisponierter Alt.

»Eiserne Hand?« fragte Harris.

»Mein Vater hat sie früher so genannt«, antwortete Shirillo, ohne den Blick von der Straße zu wenden.

»Reichlich melodramatisch, findest du nicht?« sagte Tucker.

Shirillo zuckte die Achseln. »Die Mafia als Organisation ist alles andere als ruhig und nüchtern; sie ist so melodramatisch wie ein Rührschinken aus dem Familienprogramm. Szenen wie aus billigen Filmen kommen in der Mafia am laufenden Band vor: da werden Rivalen umgelegt, Ladenbesitzer, die sich ihren Schutz nichts kosten lassen wollen, zusammengeschlagen, Brandbomben gelegt, harmlose und weniger harmlose Zeitgenossen erpreßt und Schulkinder mit Rauschgift versorgt. Nur nimmt der melodramatische Zug der Sache nichts von ihrer Realität.«

»Hast recht«, sagte Harris mit einem besorgten Blick durchs Rückfenster. »Aber meinst du nicht, daß wir noch ein bißchen Tempo zulegen können?«

Die Straße bog nun allmählich nach Osten ab und wurde schmaler; riesige Fichten und gelegentlich eine Ulme oder Birke drängten von beiden Seiten zusammen. Plötzlich neigte sich der Weg nach unten, der Grund wurde feucht, und ein dünner Schlammfilm bedeckte den Boden.

»Hier muß irgendwo ein unterirdischer Bach sein«, sagte Tucker.

Am Fuße des Hügels führte der Weg über ein hundert Meter langes ebenes Stück, ehe er über den nächsten Abhang abfiel. In einem Hohlweg mit vielschichtigem Schiefergestein zu beiden Seiten begann der Dodge plötzlich zu stottern wie einst Demosthenes mit dem Mund voll Kieselsteinen und würgte schließlich ganz ab.

»Was ist los?« fragte Harris.

Shirillo war keineswegs überrascht, denn er hatte auf diesen Augenblick schon seit längerer Zeit gewartet. Was ihn jedoch überraschte, war seine eigene Gelassenheit. »Der Benzintank hat eins abbekommen, als wir von der Asphaltstraße in den Waldweg einbogen«, sagte er. »Ich beobachte schon seit einer halben Stunde, wie der Zeiger langsam sinkt. Muß wohl ein ganz kleines Leck sein. Aber warum sollte ich euch nervös machen, jetzt ist es dazu auch noch früh genug.«

Sie stiegen aus und standen in der engen kleinen Schlucht, aus der sich der Frühnebel noch immer nicht ganz verzogen hatte.

Harris warf sich die Maschinenpistole über die Schulter. »Jedenfalls ist der Weg so schmal, daß sie auch nicht an dem Dodge vorbeikommen. Wenn wir zu Fuß gehen müssen, müssen sie es auch.«

»Wir werden nicht zu Fuß gehen, solange sie mit einem brauchbaren Wagen direkt hinter uns sind«, sagte Tucker mit einem Ton, der keinen Widerspruch duldete. »Wir nehmen ihnen den Mustang ab.«

»Wie denn?« wollte Shirillo wissen.

»Das wirst du gleich sehen.« Tucker lief zur Fahrertür hinüber, warf die Flinte auf den Sitz und die Gummimasken nach draußen. Dann löste er die Handbremse und stellte die Automatik auf Leerlauf. »Ihr beide schiebt hinten!« rief er.

Sie stemmten sich zu beiden Seiten der hinteren Stoßstange gegen den Wagen, und Tucker schob mit der Schulter am Türrahmen, eine Hand am Lenkrad, um den Wagen zwischen den Schieferfelsen durchzusteuern. Als der Weg sich abwärts neigte, nahm Tucker die Flinte vom Sitz und sprang aus dem Weg. »Laßt ihn sausen!«

Shirillo und Harris richteten sich auf und sahen dem schwarzen Wagen nach, wie er holpernd über die ersten paar Meter des abfallenden Weges rollte und dann schneller wurde und nach links ausbrach. Funken stoben, als das Blech gegen die Schieferfelsen prallte. Der Wagen wurde nach rechts hinübergeschleudert, prallte gegen die andere Seite, verfing sich in einer von oben aus nicht sichtbaren Radspur und begann sich zu drehen und gleichzeitig zu kippen, bis er mit lautem Krach auf die Seite rollte und so noch fünfzig, sechzig Yards weiter rutschte und dann, die Räder nach oben, zur Ruhe kam.

»Die Umweltschützer würden ihre helle Freude an uns haben«, sagte Shirillo. »Drei von diesen Luftverpestern haben wir in weniger als einer Stunde zur Strecke gebracht.«

»Willst du, daß sie denken, wir seien mit dem Wagen verunglückt?« fragte Harris. Und als Tucker nickte: »Und was ist mit unseren Fußspuren hier im Dreck?«

»Die werden sie hoffentlich nicht sehen.«

Fünfhundert Schritte hinter ihnen wurde das stetige Motorengeräusch des Mustang hörbar. Tucker hob die Masken vom Boden auf, verteilte sie und setzte seine eigene auf. »Los! Tempo jetzt!« befahl er. »Bleibt am Wegrand, dicht an der Felswand, damit die abwärtslaufenden Fußspuren nicht sichtbar werden!« Er lief voran, die anderen dicht hinter ihm, die am Boden liegenden nassen und glatten Schieferstücke gaben unter ihren Füßen nach. Zweimal war Tucker nahe daran zu stürzen, aber er hielt die Balance, indem er schneller lief. Sie erreichten den umgestürzten Dodge nur Sekunden, bevor der Mustang oben am Berg auftauchte, und gingen in Deckung.

»Was nun?« fragte Harris. Er hatte die Maschinenpistole von der Schulter genommen.

Tucker drehte sich um und sah, daß weiter unten die Schieferwand zu beiden Seiten des Weges niedriger wurde. »Zieht den Kopf ein und folgt mir!« sagte er und lief geduckt voraus.

Als sie an der Stelle waren, wo sie die Felsböschung, die den Weg flankierte, erklettern konnten, schaute Tucker prüfend zurück, ob sie von oben her zu sehen sein würden. Hinter dem umgestürzten Dodge war von dem Weg nichts mehr zu sehen, also war anzunehmen, daß sie auch von oben her nicht gesehen werden konnten. Er schickte Pete Harris auf die linke Seite und kletterte mit Shirillo die rechte Böschung hinauf, nicht ohne sich bei einem Sturz das Knie aufzuschlagen, aber er beachtete den stechenden Schmerz gar nicht. Schließlich waren sie zwischen den Bäumen oberhalb des Hohlwegs, und Tucker winkte zu Harris hinüber, der mit seiner MP zurückwinkte. Vorsichtig schlichen sie zu der Stelle zurück, wo der Dodge liegengeblieben war, tasteten sich bis an den Rand der Schieferwand und sahen hinunter.

Der Mustang parkte mit offenen Türen zehn Schritte oberhalb des Wracks. Die beiden Insassen näherten sich mit gezogenen Pistolen vorsichtig dem Dodge.

»Keine Bewegung!« rief Tucker ihnen zu.

Die beiden Männer blieben überrascht stehen und gehorchten.

»Nehmt die Magazine aus euren Pistolen heraus, aber immer hübsch brav nach unten halten! Wir haben euch von beiden Seiten im Visier.«

Die beiden gehorchten widerstrebend, aber mit der Resignation von Profis, die wissen, daß ihnen nichts anderes übrigbleibt. Beide waren breitschultrig und trugen leichte Sommeranzüge, die irgendwie nicht zu ihnen paßten. Gorillas. Im übertragenen und fast auch im wörtlichen Sinne.

»So«, sagte Tucker. »Und jetzt schaut her zu mir!«

Die beiden hoben den Kopf, legten die Hand schützend über die Augen und blinzelten in den hellen Himmel. Sie sahen die Flinte.

»Und jetzt zur anderen Seite!«

Sie drehten sich gleichzeitig um und sahen die Thompson in Pete Harris' Händen. Tucker konnte ihre Gesichter nicht sehen, aber er wußte, daß sie gehörig beeindruckt waren, denn instinktiv zogen sie den Kopf zwischen die Schultern, als wollten sie davonlaufen.

»Und nun werft eure Pistolen herauf!« befahl Tucker. Als er beide Waffen in seinen Gürtel gesteckt hatte, deutete er auf den dreckverschmierten Mustang und fragte: »Wer von euch hat ihn gefahren?«

»Ich«, sagte der größere der Gorillas. Er schob beide Hände tief in die Hosentaschen und sah schmollend zu Tucker hinauf, gespannt, was als nächstes kommen würde.

»Bist du ein guter Fahrer?«

»Leidlich.«

»Wer von euch fährt besser?«

Der Mann, der nicht gefahren war, zeigte auf den Mann, der gefahren war, und sagte: »Er. Er fährt für Mr. Baglio, wenn ...«

»Klappe!« fuhr ihn der andere an.

Der kleinere wurde blaß und brach ab. Er sah zu Tucker hinauf, dann zu seinem Partner. Er rieb sich den Mund, als könne er so seine Worte ungesagt machen.

»Steig wieder ein«, sagte Tucker zum Fahrer, »und bring den Mustang dicht an den Dodge heran!«

»Warum?«

»Weil ich dich umlege, wenn du's nicht tust.« Tucker lächelte. »Reicht dir das?«

»Das reicht«, sagte der Mann und ging zu dem Mustang zurück.

»Und versuche erst gar nicht, im Rückwärtsgang zu entwischen«, mahnte Tucker den Fahrer. »Der Gentleman da oben würde den Wagen in Fetzen schießen, ehe du dich umgucken kannst.« Und zu dem zweiten Gorilla: »An die Wand rüber! Bleib aus dem Weg und verhalt dich still!«

»Es wird euch nichts nützen«, knurrte der Gorilla, obwohl er vom Gegenteil überzeugt schien. Das Gefühl der Niederlage zeichnete sich auf seinem breitnasigen Gesicht deutlich ab. Er gehörte zu denen, deren Selbstvertrauen mit der Entfernung zum Gegner sank. Solange er seine Fäuste benutzen konnte, gut; aber auf diese Distanz fühlte er sich hoffnungslos unterlegen.

»Also los, an die Arbeit!« sagte Tucker.

Der Fahrer führte den Mustang so nah an den Dodge heran, daß die vordere Stoßstange ihn fast berührte. Er lehnte sich durchs geöffnete Fenster und fragte: »Und jetzt?«

»Jetzt rollst du weiter, bis du anstößt, klar?«

Der Mann stellte keine weiteren Fragen. Als das dumpfe Geräusch des Aufpralls ertönte, lehnte er sich erneut durchs Fenster und wartete auf den nächsten Befehl.

Während sein Partner von den Vorgängen nichts begriff, schien der Fahrer zu ahnen, was Tucker wollte. Trotzdem wartete er auf Tuckers ausdrücklichen Befehl.

Tucker ging in die Hocke, wischte einen Mückenschwarm fort, der aus dem Gras zu seinen Füßen aufflog, und richtete die Flinte auf das Gesicht des Fahrers. »Jetzt gibst du langsam Gas und schiebst, bis etwas passiert. Der Dodge ist nicht fest eingeklemmt, er läßt sich bewegen. Sobald du Platz genug hast, um an ihm vorbei zu kommen, fahr vorbei!«

»Und wenn ich einfach weiterfahre?« Der Gorilla lachte wie über einen schlechten Witz; er hatte sehr schöne Zähne.

»Dann zerschießen wir dir die Reifen und gleichzeitig die Rückscheibe, höchstwahrscheinlich auch deinen Schädel und möglicherweise den Tank.« Tucker lächelte zurück; auch er hatte keine schlechten Zähne.

»Das hab ich mir gedacht.« Der Fahrer setzte den Fuß behutsam aufs Gaspedal.

Eine ganze Weile passierte nichts. Der Motor heulte auf, eine Schraube löste sich aus der Stoßstange und schleuderte gegen den Kühler, der Fahrer knirschte mit den hübschen Zähnen. Er wußte, daß der umgestürzte Dodge in die falsche Richtung kippen und er gegen die Felswand rasen konnte.

Dann begann der Dodge zu knarren und nachzugeben. Ein Teil der Schieferwand löste sich und prasselte auf die beiden Fahrzeuge herab. Dann wälzte sich der Dodge langsam herum, das Dach wurde gegen die Schieferwand gedrückt. Der Fahrer schob den Mustang langsam durch die Öffnung, die Steine zerkratzten die ganze Länge des Sportwagens. Der Mann stoppte an der vorgesehenen Stelle und stieg aus.

»Geh zu deinem Freund zurück!« sagte Tucker. Er war keineswegs überzeugt gewesen, daß der Dodge aus dem Weg geräumt werden könnte, aber er zeigte seine Überraschung nicht. Tucker zeigte sich nie überrascht. Es würde seinem Ruf geschadet haben.

Der Fahrer stellte sich neben seinen Partner und machte ein gelangweiltes Gesicht. Er wischte seine Schuhe an den Hosenbeinen ab und schwieg beflissen.

»Wohin führt dieser Weg?« fragte Tucker. Er hielt die beiden mit der Flinte in Schach, während Harris zurückging zu der Stelle, an der er auf die Böschung geklettert war. Er stieg wieder auf den Weg hinunter und kam von hinten heran.

»Nirgendwohin«, sagte der Fahrer.

»Sackgasse?«

»Genau.«

Der kleinere geschwätzigere Gorilla warf seinem Kollegen

einen fragenden Blick zu und nickte dann eifrig. Lächelnd wandte er sich an Tucker, der in seinem Gesicht lesen konnte wie in einem offenen Buch. »Hier kommt ihr nie wieder heraus. Früher oder später erwischt Mr. Baglio euch, denn dies ist eine Sackgasse, jawohl!«

Der Fahrer sah seinen Partner verächtlich an, spuckte aus und ließ sich seufzend gegen die Schieferwand sinken.

»Ist er Baglios Schwiegersohn oder so was?« fragte Tucker.

»Nein«, sagte der Fahrer, »aber heutzutage muß man ja nehmen, was kommt.«

Der kleinere blinzelte dümmlich von einem zum andern. »Schwiegersohn?« fragte er.

Als sie alle im Mustang saßen und Shirillo das Wrack und die beiden Revolverhelden hinter sich gelassen hatte, sagte Harris: »Natürlich ist es keine Sackgasse.«

»Du darfst eins vorrücken«, bescheinigte ihm Tucker.

Harris' Maske hing unter seinem Kinn wie ein zweites Gesicht und hüpfte beim Sprechen auf und nieder. »Eine Sackgasse wäre schlimm genug, aber dies ist ja viel schlimmer. Warum also weiterfahren?«

»Weil wir nicht zurück können«, sagte Tucker. »Baglio weiß natürlich, daß wir auf diesem Weg sind, und hat das andere Ende hermetisch abgeriegelt. Aber vielleicht findet sich noch etwas, ehe wir ihm in die Arme laufen.«

»Was denn zum Beispiel?«

»Weiß ich noch nicht, aber warten wir's ab!«

3

Anfang Mai, als die Bäume zu grünen begannen und der bevorstehende Sommer wenig Aussicht auf einträgliche Unternehmungen verhieß, hatte Tucker unter seiner Postadresse in Manhattan einen Brief erhalten – einen weißen Umschlag ohne Absenderangabe. Er hatte gleich gewußt, daß er von Clitus Felton stammte, denn er bekam solche Brief im Durchschnitt zehnmal pro Jahr. In der Hälfte der Fälle enthielten sie etwas Lohnendes. Clitus Felton verdiente seinen Unterhalt als Kontaktmann für Freischaffende und Unorganisierte an der Westküste, als Deckmantel diente ihm eine kleine Spezialbuchhandlung in Harrisburg, Pennsylvania. Früher, als er noch selbst tätig gewesen war, hatte er pro Jahr zwei oder drei einträgliche Züge geplant und ausgeführt. Nicht nur das Alter hatte ihm zugesetzt, sondern auch seine Frau, Dotty, die befürchtete, daß die sprichwörtliche Feltonsche Glückssträhne früher oder später durch die Kugel eines Polizisten oder eine längere Haftstrafe unterbrochen werden könnte. Aber ein Buchladen war bei weitem nicht genug, um Feltons Interesse am Leben wachzuhalten. Schon nach den ersten sechs Monaten hinter dem Ladentisch begann er wieder Kontakt mit alten Freunden aufzunehmen, um seine Vermittlerdienste anzubieten. Namen, echte und falsche, und Adressen behielt er sämtlich im Kopf, und wenn jemand an ihn herantrat, der für einen perfekt ausbaldowerten Coup die richtigen Partner suchte, sprang Felton hilfreich ein, erwog die Möglichkeiten, schrieb ein paar Briefe und tat auch sonst alles, um sich nützlich zu erweisen. Gegen prozentuale Beteiligung. Normalerweise fünf Prozent, vorausgesetzt, daß das Ding wie erwartet gelang. Verbrechen aus zweiter Hand gewissermaßen. Dafür lebte er.

Dieser letzte Brief hatte Tucker interessiert. Ein paar Telefongespräche verschafften ihm die Information, die man der Post nicht anvertrauen konnte. Er flog von Kennedy International Airport nach Pittsburgh, um sich mit einem gewissen Jimmy Shirillo zu treffen.

Als Shirillo ihn am Flughafen begrüßte, hätte Tucker am liebsten auf dem Absatz kehrtgemacht. Shirillo sah viel zu jung aus, siebzehn höchstens, und auch als Tucker erfuhr, daß er tatsächlich sechs Jahre älter als siebzehn war, war ihm nicht wohler. Trotz des italienischen Nachnamens hatte er einen hellen Teint, blaue Augen und sandfarbenes Haar. Er war nur etwa eins sechzig groß und wog vielleicht hundertunddreißig Pfund. Eine gutplazierte Kugel würde ihn nicht nur töten; sie würde ihn gleichzeitig, selbst bei nur leichtestem Rückenwind, glatt aus dem Anzug pusten.

Tucker war selbst gar nicht so groß: eins dreiundsiebzig bei etwas über hundertundvierzig Pfund Gewicht. Er vermutete sogar, daß er nicht so aussah, wie ein Mann in seinem Metier aussehen sollte. Er hatte dunkles Haar, dunkle Augen, hohe Backenknochen, eine schmale Nase, fast aristokratisch, und man hatte ihm verschiedentlich gesagt, er wirke irgendwie morbid. Im Vergleich mit diesem Shirillo jedoch sah er aus wie ein Schläger, tausendmal erfahrener, umsichtiger und routinierter. Der Junge konnte keinerlei Vertrauen erwecken, und Tucker kam sich vor wie ein Vater, der seinem Sohn begegnet.

Shirillo streckte eine Hand aus und nahm Tuckers einzigen Koffer, während er ihm die andere zum Händedruck bot. Sein Händedruck war überraschend fest, obwohl gänzlich ungezwungen, der Händedruck eines Mannes, dem es nicht an Selbstbewußtsein mangelt. Zumindest sah sich Tucker veranlaßt, sein anfängliches Urteil zu revidieren.

Dieser zweite Eindruck verstärkte sich, als Shirillo seinen neuen Corvette forsch, aber absolut sicher durch den morgendlichen Stoßverkehr in die Stadt lenkte und besser vorankam, als Tucker es für möglich gehalten hätte. Hinter diesem zerbrechlichen Äußeren schien sich ein durchaus qualifizierter, ja verwegener Mann zu verbergen.

»Warum gerade du?« fragte Shirillo, während er einen schweren Bierwagen überholte und mit einer knappen Haaresbreite Abstand wieder in die rechte Fahrspur einscherte.

»Bitte?«

Der Junge grinste. »Du musterst mich nun schon, seit ich dir in der Ankunftshalle den Koffer abgenommen habe, und du bist anscheinend zu dem Schluß gekommen, daß ich vertrauenswürdig bin.«

Tucker sagte nichts.

»Und jetzt«, fuhr Shirillo fort, »möchte ich gern wissen, woran ich mit dir bin. Wieso hat Felton ausgerechnet dich für diesen Job ausersehen?«

Tucker lehnte sich in den Kübelsitz zurück, fischte eine Rolle saurer Drops aus der Tasche, bot Shirillo eines an und bediente sich selbst. »Wahrscheinlich weil ich grundsätzlich nur Institutionen beraube.«

»Institutionen?«

»Nun ja, Banken, Versicherungen, Warenhäuser, Diamanten-börsen, dergleichen. Ich habe noch nie eine Einzelperson be-stohlen, jemanden, dem der Verlust zum persönlichen Schaden gereicht hätte.«

Shirillo brauchte eine Weile, um das zu verdauen. »Die Ma-fia ist für dich also eine Institution?«

»Eine der ältesten.«

»Aber es gibt doch Unterschiede zwischen der Mafia und … und einer Bank oder einer Versicherungsgesellschaft.«

»Ein paar schon, aber nur wenige«, räumte Tucker ein. »We-niger, als man auf den ersten Blick glauben könnte.«

»Ein Unterschied«, sagte Shirillo und nutzte geschickt eine Lücke im Fahrzeugstrom, »ist der, daß du nach einem Bankein-bruch hinter Gittern landest, wenn sie dich erwischen, wäh-rend die Leute, von denen wir hier reden, dich ganz einfach mit einem Gewicht beschweren und irgendwo von einer Brücke fallen lassen.«

Tucker lutschte an seinem Fruchtbonbon und lächelte. »Ist das auch heute noch üblich?«

»Das und Schlimmeres«, sagte Shirillo. »Und ich würde nur ungern mit jemand zusammenarbeiten, der sich über die Risi-ken nicht im klaren ist.«

»Du selbst bist dir darüber völlig klar, ja?«

»Ich bin im Hill-Viertel von Pittsburgh aufgewachsen.«

Shirillo hatte jetzt nichts mehr von einem Kind an sich. Sein Gesicht hatte grimmige, von schlechten Erinnerungen verzerrte Züge angenommen. »Das Viertel wird größtenteils von Schwarzen bewohnt – unzumutbare Wohnverhältnisse, schlecht funktionierende Müllabfuhr, so daß die Ratten wie Hunde auf den Straßen herumlaufen, kaum Polizeistreifen, Straßen, die solange ich lebe noch keine Asphaltdecke gesehen haben, keinerlei Familienberatung oder städtische Sozialein-richtungen, wie man sie in weißen Wohngegenden findet. In solchen Vierteln staut sich der Druck so lange, bis er – alle paar Jahre, an einem heißen Sommerabend – ein Ventil findet und unter lautem Knall entweicht.«

»Krawalle?«

»Du scheinst ja fleißig Zeitung zu lesen. Aber ich möchte es nicht so sehr als Krawalle bezeichnen, sondern eher als Nervenzusammenbrüche; es ist mehr psychologisch als physisch. Ein paar Tage lang redet alle Welt davon, die aufrechten weißen Mitbürger gehen hin und kaufen eine Menge Waffen zusammen, mit denen sie nicht umgehen können, und in einem Monat kräht kein Hahn mehr danach: alles ist vergessen, und nichts hat sich geändert, gar nichts. Wer nicht schwarz oder spanischer Abkunft ist, muß schon scheißarm sein, um im Hill-Viertel zu wohnen. Darum haben wir da gewohnt. Mein Vater hat uns mit einem kleinen Schusterladen über Wasser zu halten versucht, und er hat es sogar geschafft, bis er mit sechsundfünfzig an Überarbeitung krepiert ist. Mein Vater hat die letzten fünfzehn Jahre brav an Rossario Baglios Eintreiber gezahlt, damit er seinen Betrieb weiterführen konnte. Ein alter italienischer Brauch.« Er lachte bitter über seinen eigenen Witz. »Und vor Baglio war es ein anderer, der die Wochenraten kassierte. Ich habe gesehen, was sie mit Leuten machen, die eine Woche in Rückstand geraten oder sich gar rundweg weigern, der Erpressung nachzugeben. Einer, der sich dagegen auflehnte, war mein Bruder, und der hinkt seitdem. Ziemlich schwer sogar. Kann von Glück sagen, daß er überhaupt noch gehen kann.«

»Du weißt also Bescheid über die Risiken«, sagte Tucker.

»Und ob.«

»Nun, ich auch. Aber ich weiß auch, daß ein Job, wie wir ihn planen, Vorteile mit sich bringt, die vielleicht sogar die zusätzlichen Risiken überwiegen.«

»Zum Beispiel?«

»Zum Beispiel braucht man sich nicht mit der Polizei herumzuärgern, mit der Staats- und Bundespolizei, den Fingerabdruckexperten und all den anderen.«

»Das stimmt allerdings«, räumte Shirillo ein.

Außerhalb der Stadt, auf der Autostraße nach Osten, nahm der Verkehr erheblich ab. Shirillo ließ die Tachonadel bis etwa auf 70 Meilen in der Stunde klettern und behielt das Tempo stetig bei. Keiner von beiden sprach ein Wort, bis Shirillo nach fünfzehn Minuten bremste und auf einen Rastplatz einbog.

»Von hier geht's zu Fuß weiter«, sagte er und sah auf seine

Uhr. »Und wir müssen uns beeilen.« Er nahm zwei Feldstecher vom Rücksitz, gab Tucker einen davon und stieg aus.

Zwanzig Minuten später, nach einem langen Schweigemarsch durch den Nadelwald, waren sie an der von Shirillo ausgewählten Beobachtungsstelle oberhalb der Privatstraße, die nach etwa anderthalb Kilometern in Baglios Einfahrt mündete. Sie hielten sich im Schatten der Bäume und beobachteten das große weiße Haus.

»Hübsche Baracke«, sagte Tucker.

»Neunundzwanzig Zimmer«, erläuterte Shirillo.

»Schon drin gewesen?«

»Einmal. Ich habe mit achtzehn Jahren als Eintreiber für einen von Baglios Operateuren gearbeitet – ein Mann namens Guita. Guita hielt damals große Stücke von mir und glaubte, ich könne es in der Organisation zu was bringen. Und einmal nahm er mich mit, um mich Mr. Baglio persönlich vorzustellen.«

»Und was ist aus deiner großen Karriere in der Unterwelt geworden?«

»Guita wurde vorzeitig hinweggerafft.«

»Polizei?«

»Nein – Baglio.«

»Warum?«

»Keine Ahnung.«

Nach einer Weile sagte Tucker: »Allerhand los da oben beim Haus. Ist es das schon?«

Shirillo setzte den Feldstecher an und schaute den Berg hinauf. »Ja, das ist es. Der ältere Ganove da ist Henry Deffer, Baglios persönlicher Fahrer. Neben ihm, der Lackaffe, das ist Chaka, Baglios Buchhalter und ›Ausbügler‹, der zweitmächtigste Mann in der hiesigen Organisation. Er glättet die Wogen, wenn es irgendwo Ärger gibt.«

»Die andern beiden?«

»Kleine Fische – Schlägertypen.«

»Das Geld ist in den Koffern?«

»Ja.«

»Wieviel, glaubst du?«

»Ich habe mich umgehört. Außer Baglio und Chaka weiß das

keiner mit Sicherheit zu sagen. Wahrscheinlich zwischen zweihundert und fünfhunderttausend, je nachdem wie die letzten zwei Wochen waren.«

»Woher stammt das Geld?«

»Aus Baglios Spielbetrieben in den Vorstädten – alles kleinere Unternehmungen, Lotteriebretter in ein paar hundert Tankstellen, Zahlenlotto in Waschsalons und Zeitungsständen und Friseurläden, SportToto und Rennwetten in etwa sechzig bis siebzig Bars. Jedes für sich genommen, kaum der Rede wert, aber ein minimaler Einsatz, zweitausendfach vervielfacht, ergibt ein ansehnliches Stück Geld.«

»Warum wird nur alle vierzehn Tage abkassiert?«

»Weil es tatsächlich nicht viel ist, verglichen mit den Einnahmen aus der Innenstadt: Lotto, Prostitution, Protektion, Rauschgifthandel. Was in den Vorstädten einkommt, lohnt die Mühe des allwöchentlichen Abkassierens kaum. Außerdem sind die Betriebe, die kleine Dollarwetten veranstalten, zumeist ehrliche, eingetragene Firmen, die nebenbei ein bißchen schmutziges Geld einnehmen, das sie in der Steuererklärung verheimlichen. Diesen Leuten paßt es ganz gut in den Streifen, daß sie Baglios Anteil für zwei Wochen zinsfrei behalten können und damit anderweitig Löcher stopfen können. Baglio hat dagegen nichts einzuwenden, solange sie für ihn einen ehrlichen Anteil reservieren und mit den Zahlungen nicht in Rückstand geraten.«

Ein schwarzer Cadillac war aus der Einfahrt gekommen und kam nun die schmale Straße hinunter auf sie zu. Sie traten unwillkürlich noch tiefer in den Schatten zurück und ließen den Wagen passieren.

Shirillo sagte: »Baglio hat ungefähr fünfzig Kassierer für die Vorstädte. Sie machen sich jeden zweiten und vierten Montag auf den Weg und treiben die kleinen Beträge aus den Betrieben ein. Ab drei Uhr nachmittags liefern sie es dann hier ab, und das dauert bis zum Abendessen. Montag abends wird es gezählt, zu Bündeln verpackt und in Koffern verstaut, und Dienstag morgens geht es ab in die Stadt.«

»Was geschieht dann damit?«

»Baglio ist Teilhaber einer Bank in der Stadt, einer der ganz großen an der Forbes Avenue. Deffer parkt den Caddy in der

Tiefgarage unter der Bank, während Chaka und einer der Leibwächter mit dem Privatlift des Bankpräsidenten die Koffer ins Präsidentenbüro im sechzehnten Stock bringen. Was dann passiert, weiß ich nicht. Ich nehme an, daß es dann geschickt frisiert und blütenrein wieder in Umlauf gesetzt wird.«

»Hast du schon eine Stelle gefunden, wo wir den Wagen parken können?«

»Ja«, sagte Shirillo. »Sehen wir uns doch einmal um.«

Sie verbrachten den Nachmittag mit langen Streifzügen durch die Wälder entlang der Privatstraße, auf der Suche nach geeigneten Stellen für die Durchführung des Überfalls. Danach fuhren sie in die Stadt zurück, wo Tucker ein Zimmer in einem Hotel des Chatham Centers nahm. In seinem Zimmer besprachen sie am Abend die Details des Plans, ergänzten ihn durch Alternativmöglichkeiten und einigten sich zu beider Zufriedenheit. Der Plan sah gut aus.

Wieder in Manhattan, brauchte Tucker nur zwei Wochen, um Bachman und Harris aufzustöbern und für den Plan zu interessieren. Noch am letzten Sonntag hatten sich die vier in Pittsburgh zusammengesetzt und alle Details bis zur Erschöpfung durchdiskutiert. Am Montag beobachteten sie die Anlieferung des Geldes, trafen sich ein letztes Mal zur Besprechung am Montagabend in Tuckers Hotelzimmer, und das Unternehmen glückte. Erstaunlich gut sogar. Bis auf diese verdammte Blondine im Cadillac. Dieser gottverdammte Cadillac, mit dem sie nicht gerechnet hatten.

Tucker bedauerte den Mißerfolg mehr als den Verlust des Geldes, mehr noch als ein sich abzeichnendes Ende mit Gewalt und Tod. Er war fest entschlossen, die Sache nicht so enden zu lassen.

4

»Baglios Leute sind also vor uns und hinter uns«, sagte Jimmy Shirillo. »Was machen wir nun?« Er ließ den Mustang im Kriechtempo dahinrollen und hätte am liebsten angehalten. Die Zeit anhalten, den Augenblick für die Ewigkeit festhalten, warum nicht? Dann brauchten sie Baglio nicht gegenüberzutreten, und ihnen könnte nichts passieren. Dafür, daß es sein erster größerer Job war, hatte er sich eigentlich recht gut gehalten, besonders angesichts des fast totalen Mißerfolgs, aber er hatte seine Grenzen. Er mußte an seinen Bruder denken, die langen Wochen im Krankenhaus, das Hinken, und er hätte am liebsten auf der Stelle Schluß gemacht.

Tucker zeichnete mit dem Zeigefinger Kreise auf den Schaft der Flinte und überlegte sich eine Antwort auf Jimmys Frage. Er reagierte auf diesen Mißerfolg anders als der junge Shirillo: Sein Einfallsreichtum steigerte sich, seine Entschlossenheit wuchs ins Unermeßliche.

»Ich habe bemerkt, daß von diesem Hauptweg Abzweigungen abgehen«, sagte er. »Wir müssen etwa ein Dutzend passiert haben, seit wir von der Asphaltstraße abgebogen sind.«

Shirillo nickte eifrig. »Das ist mir auch aufgefallen. Sie waren schmaler als dieser Weg, tiefer zerfurcht, völlig überwuchert und absolut unbefahrbar, es sei denn mit einem Landrover.«

»Ich hab damit auch nicht sagen wollen, daß einer dieser Seitenwege einen leichten Ausweg für uns bedeutet«, sagte Tucker geduldig. Jimmys fataler pessimistischer Unterton gefiel ihm nicht, aber er gab dazu keinen Kommentar. Mit Ruhe würde sich Shirillo am ehesten überzeugen lassen; dem Jungen mußte man ein Beispiel geben. »Ich meine, wir müßten es doch wenigstens eine oder zwei Meilen weit schaffen können, ehe wir aussteigen und zu Fuß weiter müssen.«

»Gefällt mir trotzdem nicht«, beharrte Shirillo.

»Baglios Straßensperren gefallen dir besser?«

Shirillo gab keine Antwort.

»Inzwischen wissen sie, daß wir eine Maschinenpistole haben, und werden sich nicht noch einmal überrumpeln lassen.«

Shirillo überlegte einen Moment und sagte dann: »Wieso lassen wir nicht einfach den Wagen hier und schlagen uns in die Wälder und meiden alle bewachten Wege?«

»Weil wir uns nie zurechtfinden würden. Nach zehn Minuten schon hätten wir uns hoffnungslos verirrt. Wir können uns nur an der Asphaltstraße orientieren. Keiner von uns ist ein Waldmensch.«

»Da hat er verdammt recht«, sagte Harris, die Hände um die Thompson gekrampft. Er verbarg seinen Pessimismus hinter einer Maske aus stoischer Gleichgültigkeit, die jedoch weniger überzeugte als Tuckers bewußt zur Schau getragene Fassade. Harris' gedrückte Stimmung beruhte nicht auf Unerfahrenheit – wie bei Shirillo –, sondern auf der zunehmenden Gewißheit, zu lange in diesem Metier tätig gewesen und dem Tag, an dem er seinen Tribut zollen müßte, gefährlich nahe gerückt zu sein. Er dachte an die kurze Zeit, die er einst hinter Gittern verbracht hatte, und er wußte: dieser Weg, auf dem er sich jetzt befand, würde nicht wieder ins Gefängnis führen; diesmal würde es schlimmer kommen, viel schlimmer und weit schmerzhafter. Baglio würde ihn nicht in die Zelle, sondern ins Grab schicken.

»Also gut«, sagte Shirillo resignierend. »Aber *du* triffst die Wahl, okay?«

Nach dreihundert Yards zeigte Tucker auf eine schmale Lücke in der fast geschlossenen Wand aus dicken Fichtenstämmen. »Da, rechts, der Weg müßte in die Richtung des Hauses führen.«

Shirillo bog so vorsichtig in den unkrautüberwucherten Seitenweg ein, als rechne er damit, jeden Augenblick auf eine Mine zu fahren. Der Mustang stöhnte auf, sank in die feuchte Erde unter dem dicken Nadelteppich ein und sprang wie ein Fohlen durch die schlammigen Schlaglöcher. Das Strauchwerk, das von beiden Seiten in den Weg wuchs, teilte sich mit kratzendem Geräusch, aber der Wagen bewegte sich langsam vorwärts.

Schweigend fuhren sie so mehr als anderthalb Meilen, ehe der Mustang plötzlich in einem verschlammten Tümpel steckenblieb und auch durch Tuckers und Harris' kräftiges Schieben nicht weiterzubewegen war.

Shirillo schaltete schließlich den Motor ab und stieg aus. »Den kriegen sie nur noch mit einem Kranwagen hier heraus«, sagte er.

»Also zu Fuß weiter!« sagte Tucker.

Shirillo fühlte sich jetzt tatsächlich besser als noch vor einer Viertelstunde. Er hätte nie geglaubt, daß der Mustang in diesem Gelände es so weit schaffen würde. Daß er so lange durchgehalten hatte, erschien ihm als gutes Omen für einen vielleicht doch noch guten Ausgang.

Tucker übernahm die Führung auf dem überwachsenen Waldpfad, Shirillo folgte, und Harris bildete mit seiner schweren Artillerie den Schluß. Harris trug die Thompson an der Hüfte wie ein Infanterist, der sichernd durch eine feindliche Stellung schreitet. Was im übrigen ungefähr den Tatsachen entsprach.

Obwohl Tuckers Augen den Wald nach Baglios Leuten absuchten, konzentrierten sich seine Gedanken auf das Problem des fehlgeschlagenen Überfalls. Dreizehn Unternehmungen dieser Art hatte er in den vergangenen drei Jahren perfekt abgewickelt, einige von ihnen waren bereits Legende in einschlägigen Kreisen. Verwicklungen hatte es – verständlicherweise – jedesmal gegeben, aber am Ende war immer alles gut gewesen. Mit seinen achtundzwanzig Jahren hatte er es unter Berufskollegen zu einem Ruf gebracht, mit dem sich Clitus Felton einst zur Ruhe gesetzt hatte. Mike Tucker – der absolut Zuverlässige. Der Klang dieses Namens tat seinen Ohren wohl, obschon der Nachname nicht sein wirklicher war. Seit drei Jahren arbeitete er nun schon unter diesem selbstgewählten ›Künstlernamen‹, und er hatte das Gefühl, daß dieser Name – weitere fünf Jahre steten Erfolgs vorausgesetzt – eines Tages seinen wirklichen Namen vergessen machen könnte. Schon jetzt war er mehr darauf bedacht, Tuckers guten Ruf zu bewahren, als sich um Dinge zu kümmern, die mit seinem wirklichen Namen und seiner Familie zu tun hatten. Sein wirklicher Name bedeutete ihm nichts, worauf er stolz sein konnte, gar nichts. Tucker jedoch, das war ein Name, der für Qualität bürgte. Ein verpfuschter Job ... ›Wißt ihr noch, damals; Tuckers erster Fehlschlag, die Sache mit Baglio? Von da an ging's bergab mit ihm ...‹ Nein. Bloß das nicht! Er würde nicht zulassen, daß es bei diesem Fehlschlag blieb, denn damit würde er seinem Vater direkt in die Hände spielen – natürlich nicht Tuckers Vater; seinem wirklichen Vater. Alles in ihm lehnte sich dagegen auf. Er würde niemandem einen Bezugspunkt für den Beginn seines Niedergangs liefern. Er würde sich keine Ruhe gönnen, ehe er nicht diese verdammten Koffer oder drei andere, völlig gleiche, randvoll mit Geld, in seinem Besitz hätte.

Er sah auf die Uhr, während er über den zerfurchten, unbenutzten Waldweg stapfte, und war überrascht, daß es bei allem, was an diesem Morgen geschehen war, erst wenige Minuten nach elf Uhr war. Vieles würde sich ändern lassen – noch heute, vorausgesetzt, daß es ihnen gelänge, unbemerkt von diesem Berg herunterzukommen.

Zehn Minuten nachdem sie den Mustang verlassen hatten, begann der Wald lichter zu werden. Die Bäume waren kleiner, das Unterholz dichter. Tucker widmete jetzt seine ganze Aufmerksamkeit der Landschaft; das Plänemachen konnte warten bis später. Baglios Leute waren nicht in den Wald eingedrungen, aber möglicherweise hatten sie das Gelände umstellt. Ob es ihnen gelingen würde auszubrechen, hing davon ab, wie viele bewaffnete Männer Baglio am Tage eines Geldtransports in seinem Haus stationiert hatte.

Sie gingen jetzt nebeneinander, nicht mehr hintereinander, und näherten sich langsam dem Waldrand, sichernd und vorsichtig, und mehr und mehr wurde ihnen klar, daß sie allein waren. Im dunklen Schatten der letzten Bäume am Waldrand hielten sie an und schauten den langen Abhang hinab. Unter ihnen lag Baglios Villa, ein grellweißer Punkt inmitten der grasgrünen Landschaft.

5

Auf dem Bauch im Gras am Waldrand liegend, beobachteten die drei Männer das Treiben unten vor Baglios Haus. Auf dem langen Fliesenpflaster vor dem Haus hatten zwei Wächter Stellung bezogen. Sie lehnten, der eine links, der andere rechts, an weißen Holzsäulen und behielten die kreisförmige Auffahrt und die Rasenflächen zu beiden Seiten des Gebäudes im Auge. An der Hinterseite des Hauses, von hier oben nicht zu sehen, würden weitere Wächter postiert sein. Abgesehen davon war das Bild, das sich ihnen bot, eher friedlich. In den zahlreichen Fenstern fing sich das helle Sonnenlicht und wurde verstärkt zurückgeworfen, eine Weide ließ traurig und träge die Zweige hängen, irgendwo in der Nähe kreischte ein Vogel.

Tucker setzte den Feldstecher ab und sagte: »Der weiße Thunderbird in der Auffahrt hat Arzt-Schilder.«

»Ein Arzt für Bachman?« fragte Shirillo.

»Höchstwahrscheinlich.«

»Du glaubst also, sie haben ihn aus dem Wrack geborgen?« fragte Harris.

Tucker nickte. »Und daß sie ihn ins nächste Krankenhaus bringen, ist nicht anzunehmen. Da könnte sich jemand dafür interessieren, wo er sich die Verletzungen geholt hat.«

»Glaubst du, er ist schwer verletzt?« fragte Shirillo.

»Auf jeden Fall ist er nicht mit leichten Hautabschürfungen davongekommen.«

Harris dachte an den aufgebockten Chevrolet auf dem ramponierten Cadillac und zog eine bittere Grimasse. »Warum haben sie ihn nicht einfach umgebracht? Wieso machen sie sich noch die Mühe, einen Arzt für ihn zu holen? Dieser Baglio scheint mir, nach allem, was ich von ihm gehört habe, nicht gerade ein Wohltäter der Menschheit zu sein.«

Tucker wischte eine Ameise von seinem Ärmel. »Bachman ist entweder bewußtlos oder vom Schmerz so betäubt, daß er nicht zusammenhängend reden kann. Baglio hat den Arzt geholt, um Bachman so weit hinzubiegen, daß er ein paar gezielte Fragen beantworten kann.«

»Über unseren Plan«, sagte Harris.

»Und über uns«, ergänzte Tucker.

»Bachman wird den Mund halten.«

»Einen Scheißdreck wird er!« sagte Shirillo.

Harris warf ihm einen Blick zu, und sein eckiges Gesicht errötete. »Ich habe ein halbes dutzendmal mit Merle Bachman gearbeitet, und ich garantiere für ihn.«

»Wenn er in den Händen der Polizei wäre, würde ich mir keine Sorgen machen«, sagte Shirillo. »Die nächtlichen Frage-und-Antwort-Spielchen mit den Jungs von der Polizei würde er spielend überstehen, aber Baglios Verhörmethoden hält keiner lange aus. Sie werden ihn wieder zusammenflicken und ihm ein paar Fragen stellen; und dann brechen sie ihm jeden Knochen einzeln, bis er anfängt zu singen. Die sind in der Wahl der Methoden nicht so beschränkt wie die Polizei.«

Tucker setzte den Feldstecher wieder an und richtete ihn auf den Haupteingang des Hauses. Zwei Männer waren herausgekommen und gingen zu dem weißen Thunderbird. Der eine, ein Mann im grauen Straßenanzug, trug eine schwarze Tasche – offenbar der Arzt. Der andere, ein großer, dunkler Typ, machte mit seinen vollen Koteletten und der weißgrauen Mähne einen sehr distinguierten Eindruck. Zwanzig Pfund zuviel an den Hüften, aber ansonsten in guter Kondition – man hätte ihn für einen Kongreßabgeordneten oder einen Ölmagnaten halten können. Tucker nahm an, es könne nur Baglio sein, und Shirillo bestätigte es ihm.

»Was geht da unten vor, Freund?« fragte Harris.

»Sie diskutieren«, sagte Tucker, »aber nicht hitzig. Ich nehme an, der Doktor will Bachman ins Krankenhaus überweisen, was Baglio natürlich nicht paßt. Im Moment weist er den Arzt vermutlich höflich, aber bestimmt darauf hin, daß er die übertrieben hohen Arzthonorare widerspruchslos zahlt, um sich gegebenenfalls einmal über den Rat des Arztes hinwegsetzen zu können.«

Bald darauf stieg der Arzt in den Thunderbird und fuhr ab, während Baglio ihm freundlich hinterher winkte. Dann trat eine dritte Person aus dem Haus und stellte sich neben Baglio: die üppige Blondine, die am Steuer des Cadillac gesessen und Bachman den Fluchtweg abgeschnitten hatte. Sie trug Shorts und ein knappes Oberteil, und alles an ihr strotzte so überreif, daß sie mit dreißig Jahren schon auf dem absteigenden Ast sein würde – in einem Alter, in dem viele Frauen erst zu voller Blüte gelangen. So jedoch, wie sie jetzt dastand, mit ihren zweiundzwanzig oder dreiundzwanzig Jahren, war alles an ihr vollkommen, und sie schien es zu wissen. Tucker sah, wie sie, den Arm um den viel älteren Baglio geschlungen, ins Haus zurückging.

»Kennst du die Frau?« fragte er Shirillo. »Sie hat den Cadillac gefahren.«

»Nein, aber sie wird wohl Baglios neueste Errungenschaft sein.«

»Wohnt im Haus?«

»Das ist bei Baglio so üblich.«

Tucker beobachtete das Haus, obwohl sich unten jetzt nichts mehr tat und die Wächter gelangweilt an den Säulen lehnten.

»Glaubst du, daß sich mit Sicherheit feststellen läßt, wie viele Leute sich nachts in dem Haus aufhalten – außer Baglio und der Frau?«

Shirillo überlegte einen Moment. »Ich könnte mich ja mal vorsichtig umhören, aber so viel kann ich schon jetzt sagen: mindestens vier Leibwächter. Mehr weiß ich auch nicht.«

»Wieso ist das so wichtig?« fragte Harris.

Tucker schnippte erneut eine Ameise von seinem Ärmel. »Weil wir hinein müssen, um Bachman herauszuholen.«

»Bist du wahnsinnig?!« Harris' Gesicht war zur Abwechslung einmal nicht rot, sondern käsiggelb geworden. Jedes Fältchen war deutlich sichtbar, und er konnte sein Alter und die Erschöpfung nicht verbergen. Auch als seine Hand sich auf die Thompson neben ihm im Gras legte, half ihm das nicht viel.

»Hast du einen anderen Vorschlag?«

»Wir trennen uns und verhalten uns für eine Weile still.«

»Sehr gut«, sagte Tucker, nicht ohne Sarkasmus. »Das wäre wirklich das beste, wenn wir es mit der Polizei zu tun hätten. Die Bullen haben ja so verdammt viel Arbeit am Hals, die können sich gar nicht lange um uns kümmern. Zwei Monate ohne neuen Hinweis, und sie legen den Fall zu den Akten und gehen zur Tagesordnung über. Aber diese Leute da, Pete, die haben Zeit, und sie kennen keinen Personalmangel. Baglio sieht mir ganz danach aus, als ob er verdammt nachtragend sein könnte. Er wird unsere oder Feltons Namen aus Bachman herauspumpen und Felton so lange in die Mangel nehmen, bis er weiß, wo wir zu finden sind.«

»Wann gehen wir hinein?« fragte Shirillo. »Heute nacht?«

»Morgen nacht, denke ich.«

»Ihr seid beide komplett verrückt!« sagte Harris. »Bis dahin hat Bachman längst gesungen.«

»Vielleicht auch nicht«, sagte Tucker. »So wie der Arzt auf Baglio eingeredet hat, ist Bachmans augenblicklicher Zustand sicher sehr schlecht. Wahrscheinlich steckt er bis zum Haaransatz unter Betäubungsmitteln, und das wird auch bis morgen früh so bleiben. Selbst wenn er dann das Bewußtsein wiedererlangt, wird in einem Verhör nicht viel mit ihm anzufangen sein. Besonders nicht mit Baglios Verhörmethoden. Was nützt es denn, einem Mann mit Folter zu drohen, wenn er schon so vor Schmerz nicht geradeaus denken kann?«

»Und wenn es ihn nun gar nicht so schlimm erwischt hat, wie du glaubst?« sagte Harris. »Was ist, wenn wir hinkommen und feststellen, daß Bachman längst geredet hat, daß er tot ist und nur noch darauf wartet, im Wald verscharrt zu werden?«

»Dann stehen die Aktien für uns auch nicht schlechter, als wenn wir jetzt einfach abziehen. So oder so wird Baglio dann hinter uns her sein.«

»Tucker hat recht«, sagte Jimmy Shirillo.

Harris schüttelte den massigen Kopf, sein Gesicht hatte wieder etwas Farbe. »Ich weiß nicht. Ich bin für gesunden Menschenverstand bei der Arbeit. Wenn es einen erwischt, bitte, das ist eben Pech. Wir alle gehen dasselbe Risiko ein.«

»Solange die Polizei im Spiel ist, ja«, sagte Tucker. »Wenn Bachman der Polizei in die Hände gefallen wäre, würde ich jetzt einfach aufgeben.« Das stimmte nicht ganz, denn da war immerhin noch das Geld, das sie nicht bekommen hatten, der Fehlschlag, den er unbedingt ausradieren mußte. »Weil ich weiß, daß er keinen von uns verpfeifen würde. Aber dies ist nicht die Polizei, Pete. Bei diesen Leuten muß man alle alten Regeln über Bord werfen und sich den neuen Gegebenheiten anpassen.«

Harris schaute noch immer skeptisch zum Haus hinunter. »Wie kommen wir hinein?«

»Ich habe mir da schon ein paar Ideen zurechtgelegt.« Tucker tippte an seine Schläfe. »Aber ich möchte mich noch nicht darüber auslassen, ehe ich alles bis zu Ende durchdacht habe.« Er stand auf und wischte seine Kleidung sauber. »Im Moment müssen wir erst einmal von diesem verdammten Berg herunter, ehe sie die Suche wieder zur Straße hin verlagern.«

»Und unten an der Hauptstraße stellen wir uns einfach hin und versuchen per Anhalter in die Stadt zu kommen, Freund?« fragte Harris. »Du mit der Flinte und ich mit der Thompson unter dem Arm?«

»Wir können immer noch Shirillos Corvette benutzen, wie

geplant. Nur müssen eben drei Mann statt zwei darin Platz finden. Der Wagen steht auf dem Rastplatz, etwa eine knappe Meile von Baglios Privatstraße entfernt. Shirillo kann in östlicher Richtung bis zur nächsten Ausfahrt fahren, dann kommt er nach Westen zurück, fährt an uns vorbei bis zur nächsten Ausfahrt, dort kehrt er wieder um und lädt uns an der vorgesehenen Stelle ein.«

»Das müßte möglich sein«, sagte Shirillo. »Die Ausfahrten liegen hier, so nahe bei der Stadt, noch sehr nahe beieinander.«

»Hoffentlich hast du recht, Freund«, sagte Harris.

Dieses ›Freund‹, das Harris immer häufiger an seine Sätze anhängte, bereitete Tucker Sorgen. Pete Harris war nicht neu im Geschäft, und seine Nervosität war viel gefährlicher als die des unerfahrenen Neulings Shirillo, weil die Wurzeln tiefer reichten. Tucker wußte aus Erfahrung, daß Harris, wenn er aus dem Gleis geraten war, seinen Gesprächsbeiträgen mit diesem seltsamen Anhängsel Nachdruck zu verleihen pflegte. Daß er jetzt schon so aufgeregt war, wo noch kaum was passiert war, war kein gutes Zeichen.

»Also los, auf mit den müden Ärschen!« sagte Tucker. »Ich habe noch eine Menge Vorbereitungen zu treffen.«

6

Der Koffer, in dem Harris die Maschinenpistole in ihrer weniger auffälligen, zerlegten Form zu tragen pflegte, befand sich in Shirillos Corvette. Laut Plan hätten – nach gelungenem Überfall – Shirillo und Harris aus dem gestohlenen Dodge in den Sportwagen umsteigen und mit ihm in die Stadt zurückfahren sollen, während Tucker den großen Wagen in einer stillen Wohnstraße abstellen sollte, wo er möglicherweise ein paar Tage lang unbemerkt geblieben wäre. Nun saßen sie zu dritt in dem niedrigen Sportwagen, Shirillo und Harris vorn auf den Sitzen, Tucker seitlich kauernd in dem engen Ablageraum hinter ihnen. Harris zerlegte die Waffe und paßte die Einzelteile in die auf dem Kofferboden fest angeleimten Schaumstoffpolster;

seine Ellbogen waren eine zusätzliche Belästigung für die beiden anderen. Harris brauchte dreimal so lange wie gewöhnlich für die Arbeit, aber wenigstens beruhigte sie ihn. Als er fertig war, streichelte er den Koffer und drehte sich lächelnd zu Tucker um. »Herrliches Werkzeug, findest du nicht?«

»Herrlich«, bestätigte Tucker. »Ich kann durchaus verstehen, daß du nie geheiratet und Kinder bekommen hast.«

Harris, ohne Antenne für den beißenden Spott, nahm es als Kompliment für die Waffe.

Sie setzten Harris vor seinem Hotel ab, nicht ohne ihm das Versprechen abzunehmen, sich still zu verhalten und vom nächsten Morgen ab in seinem Zimmer auf Tuckers Anruf zu warten.

»Ich kann mir immer noch nicht vorstellen, wie wir in das Haus hineinkommen wollen«, sagte er.

»Verlaß dich auf mich!« sagte Tucker.

Harris warf die Tür zu und ging mit seinem Koffer voll Maschinenpistolenteilen ab, als ob es nur Hemden und Unterwäsche wären.

Als Tucker vor seinem Hotel im Chatham Center ausstieg, ließ er seine Flinte bei Shirillo, sagte, er würde ihn anrufen, und schickte ihn nach Hause. Er ging auf sein Zimmer, duschte, zog sich an, packte seinen Koffer und bezahlte seine Rechnung. Aus der Hotelhalle rief er den Flughafen an, buchte einen Platz für den nächsten Flug nach New York, nahm ein Taxi und verließ die Stadt.

Um sechzehn Uhr sechsunddreißig landete er in Kennedy International, keineswegs glücklich, wieder zu Hause zu sein, denn er kehrte ja mit einem zeitweiligen Mißerfolg zurück.

In der Haupthalle des Flughafens begab er sich samt seinem Koffer in eine Telefonzelle und zog die Tür hinter sich zu. Er wählte die Nummer der Bank, die seit eh und je das Privatvermögen seiner Familie betreute, in der vagen Hoffnung, den Präsidenten der Bank noch im Büro anzutreffen. Der Präsident saß noch an seinem Schreibtisch. Tucker leckte sich die trockenen Lippen, schluckte und gab sich zu erkennen – allerdings nicht unter dem Namen Tucker. Er hatte lange gezweifelt, ob er das tun sollte, sah schließlich aber keine andere Möglichkeit.

»Michael! Was kann ich für Sie tun?« fragte Mr. Mellio. Er

gab sich warm, aufrichtig und besorgt. Alles Quatsch. In Wahrheit war er ein eiskalter Halunke, der völlig im Schlepptau des Alten segelte. Wenn er in wenigen Minuten den Hörer auflegen würde, würde er unverzüglich Tuckers Vater anrufen und wortwörtlich berichten, was sie besprochen hatten. Wer über Einlagen in einer Höhe wie der Alte verfügt, der kann verlangen, daß ein Bankier auch einmal die Schweigepflicht verletzt und gewisse Extraleistungen erbringt.

»Wie lange werden Sie heute nachmittag noch im Büro sein, Mr. Mellio?«

»Ich wollte eben gehen.«

»Um wieviel Uhr können Sie morgen frühestens da sein?«

»Um viertel nach acht?«

»Würden Sie mich dann empfangen?«

»Worum handelt es sich, Michael?«

»Ich möchte einen Kredit gegen meine Erbschaft aufnehmen.« Es war ein ganz simpler Satz, aber er ging ihm nur schwer von den Lippen. Sein Vater würde sich freuen, wenn Mellio ihm davon Bericht erstattete; Tuckers finanzielle Bedrängnis – die erste in mehr als drei Jahren – würde das Herz des Alten höher schlagen lassen.

»Kredit?« fragte Mellio – ein Banker, der dieses Wort anscheinend zum erstenmal hörte. »Michael, muß ich Sie daran erinnern, daß es nur einer einzigen Unterschrift von Ihnen bedarf, um die aufgelaufenen Zuwendungen aus dem Treuhandvermögen abheben zu können, und ...«

»Daran brauchen Sie mich nicht zu erinnern«, sagte Tucker scharf. »Kann ich morgen früh um Viertel nach acht wegen einer Anleihe bei Ihnen vorsprechen?«

»Selbstverständlich. Ich werde dem Sicherheitspersonal Anweisung geben, Sie vorzulassen.«

»Vielen Dank, Mr. Mellio.« Tucker hängte ein. Der Schweiß stand ihm auf der Stirn, obwohl ihm innerlich kalt war. Er wischte sich mit einem Papiertaschentuch über die Stirn und verließ die Telefonkabine, um draußen ein Taxi zu rufen.

Park Avenue in den achtziger Nummern. Tucker bewohnte hier ein Neun-Zimmer-Apartment komplett mit eigener Sauna; sein Vater wunderte sich immer wieder, wie er es fertigbrachte, es zu unterhalten. Der Portier grüßte ihn lächelnd mit Namen und reichte ihn an seinen Kollegen im Foyer weiter, der sich angelegentlich nach dem Erfolg seiner Geschäftsreise erkundigte.

»Danke, nicht schlecht«, antwortete Tucker, aber die Worte schmeckten bitter.

Schon beim Betreten seiner Wohnung im zehnten Stock wußte er, daß Elise zu Hause war: die Stereoanlage brachte Rimski-Korsakow, interpretiert von Eugene Ormandys Philadelphia-Orchester – ihr Lieblingskomponist und ihr Lieblingsorchester. Er bezwang den Drang, sie sofort aufzusuchen, und widmete sich zunächst wichtigeren Dingen. Im Wohnzimmer legte er die Brieftasche mit den Tucker-Papieren in den Wandsafe und steckte seine eigene Brieftasche in das Jackett. Er schloß die Safetür und wirbelte das Kombinationsschloß herum. *Dann* machte er sich auf die Suche nach Elise.

Auf dem Weg durch die Haupthalle blieb er vor dem Fragment eines Edo-Schildes – frühes fünftes Jahrhundert – stehen. Es war erst seit zwei Monaten in seinem Besitz, aber es schien bereits untrennbar mit der Wohnung verbunden. Er und Elise hatten Stunden damit zugebracht, den richtigen Platz für den Schild zu finden, und er hatte sich gar noch mehr Zeit genommen, ihn gründlich zu untersuchen, und die Untersuchung hatte nur ein einziges Bedauern zurückgelassen: leider hatte nur eine Hälfte des getriebenen Kupferschildes die Zeiten überlebt. Andererseits: hätte der Schild die Jahrhunderte völlig intakt überstanden, so wäre er für ihn unerschwinglich gewesen. In seinem jetzigen Zustand hatte er ihn knapp unter vierzigtausend Dollar gekostet, und seiner Meinung nach war das Geld gut angelegt. Der ovale Schild aus meisterlich bearbeitetem Kupfer mit Silberornamenten und Elfenbeinintarsien war das Produkt einer Nation afrikanischer Träumer, die am Ostufer des Niger gelebt hatten und kunstvolle Schilde zu entwerfen wußten, aber selten Krieg führten, und es war ein Stück von ausgesuchter Schönheit.

Außerdem trug der Erwerb dieses Stückes dazu bei, seinen Deckmantel als Händler in primitiver Kunst glaubhafter zu machen. Elise akzeptierte diese Fassade, ohne zu fragen, und selbst sein Vater fand nichts, um sie zu erschüttern. Der Kunsthandel war zwar wenig einträglich für ihn, aber seine Geschäftsbücher waren eine Privatsache zwischen ihm und den Steuerbehörden, und die Schnüffler seines Vaters fanden kaum stichhaltige Anhaltspunkte für seinen Umsatz.

Er hatte sich in die Betrachtung des Schildes versenkt, um ein wenig von dem Frieden, der von ihm ausging, in sich aufzunehmen und um seine Schönheit zu bewundern. Nun, da er die schärfere Gangart, die sein zweites Ich, Tucker, von ihm verlangte, abgestreift hatte, fühlte er sich in der richtigen Verfassung, Elise gegenüberzutreten.

Sie saß in einem schwarzen Ledersessel im gemütlichen Zimmer, ein Glas auf dem Tisch neben ihr, ein offenes Buch auf dem Schoß. Auch der bequeme, zu große alte Hausmantel konnte ihr nichts von ihrer sinnlichen Ausstrahlung nehmen. Sie war groß, mit ihren eins siebzig nur wenig kleiner als Tucker, vollkommen gewachsen, mit hohen, runden Brüsten, schmaler Taille, schlanken, aber keineswegs knabenhaften Hüften und Beinen, die nicht enden wollten. Ihre Erfolge beim Film verdankte sie jedoch ihrem Gesicht, nicht dem Körper darunter. Sie war naturblond, hatte grüne Augen und einen makellosen Teint. Merkwürdigerweise war sie für zwei Arten von Fernsehwerbespots gefragt: solche, die nach einem verführerischen Sexy-Girl verlangten, das den Männern Zigarren, Bier und Sportwagen nahebringen sollte, und solche, für die man eine reizende, aber unschuldige Naive benötigte, um Kosmetika, Limonade, Kindermoden und Haarpflegemittel zu verkaufen. Ein anderes Make-up, eine andere Frisur, und sie konnte, bei ihren eindrucksvollen schauspielerischen Fähigkeiten, in einer einzigen Sitzung zwei verschiedene Altersstufen und Temperamente glaubhaft darstellen.

Tucker küßte sie und spürte die Veränderung, die in ihm vorging, als sie ihn wiederküßte.

»Wie war's?« fragte sie, als er an die Bar ging, um sich einen Drink zu machen.

»Es ist noch nicht abgeschlossen. Ich muß morgen noch einmal hin.«

»Für lange?«

»Nur für ein paar Tage.«

»War etwas nicht in Ordnung mit den Glocken?« fragte sie.

»Es ist noch nicht geklärt, aus welchem Jahrhundert sie stammen – letzte Hälfte des fünften oder frühes sechstes Jahrhundert. Ich halte sie für jünger als der Verkäufer behauptet, und ich möchte sie von Heineken in Chikago prüfen lassen. Er wird notfalls einen Karbontest machen, wenn's sein muß.«

Die Lügen gingen ihm so flüssig von den Lippen, obwohl er sie nur ungern belog. Er hatte ihr gesagt, er müsse in Denver über den Ankauf von javanischen Tempelglocken verhandeln, und dann war er nach Pittsburgh gefahren, um sich mit Bachman, Harris und Shirillo zu treffen.

In jeder anderen Hinsicht waren ihre Beziehungen absolut ehrlich. Beide kamen und gingen, wie es ihnen gefiel; es herrschte keine falsche Eifersucht zwischen ihnen, keine Lügen, kein Betrug, alles war klar. Sie gab ihm jeden Monat einen Scheck, um ihren Anteil an der Miete und den anderen Rechnungen zu bezahlen, und als er die ersten beiden uneingelöst gelassen hatte, hatte sie ihm klipp und klar gesagt, daß es ohne gemeinsame Verantwortung keine anderen Gemeinsamkeiten geben könne. Die gegenseitige Achtung und das Vertrauen, das sie füreinander hegten, hatte Tucker noch nirgendwo anders gefunden – und doch mußte er sie belügen, wenn es um die wahre Natur seiner Geschäfte ging. Nicht, weil er ihr mißtraute, sondern weil er sie nicht in etwas verwickeln wollte, das ihr die Gerichte möglicherweise einmal als Mittäterschaft oder Mitwisserschaft auslegen konnten.

Davon abgesehen, war es für sie beide nicht *die* große Liebe gewesen, sondern eher so etwas wie eine herzliche Zuneigung. Und wenn es damit einmal ein Ende haben sollte – falls überhaupt –, so würde er sich viel wohler fühlen bei dem Gedanken, daß sie von seiner kriminellen Tätigkeit keine Ahnung gehabt hatte.

Er setzte sich vor ihren Sessel auf den dicken Berberteppich, küßte ihre Knie und widmete sich dann zunächst seinem Drink. »Und was macht die Werbebranche?« erkundigte er sich.

»Ich habe ein neues Angebot bekommen«, grinste sie. »Das rätst du nie, was ich diesmal verkaufen soll.«

»Was denn, *dafür* darf neuerdings auch schon im Fernsehen geworben werden?«

»Schmutzfink!« sagte sie.

»Tut mir leid. Was sollst du denn verkaufen?«

»Mixed Pickles.«

»Mixed Pickles?«

»Peter Piper Pickles«, gluckste sie. »Und ich dachte immer, Pickles gehören zu den ... wie nennt man diese Dinge noch?«

»Familienartikel«, sagte sie.

»Genau. Und du hast immer gesagt, daß du für die Werbung für Familienartikel nicht in Frage kommst, selbst wenn du den vor Aufregung atemlosen Teenager spielst.«

»Diesmal haben sie sich eben eine ganz neue Methode einfallen lassen.«

»Wer – sie?«

»Marcus, Marcus, Pliney & Plunket«, sagte sie.

Für Tuckers Ohren klang der Name dieser Werbeagentur immer wie der erste Vers eines Kinderabzählreims.

»Und welche Methode?«

»Fellatio.«

Fast hätte Tucker den Schluck guten Scotch herausgeprustet. Als er ihn schließlich doch noch herunterschlucken konnte, sagte er hustend: »Wie bitte?«

»Plunket hat mal wieder eine seiner genialen Eingebungen gehabt. Mein Agent hat mir schon früher einmal einen Job für Plunket beschafft, jedesmal für ganz verrückte Dinge. Plunket hat dem Peter-Piper-Pickles-Produzenten eine völlig neue Verkaufsmasche für sein Produkt eingeredet – Sex, sagt er, ist ›in‹, egal ob Familienartikel oder nicht.«

»Wie er das begründet, würde mich interessieren.«

»Plunket ist der Meinung, daß nach dem Erwachen des weiblichen Bewußtseins die modernen Hausfrauen immer unzufriedener mit ihren Männern als Bettpartner geworden sind und daß der Sex ihre Gedanken, bewußt oder unbewußt, immer mehr beherrscht. Für diese These kann er Umfragen, soziologische Studien und tonnenweise anderes Material als Beleg anführen. Er hat den Pickles-Produzenten völlig auf seiner Seite. Naheinstellung; Großaufnahme des Gesichts einer Sexbombe, wie sie langsam eine köstliche Peter-Piper-Gurke verzehrt, dazu das übliche Blabla des unsichtbaren Sprechers, das kann gar nicht schiefgehen, meint er. Eine Gurke ist ein ausgesprochenes Phallussymbol, weißt du!«

»Ist mir nie aufgefallen.«

»Ist es aber.«

»Und du meinst, die normale Durchschnittshausfrau wird euch auf den Leim gehen?«

Sie zuckte die Achseln. »Die Werbung kommt zunächst nur begrenzt zum Einsatz, nur ein einziger Spot und nur in ausgewählten Testregionen. Erst wenn sich der Erfolg abzeichnet, soll es im ganzen Land gezeigt werden. Ich bekomme also diesmal keine Tantiemen, aber doch ein ganz hübsches einmaliges Honorar für einen einzigen Tag Arbeit.«

Die Tantiemen brachten ihr regelmäßig jede Woche zwischen tausend und zweitausend Dollar ein, so bekannt und beliebt war sie als Werbefigur. Und ihre Einkünfte verdoppelten sich, wenn in einer bestimmten Woche wieder einmal ein Honorar fällig war. Tucker hatte manchmal das Gefühl, daß er seine Verbrecherlaufbahn aufgeben und statt dessen lieber Zahnpasta verhökern sollte.

Er trank sein Glas aus, stand auf und stellte das Glas auf den Tisch. Dann sah er sie an und sagte:

»Hast du Lust zu üben?«

»Üben – was denn?«

»Den Werbespot mit der Gurke, was denn sonst?«

Später, viel später, nachdem sie dies und anderes mehrfach geübt, nachdem sie gut gegessen und erneut geübt hatten und in dem großen Bett zusammen eingeschlafen waren, wachte Tucker mit wild klopfendem Herzen auf. Ein Alptraum, an den er sich nicht mehr erinnern konnte, hatte ihn aufgeweckt, und er streckte die Hand aus und berührte Elises nacktes Hinterteil. Er konzentrierte sich so lange, bis er ihre Umrisse unter den Laken erkennen konnte. Und als ihm endlich klar wurde, daß er nicht allein war, klopfte sein Herz wieder langsamer, sein trockener Mund befeuchtete sich, und die Angst wich. Und dann konnte er sich auch wieder erinnern, worum es in seinem Alptraum gegangen war: um seinen Vater.

7

Selbst für den Präsidenten einer Bank an der Fifth Avenue war das Büro von Mr. Mellio zu überladen: zu viel Teak in der Wandtäfelung, zu viel Teppich auf dem Boden, zu viel Luxus im Mobiliar. Das Bild hinter seinem Schreibtisch war unverkennbar ein echter Klee, und selbst wenn man berücksichtigte, daß es sich wahrscheinlich um eine Leihgabe aus der von der Bank unterstützten Kunstsammlung handelte und nicht eigens für Mr. Mellio erworben worden war, hatte man das Gefühl, daß diese Leute mit dem Geld anderer Leute nicht sehr vorsichtig umgingen, es, im Gegenteil, zur persönlichen Verherrlichung, für Pomp und unnötigen Luxus zum Fenster hinauswarfen.

Mr. Mellio selbst jedoch widersprach diesem Eindruck so gründlich, daß man den Reichtum des Raumes fast völlig vergessen konnte und bereute, auch nur einen Gedanken an das Schicksal seines Geldes verschwendet zu haben. Er strahlte Vertrauen und Tüchtigkeit aus. Er war groß und breitschultrig, und man hätte sich ihn sehr gut in einem frühen John-Wayne-Film vorstellen können, als einen dieser stummen Cowboys, die mit grimmig-entschlossenem Gesicht im Namen von Gesetz und Ehre hinter dem Hauptdarsteller postiert sind. Er mochte etwa fünfzig Jahre alt sein, und sein Haar war mehr weiß als braun, voll und über die Ohren gekämmt, aber keineswegs nach der Tagesmode. Er schob sein kantiges Kinn vor und bot Tucker die Hand zu einem genau in der Mitte zwischen Watte und Schraubstock liegenden Händedruck. Alles an ihm schien geplant; man hätte meinen können, daß er keinen Atemzug tat, ohne die Notwendigkeit zuvor gründlich erwogen zu haben. Bei allem Prunk des Raumes, in dem er arbeitete, Geld würde bei einem solchen Mann so gut aufgehoben sein wie die Eucharistie in den Händen des Priesters.

»Wie geht es Ihnen denn?« fragte Mr. Mellio, während er sich hinter seinem gewaltigen, sauber aufgeräumten Schreibtisch niederließ. »Wir haben uns lange nicht gesehen – lassen Sie mich nachdenken ...«

»Achteinhalb Monate«, sagte Tucker. »Seit ich Sie und meinen Vater das letztemal vor Gericht gesprochen habe.«

Mr. Mellio verzog das Gesicht, lächelte durch seine Zahnkronen und sagte: »Ja, natürlich. Ein unglückseliger Nachmittag.«

»Für mich«, pflichtete Tucker ihm bei.

»Für uns alle, besonders für Ihren Vater«, sagte Mellio. »Wissen Sie, Michael, er grämt sich sehr über diese Auseinandersetzung mit Ihnen. Er empfindet es als äußerst schmerzlich …«

»Mein Vater hat sich noch nie über irgend etwas gegrämt, Mr. Mellio, am wenigsten über seinen Sohn.« Er bemühte sich, es ohne Erregung zu sagen, ruhig und sachlich, so als ob er eine Stelle aus einem Buch ablese, eine unbestreitbare Tatsache. Und er glaubte, es war ihm gelungen.

»Ihr Vater ist sehr besorgt um Sie, Michael, mehr, als Sie es …«

Tucker hob abwehrend die Hand. »Wenn er sich wirklich so sehr um mich sorgt, warum überschreibt er mir dann nicht meine Erbschaft? Es würde mir manches sehr erleichtern.«

Mr. Mellio machte ein betrübtes Gesicht, wie ein liebender Vater, der seinem Kind eine unangenehme Lehre erteilen muß. Er lehnte sich in seinen Stuhl zurück und gab den Blick auf den Klee hinter sich frei. »Im Testament Ihrer Mutter wurde ausdrücklich festgelegt, daß Ihr Vater Ihr Vermögensverwalter bleiben soll, und zwar bis zu dem Zeitpunkt, da Sie über die notwendige Reife verfügen, es in eigene Regie zu übernehmen.«

»Bis zu dem Zeitpunkt, da ich nach seiner Meinung über diese Reife verfüge«, korrigierte Tucker. »Dieses Zugeständnis hat er meiner Mutter auf dem Sterbebett entlockt, zwei Wochen später starb sie.«

»Sie behaupten also, daß Ihr Vater versucht hätte, Ihr Erbteil in seine Kontrolle zu bekommen, um sein eigenes Vermögen zu vergrößern. Das ist angesichts seines beträchtlichen Reichtums einfach absurd.«

»Ich behaupte nichts dergleichen. Er hat mein Erbteil in seine Kontrolle gebracht, um damit *mich* in seine Kontrolle zu bringen. Aber das ist ihm mißlungen.«

»Michael …«, Mellio lehnte sich vor, stützte beide Ellbogen auf den Tisch, nahm das Kinn in die Hände, versuchte sich das Aussehen einer guten Fee zu geben, aber der Versuch mißlang kläglich. »Sie könnten zu Ihrem Vater gehen. Sie könnten sich mit ihm aussöhnen. Ich bin überzeugt, daß er Ihnen Ihr Vermögen aushändigen wird, wenn Sie versuchen, die Dinge zwischen Ihnen und ihm zu bereinigen.«

»Kein Gedanke! Vielleicht, wenn ich acht oder zehn Jahre lang treu und brav nach seiner Pfeife tanze. Aber ich habe nicht die Absicht, so viel Zeit für einen korrupten, selbstsüchtigen alten Mann zu vergeuden.«

»Michael, er ist immerhin Ihr Vater!«

Tucker lehnte sich nun mit leicht gerötetem Gesicht ebenfalls vor. »Mr. Mellio, als Kind habe ich meinen Vater im Durchschnitt zweimal in der Woche zu Gesicht bekommen, jedesmal für eine Stunde. Einmal, wenn ich sonntags zusammen mit den Erwachsenen essen durfte, das andere Mal Mittwoch abends, wenn er die Unterrichtsergebnisse der vorangegangenen Woche aus mir herausquetschte. Ich lernte damals Französisch und Deutsch, noch ehe ich schulpflichtig war, und zwar bei einer Gouvernante, die gleichzeitig als meine Hauslehrerin fungierte, und mein Vater wollte sich vergewissern, ob das Geld, daß er dafür ausgab, auch gut angelegt war. Achtzehn Monate lang, ich war damals zwölf, dreizehn Jahre alt, sah ich meinen Vater überhaupt nicht, weil er seine Geschäfte in Europa ausbaute. Meine höhere Schulbildung genoß ich in einem Internat, das noch weiter von zu Hause entfernt war als meine erste Militärakademie. Meinen Vater sah ich für etwa zwei Stunden zu Weihnachten. Und als ich dann aufs College kam, blieb ich absichtlich von zu Hause fort. Das also ist mein Vater. Herrgott, Mr. Mellio, ich kenne den Mann ja gar nicht!«

Mellio sagte nichts.

»Mir ist schon sehr früh klargeworden, daß ich keinesfalls so werden wollte wie mein Vater. Wenn Geld besitzen bedeutet, daß man es sein Leben lang hüten muß und keine Zeit findet, das Leben zu genießen, dann mußte ich eben darauf verzichten.« Er lehnte sich wieder zurück, und seine Stimme nahm einen sanfteren Ton an. »Für mich ist Geld etwas, das man ausgibt. Und als der Alte das merkte, war er entsetzt. Und als ihm klarwurde, daß ich unbelehrbar und allem guten Zureden unzugänglich war, entschloß er sich, diese Klausel in das Testament meiner Mutter aufnehmen zu lassen. Er wollte aus mir einen Reichsgründer machen, wie er selbst einer ist. Aber das Leben ist zu kurz, um es in lauter Aufsichtsratsitzungen zu vergeuden.«

»Wer Geld ausgeben will, muß erst Geld verdienen«, tönte Mr. Mellio, als ob er die Sentenz von einer emaillierten Tafel ablese. »Wie schnell ist ein Vermögen zerronnen, Michael? Selbst eines von der Größe Ihrer Erbschaft – oder gar von der Größe, wie Ihr Vater es besitzt.«

»Meine Mutter hat mir drei Millionen Dollar hinterlassen, plus-minus ein paar Tausend an Kleingeld. Selbst wenn man das für lumpige sechs Prozent in steuerfreie Anleihen investiert, bringt es einhundertundachtzigtausend pro Jahr. Davon könnte ich herrlich leben.«

»Das eben bezweifelt Ihr Vater. Er ist der Meinung, daß Sie auch das Kapital angreifen würden.«

»Das kümmert meinen Vater einen Dreck«, sagte Tucker. »Er will mich eben nur in der Hand haben, um aus mir einen zweiten Konzernherrn zu machen. Irgendwann, in der nächsten Instanz oder in der übernächsten, wird mir das ein Richter bestätigen. Oder glauben Sie, daß er weiterhin jeden Richter, der mit unserem Streit befaßt ist, bestechen kann? Irgendwann wird es einen geben, der ehrlich ist, besonders wir demnächst vor die höheren Instanzen kommen.«

Mellio vertauschte die Rolle der guten Fee gegen die des schockierten Bankers, der sich unverantwortlichen Anschuldigungen ausgesetzt sieht. Die Rolle lag ihm noch weniger als die vorige, er spielte sie so wenig überzeugend, wie Elise die Rolle einer schlampigen, überarbeiteten Hausfrau in einem Fernsehspot hätte gestalten können. »Sie wollen doch nicht etwa allen Ernstes behaupten, daß …«

Tucker fiel ihm ins Wort: »Können wir jetzt, bitte, zur Sache kommen?«

Mellio bewegte seine Lippen wie einer, der nach Luft schnappt. Schließlich ließ er den Mund zuklappen und ordnete seine Gedanken. »Michael«, sagte er dann, »unsere Bank führt ein separates Konto über die monatlichen Zuwendungen aus Ihrem Treuhandvermögen. Sie haben diese Zuwendungen seit über drei Jahren nicht in Anspruch genommen. Ich schätze, daß inzwischen siebenunddreißig dieser monatlichen Zahlungen auf dem Konto eingegangen sind, jede in Höhe von zehntausend Dollar. Ich verstehe nicht, warum Sie einen Kredit aufnehmen wollen, wo Sie doch jederzeit über diese Gelder verfügen können.«

»Bitte, Mr. Mellio, räumen Sie mir doch ein ganz bescheidenes Maß an Intelligenz ein«, sagte Tucker. Es klang müde, und er war müde. Diese Wortfechterei lag ihm absolut nicht, und außerdem war er völlig aus der Übung. Ihm ging es darum, so schnell wie möglich mit Mellio, der Bank und der ganzen Stadt fertig zu werden und sich dem dringlichsten seiner Probleme zu widmen – der Befreiung von Merle Bachman aus Baglios Gewahrsam auf dem Berg, und das, noch bevor man die Namen seiner Komplicen aus Bachman herauspreßte. »Ich weiß selbstverständlich, daß mein Vater die Auszahlung dieser monatlichen Zuwendungen in die Wege geleitet hat, und ich bin mir durchaus bewußt, was ich verliere, wenn ich die damit verknüpften Bedingungen akzeptiere. Ich habe einen guten Anwalt. Mit ihm habe ich mich über dies alles – und über Sie alle – ausführlich unterhalten.«

Mellio versuchte es noch einmal mit einem schockierten Gesicht, ebensowenig überzeugend wie vorher. Dann wurde er sehr geschäftlich. »Okay, wenn Sie die Verzichterklärung unterschreiben, um an die monatlichen Zuwendungen heranzukommen, würden Sie damit akzeptieren, daß Ihr Vater Ihr Erbteil verwaltet. Aber was ändert das, Michael? Es ist nichts weiter als eine Formalität. Ihr Vater verwaltet Ihr Vermögen auch so – kraft des Testaments Ihrer Mutter.«

Tucker sah mit einem Seufzer auf seine Uhr: Viertel vor neun. Der Klee wurde immer anstrengender für seine Augen, und die dunkle Teaktäfelung rückte drohend immer näher. »Meine Unterschrift für die monatlichen Zuwendungen würde mir jedes Recht nehmen, den Prozeß, der nunmehr beim Bundesgericht angelangt ist, weiterzuführen. Und ich würde mich solange ich lebe – oder doch zumindest solange mein Vater lebt – in die Rolle eines Minderjährigen abdrängen lassen.«

»Aber Sie haben selbst gesagt, daß Geld Ihnen nur etwas bedeutet, wenn Sie es ausgeben können«, argumentierte Mellio ruhig. »Auf diese Weise hätten Sie immerhin diesen hübschen Monatsscheck.«

»Ich habe gesagt, daß ich mit hundertachtzigtausend im Jahr zurechtkäme, mit hundertzwanzigtausend ist das völlig ausgeschlossen. Wenn ich eines von meinem Vater übernommen habe, dann ist es mein teurer Geschmack.«

»Die Zuwendungen ließen sich selbstverständlich erhöhen«, sagte Mellio.

Tucker schüttelte den Kopf. »Darum geht es mir gar nicht. Wenn ich erst die Verzichtserklärung unterschrieben hätte und keinen Ansatzpunkt mehr gegen meinen Vater besäße, würde er mich stärker unter Kontrolle haben, als mir lieb sein kann. Er könnte meine Zuwendungen sogar kürzen oder streichen, bis ich mich ihm unterwerfe und in seine Fußstapfen trete.«

»Das würde er nicht tun«, sagte Mellio.

»Da sind Sie ganz schön auf dem Holzweg«, sagte Tucker höflich lächelnd.

»Sie hassen ihn wohl sehr.«

»Nicht nur das; ich verabscheue ihn.«

»Aber warum?«

»Ich habe meine Gründe.«

Er dachte vor allem an die Frauen, die sich sein Vater gehalten hatte, eine Kette von Mätressen, die er grausamerweise seiner Frau nicht einmal verheimlicht hatte. Im Gegenteil, es schien ihm ein seltsames Vergnügen zu bereiten, mit seinen Ehebrüchen vor ihr zu prahlen. Wenn Mutter nur ein kleines Stück von Elise gehabt hätte, weniger altmodische Ansichten, dafür mehr modernes Feuer, dann hätte sie sich gegen den Alten aufgelehnt; sie hätte ihn verlassen. Statt dessen war sie bei ihm geblieben, unfähig, sich selbst einzugestehen, daß ihr Leben verpfuscht war. Dann der Krebs, das langsame Dahinsiechen im Krankenhaus, und der alte Herr war zu beschäftigt gewesen, sie öfter als eine Stunde in der Woche zu besuchen, und die ganze Zeit hatte sie gewußt, daß es nicht nur finanzielle und geschäftliche Dinge waren, die seine Zeit beanspruchten.

»Ihr Vater ist ein faszinierender Mann und einer der gütigsten, die ich je kennengelernt habe«, sagte Mr. Mellio. »Ich kann mir nicht vorstellen, daß er Ihnen Grund gegeben haben könnte, ihn zu verabscheuen.«

»Dann kennen Sie ihn eben nicht sehr gut.«

»Ich kenne ihn vielleicht besser als Sie.«

Tucker lächelte eisig. »Wenn man berücksichtigt, daß Sie Bankier sind und mein Vater sich immer schon mehr für Geld als für seinen Sohn interessiert hat, könnten Sie sogar recht haben.«

Zum erstenmal war es, als ob der Bankier Tuckers Fassade durchschaut und etwas von dem wirklichen Mann dahinter erspäht haben könnte. Er senkte den Blick rasch auf die Schreibtischplatte, als habe ihn das, was er gesehen hatte, erschreckt.

»Über welchen Betrag hatten Sie sich den Kredit gedacht?« fragte er.

»Nur zehntausend«, antwortete Tucker. »Um eine vorübergehende Lücke im Betriebskapital zu schließen.«

»Sicherheiten sind vorhanden?« fragte Mellio. Die Wendung des Gesprächs, das er so oder ähnlich sicher schon tausendmal mit tausend anderen Kunden geführt hatte, gab ihm neuen Mut.

»Mein Erbe«, sagte Tucker.

»Aber Sie sind, strenggenommen, nicht berechtigt, die Gelder aus Ihrem Treuhandvermögen als Sicherheit aufzubieten. Das kann nur der Vermögensverwalter.«

»Mein Vater also.«

»Ja.«

»Wie wäre es dann mit den von mir nicht beanspruchten monatlichen Zuwendungen?«

»Dafür gilt dasselbe«, sagte Mellio. »Solange Sie Ihre Unterschrift verweigern, gehört das Konto laut Gesetz nicht Ihnen.«

Tucker spürte, daß er diesen Kampf – eine Frage des stärkeren Willens – gewinnen mußte. »Was würden Sie mir dann vorschlagen?«

»Nun, allem Anschein nach betreiben Sie doch ein sehr einträgliches Geschäft. Sie leben, auch ohne Ihre Erbschaft anzutasten, in einem aufwendigen Stil, Sie müssen also noch über andere Vermögenswerte verfügen.«

»Vergessen wir das«, sagte Tucker.

Mellio lehnte sich weit in seinen Stuhl zurück und musterte Tucker aus der ungewöhnlichen Perspektive über sein erhobenes Knie. Es war nicht zu übersehen, daß er sich wieder ganz als Herr der Lage empfand. »Nun, Michael, ich verstehe Ihre Haltung nicht. Wenn ich mir ein genaues, vollständiges Bild von Ihrem Kunsthandelsgeschäft machen könnte – Anfangskapital, geschätztes Einkommen, Bezugsquellen und Zukunftspläne –, so würden wir Ihnen den gewünschten Kredit gewähren. Ihr bisheriger Geschäftserfolg würde uns das Recht dazu geben. Und wenn ich auch das noch sagen darf: Wenn Sie Ihrem Vater schildern, was Sie bisher erreicht haben, dann könnte es doch sein, daß er von Ihrem Geschäftssinn so beeindruckt ist, daß er Ihr Erbe freigibt.«

»Ausgeschlossen«, sagte Tucker. »Meine Geschäfte spielen sich nicht auf der von meinem Vater erstrebten Ebene ab, sie sind äußerst unberechenbar und zuweilen höchst riskant. Ich nehme nicht an Aufsichtsratsitzungen teil, ich treibe keine Börsenspekulationen, und ich beschäftige nicht gleich Tausende von Angestellten. Mein Vater würde kaum so beeindruckt sein, daß er mir freie Hand mit meinem Erbschaftsvermögen läßt.«

Mellios Stimme wurde so sanft, daß sie von falscher Sentimentalität triefte. »Vielleicht könnten Sie ihn wenigstens über die Art Ihrer Geschäfte aufklären, ihm von Ihren stolzesten Erfolgen erzählen, gewissermaßen als Geste des Sohnes seinem Vater gegenüber. Glauben Sie mir, auch er ist stolz auf Ihren offensichtlichen Erfolg im Leben. Aber er ist andererseits auch viel zu stolz, um von sich aus zu kommen und Sie danach zu fragen.«

Tucker grinste kopfschüttelnd. »Sie sind noch immer auf dem Holzweg, Mr. Mellio. Sie wissen doch genau, wie oft mir mein Vater Privatdetektive auf die Spur gesetzt hat, um herauszufinden, mit welchen Händlern ich arbeite, welche Preise ich für bestimmte Objekte erziele und mit welchem Gewinn ich zu arbeiten pflege. Zu seinem Bedauern bin ich stets klüger gewesen als seine Schnüffler; ich habe sie jedesmal von Anfang an erkannt.«

»Ihr Vater würde Sie niemals beobachten lassen, Michael«, sagte Mellio mit einem Seufzer. »Aber gut, lassen wir das! Ihr Geschäft kommt also als Sicherheit nicht in Frage. Können Sie unserer Bank irgendwelche anderen Sicherheiten für die gewünschten zehntausend Dollar bieten?«

»Meine Möbel, mein Auto, ein paar Kunstgegenstände.«

»Leider unzureichend.«

»Ich besitze ein paar sehr wertvolle Stücke.«

»Wissen Sie, Kunst kann heute ein Vermögen wert sein, morgen gar nichts. Kritiker und Kunstkenner sind in ihrer Einschätzung von Talent und Begabung sehr wankelmütig.«

»Und Ihre Bank befaßt sich mit solchen unsoliden Investitionen?« fragte Tucker mit gespielter Unschuld und deutete auf den Klee an der Wand.

Mellio sagte nichts.

»Was ich meine«, fuhr Tucker fort, »sind nicht Gemälde, sondern Objekte primitiver Kunst, die sowohl als Antiquitäten als auch als Kunstgegenstände ihren Wert haben.«

»Ich müßte den Wert dieser Objekte schätzen lassen«, sagte Mellio. »Das kann eine Woche oder länger dauern.«

»Ich könnte Sie an einen angesehenen Prüfer verweisen, der den Wert in einer halben Stunde bestätigen würde.«

»Aber wir würden unserem eigenen Prüfer den Vorzug geben, und das dauert eine Woche.«

»Herrgott!« sagte Tucker. »Ich kann schlecht Ihre nächste Aktionärsversammlung abwarten, um die Leute darauf hinzuweisen, wie Sie das Geld für Klees und anderen Klimbim zum Fenster hinauswerfen. Sie haben selbst zugegeben ...«

»Seien Sie nicht kindisch!« sagte Mellio.

»Und seien *Sie* bitte nicht unredlich, Mr. Mellio! Ich weiß genau, daß Sie von meinem Vater Anweisung haben, mir den Kredit unter allen Umständen zu verweigern und mich zum Unterschreiben der Verzichterklärung zu zwingen. Aber es kann Ihnen wohl kaum entgangen sein, daß Sie mir mit der Verweigerung des gewünschten Kredits einen weiteren Grund für eine Klage gegen Sie, die Bank und den Vermögensverwalter an die Hand geben. Ich verlange den Kredit sofort. Kein Richter wird Ihnen abnehmen, daß Sie ernsthaft um den Verlust des mir gewährten Kredits bangen mußten. Es wird allen endgültig klar sein, daß Ihre Weigerung nichts ist als ein rachsüchtiges Taktieren.«

Mellio richtete sich auf und streckte die Hand nach der Sprechanlage aus. Zu Tucker sagte er: »Aber ich brauche wenigstens eine unterschriebene Erklärung von Ihnen.«

»Wenn ich nichts gegen den Wortlaut der Erklärung einzuwenden habe«, sagte Tucker.

»Selbstverständlich.«

Mellio wies seine Sekretärin an, die gewünschten Kreditformulare vorzubereiten, obwohl er sein Unbehagen über den Ausgang der Verhandlungen nicht verbergen konnte.

»Ich wünsche das Geld in bar«, sagte Tucker. »Die Beträge der einzelnen Scheine nenne ich Ihnen dann.«

»In bar?« Mellio runzelte die Stirn.

»Ja. Ich befürchte nämlich, daß ein Scheck von Ihnen platzen könnte.«

8

Um halb zehn, vier Häuserblocks von der Bank entfernt, die zehntausend Dollar in einer schmalen Aktenmappe, führte Michael Tucker drei kurze Gespräche aus einer Telefonzelle in einem Warenhaus – das erste mit einer Nummer in Queens, das zweite mit einer Nummer weit draußen auf Long Island und das dritte mit Jimmy Shirillo in Pittsburgh. Nachdem er sich so vergewissert hatte, daß alles zu seiner Zufriedenheit lief, winkte er ein Taxi herbei und ließ sich zwei Straßen vor der Adresse in Queens absetzen. Er sah das Taxi im dichten Verkehr davonfahren und ging den Rest des Weges zu Fuß. Vielleicht war es eine unnötige Vorsichtsmaßnahme – der Chauffeur würde wahrscheinlich ein jederzeit überprüfbares Fahrtenbuch führen –, aber er hatte sich an die Privatdetektive, die sich im Auftrag seines Vaters an seine Fersen hefteten, gewöhnt, und diese kleine Unannehmlichkeit machte ihm nichts aus. Niemand folgte ihm auf dem kurzen Stück Weges zu Imries Ladenlokal.

Imries Laden befand sich im Parterre eines dreistöckigen Backsteinbaus in einer ruhigen Seitenstraße in Queens. Die Inschrift auf der Glastür lautete: ANTIQUITÄTEN UND

GEBRAUCHTMÖBEL. Bei Tuckers Eintritt ertönte weit hinten, zwischen den Stapeln von Stühlen, Tischen, Regalen, Lampen, Betten und sonstigem Krimskrams, ein lauter Summer. Wie von dem schrillen Geräusch vorwärtsgetrieben, watschelte eine Gestalt durch einen dunklen Gang zwischen Stapeln von Stühlen und Bilderrahmen, die nicht nur antik, sondern auch gebraucht waren, heran – Imrie.

Er sagte: »Ich will mich nur rasch um die Tür kümmern, dann stehe ich sofort zur Verfügung«, und kümmerte sich um die Tür.

Imrie war Anfang Fünfzig, kahl bis auf einen Kranz aus grauen Locken, die die Glätte des Schädels noch stärker hervortreten ließen, wie bei einem mittelalterlichen Ordensbruder. Er war höchstens eins fünfundsechzig groß, wog dabei aber gut zweihundert Pfund. Obwohl sein Laden aussah wie eine Stadt in Florida nach einer Hurrikankatastrophe und obwohl der Stil seiner Kleidung allenfalls als bequem bezeichnet werden konnte, hielt er auf seinem Spezialgebiet auf peinliche Ordnung.

»Gehen wir hinauf«, sagte er, während er an Tucker vorbei in das Gewirr aus alten Möbeln verschwand.

Aus dem hinteren Teil des Ladens führte hinter einem gelben Vorhang eine schmale Holztreppe nach oben. Sie passierten Imries Wohnung im ersten Stock und gelangten zum zweiten und letzten Stock, wo er seine Waffenkollektion aufbewahrte. Auf nackten Stellagen und in samtgefütterten Schubladen oder in noch nicht ausgepackten Pappkartons gab es hier über tausend Gewehre, Büchsen und Pistolen, besonders letztere in überwältigender Vielzahl. Im selben Raum, an der hinteren Wand, befand sich eine Werkstatt mit einer Reihe metallbearbeitender Maschinen, einem kleinen gasbetriebenen Schmiedeofen samt Kühlkessel, wo Metalle geschmolzen und geformt werden konnten.

»Ich glaube, ich habe genau, was Sie brauchen«, sagte Imrie. Hier, umgeben von seinen Waffen, lebte er auf. Seine Augen wurden größer und leuchtender und sprangen von einem Gegenstand zum andern, und er achtete genau auf Tuckers Reaktion, auf alles, was er ihm sagte und zeigte.

Sie standen vor einem Bücherschrank, der die Hälfte der Wand neben der Tür einnahm, und Imrie lugte verlegen unter seinen buschigen Brauen hervor. »Ich hoffe, Mr. Tucker, Sie nehmen mir das bißchen Fernsehdramatik nicht übel.«

»Natürlich nicht«, sagte Tucker. Er hatte schon neunmal mit Imrie verhandelt. Dreimal hatte Imrie in seiner Gegenwart das Geheimkabinett geöffnet – ein Zeichen des Vertrauens gegenüber guten Kunden –, und jedesmal hatte er sich für seine Geheimnistuerei entschuldigt.

»Man kann heutzutage nicht vorsichtig genug sein.« Imrie räumte mit beiden Händen ein paar dicke Gedichtbände vom fünften Regal und gab sie dem geduldig wartenden Tucker. »Es ist noch gar nicht so lange her, da konnte man alles offen herumliegen lassen. Wenn ich bestimmte Änderungen an einer Waffe vornehmen mußte und mich zwischendurch die Müdigkeit überfiel, habe ich alles hier auf der Werkbank gelassen und kurz ein Nickerchen gemacht, verstehen Sie?« Tucker nickte verstehend. »Aber heute kann man das nicht mehr riskieren. Dieses ganze Geschrei in der Öffentlichkeit für ein allgemeines Waffenverbot setzt die Polizei, und damit auch mich, unter Druck. Wenn man sich diese Waffengegner anhört, könnte man meinen, es gebe gar keine Pistole, die nicht für irgendein Verbrechen benutzt würde. Aber sehen Sie sich doch mal hier in dieser Werkstatt um. Ich habe an die zwölf-, dreizehnhundert Handfeuerwaffen hier, und wie viele werde ich wohl an Spezialkunden wie Sie verkaufen? Dreißig? Vierzig? Mehr auf keinen Fall.« Er räusperte sich verächtlich, schob einen Schlüssel in das hinter den Büchern verborgene Schloß und öffnete es. Er trat zur Seite und schwenkte den Schrank herum, betrat einen kleinen Raum, etwa viermal so groß wie er selbst, zog an einer Kette, und eine Vierzigwattbirne leuchtete auf. Dann suchte er den gewünschten Pappkarton heraus, löschte das Licht und kam wieder in den Hauptraum zurück. Er stellte den Karton ab, schloß das Geheimkabinett zu, nahm Tucker die Gedichtbände aus den Händen und stellte sie wieder auf das Regal. »Komme mir vor wie ein Verbrecher«, knurrte er. Es hörte sich an, als suche er jemanden zum Anspucken.

An der Werkbank zeigte er Tucker, was er für ihn hatte.

»Drei Luger, Spezialanfertigung für die portugiesische Nationalgarde, alle in ausgezeichnetem Zustand.«

»Nachbildungen?«

Imrie machte ein beleidigtes Gesicht. »Echt, darauf gebe ich mein Wort. Natürlich wäre eine gute Nachbildung ausreichend für Ihre Zwecke. Aber diese hier sind echt, Typ 1906 mit Läufen von vierdreiviertel Zoll.«

»Kaliber 7,65 mm?«

»Ja.«

Tucker betrachtete die ungeladene Pistole genauer.

»Sehen Sie?« fragte Imrie.

»Was ist mit Schalldämpfern?« Tucker rieb mit dem Daumen über die Einschnitte am Rand des Laufs.

Imrie nahm drei glänzende Zylinder aus dem Karton, gab Tucker einen davon. »Arbeiten garantiert störungsfrei.«

»Natürlich.« Tucker setzte den Schalldämpfer auf und verlängerte so den Lauf um fast elf Zoll. Das Ergebnis wirkte ebenso albern wie tödlich. »Munition? Magazine?«

Imrie nahm das Gewünschte aus dem Karton und legte es auf den Tisch. Er beobachtete Tucker, wie er die anderen Pistolen mit Schalldämpfern versah, sie lud, in der Hand wog und sämtliche Handgriffe durchexerzierte, natürlich ohne zu schießen. Imrie war keineswegs beleidigt von dieser gründlichen Prüfung, denn er wußte, daß Tucker nicht seine Vertrauenswürdigkeit bezweifelte, sondern lediglich alle Vorsichtsmaßnahmen traf. In Wirklichkeit bewunderte er sogar den Sachverstand des anderen.

Tucker zerlegte die Pistolen und sagte: »Wieviel?«

»Sie verstehen, daß eine Luger Spezial ein Sammlerobjekt ist?«

»Selbst mit einem Schalldämpfer versehen?« fragte Tucker.

»Auch dann.«

»Wieviel also?«

»Ich selbst habe vierhundertfünfzig Dollar für das Stück bezahlt, tausenddreihundertfünfzig insgesamt, der gegenwärtige Marktpreis.« Tucker wußte, daß Imrie die Waffen nicht von einem anderen Sammler erstanden hatte, sondern aus verschiedenen ahnungslosen Quellen, vermutlich für nicht mehr als fünfzig oder hundert Dollar pro Stück. Aber er sagte nichts. Sollte Imrie ruhig so viel aufschlagen, wie ihm seiner Meinung nach zustand. »Ich habe sie wieder in gebrauchsfertigen Zustand versetzt, die Munition beschafft – eine Menge Munition übrigens –, die Schalldämpfer angepaßt, ein kompliziertes und zeitraubendes Stück Arbeit ...«

»Wieviel?« fiel Tucker ihm ins Wort.

Imries Augen gingen von Tuckers Gesicht zu den Waffen, wieder zu Tuckers Gesicht; er wußte, daß Tucker in Eile war, und vielleicht veranlaßte ihn das zu einer leichten Anhebung des Preises. »Zweitausendzweihundert für die drei.«

»Zweitausend«, sagte Tucker.

»Hinzu kommt, daß diese Waffen ursprünglich für einen anderen Herrn bestimmt waren, auf Vorbestellung. Er wird sie in zwei Tagen abholen kommen. Um ihn nicht zu enttäuschen, werde ich meinen Laden schließen und 36 Stunden arbeiten müssen ...«

Tucker unterbrach ihn erneut. »Unwahrscheinlich. Wir beide wissen doch genau, daß Sie stets etwas auf Vorrat arbeiten. Deshalb haben Sie doch dieses Geheimkabinett. Vermutlich verwahren Sie dort noch zwei ähnliche, vielleicht keine Luger, aber sicher genauso brauchbar wie diese.«

»Also, ich muß schon sagen ...«, jammerte Imrie.

»Zweitausend.«

»Sie brauchen eine Tasche, um sie hier herauszuschaffen.«

»Ja.«

»Zweitausend für die Pistolen, fünfundzwanzig für die Aktentasche.«

Tucker lächelte. »Sie sind unglaublich!«

»Die jüngste Rezession hat dem Antiquitätengeschäft einen schweren Schlag versetzt, Sie haben sicher in den Zeitungen davon gelesen.« Er streckte seine Hände weit von sich. »Was soll ich machen?«

Tucker zählte das Geld, während Imrie Pistolen, Schalldämpfer und Munition in eine perlgraue Aktentasche mit Stahlgriff packte. Er ließ das Schloß zuschnappen und überreichte Tucker zwei Schlüssel gegen den genau abgezählten Barbetrag.

»Sie werden zufrieden sein«, sagte Imrie.

»Das hoffe ich.«

»Bis zum nächstenmal dann.«

»Bis zum nächstenmal.«

Imrie führte ihn die Treppe hinunter, durch den Laden, zur Tür. Tucker trat wortlos auf die Straße hinaus.

Es war Mittwoch vormittag, 11 Uhr 06.

9

Der kleine Flugplatz auf Long Island, von dem aus Paul Norton und Nick Simonsen ihr Geschäft – »Luftfrachten aller Art« – betrieben, hatte zwei asphaltierte Landebahnen, die eine neu und eben, die andere rissig und zerfressen und mit einem Katzenbuckel im Mittelteil. Beide Bahnen waren in Betrieb. Die drei Gebäude – ein Lagerhaus, ein Hangar und eine Kombination aus Büroteil und Flugzeughalle – hatten schon bessere Tage gesehen. Das Wellblechdach war fast durchgerostet, und die Wände brauchten dringend einen neuen Anstrich. Tucker bezahlte den Taxifahrer, legte ein großzügiges Trinkgeld zu für die Fahrt zu diesem abgelegenen Ort, von dem mit einer Rückfuhre kaum zu rechnen war, und ging in das nächste Gebäude, in dem sich Nortons Büro befand.

Norton saß hinter einem altersschwachen, kurz vor dem Zusammenbruch stehenden Schreibtisch, die Stiefel auf der mit Notizen übersäten Schreibunterlage. Norton war groß und schwer, eine Handbreit größer und sechzig Pfund schwerer als Tucker. Sein Gesicht war breit und flach, seit er sich beim Einsatz in Vietnam die Nase eingedrückt und die Backen mit Narben zerschunden hatte. Tucker hatte nie von ihm erfahren, wie und wobei das geschehen war oder ob die Verletzungen allesamt aus derselben Quelle stammten. Mit erheblichem Kostenaufwand hätte ein sehr guter Schönheitschirurg ihm vielleicht eine neue Nase verpassen können, aber auch das würde seine äußere Erscheinung nicht spürbar verbessert haben, solange nichts gegen die weißen Narben auf beiden Wangen unternommen wurde. Trotz der Entstellungen im Gesicht war Norton nicht übermäßig häßlich zu nennen – nur: verdammt bösartig sah er eben doch aus.

Wenn er sprach, verschob sich der Eindruck, den man von ihm hatte, wie die bunten Glassteinchen in einem Kaleidoskop. Die Stimme war weich, der Ton ruhig, die Worte gemessen und warm. Die Stimme eines Mannes, der zuviel gesehen und zu viele schmerzhafte Erfahrungen hinter sich hatte, die Stimme eines Mannes, der niemandem mehr ein Leid zufügen, geschweige denn ihn töten mochte. »Ein Bier?« fragte er.

»So früh am Tag?«

»Es ist mittag vorbei«, stellte Norton fest, indem er die Füße vom Tisch nahm. Er stand auf und ging mit federnden Schritten zu dem alten Kühlschrank in einer Ecke des Büros. Er nahm zwei Flaschen Bier heraus, öffnete sie und stellte sie ohne Gläser auf den Tisch.

Tucker nahm auf dem Besucherstuhl Platz, beide Aktentaschen neben sich.

Norton beachtete die beiden Taschen mit keinem Blick. Wenn ihn der Inhalt etwas anginge, würde Tucker es ihm schon sagen. Vietnam hatte aus ihm nicht nur einen sehr sanften, sondern auch einen extrem vorsichtigen Menschen gemacht.

»Ballantine's India Pale Ale«, sagte Norton und hob seine Flasche. »Ich habe alles durchprobiert, dies ist das einzige, das mir zusagt.« Er trank die Flasche in einem langen Zug zu einem Drittel aus, und sein Adamsapfel hüpfte auf und ab wie ein Dingi in einem schweren Taifun.

Tucker nippte nur an seinem Bier, schloß sich Nortons Urteil an und sagte: »Ich brauche einen Chauffeur.«

»Das sagten Sie schon am Telefon.«

»Ist der Helikopter fertig?«

»Das war nur ein paar Minuten Arbeit.«

»Tüchtig, tüchtig.«

»Mein Firmenzeichen.«

Tucker trank einen Schluck Bier und stellte die Flasche mit einem wohligen Seufzer ab. Er nahm die leichtere der beiden Aktentaschen auf die Knie und ließ die Schlösser aufschnappen. »Um Ihren Preis festzusetzen, brauche ich Ihnen nur den

Bestimmungsort zu nennen: Pittsburgh. Außerdem müssen Sie wissen, wie lange ich Sie brauchen werde – es kann bis morgen mittag dauern oder auch nur bis heute nacht. Ihr Beitrag zur Sache beschränkt sich auf die Änderung der Hubschrauberkennzeichen. Es ist unwahrscheinlich, daß der FAA davon etwas zu Ohren kommt, und außerdem sind Sie solche kleinen Risiken ja gewohnt.«

»Richtig«, pflichtete Norton ihm bei. »Aber Sie vergessen, daß ich nach dem Gesetz der Beihilfeleistung zu allem, was Sie vorhaben, schuldig werde. Verstehen Sie mich nicht falsch, Mike, ich will gar nicht wissen, worum es geht. Ich möchte nur darauf hinweisen, daß ich das Risiko einer Strafverfolgung eingehe.«

»Unsere Operation richtet sich gegen niemanden, dem die Polizei mit besonderem Eifer zu Hilfe eilen würde«, sagte Tucker.

Norton hob die Brauen, nahm sein Bier und trank ein weiteres Drittel in einem Zug.

»Auch das sollten Sie berücksichtigen. Es geht gegen einen Mann namens Baglio, gegen seine ganze Maschinerie.«

»Organisiert?«

»Nennen wir ihn einen Unternehmer.«

»Erfolgreich?«

»Sehr.«

Norton überlegte einen Moment, während seine Finger unbewußt an den drei langen weißen Narben auf seiner rechten Wangen kratzten. »Dreitausend – wie finden Sie das?«

Tucker zahlte ohne Widerworte und schloß die Mappe wieder. Der Preis war angesichts dessen, was er von Norton und seiner Maschine verlangen würde, gerecht.

Norton legte das Geld in die Schließkassette im untersten Fach eines Aktenschrankes hinter dem Schreibtisch, schloß die Kassette und das Fach ab, steckte die Schlüssel ein und kam zum Schreibtisch zurück.

»Jemand könnte den ganzen Schrank abtransportieren«, sagte Tucker.

»Er ist mit dem Boden verschraubt.«

Sie tranken ihr Bier schweigend aus, dann sagte Norton: »Sind Sie bereit?«

»Ja.«

Sie verließen das Büro und gingen in die Flugzeughalle im gleichen Gebäude, wo sich ein grauer Hubschrauber auf einer Abschlepplafette befand. Es war derselbe viersitzige Quadra-Prop, den Norton schon zweimal für Tucker zum Einsatz gebracht hatte, nur waren die ursprünglichen Kennzeichen geschickt mit farbigem Klebeband unkenntlich gemacht worden. Neue Ziffern aus dem gleichen Material prangten auf beiden Seiten und am Bug. Das Staatswappen von Pennsylvania – zwei sich aufbäumende Pferde – zierte beide Türen des Helikopters, darunter, in weißen Buchstaben, die Worte: PENNSYLVANIA STATE POLICE. Das alles wirkte sehr echt. Mußte es auch, denn die Insignien waren haargenaue Kopien der von den Behörden benutzten. Norton bekam sie von einem Freund, der tagsüber für eine Werbeagentur und nachts für eigene Rechnung arbeitete. Dieser Mann hatte Norton bisher neun verschiedene Staatswappen besorgt, obwohl Tuckers Arbeitsgebiet bisher noch nicht so viele verschiedene Staaten umfaßte. Norton hatte noch andere Kunden.

»Gut?« fragte Norton.

»Sehr gut«, sagte Tucker.

Die Lafette war bereits an einen Golfwagen gehängt. Norton stieg ein und schleppte den Hubschrauber langsam nach draußen. Dort hängte er ihn ab, fuhr den Golfwagen in die Halle zurück, und dann stiegen sie beide in den Hubschrauber.

»Haben Sie die Kleider zum Umziehen auch nicht vergessen?« fragte Tucker.

»Ich habe gleich nach Ihrem Anruf gepackt.«

»Gut.«

»Noch ehe ich den Hubschrauber verarztet habe.«

»Sehr gut.«

Ein paar Minuten später rollten sie auf die löchrige Startbahn. Sie saßen beide auf den Vordersitzen, die Rücksitze hinter ihnen waren nach vorn geklappt und bildeten so einen großen Frachtraum. Die meisten Transporte erledigte die Firma Paulnick-Luftfrachten mit einer ihrer beiden zweimotorigen

Apache-Maschinen, obwohl das dicht verbaute Gebiet von New York mangels Landebahnen oft genug den Hubschraubereinsatz erforderte. Außerdem war der Hubschrauber, dank Tucker und ähnlicher Kunden, der lukrativste Bestandteil des Unternehmens.

Als sie sich in den Nachmittagshimmel erhoben, fragte sich Tucker, wo Simonsen wohl stecken mochte. Simonsen behauptete, nichts von Nortons leichtfertigem Umgang mit dem Gesetz zu wissen. Er selbst beteiligte sich an keinem der illegitimen Aufträge, aber Norton wußte, daß er insgeheim hinter dem Fenster stand und die Vorgänge um solche Geheimaufträge neidisch beobachtete. Auch jetzt würde er irgendwo da unten sein, ein wenig eifersüchtig, aber auch ein wenig ängstlich, und ihnen nachschauen.

Dann schwenkten sie nach Westen, zur Stadt hin ab, und der Flugplatz und die Hangars gerieten außer Sicht.

Um 14 Uhr 12 begann der Hubschrauber, mit zusätzlichen Brennstofftanks versehen, den längsten Abschnitt des Flugs.

Tucker fragte sich, ob Baglio wohl schon Gelegenheit gehabt hätte, Merle Bachman ins Verhör zu nehmen. Bachman war jetzt schon über einen vollen Tag in diesem Haus. Falls er nicht allzu schwer verletzt war, hätte Baglio also genügend Zeit gehabt, alles, was er über Tucker und die anderen wußte, aus ihm herauszuholen.

Norton hatte irgend etwas gesagt, das Tucker, in Gedanken versunken, nicht mitbekommen hatte.

»Was?« fragte er.

»Ich sagte: Wieder ganz hübsche Luftverpestung heute.«

Norton zeigte auf den gelbweißen Nebel, der sich über alle Stadtviertel erhob. Seine Armbewegung deutete auf den abstoßenden Anblick wie die eines Fremdenführers, der seinen Touristen den unübertrefflichen Glanz der Niagarafälle darbietet.

»Wunderschön.«

»Das wird ein herrlicher Sonnenuntergang.«

»Herrlich.«

»Schade, daß wir ihn nicht sehen können.«

»Schade.«

Aber Tucker hatte keine Lust, lange über Sonnenuntergänge und Luftverschmutzung nachzudenken.

Vielleicht würden Baglios Leute den Namen Tucker nur bis zu der Postanschrift in Manhattan verfolgen können. Kontakte hatten sie, ja, natürlich, aber allwissend waren sie auch nicht.

Und doch, selbst wenn sie so weit und nicht weiter kämen, würde er seine Identität als Tucker ablegen, einen neuen Namen annehmen, neue Papiere auf diesen Namen kaufen und jedem aus dem Weg gehen müssen, der ihn bisher als Tucker gekannt hatte.

Das würde neue Kosten und eine Zeit relativer Untätigkeit verursachen – ein Scheißspiel, um es einmal vulgär zu sagen.

Außerdem konnte er nicht damit rechnen, daß ihm eine Namensänderung Sicherheit für lange Zeit verschaffen würde. Früher oder später würde er einem alten Bekannten begegnen, der ihn als Tucker gekannt hatte. Dann wäre ein neuer Name fällig – dann ein dritter, ein vierter und so weiter.

Ein Ende war nicht abzusehen.

Da war es schon besser, man redete sich ein, daß Bachman noch nicht zum Reden gebracht worden war. Wenn Baglio in den nächsten zwölf Stunden nichts aus Bachman herausbekäme, hätten sie es alle so gut wie geschafft.

10

Tucker warf einen Blick auf die Karte auf seinen Knien, dann durch die Frontscheibe des Hubschraubers. Norton flog schräg auf die Straße unter ihnen zu, und Tucker rief: »Da! Das ist die Straße, die an der Abzweigung zu Baglios Haus vorbeiführt! Und das Haus liegt in dieser Richtung, drüben zwischen den Berghängen. Wenn das stimmt, muß die Abzweigung genau vor uns sein.«

So war es.

»Saubere Arbeit!« rief er Norton grinsend zu.

Vielleicht hätte er nicht ganz so laut zu schreien brauchen, denn die Kabine war gegen das Dröhnen des Rotors ziemlich gut isoliert. Aber nach mehreren Stunden Flug unter ständigem Lärm summten seine Ohren wie ein Bienenkorb an einem Frühlingsmorgen, und wenn er schrie, dann um sich selbst zu hören.

Norton nickte. »Ist die Stelle da vorn zum Landen geeignet?« Er zeigte über die Straße hinweg zu einer Stelle, die Baglios Zufahrt fast direkt gegenüberlag. Etwa tausend Yards neben dem Straßenrand war das Waldland durch eine grasbewachsene Lichtung unterbrochen.

»Warum nicht?« sagte Tucker.

Fünf Minuten später waren sie am Boden. Norton stellte den Motor ab, und die Rotorblätter stotterten langsam aus. Die Bienen flogen aus Tuckers Ohren aus, das betäubende Summen verschwand, und er konnte wieder hören.

»Und jetzt?« fragte Norton.

»Jetzt warten Sie hier, während ich einen Kollegen anrufe«, sagte Tucker. Er machte sich von den Sitz- und Schultergurten frei, die sich tief in sein Fleisch geschnitten hatten.

Norton streckte die langen Beine, so gut es ging, in die Aussparungen unter dem Armaturenbord und ließ den Blick über die Nadelbäume ringsum schweifen. »Ich weiß zwar, daß Sie ein ausgezeichneter Organisator sind, Mike. Weiß Gott, ich habe zwei Ihrer Unternehmungen in vorderster Front mitgemacht, und ich konnte sehen, wie clever das alles geplant war, ohne daß ich wußte, worum es ging. Aber daß Sie eine eigene Telefonleitung in diese Wälder gelegt haben, nur um eventuell jemanden anrufen zu können, das glaube ich Ihnen nicht.«

Tucker lächelte. »Keine eigene Leitung, nein. Aber nicht weit von hier ist ein Rastplatz an der Autostraße, und da ist eine Telefonzelle. Warten Sie, bis ich zurück bin!«

Er stieß die schwere Tür auf, sprang hinaus und schlug die Tür wieder zu. Eine Viertelstunde später sprach er aus der Telefonzelle auf dem Autorastplatz. Eine Stunde später fuhr Jimmy Shirillo mit seinem roten Corvette auf den Rastplatz und stieg lächelnd aus.

Hinter ihm kletterte ein anderer Mann aus dem niedrigen Sportwagen. Er war mindestens zwanzig Jahre älter als Tucker, ungefähr in Pete Harris' Alter, aber schlank und fast zerbrechlich aussehend wie Shirillo, jedenfalls ganz anders als der bärenhafte Harris. Er trug eine schwere Hornbrille mit dicken Linsen, das Haar aus der Stirn zurückgekämmt, und sah, oberhalb der Schultern, aus wie ein Schulmeister aus der Zeit um die Jahrhundertwende. Von den Schultern abwärts ähnelte er eher einem Hippie, ausgestellte Bluejeans, zerknittertes blaues Arbeitshemd mit aufgekrempelten Ärmeln. Er lächelte Tucker flüchtig zu, beugte sich in den Sportwagen zurück, um seine Ausrüstung hervorzuholen – eine lederne Schultertasche und einen kleinen Metallkoffer.

Shirillo stellte ihn vor – Ken Willis, Fotograf –, und sie gaben sich die Hand. Willis' Händedruck war teilnahmslos, als ob Formalitäten dieser Art nur Zeitverschwendung wären. Aus der Nähe sah Tucker eine Ungeduld in ihm, einen Drang zu ständiger Betätigung, der seinem eigenen verblüffend ähnlich war.

»Wissen Sie, was wir von Ihnen wollen?« fragte er Willis.

»Jimmy hat mir das meiste schon gesagt.«

Zu Shirillo sagte Tucker: »Kannst du ihm vertrauen?«

»Natürlich. Er ist mein Onkel, mütterlicherseits, angeheiratet.«

»Was das betrifft«, sagte Willis, »so wüßte ich überhaupt nicht, an wen ich mich wenden sollte, wenn ich euch verpfeifen wollte. Ich mache hauptsächlich Hochzeitsfotos und nebenbei manchmal Nacktfotos für Männermagazine.«

»Na gut«, sagte Tucker. »Bis zum Hubschrauber sind es fünfzehn Minuten zu Fuß. Jimmy, du bleibst mit dem Wagen hier, bis wir zurückkommen. Du kannst ja so tun, als wärst du müde, falls ein Polyp anhält und fragt, warum du dich hier herumtreibst. Wir sind vor Einbruch der Dunkelheit zurück, hoffe ich.«

Shirillo ging zum Wagen.

Tucker nahm Willis' schweren Metallkoffer und sagte: »Über die Straße zur anderen Seite. Aber wir warten, bis kein Auto in Sicht ist. Wir wollen schließlich niemand unnötig neugierig machen.«

Die große, rote Sommersonne berührte schon den Berg, auf dem Baglios Villa thronte, streichelte mit leuchtenden Fingern über die Kammlinie und sank langsam außer Sicht. Bis zur völligen Dunkelheit würde noch eine Stunde vergehen, aber sie mußten sich sputen, wenn sie alles, was sie sich vorgenommen hatten, erledigen wollten. Norton flog sie über das Dach des großen weißen Hauses hinweg, zehn, zwölf Yards oberhalb der Fernsehantenne, ließ sich nach rechts abkippen, als sie das Ende des Rasens erreicht hatten, und flog aus entgegengesetzter Richtung, diesmal noch niedriger, über das Haus hinweg.

»Können Sie so fotografieren?« rief Norton.

Willis schüttelte heftig den Kopf. »Ich muß mich entweder zur Tür hinaushängen lassen oder durch die Kanzelscheibe schießen.« Er klopfte mit dem Knöchel gegen die Frontscheibe.

»Ich kann ja einen kleinen Kopfstand machen«, sagte Norton.

»Und achten Sie darauf, daß wir die Sonne im Rücken haben, damit die Scheibe nicht blendet«, sagte Willis.

Tucker saß direkt hinter Norton und ließ das Haus nicht aus den Augen, um das erste Zeichen von Baglios Leibwächtern nicht zu verpassen. Was würden sie denken, wenn sie aus dem Haus herausgestürzt kämen und einen Polizeihubschrauber über ihrem Nest kreisen sähen.

Norton stellte den Hubschrauber in einem Winkel von fünfunddreißig Grad schräg auf die Nase, so daß sie alle nach vorn in ihre Sicherheitsgurte hineinglitten.

»Gut so«, sagte Willis.

Der Fotograf löste seinen Gurt und lehnte sich über die Armaturen, das Gesicht eng an die Scheibe gepreßt. Er schoß ein Foto nach dem andern.

Paul Norton gefiel es gar nicht, daß Willis nicht angeschnallt war, aber er sagte kaum etwas. Er konzentrierte sich darauf, den Flug des Hubschraubers möglichst erschütterungslos durchzuführen, um Willis nicht zu gefährden.

Unten traten zwei Männer aus dem Haus und schauten zu ihnen auf; sie legten die Hände schützend über die Augen. Tucker glaubte erkennen zu können, daß es zwei völlig unbedeutende Typen waren, kräftig gebaute Muskelprotze mit offenen Jacketts, darunter unsichtbar und griffbereit die Pistolen.

Tucker beugte sich vor und sagte, nahe an Nortons Ohr: »Das Glas ist nicht kugelsicher, oder?«

»Plexiglas«, gab Norton zurück. »Ein Pistolenschuß würde abprallen, selbst wenn wir in der Reichweite für Faustfeuerwaffen wären. Mag sein, daß das Glas springt, aber das Geschoß würde zunächst abgelenkt.«

Tucker stemmte sich gegen Nortons Rückenlehne und blickte durch die geneigte Frontscheibe nach unten. »Ich denke, die Aufnahmen von der Vorder- und Rückseite reichen jetzt. Versuchen wir es mal von der Seite aus!«

Norton kam seinem Wunsch nach, die Maschine schwenkte heulend herum und überflog das Haus aus seitlicher Richtung, während Willis fleißig seine Kamera betätigte.

Baglio selbst war jetzt aus dem Haus gekommen; er stand vor der Säulenveranda und beobachtete den Hubschrauber.

Natürlich würde es Baglio interessieren, ob sie wußten, daß Merle Bachman im Haus war, oder ob es sich nur um ein routinemäßiges Störmanöver der Polizei handelte. Er würde überlegen, wie er Bachman vor ihrer Nase aus dem Haus schaffen könnte, falls sie plötzlich mit einem Haussuchungsbefehl landeten.

Tucker konnte nur hoffen, daß Baglio nicht in Panik geraten und Bachman umbringen und begraben lassen würde, wenn sie gleich, ohne zu landen, wieder abdrehten. Bachman zwischen den Fichten oberhalb des Hauses zu verscharren wäre die einfachste Sache der Welt. Allerdings war es möglich, daß Bachman längst tot war. Vielleicht hatte er längst geplaudert und war ohne die üblichen Ehrenbezeigungen in den ewigen Schlaf versetzt worden.

»Können Sie noch weiter hinuntergehen und rund um das Haus fliegen, damit Willis alle vier Seiten aus der Bodenperspektive aufnehmen kann?« fragte Tucker.

»Kann ich«, sagte Norton. Er brachte die Maschine in horizontale Lage und ging hinter dem Haus auf fünf Fuß über Bodenhöhe hinunter. Der Fotograf machte seine Aufnahmen durch das Seitenfenster. Als sie zur Vorderseite des Hauses kamen, wo Baglio und seine Leute standen, sprangen diese rasch aus dem Weg, zu sehr auf die drohend rotierende Schraube konzentriert, um auf Insassen des Hubschraubers zu achten.

»Jetzt noch ein paar Bilder aus der Totalen, das Haus, der Rasen und die Bäume am Rand der Lichtung«, sagte Tucker.

Nachdem das geschehen war, sagte Norton: »Und jetzt?«

»Das war alles«, sagte Tucker. »Zurück zum Heimathafen!«

Als sie auf der Waldlichtung, etwa zwei Meilen von Baglios Haus entfernt, landeten, hatte Willis seine Geräte schon wieder eingepackt. Er schob die Tür auf und sprang hinaus; dann holte er seine beiden Gepäckstücke nach.

»Einen Moment«, sagte Norton, als Tucker dem Fotografen folgen wollte.

»Ja?«

»Sie wollen allem Anschein nach in dieses Haus hinein. Ich sollte mich auf vier Passagiere vorbereiten, haben Sie gesagt; bisher habe ich aber erst von dreien gehört – das heißt, daß Sie vermutlich einen Ihrer Männer herausholen wollen.«

Tucker sagte nichts.

»Meinen Sie nicht, daß die Leute im Haus mit all dem gerechnet haben – ich meine den Hubschrauber und so?«

»Nein«, sagte Tucker. »Sie rechnen mit einer ganz bescheidenen Taktik, wenn überhaupt mit irgend etwas. Sie fühlen sich da oben sehr sicher. Außerdem werden die Polizeiembleme am Hubschrauber sie ganz schön verwirrt haben.«

»Glauben Sie nicht, daß sie solche lästigen Störmanöver als sehr merkwürdig empfinden werden? Ich meine, diese Leute lassen es sich doch etwas kosten, um gerade solchen Belästigungen aus dem Weg zu gehen.«

»Die Staatspolizei können sie nicht bestechen«, sagte Tucker. »Natürlich gibt es in jeder Polizeiorganisation ein paar faule Kunden, und wahrscheinlich stehen auch ein paar Leute von der Staatspolizei auf der Bestechungsliste, aber die ganze Organisation, eine der besten in unserem Land, können sie nicht kaufen. Da wäre der Preis zu hoch.«

»Okay«, gab Norton zu. »Ich wollte nicht neugierig sein. Ich wollte nur wissen, womit ich beim nächsten Einsatz zu rechnen habe. Ich meine, wenn ich mich schon auf einen gebührenden Empfang einrichten muß, dann will ich wenigstens wissen, woran ich bin.«

»Niemand wird damit rechnen, daß Sie noch einmal mit

dem Hubschrauber zurückkommen«, sagte Tucker. »Dafür garantiere ich.«

»Gut. Wenn Sie mich brauchen; ich bin hier.«

Tucker sprang hinaus, nahm die beiden Aktenmappen, die Norton ihm herausreichte – eine mit knapp fünftausend Dollar in bar, die andere mit den Pistolen. Außerdem gab Norton ihm noch einen schweren Schultersack hinaus. Er enthielt Spezialausrüstungsteile, um die Tucker ihn am Morgen bei seinem Anruf aus dem Kaufhaus gebeten hatte. Tucker nahm die beiden leichten Aktenmappen in eine Hand, den Sack in die andere und ging mit Willis in den Wald zurück. Fünfzehn Minuten später waren sie bei Shirillo auf dem Rastplatz.

Um 21 Uhr 45 waren sie wieder in der Stadt. Merle Bachman befand sich seit über sechsunddreißig Stunden in Baglios Gewalt.

11

Im Traum lag er auf einem weichen Bett, die Decke zurückgeschlagen, ein Daunenkissen unter dem Kopf. Das Zimmer war fast völlig dunkel, Schwaden eines weichen, blauen Lichts warfen Streifen auf den dicken Teppichboden und seltsame Schatten an die Wände. Er suchte die Quelle des Lichts, aber er fand sie nicht. Am Ende des Zimmers tauchte plötzlich Elise Ramsey auf, stand einen Moment in einem blauen Lichtstreifen, wie ein angestrahltes Stück in einem Museum, und trat dann vor in den Schatten. Sie war nackt und kam selbstsicheren Schrittes wie eine Löwin auf ihn zu. Aus dem Dunkel trat sie wieder ins Licht, die gewölbten Hände unter den schweren Brüsten, eine Lockung, der er nicht lange widerstehen konnte. Sie trat wieder ins Dunkel, kam wieder ins Licht, graziöse, sinnliche Bewegungen. In einem Moment wäre er hellwach gewesen, aber dann sah er diese unglaubliche Hand hinter ihr auftauchen, eine Hand, von der sie nichts zu ahnen schien und vor der es für sie kein Entrinnen gab, selbst wenn er sie gewarnt hätte. Eine Riesenhand, deren Umrisse im Dunkel der Decke verschwanden, die Finger gespreizt, das Fleisch grau und kalt und starr. Eine eiserne Hand, die im nächsten Moment Elise zu zermalmen drohte. Was die Metamorphose des Traums in einen Alptraum bewirkte, war nicht die Tatsache, daß Elise wie ein Insekt zerquetscht zu werden drohte, auch nicht das Wissen, daß die Hand sich ihm, Tucker, zuwenden würde, sobald sie mit dem Mädchen fertig war, sondern die Gewißheit, daß die Hand diesmal nicht Baglios Hand war. Diesmal war es die eiserne Hand seines Vaters. Schatten und blaues Licht, nackte Brüste und das Zucken der eisernen Finger ...

»He!«

Tucker blinzelte.

»Stimmt was nicht?« fragte Pete Harris, der sanft, aber beharrlich an seiner Schulter rüttelte. »Alles in Ordnung, Freund?«

»Hmmm«, knurrte Tucker, ohne die Augen zu öffnen.

»Wirklich?«

»Wirklich.«

Tucker setzte sich aufrecht, rieb sich die Augen, massierte seinen Nacken und versuchte sich darüber klarzuwerden, was ihm da in den Mund gekrochen und während seines kurzen Schlafs in Harris' Hotelbett gestorben war. Er ließ die Zunge kreisen und fand keinen Leichnam. Er kam zu dem Schluß, daß er es wohl verschluckt haben müsse und daß er sich nachher die Zähne besonders gründlich putzen müsse.

»Jimmy ist da«, sagte Harris. »Er hat alles, was er mitbringen sollte.«

Tucker hob den Kopf, sah Shirillo, der auf einem Stuhl vor dem Standardhotelschreibtisch saß. Neben ihm auf dem Boden lagen mehrere Papiertüten mit den Namen verschiedener Kaufhäuser. »Was hat dein Onkel aus den Fotos gemacht?«

»Meisterwerke!« sagte Shirillo. »Wart nur ab, bis du sie siehst.«

»Ich sehe sie mir gleich an«, sagte Tucker. Er stand auf und verschwand im Badezimmer. Er fühlte sich hundeelend, steif und müde, obwohl er nur anderthalb Stunden geschlafen hatte. Er sah auf die Uhr: ein Uhr. Nun ja, dann waren es also zwei Stunden gewesen, die er geschlafen hatte. Trotzdem kein

Grund, sich so miserabel zu fühlen. Er spritzte sich Wasser ins Gesicht und drückte Zahnpasta aus Harris' Tube auf seinen Zeigefinger und rieb sich die Zähne. Zwar konnte er so nicht viel gegen das Unbehagen ausrichten, aber es erfrischte seinen Atem, und er fühlte sich schon etwas menschlicher als beim Aufwachen.

Im Zimmer hatten sie unterdessen drei Stühle vor dem Schreibtisch aufgebaut, und auf dem Tisch lag ein Stapel großformatiger Fotos. Er nahm den für ihn reservierten mittleren Stuhl und ging den Stapel sorgfältig durch. Er sortierte etwa ein Dutzend aus und gab Shirillo den Rest zurück. Der Junge steckte sie in einen einfachen braunen Umschlag und schob ihn beiseite.

»In einer halben Stunde können wir aufbrechen«, sagte Tucker, »wenn ihr die ganze Zeit gut aufpaßt.«

»Du hast alles genau ausbaldowert?« fragte Harris.

»Noch nicht alles bis ins letzte«, entgegnete Tucker. Harris hatte sich bisher allen seinen Anordnungen gefügt, aber das würde nicht endlos so weitergehen. Man mußte ihm das Gefühl geben, daß er zumindest an einem Teil der Planung aktiv mitarbeitete. »Ich erwarte, was die Details betrifft, eure Vorschläge und Kommentare.«

»Was ist, wenn Bachman schon tot ist?« fragte Harris.

»Dann vergeuden wir unsere Zeit, aber wir verlieren dabei nichts.«

»Wir könnten aber dabei draufgehen«, bemerkte Harris.

»Sieh dir diese Fotos an, ja?« sagte Tucker. »Die haben mich fast dreihundert Dollar gekostet.«

Harris ließ sich mit einem Achselzucken in seinen Stuhl zurücksinken und verstummte. Er sah sich die Fotos an, hörte zu, was Tucker zu sagen hatte, machte ein Gesicht, als ob er seine Thompson zusammensetzen und liebevoll streicheln möchte, machte hin und wieder einen Vorschlag und schöpfte schließlich wieder neuen Mut. Nun, er wurde alt, fünfundzwanzig Jahre im Metier hinterlassen eben ihre Spuren; niemand machte ihm einen Vorwurf, wenn er ein bißchen nervöser war als seine Kollegen. In zwei Jahrzehnten würde es ihnen genauso ergehen, falls sie überhaupt so lange lebten.

Sie verließen die Stadt in einem gestohlenen Buick, den Tucker in der Nähe des Hotels vorgefunden hatte; Shirillo am Steuer, Harris auf dem Rücksitz, die Thompson auf dem Schoß. Tucker verschlang hungrig zwei Tafeln Schokolade und beobachtete die gelegentlich vorbeihuschenden Scheinwerfer entgegenkommender Fahrzeuge. Er hatte seit dem Frühstück nichts gegessen, aber die Schokolade beseitigte sein Magenknurren und beruhigte seine Hände, die wie gelähmt waren, wenn sich auch an seiner inneren Unruhe nichts änderte.

Schließlich bogen sie auf den inzwischen schon vertrauten Rastplatz hinter Baglios Privatstraße ein und hielten hinter einem anderen Auto.

»Der Wagen ist leer«, sagte Shirillo.

Harris beugte sich vor. »Sicher ein Liebespaar.«

Shirillo schüttelte grinsend den Kopf. »Dann wären die Scheiben dick beschlagen.«

»Was nun?« fragte Harris.

Tucker hätte dringend eine dritte Tafel Schokolade gebraucht. »Abwarten, was sonst?«

»Und wenn sich niemand sehen läßt, mein Freund?«

»Warten wir's ab«, sagte Tucker.

Eine Minute später kamen zwei gutgekleidete Neger aus dem Wald hinter dem Rastplatz auf den Wagen zu geschlendert; einer von ihnen war noch mit seinem Hosenreißverschluß beschäftigt.

»Aha«, sagte Shirillo, »der Ruf der Natur. Der Staat könnte ruhig für ein paar sanitäre Einrichtungen an einer solchen Straße sorgen.«

Die beiden Neger bedachten den Buick nur mit einem flüchtigen Blick, anscheinend ohne jede Furcht vor gefährlichen Begegnungen an einem so einsamen Ort, stiegen in ihren Wagen und fuhren ab.

»Okay«, sagte Tucker und stieg aus.

Harris kurbelte seine Scheibe herunter und rief zu Tucker hinaus: »Vielleicht sollten wir den Wagen doch besser verstecken als geplant – falls es noch mehr Leute mit 'ner schwachen Blase gibt.«

»Du hast recht«, sagte Tucker. Er suchte mit seiner Taschenlampe den Waldrand ab, bis er zwischen den Bäumen eine Lücke fand, durch die sich der Buick hindurchzwängen konnte. Dann winkte er Shirillo, der den Wagen, geführt von Tucker, in den Wald hineinfuhr. Nach einer Viertelstunde winkte Tucker ab; sie waren mehr als hundert Schritt vom Rastplatz entfernt, und das dichte Unterholz versperrte die Sicht zur Straße.

Harris stieg aus und sagte: »Sollte einer so schamhaft sein und so tief in den Wald eindringen, nur um sein Geschäft zu erledigen, dann hat er nichts anderes verdient als eine blaue Bohne.«

Shirillo und Tucker luden ihre Sachen aus dem Wagen aufs Dach, wo sie für jeden leicht erreichbar waren. Sie tauschten ihre Kleider gegen die Sachen, die Shirillo am Abend, passend für alle, gekauft hatte: schwarze Socken und Schuhe, dunkle, locker sitzende Jeans, mitternachtsblaue Hemden, dunkle Anoraks mit großen Taschen und einer Kapuze. Sie zogen sich die Kapuzen über den Kopf und befestigten sie unter dem Kinn.

»Du hast einen miserablen Geschmack, Jimmy«, sagte Harris.

»Ach ja?«

»Was soll denn dieses Krokodil auf dem Anorak?«

Shirillo betastete das auf der linken Brustseite aufgestickte Krokodil. »Anoraks ohne diese Dinger gab es nicht.«

»Komm mir vor wie ein kleiner Junge«, bemerkte Harris.

»Reg dich nicht auf«, sagte Tucker. »Sei froh, daß es nur ein Krokodil ist. Genausogut hätte es ein Kätzchen oder ein Kanarienvogel sein können.«

»Kanarienvögel hatten sie auch«, sagte Shirillo. »Aber die kamen von Anfang an nicht in Frage. Dann gab es noch Elefanten und Tiger, und da fiel mir die Wahl schon schwerer, bis ich mich schließlich für Krokodile entschieden habe. Wenn du Krokodile nicht magst, Pete, dann warten wir eben, bis du deines abgetrennt hast.«

»Ein Tiger wäre viel mehr nach meinem Geschmack gewesen«, knurrte Harris.

»Und was hast du gegen Elefanten?« fragte Tucker.

»Elefanten? Och, die sehen immer ein bißchen blöd aus, findest du nicht? Jedenfalls machen sie keinem angst. Wenn

Baglio mich mit 'nem Elefanten auf dem Anorak daherkommen sähe, würde er mich womöglich für einen komischen Vertreter für Babywindeln halten oder so was. Außerdem wähle ich mein Leben lang schon die Demokratische Partei, und der Elefant ist das Symbol der Republikaner.«

»Was denn, du wählst?« fragte Shirillo erstaunt.

»Natürlich wähle ich.«

Shirillo und Tucker mußten lachen.

Harris rieb verlegen an seinem Krokodil und fragte: »Was ist daran so komisch?«

»Daß ein gesuchter Verbrecher auf der Wählerliste steht«, erklärte Tucker.

»Noch werde ich nicht gesucht«, sagte Harris. »Früher haben sie mich zweimal verurteilt, aber ich habe jedesmal weniger als zwei Jahre abgesessen, und ich bin im Besitz aller bürgerlichen Ehrenrechte. Da halte ich es für meine Pflicht, an jeder Wahl teilzunehmen.« Er suchte seine beiden Freunde im Dunkel. »Geht ihr etwa nicht zur Wahl?«

»Nee«, sagte Shirillo. »Ich bin erst seit ein paar Jahren berechtigt, und ich habe mich noch nie dazu aufraffen können. Ich sehe den Zweck nicht ganz ein.«

»Und du?« fragte Harris Tucker.

»Politik hat mich noch nie interessiert. Ich kenne Leute, die sorgen sich ihr halbes Leben darüber, wie alles vor die Hunde geht – und dabei geht so oder so alles vor die Hunde. Ich denke, ich werde es überleben, egal welchen Trottel das Volk als nächsten ins Amt wählt.«

»Das ist ja schrecklich!« sagte Harris, ganz verblüfft von dieser unpatriotischen Haltung. »Nur gut, daß keiner von euch Kinder hat. Ihr wäret genau die Eltern, die ihren Kindern mit schlechtem Beispiel vorangehen.«

Wieder mußten Tucker und Shirillo lachen.

»Los, weiter jetzt!« sagte Tucker, indem er den Deckel von einer kleinen Dose mit Fettschminke abhob. »Ich muß eure Gesichter schwarz machen.«

»Wozu denn das?«

»Erstens, weil man dann im Dunkel nicht so gut gesehen wird. Und zweitens, weil es Baglios Leute dann schwerer haben, uns später zu identifizieren. Eine andere Gesichtsfarbe entstellt das Gesicht fast so gründlich wie eine Maske. Und eine Maske können wir bei dem, was wir vorhaben, nicht brauchen. Sie wäre uns nur hinderlich. Die Schminke macht uns unkenntlich und nimmt uns nichts von unserer Beweglichkeit.«

Mit einem unzufriedenen Knurren fügte sich Harris in diese schimpfliche Behandlung.

Zehn Minuten später hatten sie alle schwarze Gesichter, und die Schminkdose befand sich bei ihren abgelegten Kleidern.

»Und jetzt?« fragte Harris in Erwartung einer neuen Demütigung.

»Jetzt zeige ich euch die Pistolen«, sagte Tucker.

»Ich nehme die Thompson – wie immer.« Harris nahm die Maschinenpistole, die er an das Auto gelehnt hatte.

»Mitnehmen kannst du sie«, sagte Tucker. »Aber benutzt wird sie nur im äußersten Notfall. Wenn möglich, läßt du sie immer um die Schulter gehängt und benutzt diese hier.« Er nahm die drei Luger-Pistolen und die Schalldämpfer aus der Aktentasche, setzte sie zusammen und verteilte die Waffen. Jeder erhielt vier Magazine Munition, und Tucker sah ihnen beim Laden auf die Finger.

»Nicht schlecht«, sagte Harris.

Tucker fiel ein Gewicht von der Seele, als Harris die MP über die Schulter schlang und die Pistole in der Hand wog. »Die Munition bewahrt ihr am besten in der rechten Anoraktasche auf.«

»Pistolentaschen?« fragte Harris.

»Gibt's nicht«, sagte Tucker.

»Pistole in linke Anoraktasche?«

»Nichts da! Die behältst du dauernd in der Hand.«

»Manchmal braucht man aber beide Hände für irgendwas.«

»Heute nacht nicht. Wir müssen die Waffe stets schußbereit haben. Einmal, weil es im Ernstfall verdammt schwierig sein wird, das verdammt lange Ding samt Schalldämpfer herauszuholen. Und zum andern, weil sie uns leicht überraschen könnten, wenn wir erst im Haus sind, und dann hätten wir keine Zeit mehr zu ziehen. Vergeßt nicht, daß Baglio mindestens vier bewaffnete Leute im Haus hat – vier Profis. Und sie haben Heimvorteil, nicht wir.«

Shirillo hatte nicht in Erfahrung bringen können, wie viele Leute sich im Haus aufhielten.

Tucker nahm einen mit mehreren Werkzeugen in dünnen Plastikbeuteln behängten Gürtel, zog seinen Anorak hoch, schnallte den Gürtel um und zog den Anorak wieder herunter.

»Den hast du von Shirillo?« fragte Harris.

»Ja.«

»Sieht nicht schlecht aus.«

»Ich habe jedes einzelne Stück selbst ausgesucht, zwei Wochen daran herumgefeilt, wo nötig, den Gürtel und die Plastiktaschen im Schusterladen meines Bruders angefertigt.«

Harris kratzte sein schwarzgeschminktes Kinn und musterte seine Finger. »Ihr meint also, wir müßten einbrechen?«

»Falls alle Türen und Fenster zu einladend aussehen«, sagte Tucker, »werden wir uns einen Privateingang verschaffen.«

Harris nickte.

»Und noch etwas«, sagte Tucker. Er öffnete den Schultersack, den Paul Norton ihm am Nachmittag gegeben hatte, und holte zwei Walkie-talkies heraus. Eins gab er Shirillo, das andere behielt er selbst und schnallte es um seinen rechten Oberarm. Er erklärte Shirillo das Funktionieren der Sprechgeräte und bestand sogar auf einer Probe.

»Ich bekomme wohl keins, was?« sagte Harris.

»Du trägst ja schon die Maschinenpistole«, erwiderte Tucker. »Möglicherweise werden wir uns trennen müssen und uns so aus den Augen verlieren. Ich werde jedoch darauf achten, daß man uns nicht alle drei voneinander trennt. Du wirst also immer entweder bei Jimmy oder bei mir sein, und mit Hilfe der Geräte können wir in Kontakt miteinander bleiben. Später brauchen wir sie dann natürlich, um mit Paul Verbindung aufzunehmen.«

»Mit dem Hubschraubertyp?« fragte Harris.

»Ja.«

»Ich kann's kaum erwarten, ihn kennenzulernen.«

»Bald ist es soweit.«

Sie sammelten alles zusammen, was nicht in dem Buick gewesen war, als sie ihn gestohlen hatten – die abgelegten Kleider, die Aktenmappe, in der die drei Pistolen gewesen waren,

die Einkaufstüten der Sachen, die sie jetzt trugen, die Schminkdose, sämtliche Kassenbons – und packten es in den Schultersack, der zuvor die Funksprechgeräte enthalten hatte. Der Sack
war zum Bersten voll.

»Bin gleich wieder da!« sagte Tucker.

Er drang noch tiefer in den Wald ein, und als er den Buick
weit genug hinter sich gelassen hatte, schleuderte er den Schultersack weit in das Dunkel zwischen den Bäumen. Dann ging
er zu den anderen zurück.

Sie brauchten zehn Minuten, um den Buick, innen und außen, sauber abzuwischen, bis sie sicher sein konnten, daß keine
Fingerabdrücke mehr zu finden waren. Wegen ihrer Abdrücke
in den beiden anderen gestohlenen Autos, dem Chevy und
dem Dodge, hatten sie sich keine Sorgen gemacht. Die beiden
Fahrzeuge waren am Tag zuvor schrottreif zurückgeblieben,
und Baglio würde sie bestimmt aus dem Weg geschafft haben,
so daß sie der Polizei nicht in die Hände fallen würden. Diesmal jedoch lagen die Dinge anders: Der Buick würde hier
zurückgelassen und am Ende seinem rechtmäßigen Besitzer
wieder ausgehändigt werden. Zwar besaß die Polizei Fingerabdrücke von Harris, aber weder Shirillo noch Tucker hatten sich
je dieser Prozedur unterziehen müssen. Shirillo, weil er zu jung
und noch nie gefaßt worden war; Tucker, weil er einfach zu
vorsichtig war. Auch unter seinem richtigen Namen – als Be-
wohner einer Penthouse-Suite an der Park Avenue – war
Tucker noch nie in das Räderwerk der Polizeimaschinerie geraten und würde es wahrscheinlich auch in Zukunft nicht tun.
Reiche Leute werden nur selten gezwungen, sich solcher Art
Demütigung zu unterziehen, es sei denn, die Beweislast gegen
sie ließe der Polizei keine andere Wahl, und Tucker hatte nicht
die Absicht, unter seinem richtigen Namen irgendwie mit dem
Gesetz in Konflikt zu kommen. Sollte er je als Tucker erwischt
werden, würde er seine wirkliche Herkunft geheimhalten können, selbst wenn er verhaftet und verurteilt würde; sobald
er dann gegen Kaution auf freien Fuß gesetzt würde, könnte
er Tucker für immer begraben und in seine Haut als Park-
Avenue-Bewohner zurückschlüpfen, ohne sich sorgen zu müssen, daß ihm jemand auf die Spur käme. Die Tatsache aller-

dings, daß seine Abdrücke – als Tuckers Abdrücke – im Polizeiarchiv ruhten, würde seiner Bewegungsfreiheit erhebliche Beschränkungen auferlegen.

Tucker schlug die letzte Tür des Buick zu und benutzte dabei sein Taschentuch, das er danach wieder einsteckte. Zu Shirillo gewandt, fragte er: »Uhrzeit?«

Shirillo sah im trüben Licht der Taschenlampe auf seine Uhr. »Zwei Uhr fünfundvierzig.«

»Zeit genug«, sagte Tucker. Sie standen in völliger Dunkelheit, als Shirillo die Taschenlampe löschte. Die dichthängenden Zweige der Fichten hielten auch noch das schwache Licht der Sterne zurück.

»Haben wir auch nichts vergessen?« fragte Tucker. Er wußte, daß sie nichts vergessen hatten, aber er wollte Pete Harris das Gefühl geben, daß er an der Führung der Aktion beteiligt sei.

Niemand antwortete ihm.

Mit einem letzten Blick auf die Gummihandschuhe, die sie beim Umziehen übergestreift hatten, sagte Tucker dann: »Also, gehen wir. Wir haben noch ein gutes Stück Fußmarsch vor uns, und die Taschenlampe können wir nur für etwa eine Hälfte des Weges benutzen.«

Die Nacht schloß sie ein, und die verstummten Grillen in der Nähe des Buick begannen wieder mit ihrem Gezirpe, als sich die drei auf den Weg zu Baglios Villa machten.

12

Ihre Marschlinie verlief parallel zur Hauptstraße, stets außer Sichtweite von ihr. Bald kamen sie an Baglios asphaltierte Privatstraße. Sie zogen sich wieder tiefer in den Wald zurück, geführt vom Licht der Taschenlampe, und folgten der kurvenreichen Straße den Hügel hinauf.

Rotwild, kleinere Tiere und abfließendes Regenwasser hatten Pfade durch den dichten Baumbestand und das dornige Gestrüpp gebahnt. Diese natürlichen Pfade waren nicht immer der kürzeste Weg zwischen zwei Punkten, aber sie waren dafür leichter begehbar. Um die zusätzliche Entfernung, die sie so zurücklegen mußten, auszugleichen, verfielen sie zwischendurch immer wieder in den Laufschritt; drei Minuten Laufschritt, eine Minute Schrittempo lösten einander ab. Tucker wollte gegen drei Uhr dreißig in Sichtweite des Hauses sein, und sein Plan sah vor, daß sie spätestens um drei Uhr fünfundvierzig das Haus betreten haben mußten. Auf diese Weise blieb ihnen genügend Zeit bis zur Dämmerung, um alles Erforderliche zu erledigen.

Wenn er so dem irr auf und ab hüpfenden Lichtstrahl der Taschenlampe durch die Finsternis des Waldes nachlief, fühlte sich Tucker an seinen Alptraum in Harris' Hotelzimmer erinnert: die Hand, die plötzlich aus dem dunklen Schatten auftauchte und durch die Streifen aus Licht und Schatten sich immer bedrohlicher der nackten Gestalt Elises näherte.

Er hatte das völlig unbegründete Gefühl, als ob dieselbe Hand nun auch ihn verfolgte; als ob sie Harris bereits erdrückt hätte, sich nun um den nichtsahnenden Shirillo schlang und im nächsten Augenblick ihn selbst mit kalten eisernen Fingern ergreifen würde.

Und während er lief und ging und wieder lief, horchte er auf die gleichmäßigen Schritte der beiden Männer hinter sich.

Zweimal machten sie halt, um sich genau zwei Minuten lang auszuruhen, aber keiner von ihnen sprach ein Wort.

Sie waren vollauf damit beschäftigt, zu Atem zu kommen. Sie starrten auf den Boden, wischten sich den Schweiß aus den Augen, und wenn die Zeit um war, zogen sie weiter. Harris' Atmen klang sehr mühsam, und Tucker mochte nicht entscheiden, ob vor Erschöpfung oder vor Angst und Abgespanntheit. Das Verbrecherleben war eben nichts für ältere Männer.

Fünfzehn Minuten nach ihrem Aufbruch schaltete Tucker die Taschenlampe aus, und das Tempo verlangsamte sich merklich. Um genau drei Uhr fünfunddreißig gelangten sie an den Rand des Waldes, der Baglios gepflegten Rasen eingrenzte.

Schon im Wald hatten sie einen dünnen Bodennebel um die Baumstämme und das Gesträuch des Unterholzes bemerkt. Hier nun, im Freien außerhalb des Waldes, zogen sich die Nebelschleier deutlich sichtbar von einem Baum zum andern und lagen wie schwere Steppdecken über dem Rasen. Der Nebel trübte das Licht der Lampen unter den Säulen der Vorderveranda und der wenigen beleuchteten Fenster im Erdgeschoß des Hauses. Ein gespenstisches, gelbliches Licht fiel auf das Gras unmittelbar unter der Lichtquelle, ohne jedoch die weitere Umgebung heller zu beleuchten.

Tucker, Harris und Shirillo lagen am Rand des gemähten Rasens im Wald und beobachteten die Stille der nächtlichen Szene; keiner von ihnen wünschte, daß sich dort oben etwas regte, aber alle waren mehr oder weniger darauf gefaßt. Offenbar waren keine Wachen rund um das Haus aufgestellt, obwohl es natürlich Stellen gab, von denen aus ein Beobachter ungesehen die gesamte Rasenfläche überblicken konnte. Tucker verwarf diese Möglichkeit jedoch nach reiflicher Überlegung. Baglio würde nicht mit ihrer Rückkehr rechnen und folglich keinen Grund für besondere Vorsichtsmaßnahmen sehen. Es sei denn, der Polizeihubschrauber am Nachmittag hätte ihn ungewöhnlich stark beeindruckt. Tucker hielt das für sehr unwahrscheinlich. Leute vom Schlage Baglios hatten zwar keine besondere Vorliebe für Polizisten, aber sie litten auch nicht unter einem so krankhaften Verfolgungswahn wie Verbrecher kleineren Kalibers – ein gewöhnlicher Einbrecher oder Straßenräuber etwa. Für Ross Baglio gab es jederzeit das Mittel der Bestechung, und falls auch das einmal nicht fruchtete, gab es erstklassige Anwälte, die für Freilassung gegen Kaution und für Gründe zur Einstellung des Verfahrens sorgten.

»Bei diesem Wetter und so früh am Morgen wahrscheinlich im Haus selbst«, flüsterte Harris.

»Wahrscheinlich«, gab Tucker zurück.

»Wie geplant also?«

»Wie geplant.«

Harris ging als erster. Er duckte sich tief hinab und rannte auf das Buschwerk zu, das die kreisförmige Anfahrt vor dem Haus umgab. Von hier aus konnten sie unbeobachtet nach eventuell vorhandenen Wachtposten hinter den Fenstern Ausschau halten. Einen Moment lang war das zischende Geräusch seiner Schritte durch das taufeuchte Gras zu hören, dann nichts mehr; der Nebel hatte ihn geschluckt.

»Er wird an seinem Platz sein«, flüsterte Tucker.

»Okay«, antwortete Shirillo. Er rannte los, noch leiser und noch tiefer geduckt als Harris vor ihm. Der Nebel öffnete sich, schluckte ihn und schloß sich wieder. Tucker war allein.

Und die Erinnerung an den Alptraum überfiel ihn noch lebhafter als zuvor: die Schatten und das Licht, die drohend ausgestreckte Hand. Er spürte ein Jucken zwischen den Schulterblättern, den dumpfen, kalten Schmerz der Erwartung im Nacken.

Er sprang auf und lief geduckt zu den beiden anderen.

Sie lagen auf dem Bauch hinter der gleichmäßig getrimmten Hecke am Rand der Auffahrt, fünfzig Schritte von der Haupttür des Hauses entfernt. Durch Lücken im Blätterwerk hatten sie gute Sicht. Der Nebel war nicht so dicht, daß er auf diese kurze Entfernung das ganze Haus einhüllte, aber die Umrisse des Daches verschwammen, und die Fugen zwischen den einzelnen Mauersteinen waren unsichtbar, so daß das ganze Haus aus einem einzigen Stück weißen Alabasters zu bestehen schien. Aus ihrer Position konnten sie alle Fenster auf der Vorderseite überschauen: vier schwach beleuchtete und sechs vollkommen dunkle im Erdgeschoß; zehn dunkle im ersten Stock.

»Ich habe genau hingesehen«, sagte Harris.

»Und?«

»An den Fenstern ist niemand.«

»Das ist kaum wahrscheinlich.«

»Trotzdem ist es so … Schau doch hin!«

Nach fünf Minuten sagte Shirillo: »Auch ich sehe niemanden.«

»Vier Fenster sind erleuchtet«, stellte Tucker fest.

»Ich sage ja auch nicht, daß niemand in den Zimmern dahinter ist und wacht«, gab Harris zurück. »Ich stelle nur fest, daß niemand am Fenster Ausschau hält. Vermutlich, weil sie bei diesem Nebel wohl doch nichts sehen könnten …«

Schließlich ließ sich Tucker überzeugen, daß sie nicht beobachtet wurden. Falls einer von Baglios Männern hinter einem der dunklen Fenster im unteren oder oberen Geschoß stünde, würde er als hellerer grauer Fleck gegen die tiefe Dunkelheit des Zimmers hinter sich erkennbar sein. Das Licht des Halbmonds wurde durch den Nebel erheblich abgeschwächt, aber ein Gesicht nur wenige Zentimeter hinter der Scheibe würde doch genügend Licht reflektieren, um jederzeit sichtbar zu sein. Und hinter den erleuchteten Fenstern hätte sich erst recht kein Wachtposten verstecken können. Die Zimmer mit den erleuchteten Fenstern waren ganz offensichtlich ruhig und still.

»Also?« fragte Harris.

Nerven. Reine Nervensache. Die fünfundzwanzig Berufsjahre, unterbrochen nur von zwei kürzeren Gefängnisstrafen, verlangten ihren Tribut. Er war zu alt und hatte zu viele Gefahren überstanden, um sich jetzt bei diesem verrückten Unternehmen von einem Revolverhelden der Mafia so einfach eine Kugel verpassen zu lassen. Sie würden ihn oberhalb des Hauses im Wald verscharren, sein Körper würde sich langsam in nichts auflösen, und die Überreste würden vom Regenwasser den Berg hinabgeschwemmt und den Boden des gepflegten Parks düngen. Im Grab selbst würden nur seine Gebeine zurückbleiben – und der Anorak mit dem aufgestickten Krokodil. Harris hatte also Nerven. Aber hatte die nicht jeder? Eines Tages würde Tucker genauso weit sein wie Harris heute, die Nerven zum Zerreißen gespannt, bereit, sich nach diesem letzten Coup zur Ruhe zu setzen, und dann gäbe es noch einen ›letzten Coup‹ und noch einen, bis die Nerven schließlich zum großen Fiasko führten.

Nein. So weit würde es für Tucker nicht kommen. Denn bis dahin wäre er längst im Besitz seiner Erbschaft. Sein Vater wäre tot, seine Probleme gelöst. Eigentlich ein trauriges Leben, wenn man es recht bedachte: warten zu müssen, bis der eigene Vater abkratzt.

Tucker studierte ein letztes Mal die Vorderseite des Hauses, um ganz sicher zu sein. Die vier erleuchteten Fenster im Erdgeschoß lagen alle auf der linken Seite vom Haupteingang; die dunklen Fenster lagen rechts. »Eines von denen«, sagte er.

»Nicht die Tür?« fragte Harris.

»Die ist bestimmt abgeschlossen«, sagte Tucker. »Probiere es am vorletzten Fenster. Dort laufen auch die Telefonleitungen hinein.«

Harris stand auf, die MP in einer Hand, den Finger am Abzug, die Luger-Pistole in der anderen Hand, und lief mit raschen Schritten zum vorletzten Fenster an der rechten Seite des Hauses. Kein Schrei, nichts.

»Los!« befahl Tucker, und Shirillo folgte Harris ohne Zwischenfall. Tucker bildete die Nachhut. Mit einer kleinen Drahtschere, die er aus dem Anorak nahm, zerschnitt er, wie geplant, die Telefonleitung. Er stand genau vor dem Fenster, durch das sie einsteigen wollten, aber er hielt es für zwecklos, sich zu verbergen. Sollte sich jemand in dem Zimmer hinter diesem Fenster aufhalten, so würde er ohnehin gewarnt werden, wenn Tucker den Glasschneider benutzte.

Also los, worauf warten wir noch!

Tucker schnallte den Gürtel ab und gab ihn Shirillo. Ursprünglich hatte er sich nur auf sein eigenes Geschick verlassen wollen, aber nun fiel ihm ein, daß Shirillo mit den Werkzeugen bestimmt viel besser vertraut sein müßte und ihnen schneller Zutritt zu dem Haus verschaffen könnte als er.

»Schon mal damit gearbeitet?« fragte er überflüssigerweise.

»Oft.«

Tucker nickte, trat zurück, nahm Shirillos Pistole und beobachtete ihn, während er vor der dunklen Fensterscheibe kniete.

Pete Harris drehte sich um und beobachtete die andere Seite der Vorderfront, jederzeit darauf gefaßt, daß jemand aus der Haustür oder um die Ecke am anderen Ende des Hauses kommen könnte. Jemand, der aus der Haustür käme, würde mit einem Pistolenschuß erledigt werden können; sollte jemand am Ende der Vorderfront auftauchen, würde er statt zur Pistole zu seiner Thompson greifen müssen. Er ließ beide Waffen seitlich an seinem Körper herunterhängen, so daß sie seine Arme nicht über Gebühr belasteten und trotzdem schnell in Anschlag zu bringen waren, wenn es sein mußte.

Und wer weiß, vielleicht mußte es schon bald sein.

Tucker hätte sich ein bißchen weniger Licht gewünscht. Direkt über ihm, an der Verandadecke, brannte eine Hundertwattbirne unter einem Schutzgitter aus Draht.

Tucker wandte sich von Harris ab in die entgegengesetzte Richtung. Vielleicht wäre es keine schlechte Idee, einmal einen Blick um die Ecke des Hauses zu werfen. Er konnte nur einen einzigen Schritt in diese Richtung tun, als plötzlich einer von Baglios Männern auftauchte.

Er war groß, schlank und breitschultrig, das Gesicht ganz und gar nicht dümmlich, ein Mann vom gleichen Kaliber wie die Leibwächter, die sich in dem Cadillac befanden, als Tuckers Leute sie vor zwei Tagen auf der Bergstraße angehalten hatten. Vielleicht war er sogar einer von ihnen. Er schlenderte gedankenverloren daher, den Kopf tief zwischen die Schultern gezogen, und er stierte auf den Boden vor seinen Füßen. Er schien nichts Böses zu ahnen. Plötzlich jedoch, wie von einer übersinnlichen Hellsichtigkeit gewarnt, fuhr sein Kopf hoch, die Augen öffneten sich weit, die Hand fuhr mit der vielfach geübten Sicherheit des Profis unter sein Jackett.

Nein! wollte Tucker sagen. *Zwing mich nicht! Verhalt dich ruhig! Du hast keine Chance, das weißt du genau!*

Der Mann hatte seine Pistole halb gezogen, als ihn Tuckers Kugel traf, knapp unterhalb der rechten Schulter.

Die Pistole fiel aus seiner Hand und prallte mit leisem Poltern auf den Zementboden der Veranda.

Die Wucht des Schusses hatte ihn halb herumgeworfen; er lehnte mit dem Rücken gegen die Wand, seine Hand wollte an die Schulter fassen, als er vornüberstürzte und still liegenblieb.

13

Trotz des berufsbedingten hohen Risikos hatte sich Tucker erst zweimal in eine Lage gedrängt gesehen, in der ihm keine andere Wahl blieb, als einen Mann zu töten. Das erste Mal war es ein korrupter Polizist, der seinen Forderungen mit der Waffe Nachdruck verleihen wollte; das zweite Mal war es ein Mann, der mit Tucker zusammen ein Ding gedreht und sich in den Kopf gesetzt hatte, daß es doch eigentlich unsinnig sei, den Erlös zu teilen, wenn er mit einem einzigen Schuß aus seiner perlmuttbesetzten Minipistole dieser Unannehmlichkeit aus dem Wege gehen und doppelt so reich werden konnte. Der korrupte Polizist war fettleibig und schwerfällig. Der Partner mit der Perlmuttpistole war in seinen Gewohnheiten ebenso affektiert wie in seiner Wahl der Waffen. Er zog es vor, Tucker nicht einfach in den Rücken zu schießen – was sicherlich das Klügste gewesen wäre –, sondern ihn im Verlauf einer sehr melodramatisch angelegten Szene, mit sehr theatralisch gesetzten Worten über das, was ihn erwartete, aufzuklären. Er wollte Tuckers Gesicht beim Anblick des nahenden Todes sehen, so sagte er. Und er war sehr überrascht gewesen, als Tucker ihm die Pistole entwand, und noch überraschter, als ihn im Verlauf der kurzen Auseinandersetzung der tödliche Schuß traf.

Beide Male war alles sehr schnell und glatt gegangen – zumindest äußerlich; in seinem Innern jedoch war ein häßlicher Rückstand zurückgeblieben, den er noch lange, nachdem die Leichen begraben waren und zu verwesen angefangen hatten, spüren sollte. In den ersten Monaten danach war er fast in jeder Nacht aufgeschreckt, die Hände in feuchten Bettlaken verkrallt und mit einem stummen Aufschrei, der ihm in der Kehle steckengeblieben war.

Elise war immer da, um ihn zu trösten.

Er konnte ihr nicht sagen, was die Ursache dieser Träume war, und er pflegte sich darauf hinauszureden, daß er sich die Träume selbst nicht erklären könne oder sie schon wieder vergessen habe.

Sie glaubte ihm nicht.

Er war sicher, daß sie ihm nicht glaubte, obwohl sie es sich in ihrem Betragen oder in ihrem Gesicht nie anmerken ließ und auch nicht die üblichen bohrenden Fragen stellte. Natürlich konnte sie nicht wissen – oder auch nur ahnen –, was die wirkliche Ursache der Träume war, aber sie war daran auch nicht interessiert. Ihr ging es nur darum, ihm zu helfen, darüber hinwegzukommen.

Er fragte sich, wie wohl andere Leute, die getötet hatten, mit den Folgen fertig wurden, mit diesem Scham- und Schuldgefühl, das sich tief in die Seele hineinfraß.

Wie, zum Beispiel, machte es Pete Harris? Er hatte, nach eigenem Eingeständnis, während der letzten fünfundzwanzig Jahre sechs Menschen getötet, nicht ohne Grund, und zahllose andere vorher, im Kriege, als er mit seiner Thompson blind um sich geschossen hatte. War es so, daß Harris manchmal in der Nacht aufschreckte? Von Dämonen verfolgt? Von toten Menschen? Minotaurus und Harpyien mit vertrauten menschlichen Gesichtern? Wenn ja, wie tröstete er sich, oder wer tröstete ihn? Schwierig, sich diesen grobschlächtigen, rotgesichtigen, stiernackigen Kerl in den Armen einer Frau wie Elise vorzustellen. Vielleicht war er noch nie über seine Alpträume hinweggetröstet worden. Vielleicht schleppte er das alles noch in seinem Innern mit sich herum. Das wäre eine ebenso gute Erklärung für seinen schlechten Nervenzustand wie alles andere.

»Ich glaube, seine Schulter ist gebrochen.« Shirillo sah von dem verletzt am Boden Liegenden auf.

»Er ist nicht tot?«

»Das war ja auch wohl nicht deine Absicht, oder?«

»Allerdings nicht«, sagte Tucker. »Aber eine Pistole mit Schalldämpfer wird oft abgelenkt, auch wenn sie noch so gut gearbeitet ist.«

»Er blutet«, sagte Shirillo. »Aber es ist kein arterielles Blut; es wird ihn nicht umbringen.«

»Was nun?« fragte Harris.

Tucker kniete neben dem Verletzten nieder, um sich die Wunde anzusehen. Er hob seine Augenlider und fühlte den raschen Herzschlag des Mannes. »Er wird bald zu sich kommen, aber der Schock wird nachwirken. Jedenfalls birgt er keine Gefahr für uns, wenn wir ihn einfach hier liegenlassen.«

»Aber er könnte die anderen warnen«, bemerkte Harris.

»Dazu wird ihm die Kraft fehlen, selbst wenn er sich in Gedanken dazu aufraffen kann«, sagte Shirillo.

»Wir könnten ihn knebeln.«

»Und ihn womöglich umbringen, wenn der Knebel ihn zu ersticken droht«, sagte Tucker. »Nein. Wir nehmen ihn besser mit ins Haus, verstecken ihn in irgendeinem Schrank und hoffen, daß alles gutgeht.«

Shirillo nickte und ging ans Fenster zurück. Der Junge war erstaunlich ruhig, viel ruhiger, als Tucker erwartet hatte. Shirillo brachte die Klebstreifen auf der mittleren Scheibe an und schnitt ein kreisrundes Stück Glas heraus. Dann steckte er den Arm durch das Loch und tastete vorsichtig mit den Fingern umher. »Drähte«, sagte er. »Eine Alarmanlage.«

»Kennst du den Typ?« flüsterte Tucker.

»Kann sein. Taschenlampe, bitte!«

Tucker reichte ihm die Taschenlampe aus seiner Anoraktasche. Shirillo knipste die Lampe an, leuchtete durch das Loch in der Scheibe nach links und rechts und knurrte leise, als ob sich seine Vermutung bestätigt hätte. Dann knipste er die Lampe aus und gab sie Tucker zurück.

»Nun?«

»Die Art kenne ich.«

»Eingebaut?«

»Nein. Der Draht läuft durch zwei Führungsringe, die unten am Fenster angeschraubt sind. Wenn ich das Fenster hebe, spannt sich der Draht und löst den Alarm aus – das heißt, falls ich blöd bin.«

»Aber du bist nicht blöd«, stellte Harris fest.

»Danke, aber ich brauchte deine Beruhigung.«

»Wie lange brauchst du, um sie auszuschalten – zwei oder drei Minuten?« fragte Tucker.

»Weniger.«

»Also los!«

Shirillo arbeitete schneller, als Tucker es gekonnt hätte. Er beklebte eine zweite Scheibe in der unteren Reihe, schnitt sie heraus und langte mit seinen Spezialwerkzeugen durch das Loch, um die Führungsringe vom Fensterrahmen zu lösen, so daß der Draht harmlos auf der Fensterbank lag und beim Heben des Fensters die Alarmanlage nicht betätigen konnte. Nach beendeter Arbeit steckte er die Werkzeuge in die Gürteltaschen zurück und schnallte den Gürtel unter seinem Anorak um. Er faßte mit beiden Händen durch die Löcher in den Fensterscheiben, öffnete den Riegel und schob das ganze Fenster so weit hoch, daß ein Mann darunter her kriechen konnte.

»Du zuerst!« sagte Tucker.

Shirillo zog den Kopf ein und kroch hinein.

»Faß mit an!« Tucker deutete mit einem Kopfnicken auf den immer noch bewußtlos am Boden liegenden Verletzten.

Er und Harris legten die Waffen aus der Hand, hoben den Mann vom Boden auf und schoben ihn durch die Fensteröffnung in das dunkle Zimmer, wo Shirillo ihn sanft auf den Teppich gleiten ließ. Die Arbeit war zeitraubender und verlangte mehr Behutsamkeit, als wenn der Mann tot gewesen wäre. Aber es war schon besser so. Viel besser. Zumindest ersparte man sich auf diese Weise eine Reihe häßlicher Alpträume.

»Jetzt du!« sagte Tucker.

Harris reichte die Thompson durchs Fenster und stieg rasch hinterher, um möglichst bald die Waffe wieder in Händen halten zu können. Es bedurfte einiger schmerzhafter Verrenkungen, um seinen massigen Körper durch den schmalen Spalt zu zwängen, aber er gab keinen Laut des Protests von sich.

Tucker hob die ausgeschnittenen Scheibenstücke auf, löste die Klebestreifen vom Fenster und reichte alles zu Shirillo hinein. Dann sah er sich noch einmal um, ob sie auch keine anderen Spuren ihrer Arbeit hinterlassen hatten.

Blut.

Er prüfte die Blutspuren auf dem Boden der Veranda, wo der Verletzte gelegen hatte. Es war nicht viel Blut, weil das meiste von den Kleidern des Verletzten absorbiert worden war. Das wenige, was durchgedrungen und auf den Boden gelangt war, war schon trocken und dunkler geworden. Selbst wenn jemand hier vorbeikommen sollte – und das war sehr unwahrscheinlich, wenn dies der Kontrollbezirk des Verletzten war –, würde er sich auf die Flecken am Boden keinen Reim machen können. Und wenn doch, nun, dann war es eben nicht zu ändern.

Er ließ den Blick ein letztes Mal über den nebelbedeckten Rasen wandern, von der Hecke an der Auffahrt bis zu den großen Bäumen.

Nichts.

Er horchte in die Nacht. Stille.

Außer von dem Verletzten waren sie von niemandem entdeckt worden. Ihre Chancen standen damit recht gut. Sie würden es schaffen. Das *fühlte* er – jenseits aller verstandesmäßigen Gründe. Der Erfolg gehörte ihnen. Das heißt: fast. Denn wenn Merle Bachman zum Reden gebracht worden war, würden sie alle hochgehen.

Er folgte Harris durch das Fenster ins Haus und schloß das Fenster hinter sich.

14

»Es ist eine Bibliothek, Freunde«, sagte Pete Harris, während Tucker den Strahl der Taschenlampe über die großen bequemen Sessel, einen überdimensionalen Eichentisch und die vollbesetzten Bücherregale gleiten ließ.

»Ein Ganove mit Kultur«, sagte Shirillo.

Tucker bewegte sich vorsichtig durch den Raum, bis er sicher war, daß die Luft rein war. Er fand die Tür zu einem kleinen Nebenraum und trug, zusammen mit Shirillo, den ohnmächtigen Verletzten hinein.

»Von nun an gibt es kein Zurück mehr«, stellte Harris fest.

»Wie recht du hast«, sagte Tucker.

Behutsam öffneten sie die Tür zum Flur und traten, einer nach dem andern, in einen schwachbeleuchteten Korridor hinaus. Sie zogen die Tür hinter sich ins Schloß. Auf der anderen Seite des Ganges befand sich eine weitere Tür, hinter der eine Treppe ins Dunkel hinabführte.

»Keller«, sagte Shirillo.

»Was ist im Keller?«

»Swimmingpool, Sauna, Gymnastikraum.«

»Dies ist der einzige Zugang?«

»Hm-m. Da unten hält sich zu dieser Nachtzeit keiner auf, wenigstens nicht im Dunkeln. Das ist so gut wie sicher.«

Tucker stierte in die Dunkelheit hinab, dann schüttelte er den Kopf. »Sieh trotzdem nach!« sagte er.

Shirillo stieg, ohne zu murren, mit der Taschenlampe die Kellertreppe hinunter und verschwand.

Die Stille im Haus war erdrückend, zum Greifen dick und in Anbetracht des Zustands, in dem sie sich befanden, irgendwie unecht; es war, als würden sie auf Schritt und Tritt beobachtet, als wäre man auf sie vorbereitet.

Shirillo war noch keine drei Minuten am Fuß der Kellertreppe um die Ecke gebogen, als Harris seinen Posten, von dem aus er den Korridor übersehen konnte, verließ, sich an die offene Kellertür begab und in die rabenschwarze Finsternis hinabschaute. Sein Gesicht war gerötet, mit Schweißperlen besetzt, und er zitterte leicht.

»Nun komm schon, Freund!« sagte er.

»Immer mit der Ruhe!«

»Wo steckt er denn nur?«

»Laß ihm noch ein paar Minuten Zeit!«

Harris trat in den Korridor zurück, sichtbar unzufrieden, hier so lange untätig warten zu müssen, die MP und die Pistole im Anschlag an der Hüfte. Tucker hoffte nur, daß niemand sie zufällig überraschen würde, denn darauf, daß Harris zunächst die Schalldämpferpistole benutzen würde, war kein Verlaß. Er würde, aus reiner Gewohnheit, aus Notwendigkeit und aus Angst, mit der Thompson losballern. Und das wäre das Ende jeglichen Überraschungseffekts.

Zwei Minuten später war Shirillo wieder da. »Da unten ist keiner«, sagte er.

Harris lächelte und wischte sich mit dem Rücken der Pistolenhand den Schweiß aus dem Gesicht. Er hätte zu gern gewußt, ob er nur vor Angst schwitzte oder etwa auch vor allmählicher physischer Erschöpfung. Gott, wie alt er sich fühlte! Viel älter, als er in Wirklichkeit war. Und dabei würde dies nun doch nicht sein letzter Coup sein, denn das Geld war ja weg; aber der nächste mußte einfach der letzte sein.

»Sputen wir uns!« sagte Tucker. Er befürchtete, die Gemütsruhe, für die er bekannt war, zu verlieren, wenn sie noch länger untätig blieben. Jetzt fehlte nur noch, daß auch er, wie Harris, das große Knieschlottern bekäme und die ganze Sache damit verpfuschte, während Jimmy, der Grünschnabel, die Ruhe bewahrte.

Rasch öffneten sie die Türen zu beiden Seiten des Ganges und vergewisserten sich, daß alle Zimmer in diesem Flügel leer waren. Im anderen Flügel, jenseits der Eingangshalle, wo die beleuchteten Zimmer lagen, würden sie schwierigere Verhältnisse antreffen.

Harris beobachtete die geschlossenen Türen zu den beiden beleuchteten Zimmern, die Luger und die MP schußbereit. Er war in Schweiß gebadet, und sein Atem kam schwerer als bei Tucker und Shirillo. Während er den Feuerschutz übernahm, öffneten die beiden anderen die vier Türen zur Hinterseite des Hauses und kontrollierten die Räume: ein kleines, fensterloses

Kunstzimmer, die Wände geschmackvoll mit echten Ölgemälden behängt; die ultramoderne Küche; ein Vorratsraum, bis zur Decke voll mit Konserven, Weinregalen und noch nicht ausgepackten Whiskykartons; ein Badezimmer mit weißem Zottelteppich. In keinem der Zimmer ein Mensch. Fast gleichzeitig schlossen sie die letzten beiden Türen und kamen zu Harris, der aussah wie gerädert: die Venen und Arterien an Hals und Nacken standen hervor, der Kopf war vorgeschoben, die Schultern hochgezogen, die Füße gespreizt, die Beine gespannt und in den Knien gebeugt, die Arme weit ab vom Körper und die weißen Fingerknöchel um die Waffen gekrampft.

Tucker winkte Shirillo zu sich heran und übernahm mit ihm die hintere der beiden Türen, während er Harris die vordere zuwies. Auf ein Zeichen von Tucker stießen Shirillo und Harris die Türen zu den beleuchteten Zimmern weit auf, ohne sie jedoch gegen die Wände schlagen zu lassen.

Tucker sah, wie Harris schnell in dem Zimmer zu seiner Linken verschwand, als hätte er dort jemanden entdeckt, den es auszuschalten galt, aber er wartete das Ergebnis nicht ab. Die Tür, die Shirillo nach innen aufgestoßen hatte, kam bereits langsam wieder zurück, und er betrat, von Jimmy gefolgt, das Zimmer und sah sich einem kleinen, dicklichen, schnurrbärtigen, kahlköpfigen Mann gegenüber. Der Mann saß in einem Hollywood-Bett, ein offenes Buch in den Händen.

»Wer sind Sie?« fragte der kleine Dicke.

Tucker richtete die Luger auf die glänzende Stirn des Mannes und sagte: »Maul halten!«

Der Mann hielt das Maul.

Tucker drehte sich zu Shirillo um. »Mit dem werde ich allein fertig. Sieh du nach, was unser Freund macht!«

Shirillo verschwand durch die Tür.

Tucker holte sich einen Stuhl herbei und ließ sich vor dem Unbekannten nieder. »Wer sind Sie?«

»Wer sind *Sie*?« fragte der Unbekannte zurück. Das Buch, in dem er gelesen hatte, war eine populärwissenschaftliche soziologische Studie über die Mentalität des Verbrechers, die seit neuestem die Bestsellerlisten erobert hatte. Tucker fand das reichlich komisch, aber er lachte nicht.

»Wer sind Sie?« wiederholte er und rückte mit der Pistole näher.

Der Dicke kniff die Augen halb zu. »Keesey. Ich bin der Koch.«

»Bleiben Sie still sitzen, Keesey, und versuchen Sie nicht, Alarm zu schlagen! Wenn Sie nur ein einziges Mal den Mund unaufgefordert aufmachen, werden Sie ihn nie wieder aufmachen.«

Keesey hatte verstanden. Er saß steif und still da und sah Tucker aus ängstlich verkniffenen Augen an, bis Shirillo und Harris zwei Minuten später das Zimmer betraten.

»Nun?« fragte Tucker.

»Alles klar, mein Freund«, sagte Harris. »Das Zimmer nebenan ist groß und wird von zwei von Baglios Männern bewohnt. Einer von ihnen war gerade beim Kaffeetrinken, als ich die Tür aufmachte. Er sah aus, als ob er einen Frosch verschluckt hätte, als er mich sah.«

»Und?«

»Ich hab ihn mit dem MP-Kolben unter dem Kinn erwischt. Ich glaube nicht, daß er sich den Kiefer gebrochen hat, aber er dürfte für eine Weile aus dem Verkehr sein. Jimmy hat ihn sicherheitshalber mit den Bettlaken gefesselt.«

»Sein Zimmergefährte?« fragte Tucker.

»Das wird der sein, den du draußen erwischt hast.« Harris wandte sich direkt an Keesey. »Was haben wir denn hier?« Sein Lächeln war humorlos. Tucker erkannte deutlich, daß Harris sich dem Rand des Abgrunds näherte; er reagierte ohne Grund feindselig auf alles und jeden.

»Den Koch«, sagte Tucker.

»Und was sagt er?«

Tucker wandte sich wieder an Keesey. »Wie viele bewaffnete Leute hat Baglio im Haus?«

»Keinen«, antwortete Keesey.

Tucker beugte sich vor, nahm ihm sanft das Buch aus den Händen, markierte die Stelle mit der Klappe des Schutzumschlags, legte das Buch aus der Hand und schlug dem Dicken den Pistolenknauf auf den Schädel.

Keesey konnte gerade noch rechtzeitig den Aufschrei unterdrücken. Er rutschte tiefer in die Kissen und rieb sich den schmerzenden Kopf; sein Atem kam stoßweise.

»Wie viele bewaffnete Leute hat Baglio im Haus?« wiederholte Tucker.

»Nur zwei.«

»Die beiden im Zimmer nebenan?«

»Ja.«

»Sie halten Nachtwache?«

»Ja.«

»Und am Tag?«

Der Koch rieb sich den kahlen Schädel und beäugte seine Hand, als müßte sie über und über mit frischem Blut bedeckt sein. »Die meiste Zeit brauchen wir am Tag keine Wachen. Mr. Baglio hat nur jeden zweiten Montag und Dienstag welche hier.«

»Was meinst du?« fragte Shirillo. Er lehnte an der Wand vor dem Bett und sah, wenn möglich, noch dünner und schwächer aus als sonst.

Tucker zuckte die Achseln. »Schwer zu sagen, ob er lügt.«

»Wieso sollte ich lügen?« Der Koch tastete über seine zarte Kopfhaut.

»Wer ist im Moment oben?« fragte Tucker.

»Mr. Baglio, Henry Deffer, Louise und Martin Halverson – und Loraine.«

»Deffer ist der Chauffeur?«

»Ja.«

»Wer sind die Halversons?«

»Das Hausdienerpaar.«

»Wie alt?«

»Fünfzig?« sagte der Koch fragend. Dann nickte er und hielt sich den Nacken, weil das Nicken ihm Schmerzen bereitete. »Ja, um die Fünfzig.«

»Ist er bewaffnet?«

»*Halverson?*« fragte der Koch ungläubig.

»Ja, Halverson.«

»Natürlich nicht.« Der Koch kicherte. »Haben Sie Halverson schon mal gesehen?«

»Nein.«

»Ja, dann ...«

»Wer ist diese Loraine?« fragte Tucker.

Der Koch errötete tatsächlich und vergaß für einen Moment seine schmerzenden Wunden. Das Erröten breitete sich von seinem Gesicht auf seinen glänzenden Schädel aus. »Sie ist eine sehr nette junge Dame, ein reizendes Mädchen. Sie ist Mr. Baglios ... äh, seine ... nun ja, die Dame des Hauses.«

»Sie schlafen zusammen?«

»Ja.«

»Sie ist blond, schlank, gutgewachsen, groß?« Tucker dachte an die Blondine, die aus dem demolierten Cadillac gestiegen war.

Der Koch errötete noch tiefer und sah hilflos zu den beiden anderen Männern, als erwarte er von ihnen, daß sie ihm die Beantwortung dieser Frage erlassen könnten. Schließlich brachte er widerstrebend hervor: »Ja, das ist sie.«

Tucker lächelte. »Und nun wäre ich Ihnen sehr zu Dank verbunden, wenn Sie mir die genaue Lage der einzelnen Zimmer angeben könnten ...«

»Was haben Sie mit ihnen vor?«

»Das ist nicht Ihre Sache.«

»O doch. Ich könnte meinen Job verlieren.« Keesey legte eine Hand auf seinen Bauch, wie um zu zeigen, welch empfindlichen Verlust er in dem Fall erleiden würde. »Werden Sie Mr. Baglio töten?«

»Nein«, sagte Tucker. »Nur wenn er uns dazu zwingt.«

Keesey sah sie der Reihe nach an, schien zu einem Entschluß zu kommen, nickte und beschrieb in knappen Worten die Lage der Räume im Obergeschoß. Deffer und die Halversons wohnten direkt über ihm, während Baglio und die Dame des Hauses allein den größeren Flügel auf der anderen Seite der Treppe bewohnten.

»Und nun zu dem Mann, der bei dem Autounfall schwer verletzt wurde ...« Tucker lächelte, obwohl ihm nicht danach zumute war, bereit, erneut mit der Pistole nachzuhelfen, wenn es sich als nötig erwies. Diesmal würde er dafür sorgen, daß die Visiervorrichtung ein wenig mehr von Keeseys zarter Haut abschürfte.

»Darüber weiß ich nichts«, sagte Keesey.

»Sie haben doch für ihn gekocht!«

»Er darf nur flüssige Nahrung zu sich nehmen.«

»Ist er oben?«

»Nein.«

»Das haben Sie doch gerade angedeutet, als Sie von seiner Spezialdiät sprachen.«

»Sie haben ihn am Vormittag abtransportiert.«

»Lebend?«

Keesey wand sich und setzte ein beleidigtes Gesicht auf.

»Natürlich lebend«, sagte er.

»Wohin haben sie ihn geschafft?«

Keesey rieb sich den Kopf. Kratzte sich den Schnurrbart. »Darüber weiß ich nichts.«

»Sie haben nicht nachgefragt?«

»Ich pflege Mr. Baglio keine Fragen zu stellen.«

Tucker nickte, musterte Keesey scharf, dann gab er Shirillo einen Wink. »Fesseln und knebeln!« sagte er.

Shirillo brauchte weniger als fünf Minuten, dann kam er zu den beiden anderen auf den Korridor hinaus.

»Wollen wir auch jetzt noch nach oben?« fragte er.

»Warum nicht?«

»Wenn Bachman doch nicht da ist ...«

»Er ist da. Da bin ich ganz sicher«, sagte Tucker. »Keesey, der kleine Halunke, hat doch gelogen.«

»Bist du sicher?«

Tuckers breites Lächeln war auch in der trüben Nachtbeleuchtung sichtbar. »Meinst du etwa, Keesey sei nicht fähig, uns irreführen zu wollen?«

»Wenn ich ehrlich sein soll, ja.«

»Wieso? Weil er dick und fett ist und rot wird wie ein Schulmädchen?« Tucker schüttelte den Kopf und ließ seinen Blick an Shirillo auf und ab wandern. »Wenn das so ist, dann würde ich sagen, du taugst nicht für diesen Job, weil du zu dünn und zu jung bist. Aber du bist da, und du hältst dich sogar recht wakker.«

»Okay«, sagte Shirillo. »Dann ist Bachman also oben. Kein schlechtes Zeichen, oder? Das heißt doch, daß er noch nicht geredet hat.«

»Vielleicht.«

Harris sagte: »Freunde, wir vertrödeln unsere Zeit.«

»Recht hast du!« sagte Tucker. »Gehen wir also hinauf und begrüßen wir Mr. Baglio!«

15

Sie gingen über die Hintertreppe ins Obergeschoß hinauf und befanden sich in dem Flügel, wo Deffer und die Halversons ihr Quartier hatten. Tucker lauschte in den stillen Korridor hinein, blinzelte in die tiefe Dunkelheit, dann winkte er Harris und Shirillo an die Tür zur Linken, wo – laut Keesey – das Hausdienerpaar schlafen mußte, während er selbst an die erste Tür zur Rechten herantrat und sich horchend dagegenlehnte. Er konnte nichts hören, nicht das leiseste Geräusch. Falls Henry Deffer durch die gedämpften Stimmen in Keeseys Zimmer – genau unter seinem eigenen – geweckt worden war, dann zeugte dies von einer erstaunlichen Kaltblütigkeit. Tucker drehte den Türknopf langsam bis zum Anschlag herum und drückte die Tür nach innen. Als hätten sie auf dieses Signal gewartet, betraten Harris und Shirillo auf der anderen Seite des Korridors das Zimmer der Halversons, schalteten dort das Licht an, und für einen kurzen Moment zeichnete sich Tuckers Gestalt im Gegenlicht ab, bis er selbst den Lichtschalter neben Deffers Zimmertür gefunden hatte.

In dem plötzlich aufflammenden grellen Licht richtete sich der alte Mann im Bett auf, als hätte ihn ein Elektroschock durchfahren, glitt schnell an den Bettrand, schob die weißen Füße in ein Paar abgetretener Hausschuhe und wollte aufstehen.

»Sitzen bleiben!« sagte Tucker.

Deffer sah aus wie ein gerupfter Truthahn, der dürre Hals leuchtendrot, die Bartstoppeln wie die beim Rupfen vergessenen Stoppelfedern. Er sah Tucker finster an und schmatzte mit den Lippen, als wollte er seinem Gegner die Augen auspicken.

»Sitzen bleiben und ganz ruhig sein!« wiederholte Tucker.

Deffer warf einen sehnsüchtigen Blick auf die nur drei Schritt entfernte Schublade der Kommode. Er hob die Arme wie Flügel, ließ sie sinken, als er merkte, daß er doch nicht fliegen konnte, fühlte sich ertappt und wandte den Blick von der Schublade ab, wieder zu Tucker hinüber.

»Strolch!« sagte er, und der Klang des Wortes gefiel ihm offensichtlich. Er verzog sein graues Gesicht und sagte es gleich noch einmal: »Strolch!« Dann setzte er sich, zufrieden darüber, daß er sich noch nicht völlig hatte einschüchtern lassen, wie befohlen aufs Bett.

Tucker ging zur Kommode, öffnete die oberste Schublade und nahm eine Marley .38 von dem sauberen Stapel sorgsam gefalteter Unterwäsche. Es war eine bildschöne Waffe, gut gepflegt und voll geladen.

»Die gehört mir!« fauchte der Truthahn.

Tucker drehte sich zu ihm um und legte ihm den langen Pistolenlauf quer über die Lippen, um ihm die Notwendigkeit äußerst leisen Sprechens zu bedeuten. »Leise, habe ich gesagt, oder das Ding geht los.«

Deffer versuchte seine Bestürzung zu überspielen.

Tucker entlud die Marley, nahm sich auch angesichts der gebotenen Eile noch Zeit, die herrliche Waffe zu bewundern, schob die leere Pistole und die Patronen in seine leere Anoraktasche und zog den Reißverschluß zu.

»Völlig aussichtslos, was Sie da machen, Sie Strolch!« sagte Deffer.

Tucker trat mit einem falschen Lächeln an seine Seite und richtete das kalte Ende des Schalldämpfers gegen seine Stirn. »Flüstern, habe ich gesagt!«

Deffer machte ein grimmiges Gesicht. Seine Zähne, in einem Glas Wasser auf dem Nachttisch, grinsten wie eine Cheshirekatze. Ohne sein Gebiß sah er älter aus, als er war. »Was wollen Sie?« fragte er, leise flüsternd.

»Warum legen Sie sich nicht ganz entspannt aufs Bett«, sagte Tucker.

»Weil ich nicht will«, sagte der Truthahn unter erneutem Flügelschlagen und Lippenschmatzen.

»Das war keineswegs als Frage gemeint«, sagte Tucker geduldig und winkte mit dem Pistolenlauf.

Deffer legte sich auf den Rücken.

Tucker zog einen Stuhl ans Bett und setzte sich. Sitzend war er längst nicht so nervös, weil er die Schwäche in den Beinen nicht mehr spürte. »Ich werde Ihnen nunmehr ein paar Fragen stellen, und Sie beschränken sich aufs Antworten. Lügen Sie, so werde ich dafür sorgen, daß die Organisation Ihre Altersrente nicht mehr an Sie auszahlen muß.«

Deffer sagte nichts. Er stierte Tucker aus seinen bösartig funkelnden, rotgeränderten Augen an und lag stocksteif da wie auf einer Holzpritsche.

»Wo hält Baglio den Mann versteckt, der am Dienstagmorgen den Chevrolet zuschanden gefahren hat?« fragte Tucker.

Deffers Augen leuchteten auf. Offensichtlich hatte er den Zusammenhang mit den Ereignissen vom Dienstagmorgen noch gar nicht gesehen. Für Tucker war das die sicherste Erklärung dafür, warum Baglio, der weit jüngere von beiden, das Steuer – bildlich gesprochen – in der Hand hatte, während dies auf Deffer, den Chauffeur, nur wortwörtlich zutraf.

Deffer hüstelte mit einem breiten Grinsen. »Das werdet ihr noch bereuen, ihr Strolche! Im Haus wimmelt es von Wachen.«

»Sie lügen«, sagte Tucker.

»Das wird sich zeigen.«

»Ich habe bereits mit Keesey gesprochen. Zwei Wächter. Einer liegt, gefesselt und geknebelt, unten; der andere hat sich eine Kugel eingefangen.«

»Tot?« fragte der Truthahn, und sein Grinsen erstarb.

»Noch nicht.« Tucker erkundigte sich erneut nach Bachman.

»Er ist abtransportiert worden«, sagte Deffer. Sein verschrumpeltes graues Gesicht zeigte keinen Ausdruck mehr; er sah nur noch alt und müde aus. Aber das war nicht echt; es war ein Pokergesicht, hinter dem sich wer weiß was verbarg. Deffer war sicher nicht außergewöhnlich intelligent, aber er hatte für einen Mann seines Alters erstaunlich viel Courage und eine Raffiniertheit, an der sich mancher die Zähne ausbeißen konnte.

»Tot?« fragte diesmal Tucker.

Deffer betrachtete die schallgedämpfte Luger jetzt mit mehr

Respekt als bisher, aber auch das konnte gespielt sein, genau wie sein müder Gesichtsausdruck. »Nein«, sagte er.

»Wohin haben sie ihn geschafft?«

»Keine Ahnung.«

»Mumpitz! Sie sind hier der Chauffeur.«

»Sie haben ihn nicht mit dem Auto fortgeschafft.«

»Wie dann?«

»Krankenwagen.«

»Schon wieder gelogen. Das Letzte, was Baglio sich wünscht, ist, daß die Verletzungen des Mannes publik werden. Die Polizei könnte im Krankenhaus herumschnüffeln, und unser Mann könnte ausplaudern, was hier Dienstag vorgefallen ist. Baglio hat kein Interesse daran, daß jemand von den Geldtransporten alle zwei Wochen erfährt.«

»Es war ein privater Krankenwagen«, kreischte der Truthahn. In seinem Gesicht zeichnete sich jetzt eine aufkommende Angst ab, eine offenkundig gespielte Angst.

»Was soll das nun wieder heißen?«

»Daß man ihn nicht notwendigerweise ins Krankenhaus transportiert hat.«

»Wohin dann?«

»Ich weiß es nicht.«

»Die ganze Geschichte ist erlogen«, sagte Harris. Er war, von Tucker ungehört, ins Zimmer gekommen und stand nun neben Tuckers Stuhl, die Maschinenpistole auf Deffer gerichtet.

Deffer schluckte mühsam. Vielleicht hatte er vor schweren Waffen wirklich Respekt. Das ließ sich nicht mit Sicherheit sagen.

»Habt ihr die Halversons ausgefragt?« erkundigte sich Tucker.

»Noch nicht.« Harris deutete mit der Waffe auf Deffer. »Aber dieses alte Schwein lügt doch das Blaue vom Himmel herunter. Wer ein Leben lang für Baglio gearbeitet hat, der hat doch längst vergessen, was Wahrheit bedeutet, Freund.«

»Ich glaube, du hast recht«, sagte Tucker. »Unser Mann ist noch im Haus – oder er ist tot.«

»Über diese Möglichkeit wollte ich gerade mit dir sprechen«, sagte Harris. Er schwitzte noch immer übers ganze Gesicht.

»Sofort. Ich will mich nur rasch um Großvater kümmern.«

»Das ist sehr schnell geschehen«, sagte Harris. Er trat mit ein paar raschen Schritten an Deffers Bett heran, verlagerte den Griff an der Waffe und schlug dem Alten den schweren Metallkolben unters Kinn. Der Alte schnappte nach Luft, bäumte sich noch einmal auf und lag still. Blutiger Schaum trat auf seine Lippen, und ein gelblicher Fleck bildete sich an seinem Kinn und Hals.

»Das war nicht nötig«, sagte Tucker.

»Keine Gefahr für seine Zähne, Freund«, sagte Harris. Er benutzte dieses ›Freund‹ viel zu oft, er war gereizter als je zuvor.

»Ich wollte ihn fesseln und knebeln.«

Harris stieß dem Alten den Lauf der Maschinenpistole in die Seite und sagte: »Er ist nur bewußtlos. Auf jeden Fall steht er uns so nicht im Weg, und wir haben Zeit gespart.«

Tucker stand auf und fühlte wieder das Zittern seiner Knie. »Du sagtest, du wolltest mit mir sprechen.«

»Ja.« Harris ging ans Fenster, sah hinaus, drehte sich um und lehnte sich an die Wand. Flüsternd fuhr er fort: »Was ist, wenn Bachman geredet hat? Wenn sie ihn umgelegt haben?«

»Dann verschwinden wir von hier und tauchen für eine Weile unter, bis sie uns vergessen haben.«

Harris schüttelte heftig den Kopf. »Nein, das kann ich mir nicht leisten. Für mich ist bei dieser Sache nichts herausgesprungen, und ich brauchte das Geld. Ich habe eine andere Idee.«

Tucker wußte im voraus, was es war, aber er fragte trotzdem.

»Wenn sie Bachman ausgequetscht haben, dann müssen wir Baglio umlegen, vielleicht auch Deffer und vielleicht auch noch den Wächter unten.«

»Und was ist mit dem Mädchen, Loraine?«

Harris war ehrlich verblüfft. »Wieso?«

»Baglio schläft mit ihr«, erklärte Tucker geduldig. »Er ist gut fünfzig, und sie nicht mal halb so alt. Sie sieht verdammt gut aus, solche Mädchen erwecken manchmal so was wie Dankbarkeitsgefühle in einem so alten Mann. Vielleicht ist sie für ihn mehr als nur ein Betthase, einer von vielen, vielleicht hat er ihr mehr von seinen Privatangelegenheiten erzählt, als für uns gut ist. Ich kenne andere Männer, die sich schon auf diese Weise zum Narren gemacht haben.«

Harris mußte kurz überlegen. »Gefällt mir nicht«, sagte er dann, »aber wenn's sein muß, legen wir auch sie um.«

»Und die Halversons?«

»Was wissen die denn schon?« sagte Harris zuversichtlich. »Ein Mann wie Baglio plaudert doch nicht geschäftlich mit dem Küchenmädchen und dem Butler.«

»Hausdiener.«

»Egal.«

Tucker schüttelte traurig den Kopf und kontrollierte Deffers Puls und Atem. Er riß den Kopfkissenbezug in Streifen und sagte: »Pete, du bist ganz übel dran. Ich rate dir, dich sobald wie möglich zur Ruhe zu setzen.«

»So, meinst du?«

Tucker nickte, ohne ihn anzusehen, und begann Deffers Füße zu fesseln. »Wenn du Baglio und die andern umbringst, haben wir es mit der Polizei zu tun. Die schwarze Schminke macht uns doch nicht unsichtbar! Damit könnten wir allenfalls Baglios Spürhunde von unserer Spur ablenken, aber die Polizei würde sich Keeseys und Halversons Beschreibungen anhören und mit deinem Foto aus einer der Millionen Verbrecherkarteien in Verbindung bringen. Zugegeben, die Aussicht, auf diese Weise erwischt zu werden, ist gering, aber möchtest du es riskieren? Möchtest du wirklich alle im Haus umlegen, bis hinunter zur Dienerschaft?«

Harris räusperte sich leise und stieß sich von der Wand ab. Ihm fiel nichts ein, was er hätte sagen können. Er hatte sich in Tuckers Augen lächerlich gemacht. Das war zuviel.

Tucker wälzte Deffer auf den Bauch, band ihm die Hände hinter dem Rücken zusammen und rollte ihn wieder herum. Ihn zu knebeln war wohl überflüssig. Wenn er wieder zu sich käme, würden alle im Haus längst wissen, daß ungebetene Gäste da wären.

»Trotzdem ...«, versuchte Harris schließlich das Schweigen zu unterbrechen.

»Und selbst wenn du alle im Haus umbringst«, fuhr ihm Tucker ins Wort, »woher willst du wissen, ob Baglio nicht

schon anderen Leuten mitgeteilt hat, was er von Bachman weiß
– vielleicht diesem Lackaffen Chaka? Wenn es so ist, hattest du
sie alle umsonst umgebracht.«

»Eins hast du übersehen«, sagte Harris. »Dies ist nämlich
schon jetzt ein Fall für die Polizei. Denk an den Wächter, den
du angeschossen hast!«

»Blödsinn! Das kannst du dir doch an fünf Fingern ausrech-
nen! Den Mann wird Baglio von seinem eigenen Arzt wieder
zusammenflicken lassen.«

Natürlich, das wußte auch Harris, aber er ließ nicht locker.
»Ich kann mir aber nicht leisten, für ein Jahr unterzutauchen,
verdammt noch mal!«

Um Harris vom Thema abzulenken, sagte Tucker: »Und
wenn wir nun dieses Haus mit einem Haufen Geld verlassen,
der dir ein Jahr oder länger über die Runden hilft?«

»Wie denn das?«

»Wart's ab«, sagte Tucker, weil er selbst keine richtige Antwort wußte.

Sie löschten das Licht und verließen Deffers Zimmer und zogen die Tür hinter sich zu.

Jimmy Shirillo wartete bei den Halversons. Er stand in der
Nähe der Tür, und sie saßen am Kopfende ihres Messingbettes,
gefesselt und geknebelt, die Hände an die Messingstäbe hinter
ihnen gebunden. Sie war eine schmalgesichtige, eigentlich recht
hübsche Frau, aber mit einem traurigen Zug um die Augen, der
all ihre Enttäuschungen im Leben verriet. Ihren Mann, lang
aufgeschossen, dürr und blaß, mit buschigen Brauen und riesigen Schlappohren, hatten die Jahre noch weniger geschont. Er
wirkte unterwürfig, servil. Und verschreckt.

»Fragen?« fragte Shirillo.

Tucker sah zu den beiden auf dem Bett hinüber und erkannte genau, was Keesey gemeint hatte.

»Keine Fragen. Es würde mich wundern, wenn sie überhaupt wissen, wer Baglio ist. Ich habe das Gefühl, unser Mann
hätte vier Wochen hier im Haus sein können, ohne daß die beiden es überhaupt gemerkt hätten.«

Shirillo nickte. »Sie waren so bereitwillig und entgegenkom-
mend. Fast hätten sie sich gegenseitig gefesselt.«

»Wir müssen die übrigen Zimmer auf dieser Seite kontrollieren«, sagte Tucker. »Sicherheitshalber.«

In den letzten zwei Räumen des kleineren Flügels fanden sie den Beweis, daß sowohl Keesey als auch Deffer gelogen hatten: zwei benutzte Schlafzimmer mit vollen Schränken. Eine oberflächliche Prüfung genügte Tucker, um sich zu überzeugen, daß zwei weitere Wächter anwesend, aber bisher noch nicht in Erscheinung getreten waren.

»Ich hätte nie gedacht, daß der Koch uns anlügen könnte«, sagte Harris. Er hatte seine Luger in die Tasche gesteckt und streichelte mit der freien Hand seine Maschinenpistole.

»Hat er aber«, sagte Tucker. »Und als Deffer von mehr als zwei Wächtern sprach, dachte ich, *er* lügt.«

»Aber wo sind sie?« fragte Harris. Besorgt lugte er ins unbeleuchtete Treppenhaus, in den längeren Teil des Korridors, dann in den kürzeren.

»Sie müssen noch draußen sein«, sagte Shirillo. Er hatte nichts von seiner Ruhe verloren. Das Ausmaß seiner Anpassungsfähigkeit hatte ihn selbst und Tucker überrascht. Mochte Harris auch als unzuverlässig ausscheiden, auf Shirillo würde sich Tucker immer noch verlassen können.

»Sie müssen uns gesehen haben«, beharrte Harris.

Seine Stimme war rauh und zittrig. »So wie wir hier im Haus das Licht an- und ausgeschaltet haben, da muß doch jeder draußen …«

»Wann haben wir denn schon Licht gemacht?« sagte Shirillo. »Meistens haben wir die Taschenlampe benutzt, und ihr Schein dürfte durch die Vorhänge nicht nach draußen gefallen sein. Die Deckenbeleuchtung haben wir nur im Kunstzimmer, im Vorratsraum und im Schlafzimmer der Halversons eingeschaltet. Die ersten beiden Räume haben keine Fenster, und das dritte allein dürfte noch keinen Verdacht erregt haben. Ich glaube, die Wachen sind hinter dem Haus, darum ist es auch unwichtig, ob wir in irgendwelchen vorderen Zimmern Licht gemacht haben oder nicht.«

Gut. Sauber und logisch gedacht. Wenn sie hier je wieder herauskämen – soviel war für Tucker klar –, würde er mit Shirillo gern wieder zusammenarbeiten. Zu Harris, mit dem er bestimmt nie wieder zusammenarbeiten würde, sagte er: »Ich bin da ganz Jimmys Meinung.«

»Okay, Freunde, selbst wenn das stimmt, ändert es nichts. Selbst wenn die beiden noch nicht entdeckten Wächter keine Ahnung von unserer Anwesenheit haben sollten, sie sind auf jeden Fall irgendwo da unten. Sie könnten jetzt jederzeit ihre Wache abbrechen oder auf eine Tasse Kaffee ins Haus kommen, und dann ist alles aus.« Die letzten beiden Worte kamen ihm so gepreßt aus der Kehle, wie wenn man Sirup durch ein feinmaschiges Sieb rinnen läßt.

»Andererseits«, sagte Tucker, »könnten wir auch alles erledigt haben, ehe sie überhaupt etwas merken.«

»Unwahrscheinlich«, meinte Harris. Er revidierte sich sofort: »Unmöglich.«

»Trotzdem«, beharrte Tucker, »unsere beste Chance liegt darin, schnell zu handeln und den Hubschrauber herbeizuholen. Statten wir also Mr. Baglio unseren Antrittsbesuch ab!«

Sie schalteten das Licht im Zimmer der Halversons aus und schlossen die Tür. Dann gingen sie schnell zur Treppe, wo Tucker sich an Harris wandte: »Du bleibst hier und überwachst mit der Thompson die Treppe, auch die Hintertreppe, falls jemand von dort in den Korridor kommt.«

»Bekomme ich ein Walkie-talkie?«

»Nicht nötig. Wenn es Ärger gibt, hören wir das Geratter der MP, egal wo wir gerade sind.«

»Okay«, sagte Harris. Er trat ins Dunkel zurück und war fast unsichtbar.

Tucker und Shirillo trennten sich und untersuchten die übrigen Räume bis auf den, in welchem – laut Keesey – Baglio und Loraine schliefen. In keinem der Zimmer fanden sie etwas, das der Rede wert gewesen wäre – und natürlich auch keine Spur von Merle Bachman. Sie trafen sich vor der letzten Tür, drehten den Türknopf, stießen die Tür nach innen und ließen die Taschenlampe aufflammen.

16

Einen Moment lang dachte Tucker, das Zimmer sei leer und Keesey habe wieder gelogen, denn es herrschte Grabesstille darin. Dann begann es sich auf dem großen Bett zu rühren, der Hügel aus Laken und Decken wurde beiseite gestoßen, und die Frau blinzelte ins Licht, wälzte sich herum und sprang auf die Füße, das Gesicht angespannt wie bei einem angeschlagenen Boxer, der sich benommen aufrappelt und plötzlich merkt, daß er am Rande der Niederlage steht.

»Was, zum Teufel, soll das?!« fragte sie.

Sie trug ein bodenlanges, zerknittertes, offenbar sehr bequemes Flanellnachthemd – ein Zeichen dafür, daß ihr Verhältnis zu Baglio mehr als nur flüchtig war. Wäre sie lediglich jemand gewesen, der vorübergehend sein Bett teilte, so hätte sie nackt oder in einer Art Babydoll-Aufmachung geschlafen, um einen Mann wie Baglio zu einer Verlängerung des Verhältnisses zu bewegen. Das Flanellnachthemd war ein Symbol ihrer Unabhängigkeit und ihrer gesicherten Stellung innerhalb Baglios Haushalts. Sie brauchte ihren Sex nicht werbend herauszustellen; sie konnte darauf vertrauen, daß es bei Baglio keiner ständig wiederholten Erinnerung bedurfte und daß es andere Dinge gab, die sie für ihn interessant machten.

Sie hielt die Hände seitlich ausgestreckt, so als wäge sie ihre Position und ihre Chancen, aus dem Zimmer zu fliehen.

»Völlig aussichtslos«, sagte Tucker.

»Achtung! Baglio!« rief Shirillo.

Baglio war auf der anderen Seite aus dem Bett gestiegen und langte in die obere Schublade seines Nachttisches. Als er eine kleine Pistole hervorzog, feuerte Tucker einen Schuß auf seine Hand ab. Es hätte ihn nicht weiter beunruhigt, ob Baglios Hand auch weiterhin noch zum Golfspielen getaugt hätte oder nicht, aber die Kugel traf nicht die Hand, sondern prallte vom Pistolengehäuse ab. Baglio ließ mit einem Aufschrei die Waffe fallen.

Die Frau war von der Aussichtslosigkeit ihres Vorhabens noch nicht ganz überzeugt und machte ein paar Schritte auf die Tür zu. Als Tucker zwei weitere Schüsse vor ihr in den Fußboden feuerte, schien sie die Situation begriffen zu haben und begnügte sich damit, ihn wütend anzustarren.

Sogar in dem gelben Flanellhemd war sie eine auffallend schöne Frau, und sie erinnerte ihn an Elise Ramsey. Die Ähnlichkeit begründete sich weniger auf Aussehen oder Maße als auf die Pose – beherrscht, selbstbewußt und im übrigen eine Art, die etwas so Faszinierendes hatte, daß er Baglios Griff zur Waffe übersehen hatte.

Auf der anderen Seite des Bettes rieb sich Baglio, nur mit einer kurzen blauen Hose bekleidet, die gefühllose Hand. Er sagte: »Sie hätten mich treffen können, Sie Idiot!«, und es klang wie ein Schulmeister, der ein Kind wegen einer Gedankenlosigkeit zurechtweist.

»Unsinn!« sagte Tucker. »Ich bin ein hervorragender Schütze.« Er wußte nicht, ob Baglio ihm abnehmen würde, in einem dunklen Zimmer, auf so große Entfernung und mit einer mit Schalldämpfer versehenen Pistole so genau zielen und treffen zu können, aber es konnte ja nicht schaden, sich ein bißchen aufzuplustern. »Und glauben Sie nur nicht, ich würde davor zurückschrecken, auf Ihre Hand zu zielen, falls Sie sie noch einmal ausstrecken.«

»Ich weiß nicht, was Sie von mir wollen«, sagte Baglio, unbeeindruckt von Tuckers Bravourleistung. »Aber es war ein Fehler, in mein Haus einzubrechen. Wissen Sie überhaupt, wer ich bin?« Wirklich, ein Schulmeister.

»Der berühmte Rossario Baglio«, sagte Tucker. »Und nun kommen Sie mit!«

Baglio paßte sich der Situation mit bewundernswertem Aplomb an, keineswegs verängstigt durch die schwarzbemalten Schreckgespenster mit ihren Kapuzen und Schalldämpferpistolen und nicht im geringsten gedemütigt durch die Tatsache, daß er sich in Unterhosen darbot. Er hatte seine Gegner bereits in groben Zügen eingeordnet und wußte, daß die Gefahr, die von ihnen ausging, nicht tödlich war. Und er brauchte sich seines Körpers weniger zu schämen als die meisten Männer, auch wenn sie fünfzehn Jahre jünger waren als er: von den breiten Schultern bis hinab zu dem faltigen, aber verhältnismäßig flachen Bauch war er in guter Verfassung; es war offenkundig, daß er von dem Swimmingpool, der Sauna und dem Gymnastikraum im Keller Gebrauch machte. Sicher war ihm die Dame Loraine Motiv genug, fit zu bleiben. Und ebenso sicher war sie es, die Baglio veranlaßte, der Situation mit so viel Kühle zu begegnen: ein Mann läßt sich nur ungern vor einer Bettgenossin zum Narren halten.

»Mitkommen – wohin?« fragte Baglio.

»Nur eben über den Flur.«

»Ich zieh mir nur rasch was an …« Baglio wandte sich zum Kleiderschrank. Er war bemüht, eine gute Figur abzugeben. Er brauchte sich eigentlich nur noch sein silbergraues Haar zu kämmen, und er hätte sich im Fernsehen mit einer Ansprache präsentieren können – vielleicht als Präsidentschaftskandidat.

»Dazu ist keine Zeit«, sagte Tucker.

Im Arbeitszimmer auf der anderen Seite des Flurs stellte Shirillo zwei Stühle nebeneinander mitten auf den Teppich und winkte den beiden mit der Luger, Platz zu nehmen.

»Sie haben noch immer nicht erklärt, was Sie wollen«, sagte Baglio. Er spielte weiter den Schulmeister: die Lippen zusammengepreßt, die Nasenflügel vor Verärgerung gebläht, ein grimmiger Blick in den Augen. Er würde sie noch zum Nachsitzen bestellen, wenn sie ihr Verhalten nicht bald änderten.

»Wir suchen einen Freund«, sagte Tucker.

»Ich verstehe nicht.«

Loraine lachte leise – Tucker vermochte nicht zu sagen, ob das Lachen ihm oder Baglio galt. Oder ihr selbst.

»Er war am Dienstag morgen in dem Auto. Der Fahrer.«

Loraine sah auf und lächelte – nicht hämisch, aber auch nicht freundlich, eher vergnüglich, so als erinnere sie sich mit unverhohlener Belustigung an die Karambolage.

»Ich bedaure, daß Sie sich umsonst herbemüht haben«, sagte Baglio.

»Wirklich?«

»Ja. Der Fahrer ist gestorben.«

Tucker lächelte. »An Altersschwäche?«

»Es hat ihn ziemlich böse getroffen«, stellte Baglio, beinahe gleichgültig, fest. »Er starb gestern.«

»Und seine Leiche?«

»Begraben.«

»Wo?«

»Oh, ich verfüge über einen eigenen Friedhof hier.« Baglio befleißigte sich einer gepflegten Sprechweise. Entweder hatte er als Kind nur die besten Schulen besucht, oder er hatte in mittleren Jahren Privatunterricht genommen. Das letztere war wahrscheinlicher als das erstere. Er war offensichtlich stolz auf seine Wortwahl, seine Schlagfertigkeit, seine deutliche gepflegte Aussprache. »Jedes Grab mit der entsprechenden Inschrift im nächsten Baum.« Er sah mit einem gewinnenden Lächeln zu der Frau hinüber und entlockte ihr ein Kichern.

Tuckers nächster Schritt war allein vom Verstand diktiert. Es war klar, daß weder Baglio noch die Frau mit irgendeiner Gefahr für Leib und Leben rechneten und daß das Verhör zu nichts führen würde, solange sie sich in Sicherheit glaubten. Mit einem unzufriedenen Knurren schlug Tucker die Luger an Baglios Kopf, und sofort bildete sich eine breite blutige Kratzspur von der Schläfe bis zum Kinn.

»Hören wir auf mit diesen Spielchen, nur um der Dame zu imponieren«, sagte Tucker. »Es ist an der Zeit, daß Sie endlich begreifen, in welch absolut unerfreulichen Lage Sie sich befinden.«

Baglio betastete sein blutiges Gesicht und starrte ungläubig auf seine roten Finger. Dann hob er den Kopf zu Tucker, und der amüsierte Ausdruck in seinem Gesicht hatte sich in Haß verwandelt. »Sie haben sich soeben die Vormerkung für eines der Gräber auf meinem Privatfriedhof erworben«, sagte er mit unveränderter Stimme. Der Schulmeister erteilt dem bösen Buben die Strafe.

So sehr es seinem Geschmack zuwiderlief, holte Tucker erneut aus und versah Baglios bisher heile Wange mit einem blutroten Streifen.

Baglio sprang von seinem Stuhl, den Kopf gesenkt wie ein angriffslustiger Stier, dann sank er mit einem Aufschrei zurück, als Shirillos Pistole mit brutaler Gewalt von hinten auf seine rechte Schulter traf. Er sank vornüber, als ob er sich übergeben müsse. Allmählich sah man ihm sein Alter an.

Auch das Mädchen sah mit einemmal älter aus.

Sie fuhr sich mit der Zunge über die Lippen, und ihr Blick irrte durchs Zimmer, als glaubte sie, etwas entdecken zu können, das eine Wende des Schicksals herbeiführen würde. Aber diese Illusion war nicht von Dauer. Es war, als würde sie sich plötzlich – wie sicher schon unzählige Male vorher – ihrer besten Waffen bewußt: ihres Körpers und ihres Verstandes. Sie hob den Kopf, sah Tuckers Augen auf sich ruhen, und fast unmerklich verschob sich ihr Körper unter dem lockeren Hemd, und der Stoff begann sich an strategischen Punkten zu straffen. Ein Angebot. Aber vergiftet.

Tucker lächelte ihr zu, denn er hatte das noch unbestimmte Gefühl, daß er später auf ihre Mitarbeit angewiesen sein könnte. Dann wandte er sich wieder an Baglio.

»Wir sprachen von meinem Freund.«

»Scheren Sie sich zum Teufel!«

Shirillo trat unaufgefordert einen Schritt vor, beurteilte kurz die Lage von Baglios Nieren durch die Stäbe der Stuhllehne und rammte den langen Pistolenlauf in Baglios linke Seite. Gewöhnlich lag ihm diese Art des Vorgehens nicht. Aber jetzt dachte er an seinen Vater. Und an seinen Bruder. Den Schusterladen. Das gelähmte Bein seines Bruders.

Baglio stöhnte auf, sog den Atem durch die Zähne, wollte sich aufbäumen und sackte unter Shirillos zweitem Schlag auf die Schulter in sich zusammen. Er stürzte vom Stuhl zu Boden.

»Von meinem Freund sprachen wir«, sagte Tucker.

Baglio stützte die Hände gegen den Boden, begann, unter vorgetäuschter übermenschlicher Anstrengung, sich zu erheben und brachte dabei seinen Körper in die Nähe von Tuckers Füßen. Das war für einen Mann in seiner Lage sehr unklug, das erste Anzeichen von Angst und Schwäche. Tucker machte einen Schritt zurück und versetzte ihm einen Tritt gegen den Kopf. Diesmal ging Baglio endgültig zu Boden – bewußtlos.

»Hol ein Glas Wasser!« sagte Tucker zu Shirillo.

Jimmy verließ das Zimmer.

Loraine lächelte Tucker zu.

Er lächelte zurück.

Keiner von ihnen sprach.

Shirillo kam mit dem Wasser. Ehe er es Baglio ins Gesicht schütten konnte, mahnte Tucker: »Keine Vendetta, mein Junge! Das können wir uns nicht leisten.« Er erinnerte sich an Shirillos Worte während ihrer ersten Begegnung vor Wochen; der Vater zugrunde gerichtet und am Leben verzweifelnd, der Bruder übel zusammengeschlagen.

»Darüber bin ich weg«, sagte Shirillo. »Zuerst dachte ich, ich müßte ihn umbringen. Aber ich hab's mir überlegt: Ich will es ihm nicht mit gleicher Münze heimzahlen; ich will nicht so sein wie er.«

»Gut«, sagte Tucker. »Glaubst du, er wird dich wiedererkennen?«

»Nein. Er hat mich nur einmal gesehen, fünf Minuten lang, vor anderthalb Jahren.«

»Dann weck ihn auf!«

Shirillo goß das Wasser in das zerschundene, blutige Gesicht und stellte sich wieder hinter die beiden Stühle.

Baglio blinzelte, hob den Kopf.

»Wir sprachen von meinem Freund«, erinnerte ihn Tucker.

Baglios Lippen waren geschwollen, aber das allein konnte nicht die Änderung seiner Stimme bewirkt haben. Hinter den genuschelten Worten war ein anderer Ton erkennbar, nichts mehr von der früheren Arroganz, sondern der Ton eines Mannes, der plötzlich von seinem Piedestal gestürzt und mit seiner eigenen Sterblichkeit konfrontiert wurde. »Ich sagte doch: er ist tot.«

»Warum erzählt Ihr Koch eine andere Geschichte?«

»Ich weiß nicht.«

»Und Deffer?«

»Was haben die beiden gesagt?«

»Daß er mit einem Krankenwagen abtransportiert wurde.«

»Das stimmt. Und zwar zu einem Grab im Wald.«

»Mumpitz!«

»Wieder auf die Schulter?« fragte Shirillo von seinem Platz hinter Baglio. »Oder noch mal in die Nieren?«

»Warte!« sagte Tucker. Er lächelte und entschuldigte sich artig bei Baglio wegen des Übereifers seines Partners. Dann sagte er: »Ich bin sicher, daß unser Freund im Haus ist. Sonst hätten wir nicht drei verschiedene Versionen über seinen Aufenthalt aufgetischt bekommen. Also, wo ist er?«

»Nein«, sagte Baglio.

Tucker nickte Shirillo zu. »Binde ihn an den Stuhl und leiste unserem Freund an der Treppe Gesellschaft! Du könntest die Hintertreppe übernehmen, während er die Haupttreppe im Auge behält.«

»Glaubst du, es könnte Schwierigkeiten geben?« fragte Shirillo.

»Es dauert halt länger, als ich dachte«, sagte Tucker. »Und es könnte sein, daß Mr. Baglios lautes Schreien die Männer von draußen anlockt, bevor ich mit ihm fertig bin.«

Shirillo nickte, schnitt mit einem Brieföffner die Vorhangschnüre ab und fesselte Baglio fachmännisch an seinen Stuhl. Baglio leistete keinen Widerstand.

»Und was ist mit ihr?« fragte Shirillo.

»Überlaß das mir!«

Shirillo begab sich zu Harris an die Treppe.

Tucker sah auf seine Uhr: 5 Uhr 10. Es würde bald Tag werden. Würden die beiden draußen postierten Männer ihre Posten bei Sonnenaufgang verlassen?

Tucker verwarf den Gedanken und gab der Frau Anweisung, ihren Stuhl von Baglio fortzurücken. Sie gehorchte und stellte ihren Stuhl so, daß sie Baglio ihr Profil bot. Tucker trat hinter sie, den Blick auf Baglio gerichtet, und ließ seine Fingerspitzen über ihren warmen Hals gleiten.

Baglio lachte laut auf ohne Rücksicht auf die Schmerzen, die ihm das Lachen bereiten mußte.

»Was gibt's da zu lachen?« fragte Tucker. Seine Hand legte sich fester um ihren Hals, so daß er den Pulsschlag spürte. Es widerstrebte ihm, Baglio auf dem Umweg über die wie immer gearteten Beziehungen zu der Frau zum Sprechen zu bringen. Er stellte sich die umgekehrte Situation vor: er säße auf dem Stuhl, und Baglio vergriffe sich an Elise.

»Das verfängt nicht«, sagte Baglio.

Tucker zog mit den Fingern die Linien ihres Kinns nach, hob zärtlich ihren Kopf. Sie gab seiner Berührung nach – oder er bildete es sich nur ein.

Baglio sagte: »Ich pflege meine Frauen zu wechseln. Frauen bedeuten mir absolut nichts. Auch sie nicht. Ich war nicht der erste bei ihr, und ich weiß, daß ich nicht der letzte sein werde. Tun Sie sich also keinen Zwang an, fühlen Sie sich als mein Gast.« Ein dünner Blutfaden rann aus seinem Mundwinkel das Kinn hinab. Er versuchte nicht, es abzulecken – vielleicht, weil seine Zunge geschwollen war, oder vielleicht, weil er es gar nicht bemerkt hatte.

»Ich glaube, Sie lügen«, sagte Tucker.

»Glauben Sie, was Sie wollen.«

»Ein Mann wie Sie muß sich doch getroffen fühlen, wenn ein Wildfremder in sein Haus spaziert und ihn ohnmächtig zusehen läßt, wie er …«

›Ohnmächtig‹ war das Wort, das seine Wirkung nicht verfehlte. Baglio bäumte sich innerlich auf, der Haß in seinen Augen loderte auf, ehe sich der Schleier wieder darüber senkte.

»Probieren Sie es doch!«

Tucker hob das Gesicht der Frau und sah in ihre grünblauen Augen. »Wenn ich sie nun ein wenig mit der Pistole streichele?« fragte er Baglio. »Ihr hübsches Gesicht mit ein paar häßlichen Narben versehe – sagen wir, vom Haaransatz bis hinab zum Kinn? Oder ihr ein paar von den prächtigen Zähnen herausbreche?« Was würde Elise sagen, wenn sie ihn jetzt hören könnte? Sicher nichts Gutes.

Baglio lachte erneut, diesmal sogar überzeugender, oder vielleicht auch nur mit größerer Selbstbeherrschung.

Der Körper des Mädchens versteifte sich, sie drehte die Augen zur Seite, um Baglio zu sehen. Dies hatte sie nicht erwartet. Die Augen füllten sich mit Haß, einem Haß stärker als Baglios, nicht für Tucker, sondern gegen ihren Liebhaber. Ihren Ex-Liebhaber. Ihr war schlagartig klargemacht worden, daß der alte Mann sie für entbehrlich hielt, auch wenn ihre Beziehungen mehr als nur sexuell gewesen sein mochten. Ihr Gesicht nahm einen grimmig entschlossenen Zug an, und Tucker erkannte, daß sie gewillt war, gründlicher Rache zu nehmen, als je ein Sizilianer es vermocht hätte.

Nachdem ihre Position nunmehr geklärt war, fing sie sich sehr schnell wieder. Ihr war klar, was sie zu tun hatte. Hatte sich Tucker vorher nur eingebildet, daß sie für seine Liebkosungen empfänglich sei, so war ihre Reaktion jetzt echt. Seine Hand glitt an ihrem Hals hinab bis oberhalb des vollen Busens, und sie richtete sich auf, kam seiner Hand entgegen.

Baglio bemerkte das.

Sie lächelte Tucker an und dann auch Baglio, aber anders.

Hier entstand etwas, das sich vielleicht als sehr nützlich erweisen könnte, obwohl Tucker noch nicht genau wußte, wie er es für seine Zwecke nutzen könnte.

Seine Uhr zeigte zwanzig Minuten nach fünf. Die Zeit verflog zu rasch.

Was nun? Wie konnte er Baglios Widerstand brechen? Oder wie die Frau dazu bringen, ihm zu verraten, was er wissen wollte? Es bedurfte dazu nur noch eines leichten Anstoßes, das wußte er … Seine Konzentration wurde jäh unterbrochen von dem Hall eines Pistolenschusses im Flur des ersten Stocks. Und als Antwort auf diesen ungedämpften Schuß erfolgte das wütende Rattern von Pete Harris' Thompson-MP. Ein Mann schrie, aber nicht lange, seine Stimme sank herab zu einem Gestammel von unverständlichen, bedeutungslosen Worten, bis auch das verstummte. Pete Harris stieß eine Reihe obszöner Flüche aus. Das war das Ende.

17

Am hinteren Ende des Korridors fand Jimmy Shirillo eine Reihe von Lichtschaltern und überflutete den Flur mit blendendem weißem Licht. Ihre Anwesenheit ließ sich nun ohnehin nicht mehr vor den Außenwachen verheimlichen; Harris hatte mit seiner Maschinengewehrsalve die Karten aufgedeckt, und nun galt es, das Beste aus der neuentstandenen Situation zu machen.

Tucker stieß die Frau, entschlossen, aber nicht brutal, vor sich her zur Haupttreppe. Sie mit der Pistole in Schach zu halten, hielt er für überflüssig, denn sie hatte durch eine spektakuläre Flucht nichts zu gewinnen, und das würde sie genau wissen.

Pete Harris saß mit dem Rücken zur Wand neben dem Treppenabgang, die Thompson auf dem Läufer neben ihm. Er war dabei, das Hosenbein über sein rechtes Knie hochzuziehen, ohne die erlittene Schußwunde zu berühren. Sein schwarzgeschminktes Gesicht glänzte vom Schweiß, der durch die Schminke durchgesickert war.

Shirillo wartete an der Hintertreppe, bereit, einen eventuellen Angriff aus dieser Richtung abzuwehren.

»Alles klar bei dir?« rief Tucker.

»Ja!« rief Shirillo zurück.

Auf halbem Wege zwischen Shirillo und Harris lag ein toter Mann ausgestreckt auf dem Rücken, ein Bein unter dem Gesäß eingeklemmt, die Arme hoch über dem Kopf, der Körper von der MP-Salve fast in zwei Hälften zerrissen. Die Wände und der teure Teppichläufer waren mit dunklem Blut verschmiert.

»Wie sieht es bei dir aus?« fragte Tucker Harris.

Harris hob den Kopf, als er das Hosenbein endlich über sein Knie gerollt hatte. »Er hat mich an der Wade erwischt. Es schmerzt wie der Teufel, aber es ist wohl halb so schlimm.«

Tucker bückte sich und inspizierte die Wunde, drückte das Blut heraus und untersuchte das bloßliegende Fleisch, ehe sich die Wunde mit neuem Blut füllte. »Es scheint nur ein Streifschuß zu sein. Ein Kratzer, mehr nicht. Du wirst es überleben.«

»Danke, Freund«, sagte Harris. »Verdammte Scheiße! Damit ist wohl alles im Eimer, was?« Er nahm keinerlei Notiz von Loraine.

»Wir sind noch immer im Vorteil«, sagte Tucker.

»Klar, Freund«, sagte Harris ohne große Begeisterung.

»Wo ist er denn so plötzlich hergekommen?«

Harris sah zu dem Toten hinüber, räusperte sich und spuckte auf den Teppich. »Nicht die leiseste Ahnung.«

»Über die Treppe?«

»Nein. Und auch über die Hintertreppe kann er nicht gekommen sein, ohne über Jimmy zu stolpern. Er war ganz einfach da, wie ein Gespenst. Ehe ich ihn gesehen hatte, hat es mich schon erwischt. Und dann habe ich natürlich keine Zeit mehr verloren.« Er war nervös. Er hatte Shirillos Vornamen vor dem Mädchen erwähnt – wie schon zuvor vor Keesey, dem Koch –, und er war am Rande des Nervenzusammenbruchs. Er streichelte seine Thompson und zwang sich ein müdes Lächeln ab.

»Meinst du, er war schon hier oben?« fragte Tucker.

»Ich *weiß* es.«

»Aber *wo* hat er sich versteckt gehalten?«

»In einem dieser Räume.«

»Kann nicht sein. Wir haben sie alle durchsucht.«

»Eben nicht gründlich genug, Freund.«

War das möglich? Sie hatten in die Schränke geschaut, unter die Betten, und das alles sehr fachkundig. Nein. Sie konnten nichts übersehen haben. Tucker erhob sich und wandte sich an Loraine.

»Wo könnte er gewesen sein?«

»Wer?«

»Seien Sie nicht komisch! Der Tote dort.«

»Woher soll ich das wissen?«

Er packte mit einer schnellen Bewegung ihren Arm und verdrehte ihn hinter ihrem Rücken, so daß sich ihr Oberkörper vornüberneigte und sie vor Schmerz laut stöhnte.

»Denken Sie daran, was ich zu Baglio gesagt habe – ich meine das mit Ihrem Gesicht …«

»Das würden Sie mit mir nicht machen.«

Sie hatte recht, aber er konnte es sich nicht leisten, sie in ihrer Überzeugung zu bestärken, und so verschärfte er den Griff an ihrem Arm.

»Ich weiß nicht, wo er war, zum Teufel!« fauchte sie und entwand sich seinem Griff. Er hatte nicht seine volle Kraft aufgewandt, wie er es bei einem männlichen Gegner getan hätte. Aber die Leichtigkeit, mit der sie sich von ihm befreit hatte, diente ihm als Warnung, sie zu unterschätzen.

»Paß auf sie auf!« sagte er zu Harris. »Glaubst du, du schaffst es?«

»Klar, Freund.« Harris nahm die MP vom Boden.

Tucker ging zu Shirillo und mußte erfahren, daß auch er nicht wußte, woher der Wächter gekommen war. »Ich habe erst gemerkt, daß er da ist, als er auf Pete schoß. Dann habe ich mich flach auf die Nase gelegt, um den Querschlägern aus Petes Thompson aus dem Weg zu gehen.«

Tucker sah auf seine Uhr. Er ließ den Blick noch einmal prüfend durch den Korridor wandern, starrte die Leiche an und versuchte zu ergründen, woher der Mann gekommen sein mochte. »Hast du im Zimmer der Halversons die Schränke durchsucht?«

»Das weißt du doch.«

»Und die anderen Räume drüben in dem Flügel?«

»Hältst du mich für einen Anfänger?«

»Verdammt noch mal, irgendwoher muß er aber gekommen sein!«

»Ganz meine Meinung. Und zwar genau daher, wo sie Bachman versteckt halten.«

Tucker fuhr sich über das Gesicht, als ob er ein Spinnengewebe wegwischen wollte. Die Schminke hatte die Haut klebrig gemacht. Vor seinen Augen verschwamm alles, sein Mund war trocken wie Watte. »Wie kommst du darauf?« fragte er.

»Ist doch logisch.«

»Auf dem Dachboden?«

»Wir können ja nachsehen. Aber ich habe da meine Zweifel, weil ich nämlich anscheinend genau unter der Luke stehe.« Er zeigte auf eine Falltür in der Decke genau über seinem Kopf, erfaßte den verchromten Zuggriff und zog eine Aluminium-Faltleiter herab, die in die Dunkelheit führte.

Tucker stieg hinauf und war in weniger als fünf Minuten wieder da. »Leer«, sagte er zu Shirillo. »Und außer diesem gibt es keinen anderen Zu- oder Ausgang.« Er ließ die Leiter ausgezogen, weil ihr Plan die spätere Benutzung vorsah.

»Und jetzt?« fragte Shirillo. Mit seiner absoluten Selbstbeherrschung bewahrte er alles vor dem Zusammenbruch.

Tucker nahm eine Rolle Drops aus der Tasche, Shirillo lehnte ab, und Tucker steckte eines der sauren Bonbons in den Mund. »Was macht man, wenn man einen geheimen Raum sucht?«

Shirillo sah ihn verwundert an, dann strich er mit der Hand über die Kapuze, als ob er sich mit den Fingern durchs Haar fahren wollte. »Ist das nicht ein bißchen übertrieben?«

»Schließlich hast du selbst erwähnt, daß die Mafia melodramatisch ist, weißt du noch?«

»Ja, aber ein Geheimzimmer?«

»Bachman ist irgendwo in diesem Haus, das weiß ich. Aber wir haben alle Räume durchsucht, vom Keller bis zum Boden.« Er schob die Hände tief in die Hosentaschen und lutschte angestrengt an seinem Bonbon. »Einem Mann wie Baglio könnte ein verstecktes Geheimzimmer sehr gelegen kommen. Zum Beispiel könnte er jeden zweiten Montag das Geld dort über Nacht deponieren oder auch andere Dinge, heiße Ware beispielsweise, die man nicht in einem Banktresor unterbringen kann, weil der von der Bundespolizei mit einem Gerichtsbeschluß jederzeit geöffnet werden kann.« Er zerbiß sein Bonbon.

»Aber da würde doch ein Safe genügen«, meinte Shirillo. »Gleich an ein Geheimzimmer zu denken …«

»Ein Safe würde zum Beispiel nicht für eine Rauschgiftsendung genügen. Und wenn die Polypen hier aufkreuzen mit einem Haussuchungsbefehl, wären sie ermächtigt, einen Safe zu öffnen, ein Geheimzimmer dagegen würden sie gar nicht erst entdecken.«

»Vielleicht.«

»Also was würdest du tun, wenn du ein Geheimzimmer suchst?«

Shirillo überlegte eine Weile. »Nun, ich denke, man müßte die Breite der Zimmer mit der Flurlänge vergleichen. Ob es da eine Abweichung gibt.«

Tucker nickte und sah auf seine Uhr: 5 Uhr 36.

»Warum stehen wir dann noch hier herum?« sagte er. Shirillo nickte.

»Der noch fehlende Wächter ist entweder in dem Geheimraum, irgendwo hier, zwischen Pete und dir, oder er war draußen, als er die Schüsse hörte.«

»Wenn er draußen war«, sagte Shirillo, »hätte er sich inzwischen längst gemeldet.«

»Oder aber er hat beschlossen, draußen zu bleiben.«

»Warum sollte er?«

»Vielleicht weiß er, daß wir in der Überzahl sind.«

»Das kann er aber nicht wissen.«

Tucker schluckte die Reste seines Bonbons hinunter. Ihm war eine sehr unangenehme Möglichkeit aufgegangen, und er wollte sie nur ungern zur Sprache bringen, obwohl er natürlich wußte, daß Shirillo ein Recht darauf hatte, über seine Gedanken informiert zu werden. Dasselbe Recht hatte überdies auch Harris, aber ihm würde er es nie sagen. Jimmy – da war sich Tucker absolut sicher – würde diese Möglichkeit in Betracht ziehen können, ohne gleich in Panik zu geraten; Harris dagegen würde es den Rest geben. »Vielleicht war der Mann draußen, als er die Schüsse hörte, und hat sofort erkannt, daß es unsinnig ist, allein ins Haus zu stürzen. Er macht die Garage auf, schiebt den Wagen lautlos die Anfahrt hinunter, bis er außer Hörweite ist, dann startet er den Motor und holt Hilfe.«

»Verdammt!« Jimmys Gesicht zeigte zum erstenmal so etwas wie Angst.

»Keine Sorge!« beruhigte Tucker ihn. »Es fiel mir nur gerade ein, und ich dachte, wir müßten zumindest die Möglichkeit in Betracht ziehen.«

»Klar.«

»Wir werden längst über alle Berge sein, ehe er mit der Verstärkung anrollt.« Er klopfte Shirillo lächelnd auf die Schulter und fühlte sich wie ein älterer Bruder. »*Falls* er überhaupt weggefahren ist.«

»Das ist so gut wie sicher.«

»Nichts ist sicher.«

»Doch. Und es ist das Schlimmste, was uns überhaupt passieren konnte – das gilt übrigens für das ganze Unternehmen.« Trotz seines unüberhörbaren Pessimismus machte der Junge keine Anstalten, das Unternehmen abzublasen.

Tucker wußte, wie sehr der Junge recht hatte, aber da war wieder das Gefühl, sich niemals mit einem Mißerfolg abfinden zu können, ein Gefühl, das ihn nun schon bis hierher getrieben hatte. Er dachte an seinen Vater, an Mr. Mellio in der Bank, an die eingefrorenen Treuhandgelder und die endlos langen Gerichtsschlachten, und er wußte, daß es diesmal kein Versagen geben würde. Es durfte nicht sein.

»Wie auch immer«, sagte er, »wer wird schon auf einen Hubschrauber der Staatspolizei schießen?«

»Wenn sie darauf hereinfallen«, schränkte Shirillo ein.

»Einmal sind sie bereits darauf hereingefallen.«

»Eben. Und beim zweitenmal vielleicht nicht mehr. Das Risiko ist jedenfalls groß – besonders bei diesen Burschen.«

»Die alte ›Eiserne Hand‹, was?«

Shirillo lächelte.

Natürlich hatte er recht, so sehr Tucker auch versuchte, die Probleme herunterzuspielen. Und doch bestand keinerlei Grund, hier herumzustehen und sich mit Spekulationen über die Art ihres bevorstehenden Untergangs den Kopf heiß zu machen. Auf diese Weise wären sie schon bald in einem ähnlich schlimmen Zustand wie Pete Harris, würden beim leisesten Geräusch nervös zusammenzucken und auf jede eingebildete Bewegung im Dunkel übernervös reagieren.

»An die Arbeit!« sagte Tucker.

Er ließ den Jungen stehen und begann die Trennwände zwischen den einzelnen Räumen nach auffälligen Abweichungen zu untersuchen.

Es war fünf Uhr einundvierzig, der neue Tag dämmerte bereits herauf.

18

Fünf Minuten später wußte Tucker, wo sich der versteckte Raum befand und wo – demzufolge – Merle Bachman gefangengehalten wurde. Er betrat das letzte Zimmer im kurzen Flügel, das Schlafzimmer eines der Wächter – des toten, des verletzten oder des noch fehlenden –, und räumte die Kleidungsstücke aus dem Schrank. Er warf die Sachen achtlos beiseite und begann die Rückwände des Wandschranks mit der Taschenlampe abzuleuchten, als er vom Flur das erneute Rattern der Maschinenpistole hörte.

Er ging hinaus, um nach dem Rechten zu sehen. Harris stand oben an der Treppe, die schwere Waffe in den Treppenschacht hinuntergerichtet.

»Er war auf dem Weg nach oben«, sagte Harris. Sein verletztes Bein machte ihm anscheinend weniger Schwierigkeiten als vorher. Das konnte ein gutes oder ein schlechtes Zeichen sein:

Es konnte bedeuten, daß die Wunde tatsächlich nur ein Kratzer war und zu bluten aufgehört hatte oder daß Harris vor Angst den Schmerz nicht mehr wahrnahm. »Es war derselbe Halunke, den wir unten gefesselt haben. Und ich dachte, ich hätte ihn für längere Zeit unschädlich gemacht.«

»Hast du ihn erwischt?«

»Nein.«

Jedenfalls hatte sich der fehlende Wächter nicht aus dem Staub gemacht, wie Tucker befürchtet hatte. Der Mann war ins Haus gekommen, hatte seinen Kumpel zum Leben erweckt und zerbrach sich nun vermutlich den Kopf, wie er ins Obergeschoß gelangen könnte.

Am Ende des Flurs rief Shirillo irgend etwas Unverständliches. Als Tucker herumwirbelte, sah er, wie der Junge in den engen Schacht der Hintertreppe hinabfeuerte, wobei der Schalldämpfer nur sehr wenig Lärm verursachte.

»Glück gehabt?«

»Nein«, rief Shirillo.

»Sie sind nur zu zweien«, sagte Tucker. »Sie können uns zwar immer wieder stören, aber sie können uns unmöglich im Sturmangriff überfallen.«

»Der Koch ist auch noch da«, warf Harris ein.

»Keesey? Der ist zwar ein Lügner, aber kein Kämpfer. Außerdem reicht ein Mann mehr nicht aus, um uns in die Defensive zu drängen. Von hier oben aus könnten wir ein Dutzend in Schach halten.«

Harris trat von der Treppe zurück, so daß er von einem Heraufkommenden nicht mehr gesehen werden konnte. Er behielt jedoch die Treppe im Auge, die Maschinenpistole an der Hüfte, und konzentrierte sich auf Tucker. Sein Gesicht war ein Gemisch aus Schweiß, Schminke und tiefen Erschöpfungsfalten, und als er sprach, brauchte er nicht zu flüstern, seine Stimme war auch so vor Angst ganz heiser. »Warum verschwinden wir nicht kurzerhand? Bachman ist nicht hier. Für uns ist hier nichts zu holen.«

»Bachman ist hier«, korrigierte ihn Tucker.

»Ach ja?«

»Ganz sicher.«

»Ich sehe ihn nur nicht«, grinste Harris. Das Grinsen verhieß nichts Gutes, es deutete an, daß er dem endgültigen Zusammenbruch nahe war, einem Zustand, in dem er sich sehr wohl über Tuckers Anordnungen hinwegsetzen und auf eigene Faust handeln konnte.

Auf Harris war kein Verlaß mehr. Tucker verriet mit keiner Miene, daß er zu diesem Schluß gekommen war, und sagte: »Bachman ist in einem verborgenen Raum.« Er war mit zwei langen Schritten an der Wand und klopfte mit den Fingerknöcheln gegen den Putz. »Hältst du es nicht für merkwürdig, daß hinter all diesen Wandflächen kein Zimmer liegen soll?«

Harris betrachtete blinzelnd die lange ununterbrochene glatte Wand, dann die Türen rechts und links. »Ich dachte, diese beiden Zimmer lägen dahinter.«

»Du selbst warst in dem Raum im kurzen Flügel. Das anschließende Zimmer im langen Flügel hat etwa die gleiche Größe. Es muß also etwas zwischen den beiden Räumen liegen.«

Harris runzelte die Stirn. Am liebsten wäre er Hals über Kopf davongerannt, und alles, was ihn davon zurückhielt, war ihm zuwider, aber er sagte: »Okay. Wie kriegen wir ihn?«

»Durch einen der Wandschränke in den anstoßenden Zimmern, aber ich habe die Geheimtür noch nicht gefunden.«

»Dann beeil dich!« sagte Harris. Er wandte sich wieder der Treppe zu, gespannt, was ihm als nächstes vor die Mündung laufen würde.

»Halte die Festung!« sagte Tucker und verschwand wieder in dem Zimmer, in dem ihn das Rattern der Thompson aufgeschreckt hatte.

Die Rückwände des Schrankes waren so glatt und fugenlos verputzt, daß kein Ansatz für eine Geheimtür zu erkennen war. Also mußte der Eingang sich in dem Zimmer im langen Flügel befinden.

Auf dem Weg über den Flur passierte er Harris und die Frau.

»Jetzt haben wir ihn bald«, sagte er.

»Warten Sie!« Fast hätte er Loraine nicht gehört. Als sie ihm erneut nachrief, drehte er sich um.

»Ja, was ist?«

»Ich möchte mit Ihnen sprechen.«

»Keine Zeit.«

»Ich möchte Ihnen ein Geschäft vorschlagen.« Sie sprach leise, aber unmißverständlich. »Ich kann Ihnen helfen.«

»Zu spät.«

»Noch nicht.«

»Tut mir leid.«

»Ich könnte Ihnen die Suche nach Bachman um eine halbe Stunde verkürzen.«

»Das bezweifle ich«, sagte Tucker. »Der Eingang zum versteckten Raum muß in dem Wandschrank dieses Zimmers sein. Ich brauche nur noch ...« Er brach ab; ihm war plötzlich klargeworden, daß sie Bachmans Namen benutzt hatte, daß sowohl er als auch Harris ihn ihr verraten hatten. Zum Teufel! Gingen auch ihm jetzt die Nerven durch! »Herrgott!« sagte er.

Sie kam mit ausgestreckter Hand auf ihn zu. »Ich biete Ihnen Bachman und mein Schweigen zum Kauf an, wenn Sie wollen.«

»Es wäre leichter, wenn Bachman einfach seinen Namen änderte«, sagte er.

»Falsch. Außerdem würde Ross ihn irgendwann doch aufspüren.«

Nur zu wahr.

Tucker sagte: »Ihr Schweigen erkaufen? Womit?«

»Mit Geld.«

»Wir haben keins.« Es klang böse und bitter, er konnte es nun nicht mehr vermeiden; zu lange hatte er seine berühmte Fassade wahren müssen.

»Doch, wenn Sie auf mein Geschäft eingehen«, sagte sie. Sie ließ die Hand sinken und wartete ab. Die Ähnlichkeit mit Elise war jetzt noch frappanter, ein selbstzufriedenes Lächeln huschte über ihr hübsches Gesicht.

»Wie lautet Ihr Vorschlag?« fragte Tucker.

Ihre Zunge strich über die vorgeschobenen Lippen. »Okay, Sie werden diesen Bachman auch ohne meine Hilfe finden, das ist mir klar. Sie werden Ross der Lächerlichkeit preisgeben, wie es noch keinem vorher gelungen ist. Er wird mich nicht mehr in seiner Nähe dulden, weil ich Augenzeuge seiner Demütigung war, also sehe ich keinen Grund, noch länger hier zu bleiben. Dies ist mein Vorschlag: Ich bekomme zwanzig Prozent von dem, was in den drei Koffern ist, zuzüglich freie Fahrt von hier.«

Tucker blinzelte, fühlte seine Beine für einen Moment schwächer werden und lächelte dann. »Hol mich der Teufel!« sagte er. »Die Lieferung vom Dienstag?«

»Genau.«

»Das Bargeld?«

»Ja.«

»Ich dachte, das sei längst nicht mehr hier.«

»Der Abtransport wurde verschoben – aus Gründen, die ich erläutern werde, wenn wir ins Geschäft kommen.«

Er schüttelte wehmütig den Kopf. »Da ich nun schon weiß, daß es hier ist, wieso sollte ich da noch auf Ihren Vorschlag eingehen?«

»Weil Sie Stunden auf die Suche verwenden müßten. In einem Haus dieser Größe gibt es tausend Verstecke für drei Koffer. Und nach allem, was ich aus Ihrem Verhalten schließe, können Sie sich nicht mehr lange hier aufhalten – Sie haben jemanden, der Sie abholen wird.«

Er bewunderte sie, obwohl sie von der anderen Seite übergelaufen war. Sie hatte gemerkt, daß die Umstände ihrer Einflußnahme entglitten waren, und nahm nun das Schicksal in die eigene Hand, um ihren Vorteil zu wahren. Verständlich, daß Baglio Achtung vor ihr gehabt hatte. Sein einziger Fehler war der gewesen, daß er sie nicht noch höher eingeschätzt hatte. Außerdem mußte Tucker anerkennen, daß ihre Forderung durchaus vernünftig war, wenn sich ihr Angebot nicht als leere Behauptung erwies.

»Okay«, sagte Tucker.

»Abgemacht?«

»Abgemacht.« Ihre Stirn legte sich in Falten. »Ganz so einfach ist die Sache nicht. Wir haben noch einiges zu bereden.«

»Reden Sie!« sagte er, indem er ein neues saures Bonbon in den Mund steckte.

»Nicht hier.«

»Wo dann?«

»In dem Zimmer, in das Sie wollten.«

Tucker sah auf seine Uhr: 6 Uhr 06. Es sah ganz danach aus, als ob sie ihr Unternehmen bei hellem Tageslicht beenden müßten, und das war eigentlich nicht eingeplant gewesen.

»Wir können nicht lange verhandeln. Es wird verdammt spät.«

»Ich brauche nur zwei Minuten«, sagte sie.

»Also, kommen Sie schon!«

Sie trat über die Leiche auf dem Flurläufer hinweg und ging mit Tucker in das Schlafzimmer des Wächters. Hinter ihnen feuerte Harris eine Salve in den Treppenschacht.

19

Sie setzte sich auf den Rand der Matratze und zog die langen Beine unter ihren Körper; in dem Flanellhemd wirkte sie so sehr sittsam und unschuldig.

»Wie hatten Sie sich Ihren Abzug von hier gedacht?« fragte sie.

»Per Hubschrauber«, antwortete er nach kurzem Zögern.

Sie verzog das Gesicht. »Ich meine das ernst.«

»Ich auch.«

»Ich habe nicht die Absicht, mit Ihnen ins Geschäft zu kommen, wenn Sie in Wirklichkeit nichts weiter sind als ein paar Clowns, die das alles nicht sehr gründlich durchdacht haben.«

Er erklärte ihr im Detail, aber so knapp wie möglich, die Sache mit Norton und dem Hubschrauber mit den Insignien der Staatspolizei.

»Ich bin beeindruckt«, sagte sie.

»Nun zu Ihnen: Wissen Sie, was mit Leuten passiert, die Ross Baglio in die Quere kommen?«

»Das weiß ich.«

»Aber Sie sind bereit, das Risiko auf sich zu nehmen?«

»Als Frau muß man für sich selbst sorgen.« Sie hörte sich wie eine ernsthafte, häusliche junge Studentin an, die sich aus Vernunftgründen für die Laufbahn der Bürosekretärin entscheidet, um später ihr Auskommen zu haben. Ein wahre Freude, diese Frau.

»Baglio kennt Ihren Namen. Es wird ihm ein leichtes sein, Sie aufzuspüren.«

»Einen Namen kann man ändern.« Sie ließ anklingen, daß Loraine ohnehin nicht ihr richtiger Name war.

»Aber Ihr Aussehen können Sie nicht verändern. Ein Mann, der Sie einmal gesehen hat, wird sich immer an Sie erinnern.«

»Nun überschätzen Sie meine Attraktivität«, sagte sie. »Außerdem verstehe ich etwas von Make-up und Maskenbildnerei.« Sie stand auf. »Sie wollen mir doch nicht etwa ausreden, Ihnen zu helfen?«

»Nein, nein«, sagte er. »Ich möchte nur ganz klarsehen, warum Sie es tun, damit ich mir um so besser vorstellen kann, wie die Sache weitergehen wird. Zum Beispiel würde ich es nur sehr ungern sehen, wenn Sie das alles nur machten, um später mit Ihren zwanzig Prozent zu Baglio zurückzukehren und ihm alles zu verraten, was Sie über uns erfahren haben.«

»Da müßte ich ganz schön dumm sein.«

»Ich weiß.«

»Bin ich aber nicht.«

»Auch das weiß ich«, seufzte er. Diese Ähnlichkeit mit Elise!

»Also?«

»Abgemacht«, sagte er noch einmal.

Sie ging zum Kleiderschrank und begann Anzüge, Hosen und Hemden herauszuwerfen. Als der Schrank ausgeräumt war, bat sie ihn, zurückzutreten und mit der Taschenlampe den Fußboden zwischen ihnen abzuleuchten. Kniend untersuchte sie die Dielenbretter, entschied sich für eines, bohrte ihre Fingernägel in die Fugen zu beiden Seiten des Brettes und versuchte ohne Erfolg, es anzuheben. Sie probierte das Nachbarbrett, das sich von dem ersten in nichts unterschied, und atmete auf, als es sich bewegte und herausheben ließ. Darunter kam ein Hebel zum Vorschein.

»Das hätte ich im Handumdrehen gefunden«, sagte er.

»Natürlich. Und auch Bachman hätten Sie allein gefunden. Aber ich bin da, um Ihnen zu dem Geld zu verhelfen, von dessen Vorhandensein Sie keine Ahnung hatten.«

»Machen Sie weiter!« sagte er.

Sie drückte mit dem Handballen den Hebel hinunter. Die gesamte Rückwand des Schrankes schwenkte nach innen aus, ein Umstand, der die Abwesenheit einer verräterischen Fuge in der Mitte der Wand, wo man normalerweise eine Geheimtür vermutet hätte, hinreichend erklärte.

»Leidet Baglio eigentlich unter chronischen Wahnvorstellungen?« fragte er.

»Unter anderem.«

Die Wand schwenkte weiter auf.

»Auf eine Aufzählung verzichte ich gern«, sagte er.

Der Raum hinter der Schrankwand war fast ebenso groß wie das Gästezimmer auf der anderen Seite. Neonröhren an der Decke beleuchteten das fensterlose Zimmer. Merle Bachman lag angeschnallt auf einem Bett an der hinteren Wand, sah ihnen gespannt entgegen und versuchte so etwas wie ein Grinsen.

20

Tucker sah sofort, warum Bachman noch nicht zum Reden gezwungen worden war, warum er noch lebte und warum sie alle noch eine Chance hatten, ihre Identität geheimzuhalten. Der Unfall mit dem Chevrolet hatte das strahlende Lächeln des kleinen Mannes ruiniert – alle Vorderzähne waren herausgebrochen, beide Lippen verletzt. Die Oberlippe war bis zur Nasenscheidewand gespalten und auf das Vier- oder Fünffache der normalen Größe angeschwollen. Er mußte durch den Mund atmen, da die Lippe die Nasenlöcher blockierte, und sein Atmen war so laut, daß Tucker sich wunderte, warum es nicht durch alle Wände hindurch hörbar gewesen war.

Bachman gab ein würgendes Geräusch von sich, das wohl eine Art Begrüßung sein sollte, obwohl es ihm kaum besser gelang als das Lächeln.

»Du kannst nicht sprechen?« fragte Tucker.

Ein Glucksen kam aus Bachmans Mund.

»Dann versuch's erst gar nicht! Es hört sich gräßlich an. Und wenn du schon dabei bist, dann wisch dir doch auch gleich dieses ... Lächeln? ... vom Gesicht, ja?«

Bachman unterließ alle weiteren Sprechversuche, behielt aber das Grinsen bei. Sein linkes Auge war zugeschwollen, das rechte blau unterlaufen, wenn auch weniger stark geschwollen. Mehrere Finger beider Hände waren von Baglios Arzt geschient und bandagiert worden. Ansonsten sah er eigentlich ganz gut aus.

»Kein Arm oder Bein gebrochen?« Tucker kniete am Bett nieder. »Du brauchst nur zu nicken oder den Kopf zu schütteln.«

Bachman schüttelte den Kopf.

»Kannst du gehen?«

Kopfschütteln.

»Warum nicht?«

Die Frage war schlecht formuliert. Bachmans Gesicht wurde ernst, und er würgte ein paar Worte zur Erklärung hervor.

»Schon gut«, sagte Tucker. »Du stehst unter Drogen, ja?«

Bachman nickte seufzend.

Loraine sagte: »Können wir zum zweiten Teil übergehen – zum Geld?«

»Es ist hier?« fragte Tucker.

»Ja. Aber er weiß nichts davon.« Sie deutete mit einem Kopfnicken auf Bachman.

»Dann holen Sie es!«

Sie ging von dem Bett zu einer der Wände, wo sie die Tür eines von zwei mit der Wand fest verschraubten weißen Metallschränken öffnete.

Tucker stellte sich neben sie und fragte: »Was jetzt?«

»Passen Sie auf!« Sie schob die Rückwand des Metallschranks zur Seite, und dahinter lag ein Hebel, der dem aus dem Vorzimmer haargenau glich. Sie drückte den Hebel nach unten. Der zweite Metallschrank schwenkte, zusammen mit dem Wandstück, mit dem er verschraubt war, in den Raum herein und gab eine schmale Aussparung frei, in der ein paar Koffer – oder auch eine Leiche – Platz hatten. Im Augenblick befanden sich nur Koffer darin.

»Eine Geheimkammer in einer Geheimkammer!« wunderte sich Tucker.

»Er ist ein kluger Mann«, sagte sie.

»Warum hat er es dann nicht in die Stadt geschafft? Warum hat er es hier gelassen?«

»Ross hatte ja keine Ahnung, wer ihn überfallen hat. Er konnte die Möglichkeit nicht ausschließen, daß es Leute aus seiner eigenen Organisation waren. Das Geld hat er hiergelassen, weil ihm der Transport in die Stadt zu riskant erschien – zumindest bevor er Bachman nicht zum Reden bringen konnte.«

»Ein vorsichtiger Mann.«

»Diesmal war er wohl allzu vorsichtig«, sagte sie. »Worauf warten wir noch?« Sie hob den kleinsten der Koffer heraus und trug ihn zu Bachmans Bett, während Tucker die beiden anderen aus der Nische hievte und sich mit ihnen zum Bett mühte.

Sie stellten die Koffer auf den niedrigen Tisch neben dem Bett und öffneten einen nach dem anderen. Die beiden größeren waren randvoll mit Banknotenbündeln, der kleinere war nur halbvoll mit Geld und mit Packpapier ausgestopft.

»Ahhh ...«, kam es von Merle Bachman. Er schien überrascht, daß das Geld hier bei ihm im Zimmer gewesen war; Loraine hatte also offenbar die Wahrheit gesagt, als sie behauptete, er wisse nichts davon.

»Also doch noch ein Volltreffer!« sagte Tucker.

21

Während Loraine etwas Passendes zum Anziehen für die bevorstehende Hubschrauberflucht suchte, erklärte Tucker seinen beiden Gefährten die neue Lage. Shirillo fügte sich im Vertrauen auf Tuckert widerspruchslos; Harris, dessen Unruhe sich noch gesteigert hatte, ließ es nicht dabei bewenden.

»Sie ist eine Frau«, sagte er. »Wird sie den Mund halten können, wenn wir hier herauskommen?«

»So gut wie du«, sagte Tucker, um dann mildernd hinzuzufügen: »Oder ich.«

»Das Geld wird ihr schnell durch die Finger rinnen. Sie wirft es zum Fenster hinaus, und dann kommt sie auf dumme Gedanken.«

»Glaube ich nicht.«

»Angenommen, es ist aber doch so, dann macht sie sich an einen von uns heran und verlangt mehr.«

»Ausgeschlossen.«

»Dann geht sie eben zu Baglio zurück.«

»Der bringt sie um.«

»Vielleicht ist sie zu dämlich, um das zu wissen.«

»Auf keinen Fall. Sie kennt alle Risiken, und sie weiß, was sie zu tun hat. Wir können ihr vertrauen, müssen es.«

»Nicht unbedingt.« Harris' Gesicht sah gefährlich aus; entweder schmerzte ihn seine Verletzung wieder oder es hatte überhaupt nichts miteinander zu tun.

Tucker sagte: »Wir können sie nicht töten, falls du das meinst.«

»Warum nicht?«

»Ich habe ein Geschäft mit ihr gemacht.«

»Und?«

Tucker sagte: »Willst du wirklich, daß ich meine Vertragspartner so behandle? Vergiß nicht: ich habe auch mit dir einen Vertrag geschlossen. Wenn ich ihr mein Wort gebe und sie dann umbringe, was hindert mich daran, mit dir genauso zu verfahren?« Ehe Harris antworten konnte, fuhr er fort: »Nein, so geht es nicht. Außerdem: wenn wir sie umbringen, gefährden wir damit das ganze Unternehmen. Den Tod eines seiner Leibwächter kann Baglio mit Leichtigkeit verheimlichen. Aber das Mädchen hat doch irgendwo Familienangehörige, ihr Leben hat sich nicht nur innerhalb der Organisation abgespielt. Und ihr Tod würde wahrscheinlich früher oder später die Polizei auf den Plan rufen.«

Harris wischte sich mit der behandschuhten Hand über das Gesicht und entfernte so einen Teil seiner Schminkmaske. »Ich hoffe, du täuschst dich nicht in ihr«, sagte er.

»Auf keinen Fall. Und: Kopf hoch! Jetzt kannst du dich endlich zur Ruhe setzen, wie du es schon immer gewollt hast.«

Tucker ging in die Geheimkammer zurück und ließ Harris

und Shirillo zur Bewachung der Treppenaufgänge zurück. Er löste Bachmans Fesseln, half ihm aus dem Bett und versuchte, ihn auf die Beine zu stellen. Es erwies sich als unmöglich; Bachman hatte ihn vorher mit einem Kopfschütteln gewarnt. Offensichtlich war er in den letzten zwei Tagen nicht ein einziges Mal aufgestanden, hatte die ganze Zeit nichts gegessen – schon wegen seiner Mundverletzungen – und nur gerade das getrunken, was man ihm eingeflößt hatte. Sein geschwächter Zustand hatte sich durch die ärztlich verschriebenen Schmerzlinderungsmittel noch verschlimmert, und seine Beine gaben unter ihm nach wie Gummi. Trotzdem brachte ihn Tucker schließlich bis unter die Bodenluke im Korridor und ließ ihn in Shirillos Obhut.

Nach weiteren fünf Minuten hatte er alle drei Geldkoffer zur gleichen Stelle transportiert. »Irgendwelche besonderen Vorfälle?« fragte er Shirillo.

»Keine. Die Ruhe da unten ist schon beinahe verdächtig.«

Bevor Tucker etwas entgegnen konnte, kam Loraine durch den Korridor auf sie zu. »Ich bin bereit.«

Sie trug weiße Levisjeans und einen dunkelblauen Pullover, beides eng wie eine zweite Haut, beides praktisch und sinnlich. Tucker erinnerte sich, wie sie am Tag des Überfalls ausgesehen hatte in ihrem Minirock und dem hautengen Pullover, und er fragte sich, wieso sie bei ihrer Intelligenz auch noch so großen Wert auf ihre äußere Erscheinung legte.

Als ob sie seine Gedanken erraten hätte, sagte sie: »Es macht sich immer bezahlt, wenn man auf alles vorbereitet ist.«

»Das kann man wohl sagen«, pflichtete er ihr bei.

Er sah auf die Uhr: 7 Uhr 02.

Draußen war es heller Tag.

Zu Norton hatte er gesagt, die Operation würde spätestens bei Morgengrauen beendet sein. Paul würde jetzt wie auf glühenden Kohlen sitzen und sich fragen, wie lange er noch aushalten mußte. Tucker hoffte, er würde wenigstens noch zehn Minuten warten, bis sie ihn über das Funksprechgerät erreichen konnten. Er hoffte es nicht nur – er *wußte* es. Natürlich würde Norton warten. Wieso sollte er daran zweifeln – verdammt noch mal!

Er schob ein neues Magazin in seine Luger, steckte das leere in die Tasche und löste Shirillo auf seinem Posten an der Hintertreppe ab.

»Schaff zuerst die Koffer hinauf!« sagte er.

Jimmy nickte, nahm den größten der Koffer und mühte sich mit ihm die Metalleiter hinauf. Er hob ihn über den Kopf und schob ihn auf den Dachboden. Sein Körperbau war nicht für schwere Arbeiten geschaffen, aber er ließ kein Wort der Klage vernehmen. Als er den zweiten Koffer von Loraine angenommen und durch die Luke bugsiert hatte, glänzte sein Gesicht vom Schweiß und seine schwarze Schminke war völlig verwischt. Er schob den dritten Koffer hinauf und lehnte sich mit erschöpftem Aufatmen gegen die Leitersprossen.

»Soll ich Bachman hinaufschaffen?« fragte Tucker.

»Ich mach das schon.«

Es war 7 Uhr 10. Norton würde warten.

Shirillo untersuchte Bachman, half dem schwer geschundenen Mann auf die Füße, stützte ihn, so gut er konnte, und stieg seitwärts die schmale Leiter hinauf. Fast oben angekommen, mußte er seine Last loslassen. Bachman klammerte sich mit seinen geschienten und bandagierten Fingern an die oberen Sprossen. Shirillo zog sich rasch durch die Luke hoch, drehte sich um und faßte Bachmans Handgelenk. Merle selbst mußte ein wenig nachhelfen, aber er bekam ihn durch die Luke in die Bodenkammer hinauf.

»Fertig hier oben!« rief Shirillo nach unten.

»Gut gemacht.«

»Bin eben gut motiviert«, grinste Shirillo.

7 Uhr 14.

»Vorwärts!« sagte Tucker zu der Frau.

Sie nahm rasch die wenigen Leiterstufen, faßte Jimmys Hand und ließ sich hinaufziehen.

7 Uhr 15.

Harris blickte sichernd durch den Flur, sah, daß der größte Teil der Arbeit bereits getan war, und bestätigte Tuckers Handzeichen mit einem Kopfnicken.

Wir werden es schaffen, dachte Tucker. Er hatte eine völlig verpfuschte Sache doch noch in einen Erfolg umgemünzt – dank seiner Beharrlichkeit.

Er wandte sich der Leiter zu, nahm die ersten Sprossen –
aber er kam nur bis zur dritten: neben ihm zersplitterte das
Fenster, und zwei Kugeln bohrten sich, dicht beieinander, in
seine linke Seite.

22

Er fiel und schlug mit dem Kopf gegen die unterste Leitersprosse, bevor er an die Wand rollte und liegenblieb. In dem Moment, als ihn die Kugeln trafen, hatte er in Erinnerung an seinen Alptraum gedacht: *die Eiserne Hand*. Danach löschte der
Schock, getroffen zu sein, alle weiteren Gedanken aus. Als der
Schmerz schließlich die Schocklähmung verdrängte – eine Sache von wenigen Sekunden –, dachte er, daß der Mann am Fuße der Hintertreppe auf ihn geschossen hätte, aber dann, als er
sich inmitten der Glassplitter aufrichtete, erkannte er, daß die
Schüsse von außerhalb des Hauses gekommen waren.

Die Schüsse waren für den Mann unten an der Treppe das
Signal, nun, da ihre Aufmerksamkeit abgelenkt war, zu versuchen, heraufzukommen. Harris war auf diese Strategie vorbereitet und jagte eine MP-Salve in den Treppenschacht hinab.

Shirillo kam schnell die Bodenleiter herunter, und als er sich
an dem Fenster vorbeibewegte, sah sich der Schütze draußen
zu einem weiteren Schuß veranlaßt.

»Wie sieht's aus?«

»Die Nerven sind größtenteils noch gelähmt von dem Ein-
schlag, aber es fängt langsam an, mordsmäßig weh zu tun. Er
hat mich zweimal erwischt, glaube ich, dicht beieinander. Verdammt harter Schlag!«

»Gewehr«, stellte Shirillo fest. »Das Garagendach schließt an
diesem Ende des Hauses an. Ich habe ihn da draußen stehen sehen, als ich eben am Fenster vorbei bin.« Während er sprach,
nahm er das zerschmetterte Walkie-talkie von Tuckers Arm
und warf es mitten in den Korridor. »Ich wollte dir schon sagen, daß zwei von diesen Dingern zuviel des Guten sind, weil
wir sie für die Verständigung untereinander doch nie benöti-

gen würden. Jetzt bin ich froh, daß ich den Mund gehalten habe.«

»Das dumme Ding hat tatsächlich beide Schüsse aufgefangen, ja?«

»Nein, nicht ganz«, sagte Shirillo. »Du blutest ganz schön.« Er tastete die Schulter ab, bis Tucker vor Schmerz der Schweiß ausbrach. »Eine der Kugeln hat dich voll erwischt. Sie ist hinten am Arm hinein und oben an der Schulter wieder heraus, eine glatte Fleischwunde, würde ich sagen, wenn ich mir die Fetzen deiner Jacke ansehe. Aber beschwören kann ich's nicht, ehe wir nicht im Hubschrauber sind und dir die Sachen ausziehen können. Es blutet sogar ganz beträchtlich.«

Tucker zuckte unter dem Schmerz zusammen, der nun erbarmungslos pochte, nachdem er minutenlang unterdrückt gewesen war. Er sagte: »Die Leiter herunterzukommen ist ein Kinderspiel, wie du gesehen hast. Aber wie sollen wir nun wieder hinaufkommen? Er kann in aller Ruhe Scheibenschießen auf uns veranstalten.«

»Da hast du recht.« Shirillo war auch jetzt noch nicht aus der Fassung zu bringen. Tucker glaubte jedoch in dem Verhalten des Jungen so etwas wie seine eigene unterdrückte Angst zu erkennen, eine Angst, die sich nur unter Aufbietung aller Nervenanspannung hinter einer äußerlich ruhigen Fassade verbergen ließ.

Tucker sagte: »Sieh zu, daß du Pete herbeischaffst. Aber nicht rufen. Geh zu ihm runter und sag ihm, er soll raufkommen. Solange auf dem Garagendach ein Mann stationiert ist, kann keiner mehr unten an der Treppe sein. Es sei denn, sie haben Keesey losgebunden, was ich aber bezweifle.«

»Bin gleich wieder da«, sagte Shirillo.

Er kam mit Harris zurück, der sich von Tucker geduldig die Lage erläutern ließ, die er sich längst selbst klargemacht hatte. Harris meinte jedoch, daß er mit seiner Schnellfeuerpistole das Garagendach leerfegen könne, ohne Gefahr zu laufen, dabei getroffen zu werden.

»Sei aber vorsichtig!« warnte Tucker. »Du hast deinen Anteil redlich verdient, wo du es nun schon so weit geschafft hast.«

»Zerbrich dir nur nicht meinen Kopf«, grinste Harris beruhigend. Er stand auf und preßte sich neben dem Fenster flach an die Wand. Er ließ eine Minute vergehen, dann wirbelte er plötzlich herum, richtete die Thompson durch das offene Fenster und nahm den Gewehrschützen draußen unter ratternden Beschuß.

Dann – ohne daß sie einen Aufschrei gehört hätten – drehte sich Harris zu ihnen um und sagte: »Der wäre erledigt. Falls es euch nebenbei interessiert: Es war nicht einer der Leibwächter. Es war Keesey.«

»Der Koch?«

»Der Koch.«

»Scheiße!« entfuhr es Tucker. »Dann ist also immer noch einer von ihnen unten, und er weiß, daß du die Treppe nicht mehr bewachst.«

Er erhob sich vom Boden, und es war, als schlüge ein unsichtbarer Knüppel auf ihn ein, um ihn wieder zu Boden zu werfen. Der Schmerz in seinem Arm breitete sich aus über den ganzen Rücken, bis hin zur anderen Schulter und hinab zu den Nieren.

»Schaffst du die Leiter allein?« fragte Harris besorgt.

»Ich denke doch. Aber Jimmy muß zuerst gehen.«

Shirillo wollte schon protestieren, da er aber als einziger ein noch funktionstüchtiges Walkie-talkie besaß, nickte er und stieg auf den Dachboden hinauf.

»Bleib dicht hinter mir!« sagte Tucker zu Harris.

»Keine Sorge, Freund.«

Tucker klammerte sich mit der gesunden Hand an den Leiterholm und kletterte auf das dunkle Viereck zu, das Shirillos besorgtes Gesicht einrahmte. Er kam sich vor wie ein lädiertes Mitglied einer Bergsteigergruppe, aber am Ende schaffte er es mit Hilfe des Jungen.

»Tempo!« rief er zu Harris hinab.

Harris kam die Leiter hinauf.

Tucker sah auf die Uhr.

7 Uhr 28.

Norton würde warten. Bestimmt.

23

Nachdem Harris die Leiter eingezogen und den Lukendeckel verriegelt hatte, nahm Shirillo sein Walkie-talkie und bemühte sich nach Tuckers Anweisungen um eine Verbindung mit Norton, dem Hubschrauberpiloten.

Das ferne Summen der offenen Frequenz war ein gespenstisches Geräusch in der warmen Enge der Bodenkammer.

Shirillo wiederholte das Rufzeichen.

»Warum antwortet er nicht?« fragte die Frau.

Tucker kam es vor, als entrinne ihm die Zukunft. Er dachte an Elise, an die Ruhe und den Frieden seiner Park-Avenue-Wohnung.

Plötzlich meldete sich Nortons knisternde Stimme, vertraut und doch fremd. Er bestätigte den Empfang.

»Gott sei Dank!« brachte Harris mit schwacher Stimme heraus.

»Wie lange wird er für den Anflug brauchen?« fragte Loraine. Sie saß zwischen den beiden größten Koffern, die Arme seitlich darüber gelegt, als ob sie sagen wollte: Versucht es nur, mich zurückzulassen!

»Weniger als fünf Minuten«, antwortete Tucker.

»Na bitte, dann haben wir es ja schon geschafft!« lachte sie. Aber trotz ihrer guten Laune klammerte sie sich weiter an die Koffer.

»Kein verfrühter Jubel«, warnte Tucker.

»Wie fühlst du dich?« fragte Shirillo.

»Okay«, sagte Tucker. In Wirklichkeit fühlte er sich wie gerädert, jeder Muskel schmerzte, er war am Ende seiner Kraft, und der Schmerz in seinem Arm breitete sich über seinen ganzen Körper aus und war nicht mehr zu lokalisieren. Um sich von den Schmerzen abzulenken, konzentrierte er sich auf ihre Situation und überlegte, was als nächstes zu tun wäre.

»Du suchst am besten die Luke, die aufs Dach hinausführt«, sagte er zu Shirillo. »Nach den Fotos, die dein Onkel gemacht hat, muß sie drüben am anderen Ende des Hauses liegen.«

Shirillo nickte, stand auf und ging – leicht geduckt, um nicht mit dem Kopf an die Dachsparren zu stoßen – in die angegebene Richtung. Schon nach kurzer Zeit hatte er die Dachluke gefunden, die Verschlußriegel gelöst und die Luke nach außen geklappt. Er rief die anderen zu sich.

»Dann mal los«, sagte Tucker.

Ihm fiel auf, daß er dauernd irgend jemanden antreiben zu müssen glaubte. Ein Segen, daß er nun bald wieder zu Hause sein würde; er würde die zehntausend Dollar zurückbezahlen und erst einmal ausspannen, ein paar Monate vergehen lassen, ehe er sich wieder ernsthaft mit Clitus Felton und seinen heißen Tips beschäftigte. Wenn es ihm gelang, einige seiner Kunstobjekte günstig zu verkaufen, konnte er sich vielleicht sogar ein halbes Jahr Ruhe gönnen – absolute Ruhe.

Pete Harris half Bachman auf dem Weg durch die Dachkammer zur Luke, während Tucker es aus eigener Kraft schaffte. Er war immer wieder versucht, den verletzten Arm mit der gesunden Hand zu packen und dem pochenden Schmerz ein Ende zu machen, aber er wußte, daß sich dadurch die Sache nur verschlimmern würde. So ließ er den Arm einfach herabhängen und bemühte sich, die Gedanken auf die Flucht zu konzentrieren.

Die Frau trug den kleinsten Koffer, und Harris mußte noch einmal zurückgehen und die beiden anderen holen, nachdem er Bachman unter der Dachluke abgesetzt hatte.

Tucker blieb schwankend neben Bachman stehen; am liebsten hätte auch er sich gesetzt, aber er durfte nicht nachgeben. Sie waren dem erfolgreichen Abschluß zu nahe, um jetzt in ihrer Aufmerksamkeit nachzulassen.

Aus der Ferne tönte das ratternde Geräusch des Hubschraubers durch die stille Morgenluft.

»Beeilung jetzt!« sagte Tucker.

Der bewaffnete Wächter unten im Haus würde den Hubschrauber hören und könnte vielleicht auf den Gedanken kommen, nach draußen zu gehen und zu versuchen, den Piloten aus nächster Nähe abzuschießen.

Shirillo war als erster auf dem Dach; er schaffte den Ausstieg mühelos und zog Bachman, während Harris von unten nachhalf, aufs Dach hinaus, gerade als Norton den Hubschrauber langsam absinken ließ. Loraine warf einen letzten Blick auf die vollen Geldkoffer und kletterte ohne jede Hilfe durch die Luke.

Tucker folgte ihr, ein rasender Schmerz durchzuckte seine Schulter, als er gegen den Lukenrand stieß; Shirillo mußte ihm das letzte Stück hinaufhelfen. Pete Harris reichte die Koffer einzeln nach oben, so vorsichtig, als wären sie mit Nitroglyzerin gefüllt, und stieg als letzter hinaus.

Es war 7 Uhr 38.

»Fantastisch!« stellte das Mädchen mit einem bewundernden Blick auf den Hubschrauber fest.

Tucker schwieg.

Eine automatische Seilleiter wand sich langsam aus der Tür des Hubschraubers ab – eine Vorrichtung, die Paul Norton eigens für seine etwas außerhalb der Legalität arbeitende Kundschaft installiert hatte. Eine halbe Minute später berührte die unterste Leitersprosse das Dach.

»Wer zuerst?« fragte Shirillo. Er hielt die Leiter fest und drehte sich zu den anderen um. Ihm bereitete es keinerlei Mühe, das Gleichgewicht auf dem leicht geneigten Dach zu halten. Tucker dagegen hatte das Gefühl, über einem Abgrund zu stehen, und die Schindeln schienen sich unter seinen Füßen hin und her zu bewegen.

»Ich gehe als erster und bringe Merle hinauf«, erbot sich Harris. »Ihr beide würdet das doch nicht schaffen.«

»Los!« sagte Tucker.

Er sehnte sich nach einem Platz zum Sitzen, nach Ruhe und Schlaf, aber er wußte auch, daß Schlaf in dieser Situation ein gefährliches Begehren wäre.

Harris gab Shirillo seine Thompson-MP. »Falls du sie benutzen mußt, weißt du, wie man mit dem Ding umgeht?«

Jimmy inspizierte die Waffe kurz und nickte. »Ja.«

Harris drehte sich zu Merle Bachman um, hob ihn auf, als wäre er ein Kind, legte ihn über die Schulter und hielt ihn mit einer Hand fest. Das Gewicht schien ihn nicht im geringsten zu belasten. Mochte er auch im Verlauf der Operation immer wieder eine Gefahr gewesen sein, jetzt erwies er sich als ebenso wertvolles Mitglied der Mannschaft wie jeder andere, jetzt trug er zum Gelingen der Aktion bei. Harris faßte mit der rechten Hand die Seilleiter, betrat die unterste Sprosse und ließ sich von Norton hochziehen.

Ein sanfter Wind wehte über das Dach hinweg und ließ im Zusammenwirken mit den leichten Pendelbewegungen des Hubschraubers die Leiter in einem weiten Bogen hin und her schwingen, so daß die beiden Männer jeden Augenblick abzustürzen drohten. Aber Harris hielt fest, und das Pendeln der Leiter ließ nach, je kürzer sie wurde. Dann blieb die Leiter stehen; Harris stieg die letzten Sprossen hinauf, schob Bachman durch die offene Tür in den Hubschrauber und folgte dem Verletzten.

Die Leiter fuhr erneut aus.

»Jetzt Sie!« sagte Tucker zu der Frau.

Sie war auf der Leiter, kaum daß sich die Sprossen vor ihre Füße gesenkt hatten, und sie wartete auch nicht ab, bis die Leiter eingezogen wurde. Sie kletterte von Sprosse zu Sprosse und war in kürzester Zeit an der Hubschraubertür. Was würde Norton denken? fragte sich Tucker. Würde ihr unerwartetes Auftauchen ihn in Verlegenheit bringen? Tucker stellte mit Erleichterung fest, daß die Leiter schnell wieder heruntergelassen wurde, nachdem Loraine in der Kabine verschwunden war.

Der Hubschrauber wippte auf und ab, hielt sich jedoch ziemlich genau über derselben Stelle.

»Was ist mit den Koffern?« schrie Shirillo.

Tucker drehte sich zu ihm um. »Gib die Thompson her! Du bringst die Koffer einzeln hinauf!«

Shirillo gab ihm die Waffe, nahm den kleinsten Koffer, stieg auf die Leiter und ließ sich hochziehen. Harris, der oben auf ihn wartete, nahm ihm den Koffer aus der Hand. Shirillo kam wieder herunter.

Ein Gewehrschuß krachte von unten herauf, die scharfe Explosion wurde zwar von dem Gedröhn der Rotoren gedämpft, war aber unüberhörbar und – schreckerregend.

Tucker tastete sich vorsichtig die Dachschräge hinunter, bis er den Schützen unten auf dem Rasen sehen konnte. Er nahm die Maschinenpistole zwischen die Knie – die Schwäche war jetzt noch größer als zuvor, vor seinen Augen verschwamm alles, so daß er nicht sorgfältig zielen konnte. Er biß die Zähne zusammen und schickte einen Kugelhagel in den Hof hinab.

Die Kugeln prasselten wie schwere Regentropfen auf den

Rasen und pflügten ihn um, der Mann mit dem Gewehr lief davon und warf sich deckungsuchend hinter einen Blumenkübel aus Beton, der in etwa hundert Yards Entfernung vom Haus stand.

Tucker drehte sich zu Shirillo um, sah, daß er gerade mit dem zweiten Koffer an der Hand auf die Leiter stieg.

»Los! Mach zu!«

Shirillo hatte keine Möglichkeit, das Tempo der Leiter zu beeinflussen, ebensowenig konnte er mit dem Koffer an der Hand selbst hochklettern, doch Tucker konnte die Aufforderung nicht unterdrücken. Seine ruhige Fassade begann zusammenzubrechen, die sorgsam aufrechterhaltene Gelassenheit zerrann. Es war ein verdammt schwieriges Unternehmen gewesen; sollte es jetzt etwa noch schiefgehen, nur weil einer von Baglios Gorillas mit seinem Gewehr darauf aus war, den Boß mit seiner Heldentat zu beeindrucken?

Der Mann hinter dem Betonkübel richtete sich auf, zielte und gab einen Schuß auf Tucker ab.

Das Geschoß schlug rechts von Tuckers Füßen in die Schindeln, daß einzelne kleine Stücke aufspritzten.

Mit einem erneuten Feuerstoß aus seiner MP zerfetzte Tucker den Betonkübel.

Shirillo nahm den dritten Koffer und ließ sich erneut emporhieven; er zuckte zusammen, als der Mann hinter dem Kübel ihn mit einem Schuß in den Oberschenkel erwischte.

Verdammtes Schwein, dachte Tucker. Seine Müdigkeit und Erschöpfung schlugen in Wut und Haß um, Gefühle, die ihn zu schnellentschlossener Reaktion anstachelten. Er drückte auf den Abzug seiner Maschinenpistole und sah zu seiner Erleichterung, daß der Heckenschütze mit Riesensätzen versuchte, aus der Schußlinie zu kommen.

Der Mann ließ sein Gewehr fallen und kümmerte sich nicht mehr darum; im Zickzack lief er schutzsuchend auf das Unterholz zu.

Du blöder Hund, dachte Tucker. Ich hätte dich umbringen können. Was hätte dir die Sache dann eingebracht?

Alle schienen es eilig zu haben, zu sterben, als ob sie es nicht erwarten könnten – der Mann da unten zum Beispiel und der, den er zu Anfang auf der Terrasse angeschossen hatte. Und Baglio, der eher bereit war, sich prügeln zu lassen, als zu verraten, wo er Bachman versteckt hielt. Natürlich, bei diesem Geschäft riskierte man Blut und Leben, weil man mit gefährlichen Männern und unter gefährlichen Umständen arbeitete. Aber jedes Risiko sollte sich im vernünftigen Rahmen halten, die Aussicht auf Erfolg müßte stets größer sein als die Aussicht auf ein Fiasko. Alles andere war Dummheit.

»He!« rief Shirillo aus dem Hubschrauber und riß Tucker aus seinen Träumen. Er hatte den letzten Koffer verladen und war selbst eingestiegen.

Tuckert schnallte die Thompson an seiner Brust fest und stand auf, wäre um ein Haar abgestürzt und mit ihm der ganze schöne Erfolg, aber er griff verzweifelt nach der Seilleiter und zuckte zusammen, als die Hebevorrichtung zu arbeiten begann und ihn dem schwebenden Hubschrauber entgegenhob.

Einsatz von Blut und Leben: Er hatte gewagt und gewonnen.

Harris lehnte sich durch die offene Tür hinaus und reichte ihm grinsend die Hand. »Wir warten schon auf dich«, sagte er und zog Tucker in die Maschine hinein.

Tucker fiel auf, daß er nicht »Freund« gesagt hatte.

24

Dr. Walter Andrion war ein großer, schlanker, weißhaariger Mann, der nur Maßanzüge und Fünfzig-Dollar-Hemden trug, einen neuen Cadillac fuhr und in den flottesten Gesellschaftskreisen verkehrte. Er war verheiratet mit Evanne Andrion, einer schwarzhaarigen, blauäugigen, dreißig Jahre jüngeren Frau mit unglaublich teurem Geschmack. Als er den Anruf erhielt, ließ er alles stehen und liegen und kam sofort zum Flugplatz hinaus – sogar mit zwei Arztkoffern statt einem, denn er wußte aus Erfahrung, daß man nie genug vorbereitet sein konnte. Zumal wenn der Fall etwas außerhalb des Bereichs der Schulmedizin lag.

Er arbeitete schnell und sauber, schnitt die Wunden aus,

spülte Blutkrusten und Schmutz fort, nähte und flickte die Männer zusammen, daß es kein Krankenhaus hätte besser machen können. Er sprach kein Wort, und auch die anderen hielten den Mund, während er arbeitete. Er hatte Tucker schon vor drei Jahren unmißverständlich klargemacht, daß er über den Ursprung der Verletzungen nichts, aber auch gar nichts zu hören wünsche und daß ihm sehr daran gelegen sei, diese Sitzungen so rasch wie möglich zu beenden. Als er fertig war, bestand er darauf, Merle Bachman für ein paar Wochen mit in seine Privatklinik zu nehmen, wo er ihn durch eine Kiefer- und Gesichtsplastik wieder zusammenflicken könne. Er nahm zweitausend Dollar in Fünfzigern und Hundertern von Tucker, steckte sie in seine ohnehin schon prallgefüllte Brieftasche, half Bachman beim Einsteigen in den Cadillac und fuhr ab.

»Das Arzthonorar bestreiten wir aus den Koffern«, sagte Tucker. »Und zwar, bevor wir ans Teilen gehen.«

Damit war jeder einverstanden bis auf Loraine, die sich dann aber ohne lange Widerrede fügte.

In Abwesenheit von Simonsen – Nortons Partner im Luftfrachtgeschäft – öffneten sie die drei Koffer in Nortons Büro und zählten das Geld. Es waren insgesamt 341 890 Dollar. Nach Abzug der Arztrechnungen, die sich am Ende auf über viertausend Dollar belaufen würden, verblieben 335 000 Dollar, die es aufzuteilen galt.

Nicht schlecht.

Loraine betrachtete naserümpfend ihren Anteil von 67 000 Dollar: »Ich hätte es auf mehr geschätzt.«

»Es wird schon reichen«, meinte Tucker.

»Aber nicht lange.«

»Ein Mädchen mit Ihren Talenten? Binnen Jahresfrist werden Sie ein Vermögen daraus gemacht haben.«

»Hat jemand was zum Einpacken?« fragte sie.

»Genügt eine Papiertüte?« erkundigte sich Norton.

Sie nahm die angebotene braune Papiertüte und verstaute ihr Geld darin, ohne auf Tuckers Bemerkung einzugehen.

Harris sagte: »Ich möchte wissen, was Sie nun machen werden, welche Pläne Sie haben.«

»Das ist meine Sache«, entgegnete sie.

»Das geht uns alle an«, sagte Harris.

Sie sah in die Runde, sah, daß alle Augen auf sie gerichtet waren, und sagte mit entschlossener Miene: »Werde ich von jedem von Ihnen erfahren, was er zu tun beabsichtigt, wenn wir uns getrennt haben?«

»Natürlich nicht«, antwortete Harris. »Sie sind schließlich der Eindringling. Wir müssen wissen, woran wir mit Ihnen sind.«

Paul Norton saß hinter seinem schäbigen Schreibtisch, den Stuhl nach hinten gekippt, und trank eine Flasche Bier. Er hatte sich bisher ziemlich im Hintergrund gehalten. Jetzt sagte er: »Sie könnten eine Weile hier bei mir bleiben, Miss.«

Sie sah ihn mit undurchdringlichem Gesicht und kalten Augen an. »Ich kenne Sie ja nicht einmal.«

Norton schoß die Röte ins Gesicht, so daß die Narben an den Wangen noch weißer hervortraten. »Mein Angebot war an keinerlei Bedingungen gebunden, falls Sie das meinen. Ich habe eine hübsche Wohnung hier auf dem Flugplatz, mit zwei Schlafzimmern, und das Gästezimmer hat ein privates Bad. Sie brauchten mich tagelang gar nicht zu Gesicht zu bekommen, wenn Sie es nicht wollten.«

Tucker warf ein: »Ich dachte, Sie wollten mit meinen Geschäften oder den Leuten, mit denen ich arbeite, nichts zu tun haben.«

»Will ich auch nicht«, sagte Norton, beide Hände abwehrend von sich streckend. »Ich will davon nichts hören, und ich würde sie vor die Tür setzen, sobald sie geschwätzig würde. Ich will ihr nur helfen, weiter nichts.«

Sie sah Norton durchdringend an, offensichtlich nicht gewillt, sein Angebot anzunehmen, dann war es, als ob sie die Schüchternheit hinter der zur Schau getragenen harten Fassade erkannte. Vielleicht wollte der Mann ihr wirklich nur helfen.

»Okay«, sagte sie. »Ich nehme dankend an. Ich muß sowieso für eine Weile untertauchen und nachdenken.«

»Damit ist meine Frage aber noch immer nicht beantwortet«, verlangte Harris ungeduldig. »Was werden Sie machen, wenn Sie von hier fortgehen?«

Die Frau drehte sich mit zornrotem Gesicht zu ihm um, aber

ehe sie etwas entgegnen konnte, sagte Norton: »Ich glaube, Mr. Harris, bis dahin haben wir noch viel Zeit, finden Sie nicht? Sie braucht eben Zeit, sich alles gründlich zu überlegen. Das läßt sich nicht übers Knie brechen.«

Pete erkannte mit einem Blick, daß Norton keinen Widerspruch mehr duldete. Er wandte sich achselzuckend ab.

»Sie kann mir gestohlen bleiben«, sagte er. »Ich werde mich mit meinem Anteil in ein kleines Geschäft einkaufen und mich zur Ruhe setzen. Was kümmert es mich, was sie tut?«

Er drehte sich um und stapfte aus dem Büro.

Es war Donnerstag, 17 Uhr 29.

25

Um 21 Uhr 04 desselben Abends betrat Tucker, den Arm in der Schlinge und einen kleinen, billigen Koffer in der Hand, seine Wohnung im zehnten Stock eines Park-Avenue-Gebäudes.

Er war noch immer etwas benommen von den schmerzlindernden Mitteln. Er trug einen neuen, nicht ganz auf Maß sitzenden schwarzen Anzug, ein neues Hemd, neue Krawatte, neue Schuhe. Er fühlte sich den Umständen entsprechend gut.

Er ging ohne Umschweife zu dem Wandschrank, öffnete den darin befindlichen kleinen Wandsafe und warf seine Tucker-Papiere hinein. Seine echten Papiere steckte er in die Jackentasche. Dann öffnete er den billigen Koffer und deponierte die stattlichen Geldbündel im Safe. Er schloß den Safe, wirbelte das Kombinationsschloß herum, machte den Koffer zu und schob ihn aufs Gepäckregal.

Im Flur blieb er einen Moment vor seinem Edo-Schild stehen und strich mit den Fingern über das Kupfer, den Silberrand, die handgeschnitzten Elfenbeinintarsien. Die Kühle des Materials und die zackigen Ränder an den Bruchstellen beruhigten ihn.

Im Schlafzimmer fand er Elise. Sie saß im Bett vor dem Fernsehgerät. Sie trug, wie fast immer, ihren alten Bademantel und sah bezaubernd aus.

»Hat es mit den Glocken geklappt?« fragte sie.

»Ich habe dem Verkäufer einen Preis gemacht, mit dem er zufrieden sein kann, und der Käufer fand meinen Preis akzeptabel. Aber es war nicht leicht. Wie war es mit deinem Pickle-Spot bei Plunket?«

»Prächtig«, sagte sie. »Ich bin anscheinend für so etwas wahnsinnig talentiert.« Und dann, als er das Jackett von seinem Arm schüttelte: »Was ist das? Was hast du mit deinem Arm gemacht?«

Er hatte sich die Geschichte, die er ihr erzählen wollte, schon zurechtgelegt. »Eine Schußverletzung«, sagte er. Als sie aufspringen wollte, winkte er mit einer Handbewegung ab. »Mach mich nicht gleich zum Invaliden. Es ist nur eine Fleischwunde.«

»Aber wie ist es passiert? Und warum?«

»Es war ein ganz simpler, typisch amerikanischer Raubüberfall auf der Straße, auf dem Weg ins Hotel.«

»Ein Raubüberfall? In *Denver*?«

»Was ist so merkwürdig an einem Raubüberfall in Denver? Wir leben in einer gefährlichen Zeit, mein Schatz. Die Welt ist voll von gefährlichen Typen.«

Auf Tauchstation

DIE HAUPTPERSONEN

MIKE TUCKER hat einen ungewöhnlichen Weg gefunden, eine temporäre Finanzmisere zu überbrücken.

FRANK MEYERS will zwei Fliegen mit einer Klappe schlagen.

EDGAR BATES ist Experte für Tresore. Besonders für verschlossene.

CHET und ARTIE erleben innerhalb einer Nacht zweimal die gleiche Überraschung.

RUDOLPH KESKI hat sich abgesichert. Meint er.

EVELYN LEDDERSON trägt dazu bei, Mike Tuckers Ruf zu festigen.

CLITUS FELTON verkauft eine Art von Dienstleistung.

LIEUTENANT KLUGER muß eine Hoffnung begraben.

1

Der schmächtige Mann mit den zerzausten Haaren betrat die Halle des Americana Hotels und ließ den Verkehrslärm der Seventh Avenue hinter sich. Das feinknochige Gesicht mit den aristokratischen Zügen, dazu die gute, aber unauffällige Kleidung verrieten Selbstsicherheit und innere Ausgewogenheit. Dennoch lag ein vager, wenn auch unverkennbarer Anflug von Furcht in den dunklen Augen.

Für einen Sohn aus gutem Hause mochte es angehen, sich eine erfolgreiche Karriere als freiberuflicher Krimineller aufzubauen, sich aber im tiefsten Herzen mit diesem unkonventionellen Leben abzufinden, war etwas ganz anderes. Er wußte, daß er ein guter Dieb war und ein meisterhafter Planer, dennoch rechnete er immer damit, gefaßt zu werden. Obwohl er noch nicht an dem neuen Vorhaben arbeitete und sich zur Zeit auch mit nichts Illegalem befaßte, war er bereits auf der Hut und nervös.

Er drängelte sich durch die Herde von Tagungsteilnehmern und ihren Frauen und schritt quer durch die Halle zur schäbigeleganten Marmortreppe, die nach unten zu den Restaurants des Hotels führte. Am Fuß der Treppe warf er einen Blick auf die Reihe öffentlicher Telefonzellen, entschied sich dann aber anders. Er ging am Eingang der kolumbianischen Kaffee-Stube vorbei, bog um die Ecke und schlenderte bis zum Ende des langen Flurs zur Rückfront des Hotels und den anderen Telefonzellen, die seltener benutzt wurden als die viel bequemer zu erreichenden am Fuß der Haupttreppe. Hier war er allein. Die hintere, ausgangslose Halle lag still da, eine plötzlich entdeckte, heitere Insel mitten im Zentrum der City.

Niemand konnte hier mithören. Ungestört zu bleiben war von entscheidender Bedeutung, und zwar mehr für seinen Seelenfrieden als wegen der Gefahr, daß das bevorstehende Gespräch seine verbrecherischen Absichten enthüllen könnte.

Er warf eine Münze ein und wählte die Vermittlung. Die Telefonistin wartete achtzehn Klingelzeichen lang, ehe sie sich zu einer Antwort bequemte, dann gab sie ihm die Verbindung nach Harrisburg in Pennsylvania, als täte sie ihm einen Gefallen, statt einfach ihre Pflicht zu erfüllen.

»Feltons Buchhandlung«, sagte der Teilnehmer in Harrisburg. Es war eine Altmännerstimme: brüchig, trocken, müde.

»Clitus?«

»Ja?«

»Hier Mike Tucker«, sagte der dunkeläugige Mann. Er beugte sich über den Apparat zwischen den geräuschdämpfenden Plexiglasschutzwänden.

Felton zögerte, und als er sprach, senkte er unbewußt die Stimme. »Ich habe gerade sehr viel zu tun, Mike. Der Laden ist voller Kunden. Vielleicht ... Kann ich dich in fünf Minuten wieder anrufen?«

»Natürlich.« Der Rückruf war ein Bestandteil ihrer üblichen Routine, wenn sie sich miteinander in Verbindung setzen mußten. »Ich gebe dir meine hiesige Nummer. Hast du was zu schreiben da?«

»Warte ... ja, ich hab was. Also, Mike?«

Nachdem Mike ihm die Nummer gegeben hatte, wiederholte sie der alte Mann. Keiner von beiden hatte die Vorwahlzahl erwähnt; ein Versäumnis, durch das die Telefonnummer für jeden möglichen Mithörer unbrauchbar wurde.

»Ich möchte hier nicht gern lange warten«, sagte Tucker.

»Ich melde mich in fünf Minuten. Verlaß dich drauf.«

Der dunkeläugige Mann legte auf.

Alle Papiere, die er bei sich trug – Führerschein, Kreditkarten, Museumsdauerkarten –, wiesen ihn als Michael Tucker aus, obwohl Tucker nicht sein richtiger Nachname war. Sein legaler Name war Lesern der Wirtschafts- und Gesellschaftsseiten der *Times* wohlbekannt. Der Reichtum seines Vaters erweckte Achtung und Neid zugleich. Er jedoch fühlte sich unter dem Decknamen wohler, denn seine Tucker-Existenz war vom Vater nicht infiziert worden. Er konnte den alten Herrn nicht nur nicht ausstehen, er verabscheute ihn. In der Maske Michael Tuckers kam er sich frisch und sauber vor und konnte sich beinahe selbst einreden, daß es zwischen ihm und seinem Vater keine Blutsverwandtschaft gab. Die Tucker-Existenz brachte Freiheit von unangenehmen Assoziationen und gewissen lästigen Verpflichtungen. Und im übrigen: wenn man sich auf unrechtmäßige Weise seinen Lebensunterhalt verdiente, war es klug, einen Namen zu benützen, der nicht zur wahren Identität zurückführte.

Der Hotelflur blieb still. Weit am anderen Ende, hinter den Garderoberäumen und dem Eingang zur Bar, die erst später geöffnet werden würde, hörte man Geschirrklappern aus dem Café. Jemand lachte, fröhliche Stimmen wurden laut, aber niemand bog um die Ecke und kam in Tuckers Richtung.

Endlich klingelte das Telefon.

»Clitus?«

»Hallo, Mike. Wie geht's denn so?« Er hatte die Buchhandlung verlassen und sprach aus einer Telefonzelle. Verkehrsgeräusche waren im Hintergrund zu hören.

»Nicht schlecht. Was macht Dotty?«

»Der geht's ausgezeichnet«, sagte Felton. »Sie nimmt Unterricht im Bauchtanzen.«

Tucker lachte. »Wie alt ist sie? Vierundsechzig?«

»Dreiundsechzig. Ich hab ihr gesagt, sie würde sich blamieren. Aber weißt du was? Wenn sie vom Unterricht zurückkommt und mir zeigt, was sie gelernt hat, werde ich so aufgeregt, als wäre ich wieder in den Flitterwochen.« Sein trockenes Kichern mischte sich mit Tuckers Lachen. »Aber deswegen rufst du nicht an. Hast du meinen Brief bekommen?«

»Vor einer Stunde.«

Der Brief war in der Vormittagspost in Tuckers Postfach im Hauptpostamt von Manhattan gewesen; ein neutraler weißer Umschlag ohne Absender. Er wußte, daß er von Clitus kam, ehe er ihn öffnete, weil er ungefähr einmal im Monat einen derartigen Brief erhielt. In der Hälfte aller Fälle stand etwas Lohnendes darin. Clitus Felton verdiente sich sein Geld als Verbindungsmann zwischen kriminellen Freiberuflern an der Ostküste. Früher war er selber im Geschäft gewesen und hatte alljährlich zwei bis drei große Raubüberfälle gemacht. Aber nun war er alt, achtundsechzig, fast vierzig Jahre älter als Tucker. Er hatte sich zurückgezogen, weil Dotty fürchtete, das

Glück könne ihm untreu werden. Aber dann, nach sechs Monaten in der Buchhandlung, erkannte er, daß er nur unglücklich sein würde, wenn er dem alten Leben und den alten Aufregungen für immer entsagte. Darum hatte er Kontakt mit Freunden aufgenommen und seine Vermittlerdienste angeboten. Er behielt Namen, Decknamen und Adressen im Kopf, und wenn jemand sich wegen geeigneter Partner für ein Vorhaben an ihn wandte, erwog Felton die Möglichkeiten, schrieb ein paar Briefe und suchte zu helfen. Als Gegenleistung erhielt er fünf Prozent der Beute, falls alles nach Plan verlaufen war. Der Nervenkitzel kam aus zweiter Hand, aber er machte ihm das Leben lebenswert.

»In deinem Brief erwähnst du einen Bankjob. Dabei weißt du doch, daß ich so was nicht schätze.«

»Ich erwähnte aber auch, daß sich diese Sache sehr von den üblichen Bankjobs unterscheidet«, erklärte Felton. »Sie ist ganz anders. Leichter, sicherer und überdurchschnittlich lohnend.«

»Wo?«

»In Kalifornien.«

»Hm, das ist sehr weit weg von hier.«

»Und das gerade ist besonders gut«, sagte der alte Mann. »Findest du nicht auch?«

»Ja, schon.«

Am anderen Ende des Flurs bog ein junges Paar um die Ecke und kam nun auf Tucker zu. Das Mädchen grub in den Tiefen der Handtasche und gab ihrem jungen Begleiter Kleingeld. Es lag auf der Hand, daß sie telefonieren wollten.

»Ich kann nicht mehr lange sprechen«, mahnte Tucker. »Können wir zu den Einzelheiten kommen?«

»Du solltest dich mit Frank Meyers in Verbindung setzen. Kennst du ihn? Habt ihr mal gemeinsam gearbeitet?«

»Nein.«

»Er wohnt bei dir in der Stadt.«

»Hat er die Sache geplant?«

»Ja. Er hat eine Zeitlang in Kalifornien gelebt. Der Gedanke ist ihm gekommen, als er dort war. Er ist ein guter Mann.«

»Abwarten«, sagte Tucker, der das näherkommende Paar beobachtete. Der junge Mann trug das Haar schulterlang; er wirkte in seinem strenggeschnittenen Anzug wie verkleidet. Das Mädchen war dunkelhaarig und hübsch.

»Bis wann kannst du einen Termin vereinbaren?«

»Ich gebe dir seine Privatadresse.«

Tucker runzelte die Stirn. »Macht es ihm nichts aus, wenn ich die kenne? Ist er so unvorsichtig?«

»Er ist nicht unvorsichtig«, sagte Felton. »Er …«

»Ich arbeite nicht gern mit jemand, der keinen Trennstrich zwischen seinem Privat- und seinem Berufsleben macht.«

»Nicht alle sind da so fanatisch wie du. Viele sind seit ewigen Jahren im Geschäft, ohne Trennstriche gezogen zu haben, und es ist ihnen nie was passiert. Ich kann dir ein Dutzend Namen aufzählen.«

»Früher oder später erwischt es sie.«

»Heißt das, du bist nicht interessiert?« fragte Felton.

»Doch, ich bin interessiert.« Tucker mußte interessiert sein, weil er das Geld brauchte. Er nahm einen Block und einen Stift aus der Jackentasche und schrieb sich Frank Meyers' Adresse auf.

»Ich bin überzeugt, daß dir die Sache gefällt, wenn Frank sie dir erklärt. Und wenn nicht … Sag Frank, er soll mir Bescheid geben, wenn du nicht willst. Ich finde dann bestimmt jemand für ihn.«

»Ja, gut.«

»Mike, es ist wirklich eine prima Sache.«

»Hoffentlich. Im Augenblick habe ich es nötig, sonst würde ich überhaupt nicht darüber nachdenken.«

»Er ist gut. Das garantiere ich dir.«

»Herzliche Grüße an Dotty«, sagte Tucker, als das junge Paar an das benachbarte Telefon trat.

»Viel Glück, Mike.«

»Na, gewiß doch.« Tucker legte den Hörer auf. Er lächelte dem Mädchen zu, grüßte den jungen Mann mit einem Kopfnicken und schlenderte zur Haupttreppe zurück.

2

Das Mietshaus an der Seventy-ninth Street war noch nicht baufällig genug, um zum Abbruch freigegeben zu werden, aber lange würde es nicht mehr dauern. Die Stufen zur Eingangstür hatten tiefe Risse, waren aufgeworfen, und ihr Beton war so verwittert, daß er kaum mehr Festigkeit hatte als bröseliger Sand. Die zerkratzte und von der Nässe verquollene Haustür hatte in der Mitte eine dicke, zersprungene und rußverschmierte Glasscheibe. Die Eingangshalle, schmutzig und schlecht beleuchtet, hatte auch schon bessere Zeiten erlebt, denn sie prahlte mit einem reichgemusterten Mosaikfußboden, in dem aber mehr als hundert der kleinen Steine fehlten.

Tucker verglich die Adresse, die Clitus Felton ihm gegeben hatte, mit den Namen auf den Briefkästen: Meyers, 3 C. Er brauchte nicht bei Meyers zu klingeln, um ins Haus zu kommen, denn das Sicherheitsschloß der Windfangtür war kaputt. Jeder konnte kommen und gehen, wie es ihm gefiel. Tucker trat ein und stieg zum dritten Stock hinauf.

Der Mann, der ihm die Tür von 3 C öffnete, glich eher einem primitiven Schläger als einem ideenreichen Kopf. Er war etwa eins achtzig groß, wog gut und gern seine zwei Zentner und hatte damit Tucker mindestens drei Zoll und sechzig Pfund voraus. Das Gesicht war quadratisch und hart; es wurde von kurzen gelben Haaren umrahmt und von zwei leuchtendblauen Augen belebt.

»Meyers?« fragte Tucker.

»Ja?« Die Stimme war leise und rauh. Tucker kannte den Tonfall und seine Bedeutung. Jemand hatte dem großen Mann den Kehlkopf eingedrückt und ihm eine Kastratenstimme hinterlassen. Sein Hals war weder gerötet noch geschwollen, und das hieß, daß es vor langer Zeit geschehen sein mußte.

»Ich bin Tucker.«

Meyers blinzelte überrascht. Er wischte sich mit der Hand über das Gesicht, als wolle er die Verwirrung wie eine Maske abstreifen. Die leuchtendblauen Augen blickten fast ziellos. »Aber ... Sie haben doch erst vor zwei Minuten telefoniert.«

»Ich war in der Zelle an der Ecke.«

»Ach.«

Daß er in der schäbigen Diele stehen mußte, wo er von jedem gesehen werden konnte, der aus einer der anderen Wohnungen kam, machte Tucker ungeduldig. »Muß ich eine geheime Parole sagen oder was?«

»Wie?«

»Um in die Wohnung zu kommen? Brauche ich ein Geheimwort?«

»Ach so, nein, Entschuldigung.« Der große Mann gab den Weg frei. »Ich hab nur nicht so rasch mit Ihnen gerechnet. Sie haben mich überrumpelt.«

Tucker hatte das unangenehme Gefühl, daß es nicht viel brauchte, Frank Meyers zu überrumpeln. Wie, um alles in der Welt, hatte sich ein so vernünftiger Mann wie Clitus Felton mit diesem Büffel einlassen können?

Er trat ein, drängte sich an Meyers vorbei und durch den häßlichen engen Flur. Das Wohnzimmer war zehn Fuß breit und zwanzig Fuß lang und hatte vier große Fenster, wirkte aber dennoch wie ein Schrank. Die einstmals weißgekalkten Wände waren mittlerweile nachgedunkelt. Die Möbel waren schwer und häßlich. Alles schien aufgedunsen und formlos, und von allem war zuviel da: zwei unförmige graue Sofas, drei nicht zusammenpassende Sessel, ein niedriger Couchtisch, Ecktische, Stehlampen, Tischlampen, ein Schreibtisch, eine Truhe, ein Fernsehapparat … Tucker nahm an, daß die Wohnung möbliert vermietet worden war und Meyers den Beständen des Hausbesitzers beträchtliche eigene Besitztümer beigefügt hatte.

»Setzen Sie sich, setzen Sie sich!« Der große Mann deutete auf die Sessel. Tucker nahm auf einem der Sofas Platz. »Möchten Sie was trinken?«

»Nein, danke.«

»Bier? Ich hab Scotch, Wodka, Rum … Wie wär's mit Rum und Coke?« Er rieb sich unentwegt die Hände. Sie waren schwielig und gaben ein leises, raschelndes Geräusch von sich.

Er sah, daß Meyers nervös war – sehr nervös sogar und merkwürdig erregt. Obwohl er um halb zwölf am Vormittag noch nichts trinken mochte, war er bereit einzuwilligen, wenn er damit Meyers beruhigen konnte. »Wodka mit Eis. Aber nur wenig.«

»Klar«, sagte Meyers. »Bin gleich wieder da.« Er ging zur Küche und klapperte und klirrte mit Flaschen und Gläsern.

Tucker konnte sich den Raum nun eingehender ansehen als in Meyers Gegenwart. Er stellte fest, daß das Zimmer nicht nur mit Möbeln vollgestopft war, sondern daß auch schmutzige Whiskygläser, wochenalte Zeitungen und leere, zerknüllte Zigarettenpäckchen herumstanden und -lagen. Der braune Teppich war seit Wochen, vielleicht auch seit Monaten nicht mehr mit einem Staubsauger bearbeitet worden. Die vielen Tische und der Fernsehapparat trugen einen Film aus grauem Staub.

Konnte dieser Frank Meyers der Kopf und Anführer einer Gruppe von Männern sein? Tucker tat diese Vorstellung als lächerlich ab. Wie konnte Meyers einen komplizierten Einbruch erdenken, planen und ausführen, wenn er nicht mal sein eigenes Wohnzimmer sauberzuhalten vermochte? Was war in Clitus Felton gefahren? Warum arbeitete er mit so einem Mann zusammen? Oder war es möglich, daß der alte Mann Meyers vor vielen Jahren gekannt hatte, als dieser wesentlich besser war, als er heute zu sein schien?

Meyers kam aus der Küche und gab Tucker ein Glas. Er ging mit seinem Whisky zu einem der Sessel, hielt das kleine Glas in beiden Händen und setzte sich.

Jetzt erst sah Tucker, daß der Mann ebenso ungepflegt war wie seine Wohnung. Die Hose war nicht gebügelt, das weiße Hemd zerknittert und schmuddelig. Er hatte sich seit Tagen nicht rasiert, und die gelben Bartstoppeln warfen schon Schatten über das Gesicht.

»Ich hatte Sie mir anders vorgestellt«, stellte Meyers fest.

»Oh?«

»Ich dachte, Sie wären älter.«

»Ich bin neunundzwanzig.«

»Das ist sehr jung.« Meyers trank einen Schluck Whisky und betrachtete Tucker über den Rand des Glases. Seine Augen waren groß und leicht blutunterlaufen.

»Und Sie?«

»Einundvierzig.«

»So ein großer Unterschied ist das gar nicht.«

»Seit wann sind Sie im Geschäft?«

»Seit ungefähr dreieinhalb Jahren.«

»Ich hab mein erstes Ding vor mehr als zwanzig Jahren gedreht.« Er hörte sich etwas wehmütig an, wie der Star einer Schülermannschaft, der sich an sein glänzendstes Spiel erinnert, als wolle er jene fernen Zeiten noch einmal wachrufen.

Das war ein schlechtes Zeichen. Wenn ein Mann sich nach der Vergangenheit zu sehnen begann, mußte er in seinem gegenwärtigen Leben Schiffbruch erlitten haben. Und wenn ein Dieb von früher träumte, dann bedeutete das, daß er damit rechnete, in nächster Zeit von der Polizei geschnappt zu werden. Es besagte, daß er nicht mehr an sich glaubte und man sich darum nicht mehr auf ihn verlassen konnte.

Tucker wußte, daß er hätte aufstehen und fortgehen müssen. Er sah klar, daß Meyers nichts Gutes verhieß.

Aber er brauchte das Geld … Sein Anteil vom Überfall auf einen Mafia-Geldtransport, den er erst vor drei Monaten erhalten hatte, war ihm trotz der Höhe der Summe schon wieder zwischen den Fingern zerronnen. Er lebte auf sehr großem Fuß und wollte auch weiterhin auf großem Fuß leben, wollte die Luxuswohnung an der Park Avenue behalten, die Kunstwerke und alles andere …

Kürzlich waren ihm schon zwei andere Coups angeboten worden, aber er hatte beide Male abgelehnt, weil ihnen jeweils eine der drei Bedingungen mangelte, die er bei einem Raub stellte: Zum ersten beraubte er nie Einzelpersonen, sondern nur Institutionen wie Banken, Versicherungen oder Kaufhäuser – und eben in einem Fall die Mafia. Zum zweiten arbeitete er nur, wenn er der unumstrittene Boß war und die Pläne für das Unternehmen das Siegel seiner persönlichen, sorgfältigen Prüfung jeder Einzelheit trugen. Und zum dritten mußte er bei der Sache ein gutes *Gefühl* haben; sie mußte einem inneren Maßstab entsprechen, der ihn, so unwägbar und unbeschreibbar er war, noch niemals im Stich gelassen hatte.

Er lehnte sehr viele ›Geschäfte‹ ab, die am Ende für andere gut ausgingen. Er verzichtete oft auf vielversprechende, günstige Gelegenheiten, aber dafür hatten ihn seine Vorsicht und seine drei wichtigen Bedingungen bisher vor dem Gefängnis bewahrt.

»Noch was fällt mir an Ihnen auf«, sagte Meyers, der ihn immer noch über den Rand des Glases betrachtete.

Tucker wartete.

»Sie sehen nicht nach dem aus, was Sie sind.«

Tucker sagte immer noch nichts.

»Na, wie seh ich denn aus?« Meyers beantwortete die eigene Frage: »Wie ein Schläger, wie ein gewöhnlicher Verbrecher. Damit hat's bei mir angefangen, und ich werd auch nie anders aussehen.« Er leerte das Glas und stellte es auf den Couchtisch mit den vielen Wasserringen. »Und alle, mit denen ich jemals gearbeitet hab ... Man sah ihnen den Beruf an. Sie waren abgestempelt. Aber Sie sehn wie ein dynamischer junger Manager aus.«

»Danke.«

»Ich wollte Sie nicht beleidigen.«

»Das haben Sie auch nicht.«

»Ich meine bloß, daß Sie nicht wie 'n Verbrecher aussehen. Und das ist glänzend. In unserm Beruf ist das ein Vorteil.«

»Ich bin kein Verbrecher«, sagte Tucker, »ich bin ein Dieb.«

»Da ist kein Unterschied.« Vielleicht nicht für Meyers, für Tucker war er groß. »So anständig wie Sie aussehn, sind Sie ein prima Aushängeschild bei jedem Job.«

Tucker hielt das Wodkaglas in der Hand, hatte aber kaum etwas getrunken. Es war für Alkohol noch zu früh am Tage. Und nachdem er Frank Meyers und seine Wohnung eingehend betrachtet hatte, fragte er sich auch, wie gut das Glas gespült sein mochte. Er stellte es schließlich ab. »Da wir gerade von Jobs reden, was hat es mit Ihrem auf sich?«

»Ich weiß immer noch nicht viel über Sie«, murrte der große Mann und rutschte unbehaglich auf seinem Sessel herum.

»Was müssen Sie denn wissen?«

»Clitus hat Sie empfohlen. Vermutlich sollte das reichen ... Aber was haben Sie gedreht? Mit wem haben Sie gearbeitet?«

Widerstrebend lehnte sich Tucker in dem muffig riechenden Sofa zurück. Er wollte hier nicht länger bleiben, als es unbedingt nötig war, denn der Schmutz und die Unordnung gingen ihm auf die Nerven. Trotzdem, Meyers fing gerade an – er fing wirklich nur an –, wie ein besonnener Mann zu reden. Vielleicht steckte doch mehr in ihm. Möglicherweise warf die Sache doch einen sicheren Profit ab. »Haben Sie mal von dem Panzerwagen-Überfall vor zwei Jahren in Boston gehört? Ein gepanzerter Geldtransporter mit einer Beute von sechshunderttausend? Vier Männer haben das gemacht.«

»Ja, hab ich. Waren Sie das?« Meyers beugte sich mit hochgezogenen Schultern interessiert vor.

Tucker erklärte, wie es gemacht worden war und mit wem er zusammengearbeitet hatte. Er gab sich keine Mühe, die Sache aufzubauschen. Er hatte es nicht nötig, denn es war ein perfekter, von Anfang an klug geplanter Coup gewesen, der sich nicht durch die Art des Erzählens verbessern ließ.

»Und jetzt Sie«, sagte er, als er mit seinem Bericht fertig war.

Ob er sie nun geplant hatte oder nicht, Frank Meyers war im Laufe der Jahre an einer Reihe sehr erfolgreicher Unternehmen beteiligt gewesen. Und er hatte mit vielen erstklassigen Leuten gearbeitet. Er wirkte nicht wie ein sicherer, erfahrener und erfolgreicher Organisator, schien es aber zu sein. Er sprach ebenso offen und knapp wie Tucker. Seine Erfolge waren nicht so glanzvoll wie die des jüngeren Mannes, aber in ihrer Art doch sehr solide und eindrucksvoll.

»Noch was, was Sie über mich wissen wollen?« fragte er endlich.

»Ja. Was ist mit Ihrem neuen Job?«

»Von langen Einleitungen halten Sie nichts, was?« fragte Meyers grinsend.

»Nein.«

Der große Mann trank das geschmolzene Wasser der Eiswürfel aus dem Glas, das vor seinen Füßen gestanden hatte. »Kommen Sie mit in die Küche, da können wir die Pläne besser ausbreiten.«

Die Küche war klein und mindestens ebenso schmuddelig wie das Wohnzimmer. Ungewaschenes Geschirr türmte sich im Spülbecken. Der Mülleimer war vollgestopft mit gebrauchten Papiertüchern, leeren Kartons und an den Rändern dick verkrusteten Konservendosen. Das abgenützte Linoleum war flek-

kig und mit einer dicken Schicht aus tagealtem Großstadt-
schmutz überzogen.

Eine Kakerlake verspeiste neben dem Kühlschrank ein paar
Brotkrumen. Sie spürte ihre Schritte und suchte unter dem
Backofen Schutz.

»Gehen wir an den Tisch«, sagte Meyers. Er räumte einen
schmutzigen Teller und Besteck, die vom Frühstück oder auch
vom vergangenen Abend übriggeblieben waren, fort. Dann
strich er mit beiden Händen über die Platte des Klapptischs
und vergewisserte sich, daß sie weder naß noch klebrig war.

»Clitus hat mir gesagt, es ginge um einen Bankjob«, sagte
Tucker. Er stand an einem Ende des Tischs; er zog es vor, sich
nicht zu setzen.

»Ja, stimmt«, hauchte Meyers leise. »Ein richtiger Knüller!«

»Ich arbeite nicht gern in Banken. Ein verdammtes Risiko!
Man muß sich auf raffinierte Alarmsysteme und Fernsehanla-
gen einstellen, auf mutige Kassierer, Kunden in Panik, auf
Wachmannschaften und schlechte Fluchtwege …«

»Diesmal ist es ganz anders«, sagte Meyers wie ein Echo von
Clitus Felton. Er ging zur Brottrommel, die auf der Theke neben dem Spülbecken stand, und holte unter einer Büchse mit
süßen Brötchen einen großen, zusammengefalteten Papierbo-
gen hervor. »Ihnen werden die Augen übergehen, wenn Sie das
erst mal gesehen haben.«

Wenn ich das erst mal gesehen habe, werde ich dir mit sehr
viel größerer Wahrscheinlichkeit ins Gesicht lachen und Fer-
sengeld geben, dachte Tucker.

Aber es konnte nichts schaden, sich anzuhören, was Meyers
zu sagen hatte. Vielleicht steckte ja doch etwas dahinter. Die
blauen Augen des Mannes waren nicht mehr so ausdruckslos.
Er wirkte jetzt wacher, nicht mehr so voller nervöser Unruhe,
eher bereit, zur Sache zu kommen. Er war immer noch zerknittert und roch säuerlich, aber er sah nicht mehr so aus, als gehö-
re er in diesen Schweinestall von Wohnung. Offensichtlich gab
ihm der Gedanke an diesen Bankbruch neue Energie. Und das
konnte etwas bedeuten, mußte es aber nicht.

Meyers entfaltete den Bogen auf dem Küchentisch und trat
zurück, um Tucker Platz zu machen.

Es war der sorgfältig gezeichnete Plan eines großen Gebäudes. Der Bogen maß vier Fuß im Quadrat, der Maßstab war fünfundzwanzig Fuß auf einen Zoll. Die Zeichnung war hervorragend ausgeführt und überall beschriftet und mit Notizen versehen.

»Die Bank?« fragte Tucker, von der Genauigkeit beeindruckt. Er beugte sich vor und suchte die Texte zu entziffern.

»Nein. Es ist der gesamte Lageplan eines kleinen Einkaufszentrums bei Santa Monica. Neunzehn Geschäfte, alle unter einem Dach.«

»Neunzehn Geschäfte?« Tucker glaubte nicht richtig gehört zu haben. »Neunzehn Geschäfte – und eine Bank?«

»Jawohl.«

»Sie wollen eine Bank ausrauben, die mitten in einem in sich abgeschlossenen Einkaufszentrum liegt?« fragte Tucker ungläubig. »Höre ich richtig?« Er wandte sich vom Plan ab und starrte Meyers groß an: Der Mann konnte das doch nicht im Ernst meinen.

Aber es war ihm ernst. Das breite Gesicht furchte sich zu einem einfältigen, aber ganz offenen Lächeln. »Mir geht's um die Bank. Die is für uns natürlich die Hauptsache. Aber ich hab's auch auf eins oder das andere von den besten Geschäften abgesehen.«

Tucker starrte ihn immer noch an.

»Geschäfte«, wiederholte Meyers. »Schmuck, Pelze, Antiquitäten …«

»Ich habe Sie schon beim erstenmal verstanden.«

»Sie halten den Plan für nicht durchführbar?«

»Sie etwa nicht?«

»Nein.«

»Das sollten Sie aber.«

»Wenn Sie sich die Zeichnung mal genauer ansehen«, sagte Meyers, »wird Ihnen aufgehen, daß das Zentrum nur vier Eingänge hat.« Er hielt vier dicke Finger hoch, als nähme er an, Tucker brauche Hilfe beim Zählen. »Wir können alle vier Eingänge besetzen und dann alles rausholen, was sich lohnt.« Er lachte über das Gesicht, das Tucker zog. »Hört sich verrückt an, was?«

»Und wie!« Tucker kehrte dem Tisch den Rücken zu. »Auf mich brauchen Sie nicht zu zählen.«

Meyers Grinsen erlosch. »He, warten Sie mal!« Er legte eine schwere Pratze auf Tuckers Schulter. »Die Sache ist wirklich möglich. Und sicher. Sie ist ein Geschenk des Himmels.«

Tucker schnitt eine Grimasse und zog die Schultern hoch.

Meyers begriff schnell. Er nahm die Hand fort.

»Hören Sie«, sagte Tucker, »selbst wenn Sie alle vier Türen besetzt hätten, was würden Sie mit den vielen Kunden anfangen? Da muß es doch ständig von Leuten wimmeln, Käufer, die kommen und gehen ...«

»Das is mir klar.«

»So? Das höre ich gern.«

Meyers heisere Stimme wurde nun eindringlich. »Glauben Sie mir, das hab ich alles genau überlegt. Ich bin kein Amateur. Mit den Leuten haben wir nichts zu tun.« Tucker hörte ihm nicht mehr zu; er war mittlerweile überzeugt, daß das, was Meyers sich ›überlegt‹ hatte, nicht das geringste taugen würde. »Und wie stellen Sie sich das mit dem Telefon vor?«

»Telefon ...?«

»In einem Einkaufszentrum von der Größe muß es hundert private und öffentliche Telefone geben. Glauben Sie, daß Sie in der Lage sind, die alle lahmlegen zu können, ehe einer da drin die Polizei benachrichtigt?«

»Um die Telefone brauchen wir uns nicht zu kümmern.« Meyers grinste wieder, allerdings etwas zögernd. Er erinnerte an einen großen, tapsigen Hund, der auf Anerkennung, Freundlichkeit und Lob wartet. Aber die Verzweiflung in seinen Augen war sehr menschlich.

»Und dann«, fuhr Tucker fort, »brauchen Sie eine Armee, um das Zentrum zu halten, wenn Sie es erst mal besetzt haben.«

»Nur vier bis fünf Mann.«

»Ach, wirklich?« Tucker drehte sich um und ging auf die Küchentür zu.

»Warten Sie doch«, rief Meyers. »Ich bin doch nich blöd. Verdammt, ich weiß schon, was ich mache.« Der Ärger war gespielt, er sollte nur dazu dienen, Tucker festzuhalten und ihn noch eine Minute zuhören zu lassen. In der Mitte des unordentlichen Wohnzimmers holte er Tucker ein und hielt ihn am Arm fest. »Wir gehen da doch nicht rein, solange die Läden geöffnet sind, Mann. Das hab ich nie vorgehabt.«

Tucker seufzte, schüttelte die Hand des großen Mannes ab und schob mit den Schultern das Jackett zurecht. »Das taugt immer noch nichts. Es bleibt doppelt so schwierig wie jeder normale Bankbruch nach Geschäftsschluß. Sie müssen allein schon zwei Alarmanlagen ausschalten, die vom Zentrum und die von der Bank.«

Meyers schüttelte den massigen Kopf. Die kurzgeschnittenen Haare glitzerten wie Borsten aus Metall. »Keine Alarmanlage.«

»Eine Bank ohne Alarmanlage?«

»Kommen Sie wieder in die Küche.« Meyers bettelte nun beinahe. Seine Verzweiflung, was immer für einen Grund sie haben mochte, wuchs von Minute zu Minute. »Sehn Sie sich den Plan an und hören Sie zu. Lassen Sie mich das erklären. Es dauert nich lang. Aber … Bis jetzt haben Sie ja keine Ahnung, mit was ich aufwarten kann.«

»Ich glaube nicht, daß ich das wissen möchte.«

»*Felton* arbeitet mit mir!« sagte Meyers. Seine flüsternde Stimme klang nun stolz und erfüllt von einer eigenartigen Würde, die ganz im Gegensatz zu seinem schlampigen Äußeren stand. »Ich bin kein Versager. In dem Geschäft bin ich ein alter Fuchs, und ich habe immer Erfolg gehabt.«

Tucker betrachtete die schmutzigen Wände, den vernachlässigten Teppich, die verschrammten Möbel. »Wenn Sie so erfolgreich waren, warum hausen Sie dann in so einem Loch?«

Als er dem Blick des Jüngeren folgte, schien Meyers zum erstenmal die Wohnung zu sehen. Er hustete und wischte sich dann mit beiden Händen über das Gesicht ein Mann, der versucht, die nicht faßbaren, aber verwirrenden Reste eines Alptraums von sich zu schieben. »Ich hab einen schwachen Punkt.«

»Ach nein?«

»Frauen.«

»Das ist kein schwacher Punkt.«

»Bei mir doch.« Meyers rechte Hand legte sich auf den Hals.

Die gedrungenen Finger glitten über eine Reihe verwischter, blasser Narben, die Tucker nun erst bemerkte. Jemand hatte ihm gegen die Kehle getreten oder sie mit einem Messer aufgeschlitzt. Eben jetzt sah Meyers so aus, als könne er noch fühlen, wie Haut und Fleisch von der Schneide aufgetrennt wurden. »Ich hab Erfolg, mach ein paar lohnende Sachen, schaff mir ein Polster und denke, ich bin alle Sorgen los ... Dann leg ich mir eine Frau zu, und die nimmt mir alles wieder ab. Sie wissen ja, wie das is. Frauen sind Parasiten.«

»Ihre vielleicht«, sagte Tucker. »Meine bestimmt nicht.«

»Dann haben Sie verdammtes Schwein! Meine nehmen mich immer aus.« Aber in seiner Stimme schwang ein falscher Ton mit, es fehlte die Überzeugung. Er hörte sich nicht wie ein Weiberfeind an – oder wie ein Mann, der sich von irgend jemand, ob Mann oder Frau, Geld wegnehmen ließ. »Aber wir sind nich hier, um über Frauen zu reden. Kommen Sie wieder in die Küche. Geben Sie mir zehn Minuten zum Erklären. Ich weiß, daß Sie mitmachen wollen, sobald Sie begriffen haben, um was es geht.«

»Ich weiß bereits, um was es geht«, murrte Tucker verdrossen. »Es ist ein besonders riskanter Bankbruch. Und so nötig habe ich das Geld auch wieder nicht.«

»Doch, das haben Sie.« Meyers kicherte. »Wenn Sie's nich bitter nötig hätten, wären Sie schon längst wieder draußen. Sie sind zwar klein, aber Sie würden sich nich von mir zurückhalten lassen, wenn Sie nich zurückgehalten werden wollten. Sie würden mir ein Bein stellen, daß ich auf den Hintern falle, und wären zur Tür raus. Nein ... Sie wollen den ganzen Plan hören, und im Moment machen Sie bloß ein bißchen Theater, um mehr über mich rauszukriegen.«

Tucker lächelte. Meyers hatte vollkommen recht, und es sprach für ihn, daß er die Situation so klar durchschaute. Möglicherweise war er doch besser als es schien.

»Zehn Minuten?«

»Okay«, stimmte Tucker zu.

»Dann sehen wir uns in der Küche den Plan noch mal genau an.« Der große Mann ging voraus.

Fünfzehn Minuten danach schlug Meyers mit der geballten Faust auf den Küchentisch. »Das ist der ganze Plan. Bis in die letzte Einzelheit. Bis ins letzte ausgetüftelt. Was halten Sie davon?«

»Ungeheuer raffiniert«, gestand Tucker ein und war immer noch in die Zeichnung vom Einkaufszentrum *Oceanview Plaza* vertieft. »Trotzdem sind da noch ein paar Punkte.«

Meyers Stimme wurde wieder besorgt. »Was für Punkte?«

»Sie scheinen nicht über Waffen nachgedacht zu haben.«

»Wir brauchen nichts Ausgefallenes.« Meyers rieb sich die Hände, als seife er sie unter einem Wasserhahn ein.

»Jeder kann mitbringen, was er hat.«

»Da bin ich anderer Ansicht«, sagte Tucker. »Gleich im Anfangsstadium des Unternehmens haben wir es mit zwei ausgebildeten Wächtern zu tun, wahrscheinlich mit pensionierten Polizisten, und die müssen wir sofort kaltstellen. Einer von ihnen ist mit Sicherheit ein verhinderter Held, und so jemand wird sehr viel weniger gefährlich, wenn er sich einer Waffe gegenübersieht, die ihm Angst einjagt. Je größer und häßlicher die Knarre, um so weniger Ärger gibt es mit den Leuten, die in den Lauf sehen. Das ist angewandte Psychologie.«

Meyers fuhr fort, die Hände mit unsichtbarer Seife zu waschen. »Wir können aber keine Maschinengewehre unter den Jacketts verstecken.«

»Es brauchen nicht gleich Maschinengewehre zu sein.«

»Was sonst?«

»Überlassen Sie das mir. Ich hab einen guten Mann an der Hand, der was Passendes finden wird.«

Meyers leckte über die wulstigen Lippen. »Ich hab nich damit gerechnet, daß ich den Job finanzieren muß.«

»Die Waffen gehen auf mein Konto.«

»Dann machen Sie also mit?«

Tucker betrachtete lange den Plan und bewunderte Meyers' Arbeit und Leistung. Dann ließ er den Blick durch die Küche wandern, von dem schmutzigen Geschirr im Spülbecken bis zu den beiden Schaben in der Ecke, die nicht einmal durch die Anwesenheit zweier Menschen eingeschüchtert wurden. »Ich mache mit – aber nur, wenn ich der Chef bin.«

»Sie sind der Chef.«

»Ich weiß nicht, ob Sie das richtig verstehen.« Tucker faltete den Plan des Einkaufszentrums zusammen. »Ich treffe alle Entscheidungen, vom Anfang bis zum Ende.«

Meyers nickte lebhaft. Er schritt rasch zum Spülbecken, machte auf dem Absatz kehrt, lehnte sich an die Geschirrablage und löste sich sofort wieder davon, um nervös zum Tisch zurückzukehren, während Tucker den gefalteten Plan glattstrich. Er rieb sich wiederum die Hände. »Clitus hat mir gesagt, wie Sie arbeiten – Sie machen nur mit, wenn Sie der Boß sind. Einverstanden.«

»Gut, dann wissen wir, woran wir sind.«

»Mir macht es nichts aus«, sagte Meyers. »Ihr Ruf is so gut, daß ich Ihnen traue. Das Wichtigste für mich is, daß wir eine gute Mannschaft zusammenbringen und das Ding drehen.« Er wurde nun wieder unruhig und so nervös wie am Anfang, als Tucker zu ihm gekommen war. Er hatte nichts im Sinn, als die Sache in die Wege zu leiten und so schnell wie möglich zu Ende zu bringen. Anscheinend brauchte er das Geld noch viel dringender als Tucker. Nur sah er irgendwie so aus, als brauche er es für etwas viel Wichtigeres als für den Lebensunterhalt, eine neue Wohnung und eine neue Frau. »Was für einen Anteil wollen Sie?«

»Ein Drittel«, erklärte Tucker.

Meyers zuckte zusammen, wandte sich ab, wirbelte wieder herum, wobei er sich unentwegt die Hände rieb. »Mann, das is aber ganz schön happig!«

»Es ist derselbe Anteil, den Sie auch bekommen.« Tucker gab ihm den zusammengefalteten Plan; im Grunde nur, damit er aufhörte, sich die Hände zu reiben. »Wir brauchen nur noch einen weiteren Mann für die Sache; und wir teilen die Beute durch drei. Jeder bekommt dasselbe.«

»Nur noch einen Mann?«

»Einen, der den Safe aufbricht. Zwei Safes, falls es nötig ist.«

»Aber wir brauchen mindestens vier, fünf Mann für die Sache«, beharrte Meyers.

Tucker lächelte. »Abwarten.«

Imries Laden sah nicht wie eine illegale Waffenhandlung aus. Es war ein dreistöckiges Ziegelhaus an einer stillen, kleinbürgerlichen Wohnstraße in Queens. Obwohl etwas verwittert und angeschmutzt, war es ein solides, anständig gebautes und achtbares Gebäude im Neo-Kolonialstil aus der Zeit der Jahrhundertwende. Außer Imries Haus bestand die Zeile aus einem Lebensmittelgeschäft, einer Apotheke, einer chemischen Reinigung und einer Reihe schmaler, gutgehaltener Wohnhäuser. Um den heiteren Eindruck noch zu verstärken, gab es sogar noch ein paar hohe, windzerzauste Ulmen, die ihren Schatten auf Teile der Straße und der Gehwege warfen. An der Glastür zu Imries Schauräumen im Hochparterre stand in Goldbuchstaben: ANTIQUITÄTEN UND GEBRAUCHTMÖBEL. Der Antiquitätenhandel war hauptsächlich die Fassade für das viel lukrativere Waffengeschäft.

Tucker zog die schwere Tür auf und ging hinein. Eine laute Klingel ertönte wie der schrille Schrei eines Dschungelvogels im Hintergrund des Ladens, wurde aber durch den von Imrie gehorteten Wald aus Rohrstühlen, Tischen, Tischlampen, Kredenzen, Grammophonen, Spültischen und wackeligen Stapeln wertvoller und wertloser Gegenstände gedämpft.

Tiefe Schatten, dunkle Ecken, Staub und nackte Glühbirnen trugen zur Wirkung des Interieurs bei. Imrie saß in einem antiken braunen Brokatsessel in einem der wenigen Lichtflecken direkt hinter der Tür.

»Tut mir leid, daß es so lange gedauert hat«, sagte Tucker. »Ich hab nicht gleich ein Taxi bekommen, und dann war der Verkehr fürchterlich.«

»Der ist immer fürchterlich.« Imrie kämpfte sich mit einem tiefen Stöhnen aus dem Stuhl hoch. Er war nur eins fünfundsechzig groß, wog aber annähernd zweihundert Pfund. Sein Äußeres, sein babyweiches, aber schlaues und wissendes Gesicht und der Kranz grauer Locken auf dem sonst kahlen Kopf ließen ihn wie einen mittelalterlichen Mönch aussehen, der seine Gelübde gebrochen hat und ein Schwerenöter geworden ist. Er legte einen pornographischen Roman aus der Hand und zog die ausgebeulte Hose hoch, die die Tendenz hatte, immer zu tief unter den Bauch zu rutschen. Er hatte Plätzchen gegessen und lauter Krümel auf dem Hemd. Über die eigene Schlampigkeit seufzend, klopfte er sie ab. »Noch eine Minute, Tucker.«

Er schloß die Tür ab und hängte das GESCHLOSSEN-Schild davor.

»Wie geht's Ihnen denn?« fragte Tucker.

»Nicht besonders.« Imrie zog eine Jalousie vor das Fenster der Tür. »Ich hab's mit dem Magen.« Er drehte sich um und schlug sich auf den vorstehenden Bauch. »Das Geschäft ist dran schuld. Davon muß man ja Magengeschwüre bekommen. Einfach zu viele Aufregungen.« Er preßte die Hände auf den Magen, als müsse er sich vergewissern, daß er noch da war. »Es ist noch gar nicht lange her«, sagte er wehmütig, »als ein Mann in meiner Branche noch ungehindert seiner Arbeit nachgehen konnte und seinen festen Platz im Leben hatte.« Dies war Imries Lieblingsthema für ein Gespräch oder eigentlich eher für einen Monolog. »Heutzutage muß man sich mit den Anti-Waffen-Narren, den Liberalen mit den blutenden Herzen, den Friedensfanatikern und diesen ausgeflippten pazifistischen Kindern abgeben ... Lieber Himmel, ich komme mir schon wie ein Krimineller vor.«

Wenn man mit Imrie Geschäfte machen wollte, mußte man sich in Geduld fassen und eine Zeitlang seine Klagen anhören. Tucker gab sich Mühe, teilnahmsvoll zu sprechen. »Ich kann verstehen, daß Ihnen das auf den Magen schlägt.«

»Das kann man wohl sagen.« Imrie rieb sich den Bauch, um ihn zu besänftigen. »Zum Glück begreifen die meisten Amerikaner, daß wir Waffen brauchen, um dem Land die Freiheit zu bewahren. Wie sollten wir ohne Waffen die Kommunisten fernhalten?« Er rülpste Plätzchenduft und entschuldigte sich. »Ein vernünftiger Mensch weiß, daß einem Mann, der mit Waffen handelt, nichts Gemeines und Teuflisches anhaftet. Sehen Sie mich an: Bin ich ein verkommenes Subjekt? Ein Waffenhändler ist ebensowenig ein Schurke wie der Ford-Vertreter um die Ekke oder der nette Eismann aus dem Viertel.« Er rülpste noch einmal und strich sich über die Lippen. »Aber nun zu Ihnen, Tucker: Was kann ich für Sie tun?«

»Ich brauche drei Revolver. Sie müssen so bösartig aussehen, daß jedem normalen Menschen bei ihrem Anblick das Herz in die Hosen fällt. Sie müssen so furchteinflößend sein, daß keiner auf dumme Gedanken kommt.«

»Aha.« Imrie lächelte. »Ich weiß genau, was Sie meinen. Und ich hab das Richtige.«

»Damit hatte ich gerechnet.«

Sie gingen auf einem schmalen Pfad zwischen übereinander gestapelten Schränken, Schreibtischen, Bücherregalen, Vitrinen und anderen Möbelstücken hindurch bis in den hinteren Teil des Ladens. Von dort ging es durch einen zerschlissenen gelben Vorhang und ein schwach beleuchtetes Treppenhaus in den zweiten Stock hinauf – der erste diente Imrie als Wohnung –, wo dieser die Waffen aufbewahrte.

»Allerdings können Sie die heute noch nicht haben, falls es Ihnen darum geht«, sagte Imrie, als sie am Ende der Treppe angelangt waren. »Ich muß sie mir erst noch vornehmen.«

»Ich brauche sie noch nicht heute.«

Im zweiten Stock waren wie schon im Hochparterre die Zwischenwände entfernt worden, um einen einzigen, riesengroßen Raum zu bilden. Aber während unten alte Möbel, Hausrat und Antiquitäten verkauft wurden, beherbergte dieser Raum todbringendes Gut: mehr als zweitausend Jagdgewehre, Karabiner, Revolver, Maschinen- und halbautomatische Pistolen. Sie hingen an den weißen mit Haken versehenen Wänden, waren in Holz- und Metallregale gestapelt, lehnten in hölzernen Ausstellungskästen, ruhten wohlgeborgen in samtbeschlagenen Sammlerkästen, lagerten offen oder in Papier eingeschlagen auf dem Fußboden. Im Raum standen aber auch noch Drehbänke, Metallfräsen, eine kleine, gasbeheizte Schmiede und mehrere Kessel, in denen Metall geschmolzen und gegossen werden konnte. Trotz der Unordnung lag hier im Gegensatz zu unten kein Körnchen Staub, und alle Ecken waren gut beleuchtet. Mit dem Möbelladen verglichen war hier alles offen und luftig. Ohne jeden Zweifel gehörte diesem Stockwerk Imries Herz, auch wenn das Unwahrscheinliche eintreten sollte, daß der Antiquitätenhandel ihm mehr einbrachte als das Waffengeschäft.

»Ich gehe davon aus, daß Sie keine Maschinenpistole wollen«, sagte Imrie. »Sonst hätten Sie es gleich gesagt.«

»Etwas Gefährliches, Eindrucksvolles, das sich verbergen läßt.« Tucker deutete mit den schlanken Händen eine Größe an.

»Drei Stück?«

»Das wäre am besten.«

Der dicke Mann kratzte die blanke Glatze, zerzauste den grauen Haarkranz, schob die Lippen vor und wieder zurück und lächelte dann wie bei einer plötzlichen Eingebung. »Moment mal ...« Er begann, im chaotischen Durcheinander seiner Sammlung herumzusuchen. Fünf Minuten später rief er Tucker zur großen Werkbank. »Die hier könnte ich Ihnen überlassen«, sagte er und legte sorgsam drei Pistolen nebeneinander auf die Platte.

Es waren drei groß und bösartig wirkende schwarze automatische Pistolen mit ausklappbarer Schulterstütze, mittels deren der Schaft einen Kolben erhielt und die Waffen damit als Maschinenpistolen benutzt werden konnten.

Im Augenblick waren die Bügel nach vorn an die Läufe gelegt, aber auch so sahen die Pistolen durch ihre Kompaktheit ungemein gefährlich aus.

»Die sind genau richtig.« Tucker hob eine der Waffen auf und wog sie auf der Handfläche. »So was hab ich noch nie gesehen.«

»Ein tschechisches Modell«, erklärte Imrie liebevoll. »Skorpion.«

»Aus dem Zweiten Weltkrieg?«

»Klar.«

»Sie sehen wie Achtunddreißiger aus.«

»Es sind Zweiunddreißiger.« Imrie nahm eine der beiden anderen in die Hand. »Nicht gerade für Damenhände geeignet. Da sitzt mehr Wucht hinter als bei jeder anderen Zweiunddreißiger.«

So sanft, als ginge er mit einer bösartigen Giftschlange um, drehte Tucker die Pistole hin und her und prüfte sie aus jedem Blickwinkel. Schwer, gut konstruiert, mit vielen glatten, gegossenen Flächen, sah die Waffe gefährlich und auch fremdartig aus, als stamme sie vom unheimlichen Titelbild eines alten Science-fiction-Hefts. Obwohl es ein toter Gegenstand war, strahlte er etwas gefährlich Animalisches, fast greifbar Bösartiges aus. Weil er aus dem Grund seines Wesens ein Mann der Gewaltlosigkeit war, der einen gewalttätigen Beruf ausübte, konnte Tucker die Waffe vom Standpunkt des Täters und des Opfers aus begutachten. Von beiden Warten aus bestand sie die Prüfung.

»Gute Arbeit«, stellte Imrie fest.

»Ja.«

»Die Hersteller waren stolz darauf.«

Tucker hielt die Pistole hoch und zielte am Lauf entlang durch das Gitterwerk des zusammengeklappten Schafts. »Gemein genug sieht sie aus, aber wie genau ist sie?«

»Als Pistole ist sie so genau wie jede andere, mit der Sie jemals geschossen haben. Zumindest wird sie es sein, wenn ich sie mir vorgenommen habe.«

»Und als Maschinenpistole?«

»Da ist sie weniger genau. Aber eine Maschinenpistole braucht ja auch nicht so genau zu sein wie eine Pistole. Nicht wahr?«

»Ja.«

»Und wenn Sie sie benützen, dann doch wohl nur als Pistole«, sagte Imrie.

»Wie lange werden Sie brauchen?«

Imrie sah die drei Pistolen an, dann die Werkzeuge auf der Bank, dann saugte er an einem Zahn und dachte nach. »Na … so gegen Montag mittag, würde ich meinen. Paßt Ihnen das?«

»Sehr gut. Was ist mit der Munition?«

»Die hab ich hier«, sagte Imrie. »Alles eigene Ware, handgepackt und mit Garantie.«

Tucker legte die Pistole, die er geprüft hatte, aus der Hand. »Was wollen Sie dafür haben?«

»Sie dürfen nicht vergessen, daß ich noch viel Arbeit habe, bis sie tipptopp sind. Und ich …«

»Wieviel?«

»Außerdem hat keine der Waffen eine Vorgeschichte. Jede ist ein unbeschriebenes Blatt. Wenn Sie bei Ihrem Job auffliegen, brauchen Sie keine Angst zu haben, daß Sie eine Waffe tragen, die bei einem Raubüberfall oder einem Mord oder so etwas benützt wurde.«

Tucker grinste. »Wieviel, Imrie?«

Imrie sagte es ihm.

»Zuviel.«

Sie handelten eine Weile, und obwohl Imrie behauptete, bei solchen Preisen an den Bettelstab zu kommen, einigten sie sich schließlich auf tausend Dollar für die Pistolen und die Munition.

»Wenn Sie am Montag kommen«, sagte Imrie, »gehen wir in den Keller und probieren eine davon auf dem Schießstand aus.«

Tucker runzelte die Stirn. »Wieso? Funktionieren sie nicht wie normale automatische Pistolen?«

»O doch. Aber es schadet nie, wenn man eine Waffe kennt und weiß, was sie tut und was sie nicht tut.«

»Selbst wenn man gar nicht vorhat, damit zu schießen?«

»Gerade dann«, sagte Imrie.

Tucker dachte an das *Oceanview Plaza*, an die eigenartig hektischen Bewegungen von Frank Meyers und nickte. »Da mögen Sie recht haben.«

4

Um halb vier am selben Nachmittag, wiederum im Untergeschoß des Americana-Hotels, steckte Tucker Münzen in den Schlitz des Fernsprechers, bis die Vermittlung zufrieden war. Am anderen Ende der Leitung ertönte ein Klingelzeichen, und dann meldete sich Clitus Felton.

»Hier ist Mike«, sagte Tucker. »Bist du beschäftigt?«

»Ja, sehr.«

Tucker nannte ihm die Nummer des Apparats und legte auf.

Der Hotelflur lag verlassen. Geschirr klapperte, Besteck klirrte und Stimmen hoben sich wie Meeresrauschen aus der Kaffeestube hinter der Ecke. Der Fußboden war vor noch nicht langer Zeit gewischt worden; denn die Halle roch nach Kiefernadeln und Desinfektionsmitteln, aber die Putzkolonne war nicht mehr in Sicht.

Jede der folgenden fünf Minuten kam ihm wie eine Stunde vor, zum Teil, weil er unwillkommene Gesellschaft und einen Mithörer des Gesprächs mit Clitus fürchtete – und zum Teil, weil er sich mittlerweile Gedanken machte, ob es nicht ein schwerer Fehler war, auf dieses Geschäft eingegangen zu sein. Die ganze Sache war eine Spur zu halsbrecherisch, einen Hauch zu raffiniert und schwierig. Und er kam nicht von den Gedanken an Frank Meyers los: wie der große Mann wohnte, wie er sich kleidete – und dann die Verzweiflung in den hellen blauen Augen …

Er zog eine Rolle Drops aus der Jackentasche, riß das Papier ab und steckte sich eins der runden Scheibchen mit Limonengeschmack in den Mund.

Endlich klingelte das Telefon.

»Clitus?«

»Also tust du dich mit Frank Meyers zusammen, ja?« fragte Felton fast kindlich erfreut.

»Ja.«

»Das hab ich gleich gewußt«, erklärte der alte Mann. »Er ist verdammt gut. Ein richtiger Profi.«

Tucker schob das Bonbon mit der Zunge zur Seite. »Möglich, daß er das mal war.«

»Ach?« fragte Felton vorsichtig. »Stimmt was nicht?«

»Er haust in einem Loch. Er räumt nicht einmal mehr auf, und die Kakerlaken sind schon ganz zahm. Er ist verschlampt, müde und nervös. Und dazu ist er finanziell völlig am Ende.«

»Warum?«

»Er sagt, er hätte sich von einer Frau ausnehmen lassen und wäre jetzt pleite.«

Felton seufzte; es war ein hohles Ahhh, das wie die Stimme eines Gespensts durch den Draht echote. »Das ist schon ganz anderen Männern passiert.«

»Aber ich glaube nicht, daß es der Grund ist.« Tucker schluckte Speichel mit Limonengeschmack. »Ich möchte, daß du dich über das Wochenende umhörst. Frag bei allen an, die in letzter Zeit mit ihm gearbeitet haben. Sieh zu, ob du was rausbekommst.«

»Was denn, beispielsweise?«

»Das weiß ich nicht.« Tucker wünschte, er wüßte es selbst. »Alles, was erklären könnte, warum er sich so gehenläßt.«

Felton räusperte sich. »Gut ... ich will's versuchen, Mike. Aber es wird wohl nur Zeitverschwendung sein. Wenn es was über Frank zu wissen gäbe, wüßte ich es schon.« Der alte Mann respektierte Tucker und wußte, welchen Ruf er unter Kollegen hatte. Andererseits aber glaubte er, Frank Meyers zu kennen. Wenn er auch nicht an Tucker heranreichte, war er doch ein vernünftiger und verläßlicher Mann.

»Noch etwas«, sagte Tucker; er verlagerte das Gewicht von einem auf den anderen Fuß und wechselte den Hörer in die andere Hand. »Ich brauche jemand, der was von Safes versteht. Am liebsten Edgar Bates. Der ist doch irgendwo hier in der Stadt, oder?«

»Ist er.«

»Nimm Kontakt mit ihm auf. Verabrede für morgen ein Treffen im Naturkundemuseum.«

»Um welche Zeit?«

»Zwölf Uhr mittags. Sagen wir in dem Saal, wo die Eskimo-Totempfähle stehen.«

»Und wenn ich ihn nicht erreiche?«

»Weiß ich das, wenn er morgen nicht aufkreuzt. Ich werde dich Montag wieder anrufen, um zu erfahren, was du über Meyers herausgefunden hast. Wiedersehen, Clitus.« Er legte auf und zermalmte das Bonbon zwischen den Zähnen, dann schluckte er die winzigen Zuckersplitter. Der Duft von Limonen stieg ihm durch den Rachen in die Nase.

Vor dem *Americana* erwischte er ein Taxi, mit einem Fahrer, der ebenso mörderischer Laune war wie er selbst. Für die Zehnminutenfahrt nach Haus brauchten sie fünfundzwanzig Minuten im Stoßverkehr – eine Zeit, die er mit sorgenvollen Gedanken an Frank Meyers verbrachte. Er lutschte drei weitere Drops.

Im Apartmenthaus in den achtziger Nummern der Park Avenue wurde er von einem nur andeutungsweise livrierten Portier empfangen, der doppelt so alt war wie er. »Ein wunderbarer Tag, nicht wahr, Sir?«

»Ja, sehr schön, Harold.«

»September und Oktober sind die einzigen guten Monate in der Stadt«, sagte der Portier. Die kleinen Messingknöpfe auf dem schwarzen Rock glitzerten in der Sonne des frühen Oktobertags.

Der Hallenportier wollte auch über das Wetter sprechen, und der Mann im Lift fand den Herbst die schönste Jahreszeit in New York. Tucker lächelte, nickte und stimmte mit beiden überein, während er an *Oceanview Plaza* dachte.

Im zehnten Stock betrat er seine Neun-Zimmer-Wohnung zu den Klängen von Beethovens Menuett in G-Dur in der Wiedergabe des Philadelphia Symphony Orchestra unter Eugene Ormandy. Die Musik war wie kühle, ihn umrieselnde Feuchtigkeit. Einige seiner Sorgen wegen Meyers und die leise, aber stete Furcht, die ihn immer in seiner Tucker-Rolle umgab, lösten sich auf. Er fühlte sich wohler und entspannter als während des ganzen Tages.

Aber noch war es nicht die Zeit für einen Cocktail oder das Beisammensein mit Elise. Es gab noch etwas zu erledigen. Er trat in den großen Schrankraum neben dem Wohnzimmer, öffnete den Wandsafe und legte die Brieftasche mit den Tucker-Papieren hinein. Er nahm seine eigene Brieftasche heraus und steckte sie in die Jacke, schloß dann die runde Metalltür und drehte das Kombinationsrad. Jetzt war die Zeit für den Cocktail und für Elise.

Sie saß in der weiß in weiß gehaltenen Küche, an dem großen Lane-Tisch, trank einen Jack Rose und las Zeitung. Er legte ihr die Hände auf die Schultern, beugte sich vor und küßte sie seitlich auf den schlanken Hals. Seine Lippen verweilten gerade so lange, daß er den leichten Pulsschlag spüren konnte.

Sie schüttelte den Kopf, das goldene Haar fiel zurück. »Einen Augenblick, ich lese gerade. Etwas über mich.«

»Du bist in der *Times?*«

»Pst!« machte sie und beugte sich tiefer über die Zeitung.

Er zog die Jacke aus, hängte sie über einen Stuhl und ging dann in die große Diele zur Bar, an der er sich einen Wodka-Martini mixte und seine beiden kostbarsten Stücke bewunderte. Während seine Hände mit den Flaschen und Eiswürfeln beschäftigt waren, betrachtete er die beiden Werke primitiver

Kunst, die eindrucksvoll die elfenbeinfarbene Wand vor ihm schmückten. Eins war das Fragment eines Edo-Schilds aus dem fünften Jahrhundert, etwa die Hälfte einer gehämmerten, ovalen Kupferplatte, mit Silber verziert und mit winzigen Stücken handgeschnitzten Elfenbeins eingelegt. Der Afrikaner, der den Schild gemacht hatte, lebte am linken Ufer des Niger unter friedfertigen Menschen, die Schilde herstellten und selten in den Krieg zogen. Vom selben Stamm, aber einem anderen Handwerker kam der Jagdspeer mit dem reichgeschnitzten neun Fuß langen Schaft und einer elfenbeinverzierten Eisenspitze. Tucker hatte vierzigtausend Dollar vor etwa sechs Monaten für das Fragment des Schilds bezahlt. Im August hatte er einige weniger bedeutende Stücke aus seiner Sammlung abgestoßen und ein Sparkonto aufgelöst, um die fünfundsechzigtausend Dollar aufzubringen, die der Speer kostete. Am Speer lag es, daß sich sein Kapital so stark dezimiert hatte, daß er nun nach einem neuen Job suchen mußte. Doch das störte ihn nicht. Die große Lanze war eine unbeschreiblich schöne Arbeit und machte jede vorübergehende Insolvenz wett.

Im übrigen gaben der Speer, der Schild und die anderen Kunstwerke in seiner Wohnung ihm den Deckmantel als privater Ankäufer und Verkäufer von Objekten primitiver Kunst. Und dieser Deckmantel war für ihn lebenswichtig. Elise gab sich damit zufrieden, und die von seinem Vater angesetzten Spürhunde mußten sich damit abfinden. Er verdiente nicht viel mit dem Kunsthandel, gewiß nicht genug, um in dem Stil zu leben, den er schätzte, aber das konnten die Männer seines Vaters nur herausbekommen, wenn sie beim Finanzamt einbrachen.

»Jetzt kannst du kommen und mich küssen«, rief Elise aus der Küche.

Er kehrte zu ihr zurück, küßte sie und zog sie vom Stuhl auf die Füße, damit sie sich umarmen konnten. Als auch sie ihn genug geküßt hatte, fragte er: »Und wieso stehst du in der *Times?*«

Sie glitt aus seinen Armen, tippte auf die Zeitung und schob sie dann zurecht, daß er sie im Stehen lesen konnte. »Ich hab die Wirtschaftsseiten geschafft. Da, der Artikel über Werbung.« Sie lächelte strahlend.

Er beugte sich über die Zeitung, stützte die Hände flach auf den Tisch und las den kurzen Bericht. Er handelte von den Karrieren der im Augenblick erfolgreichsten Schauspieler und Schauspielerinnen beim Werbefernsehen. Elise bekam höchstes Lob für ihre Schönheit, ihren Charme und ihr berufliches Können. »Mit diesem Artikel im Hintergrund«, sagte Tucker, »kannst du eine Menge mehr Geld herausschlagen, wenn du wieder ein neues Produkt rausbringen sollst.«

Sie grinste, und die Grübchen, die sich in die glatten Wangen gruben, ließen sie nach allem anderen aussehen als einer kühlen, erfahrenen Schauspielerin. »Da sieht man wieder, daß wir dieselbe Wellenlänge haben. Du meinst auch, man soll aus den Geschäftspartnern rausholen, was rauszuholen ist.«

Wenn du wüßtest, dachte Tucker und wurde daran erinnert, was er für *Oceanview Plaza* plante. »Unsinn«, wehrte er ab. »Du bist jeden Penny wert, den du verdienst, egal wie viele es am Ende sind.«

Der *Times*-Reporter hatte nur zu recht mit ihrer Schönheit. Sie war groß und gertenschlank gewachsen wie eine Tänzerin, eins zweiundsiebzig zu Tuckers eins vierundsiebzig. Sie hatte wunderbar lange Beine, eine extrem schmale Taille, hohe runde und feste Brüste. Ihre Haare waren natürlich blond, die Augen von lebhaftem Grün – sie war gesund, natürlich und dennoch kapriziös. Ihre Haut war so glatt wie auf einem Glanzfoto im *Playboy*, und dank dieses Attributs konnte sie von der großäugigen Naiven bis zur Sexbombe jede Rolle mit gleichem Erfolg spielen.

Er war immer noch voller Verwunderung, daß sie mit ihm leben wollte, denn sie gehörte zu den Frauen, die üblicherweise auf Schritt und Tritt von großen, gutaussehenden Männern mit superbreiten Schultern begleitet werden. Aber sie war gekommen und geblieben, und sie waren glücklich miteinander.

Mit einer Ausnahme war ihre Beziehung offen und ehrlich. Jeder kam und ging, wie es ihm gefiel; es gab keine Täuschungen, Lügen oder Eifersucht. Sie machten keine Pläne für eine gemeinsame Zukunft, weil keiner dem anderen das Gefühl geben wollte, an strenge Regeln gebunden zu sein. Jeder verdiente sich den anderen, ohne daß dieser ihm gehörte. Sie beteiligte sich zur Hälfte an Miete und Nebenkosten und kam für ihren Teil der Lebensmittel auf, weil sie es so haben wollte und sonst nicht bei ihm geblieben wäre. Sie vertrauten einander und respektierten sich als gleichwertige Partner. Nur über seinen ›Beruf‹ schwieg Tucker eisern. Nicht weil er glaubte, sie würde ihn der Polizei ausliefern, wenn sie erfuhr, daß er ein Dieb war; er wollte sie nur in keiner Weise in seine kriminellen Aktivitäten einbeziehen, damit sie nicht irgendwann dafür leiden mußte.

Er wandte sich von der Zeitung ab und nahm sie wieder in die Arme. Sie trug ein superleichtes, weiches Strickkostüm, das eng anlag und sich nun zwischen ihnen aufzulösen schien. »Die *New York Times* hält dich für schön«, sagte er.

»Dann muß ich schön sein.«

»Du bist eine Berühmtheit.«

»Bist du beeindruckt?«

»Ganz ungeheuer.«

»Möchtest du mein Autogramm?«

»Auf einer Glanzpapiervergrößerung.«

Sie küßte ihn aufs Kinn. »Warst du schon mal mit einer Berühmtheit im Bett?«

»Nie.«

»Dann nütze die Gelegenheit.«

»Machst du mir einen Antrag?«

»Erraten.«

Im großen Schlafzimmer zog sie ihn aus, dann revanchierte er sich. Die Knöpfe gingen ganz leicht auf. Der leichte Stoff schien zu schmelzen, über ihre weichen Formen zu fließen und sich um ihre Füße neu zu fügen. Seine Stimme war leise, fast unhörbar, als er sagte: »Du bist schön, Elise.«

»Glaubst du alles, was in der Zeitung steht?«

Später gingen sie zusammen in die Küche und bereiteten das Abendessen. Er grillte die Steaks und machte die Salatsoße, während sie den grünen Salat, Sellerie und Karotten wusch und schnitt. Sie tranken viel billigen Wein dazu und zum Abschluß Tia Maria und Kaffee.

»Mir ist schwummerig«, sagte sie.

»Mir auch.«

»Ich bin wehrlos.«

»Bist du das wirklich?«

»Absolut wehrlos.«

Er führte sie wieder ins Schlafzimmer und half ihr aus dem warmen, gesteppten Hausmantel. Dann ging er auf das Angebot ein. Diesmal dauerte es länger, war langsamer, aber für beide noch viel vollkommener.

Lange danach sagte sie: »Ach, da war ein Anruf für dich ... der Rechtsanwalt deines Vaters.«

Er richtete sich auf, stützte sich auf einen Ellbogen und sah sie an. Ihr Gesicht war zur Hälfte in dunkle, rötliche Schatten getaucht, die andere Hälfte leuchtete im warmen orangenen Licht der Nachttischlampe. Die Dunkelheit modellierte ihren Körper und hob sanft geschwungene Linien hervor. »Littlefield hat angerufen?« fragte er.

»Ja.«

»Wann?«

»Etwa um ein Uhr mittags.« Sie lag auf dem Rücken, drehte sich nun aber soweit herum, daß sie ihn sehen konnte. Die Schatten auf ihrem Gesicht lösten sich auf.

»Warum hast du mir das nicht früher gesagt?«

»Weil ich wußte, daß es uns den Abend verderben würde. Vielleicht ist dir aufgefallen, daß ich bestimmte Absichten hatte. Aber ich wußte, wenn du dich über Littlefield und deinen Vater aufregtest, wärst du dazu nie in der Stimmung gewesen.«

Er lachte, umfaßte ihre Brüste und küßte sie. »Was wollte das Ekel denn?«

»Keine Ahnung. Du sollst ihn wieder anrufen. Er hat seine Privatnummer angegeben, falls du erst nach fünf Uhr nach Hause kämst.«

»Der soll sich begraben lassen«, sagte Tucker und ließ sich in die Kissen fallen.

Elise setzte sich auf und strich mit beiden Händen durch die langen blonden Haare, bis sie in Dutzende glänzender Strähnen auseinanderfielen. »Du solltest ihn doch lieber anrufen, Michael. Vielleicht ist was mit deinem Vater. Er könnte krank oder verunglückt sein.«

»Solange der alte Schuft nicht tot ist, will ich nichts mit Littlefield zu tun haben.«

»Das ist grausam«, sagte sie.

Das war es, und es tat weh. »Ja, aber es ist auch wahr.«

»Ruf ihn wenigstens an.« Sie strich die hellen Haare hinter die Ohren zurück. Ihre Ohren waren wie zarte Muscheln. »Wenn du das Gespräch hinter dir hast, bekommst du etwas Gutes zu trinken.« Sie wartete ab, ihn genau beobachtend. Der Widerschein der Nachttischlampe bildete in beiden grünen Augen genau in der Mitte einen Stern. »Kann es nicht sein, daß dein Vater endlich Vernunft angenommen hat?«

Er lachte.

»Nein, im Ernst. Vielleicht ist er nun bereit, dir dein Erbe auszuzahlen.«

»Nicht dran zu denken«, wehrte Tucker ab. »Wenn der Alte sich etwas in den Kopf gesetzt hat, läßt er nie mehr davon ab. Er wird nur immer härter. Der einzige Weg für mich, an das Erbe meiner Mutter zu kommen, führt von einem Gericht zum anderen.« Aus seiner Stimme klang unverhohlene Verbitterung, und die dunklen Augen wurden hart, wenn er nur an den Vater dachte.

»Du hast schon zwei große Prozesse hinter dir«, sagte sie. »Und sie haben dir gar nichts eingebracht.«

»Früher oder später werde ich an einen Richter geraten, der sich nicht vom Namen und Geld meines Vaters beeindrucken läßt. An einen ehrlichen Richter. Und einmal werden diese superschlauen und superteuren Anwälte meines Alten einen Fehler machen ...«

Sie sagte nichts.

Er sah sie an – er wußte sehr gut, was sie dachte – und seufzte laut. »Ach, zum Teufel ... es bleibt immer noch die schwache Hoffnung, daß er krank ist. Und wenn er krank genug ist, könnte er ja mal den Entschluß fassen, daß es an der Zeit wäre, ein bißchen einzulenken.« Er stand auf und zog den dunkelblauen Seidenmantel an. »Du hast mir was zu trinken versprochen. Ich werd's nötig haben, wenn ich zurückkomme.«

»Ich halte meine Versprechen«, sagte Elise.

Er ging durch die Halle zum Telefon.

Albert Littlefield, der Rechtsanwalt, dem sein Vater am meisten vertraute, hatte eine dünne, schneidende Stimme, die Tucker ärgerte, wenn er sie nur hörte. Bei jedem anderen Mann hätte sie nörgelig geklungen, bei ihm aber war sie irgendwie verächtlich überheblich. Sie paßte gut zu Littlefields hagerer, kalter, bewußt vornehmer Erscheinung und Art. »Michael, wie freundlich, daß Sie zurückrufen. Wie ist es Ihnen ergangen?«

Sie hatten sich bei zu vielen Gerichtsverhandlungen als Gegner gegenübergestanden, als daß Tucker nun Freundschaft mit Littlefield heucheln konnte. Es fiel ihm schwer, auch nur oberflächlich höflich zu sein. »Was wünschen Sie?«

»Ich würde Sie gern morgen sehen.«

»Weswegen?«

»Ich will Ihnen einen Vorschlag unterbreiten, Michael. Ein sehr großzügiges Angebot Ihres Vaters.«

»Sagen Sie es mir jetzt.«

»Am Telefon?«

»Warum nicht?«

»Nun gut, Ihr Vater ist zu einem großzügigen Kompromiß bereit«, sagte der Anwalt. »Ich meine, Sie könnten wenigstens zu mir ins Büro kommen, um sich den Vorschlag anzuhören. Und im übrigen ist das nicht gerade fürs Telefon geeignet. Wir haben es mit komplizierten Begriffen und großen Geldbeträgen zu tun …«

»Ich bin an einem Kompromiß nicht interessiert«, sagte Tucker. »Ich will nur das, was mir gehört, mein Erbe. Ich will, daß der alte Mann aufhört, die Wünsche meiner Mutter zu manipulieren.«

»Michael, haben Sie vergessen, daß es der letzte Wunsch Ihrer Mutter war, daß Ihr Vater den Nachlaß mit seinem eigenen größeren Vermögen verwaltet und einsetzt, bis Sie …«

Tucker knirschte fast hörbar mit den Zähnen. Als er Littlefield unterbrach, war seine Stimme verzerrt. »Als meine Mutter starb, war sie im Delirium und wußte nicht mehr, was sie tat. Damals hat er sie dazu gebracht, diese verdammte Unterschrift zu leisten und ihm die Testamentsvollstreckung zu übertragen. Sie wissen sehr gut, daß das nicht ihrem wirklichen Wunsch entsprach.«

Littlefield fühlte, daß Tucker gleich auflegen würde. »Michael, bitte, lassen Sie uns jetzt nicht streiten. Das sind altbekannte Tatsachen, die schon zu oft wieder aufgerührt worden sind.«

Tucker gab keine Antwort.

»Kommen Sie morgen zu mir«, drängte Littlefield. »Der Vorschlag Ihres Vaters wird Ihnen zusagen. Sie müssen die Gerichte doch ebenso satthaben wie wir. Bitte, kommen Sie zum Lunch.«

»Da hab ich keine Zeit.«

»Dann um drei Uhr?«

Tucker überlegte. Wenn er seinem Vater auch nur einen kleinen Teil der Erbschaft aus den Klauen reißen konnte, war er Millionär. Es war dann nicht mehr nötig, nach Kalifornien zu fliegen und das Unternehmen *Oceanview Plaza* in Gang zu bringen, nicht mehr nötig, sich so eng mit dem unzuverlässigen Frank Meyers zu liieren, nicht mehr nötig, solche Risiken auf sich zu nehmen. Er hatte dann mehr Zeit, sich mit seinen künstlerischen Interessen zu befassen. Vielleicht konnte er sogar seinen privaten Handel zu einem offiziellen Geschäft ausweiten, das zu seinem Lebensunterhalt beitrug. Und am wichtigsten war, daß er dann mehr Zeit mit Elise verbringen und sich mehr mit ihren beruflichen Dingen befassen konnte, um ihr die Hilfe und den Rückhalt zu geben, die er so oft von ihr bekommen hatte … »Um drei«, stimmte er endlich zu.

»Wunderbar«, sagte Littlefield.

»Nur Sie und ich.«

»Wie bitte?« fragte der Anwalt.

»Das Treffen. Es findet unter vier Augen statt, ja?«

»Ja, selbstverständlich. Michael …«

»Ich würde mich unter keinen Umständen mit einem überraschenden Auftauchen meines Vaters abfinden.«

»Nein, nur wir beide«, versicherte Littlefield. »Und ich bin überzeugt, daß wir morgen zu einer Einigung kommen werden, trotz aller Zerwürfnisse der letzten Jahre.«

»Das wird sich zeigen«, sagte Tucker und legte auf.

In der Diele blieb er einige Minuten vor dem Edo-Schild und Speer stehen und hoffte, daß ihr Anblick ihm wie so oft in den vergangenen Monaten Ruhe und Fassung wiedergeben würde. Diesmal aber berührte ihn ihre Schönheit nicht. Auch als er den

Cocktail getrunken hatte, den Elise ihm ins Schlafzimmer gebracht hatte, blieb er erregt und reizbar. Er konnte keinen Schlaf finden. Später wachte er aus bösen Träumen am, in denen sein Vater, Frank Meyers, *Oceanview Plaza* und Dutzende bewaffneter Polizisten aufgetreten waren.

5

Seit Elise ihn im vergangenen Dezember an einem langen Winternachmittag zum erstenmal ins Naturhistorische Museum geführt hatte, gehörte es zu Tuckers Lieblingsorten in New York. Von Dinosaurierskeletten und Querschnitten durch gigantische Sequoiabäume bis zu Insekten und Nagetieren enthielt es einfach alles – das Riesige und das scheinbar Unbedeutende –, zusammengepfercht in einem gewaltigen, zugigen alten Gebäude. Ein Gang durch das Museum war ein Erlebnis und vermittelte ein Zeitgefühl, das weit über eine rein intellektuelle Erfahrung hinausging und das Gemüt anrührte, besonders bei einem Menschen wie Tucker, der Sinn für das Alte und Primitive hatte. Wenn er durch die Säle und Flure wanderte, wurde er immer wieder davon berührt, daß er Jahrmillionen der Verwandlung miterlebte, die gerade durch den Augenschein ihrer Vergänglichkeit die unbedeutende Rolle der Menschen im großen Geschehen des Universums aufzeigten. Eine hier verbrachte Stunde konnte seine Alltagsprobleme unbedeutend, ja lächerlich erscheinen lassen.

Die Wirkung dieser Erkenntnis traf ihn besonders stark, wenn er Zeit zum Nachdenken fand, sobald es einen Augenblick der Stille gab zwischen den einzelnen Horden kreischender, undisziplinierter Schulkinder, die wie wilde Bestien durch die steinernen Hallen und Säle tobten. Und eins der sichersten Refugien der Stille im ganzen Museum war der Saal mit den Eskimo-Totempfählen. Obwohl alle Lehrer auf Dinosaurier und Sequoiabäume und ähnliche Wunder eingingen, sprachen nur sehr wenige mit ihren unbezähmbaren Schutzbefohlenen über die Kultur der Eskimos. Darum rannten, kreischten und tobten die Kinder zwischen anderen Ausstellungsstücken herum und überließen diesen Saal den älteren und sehr viel stilleren Besuchern.

Wie üblich lag eine eigenartig trauervolle Stille über dem Raum. Sie wurde nur durch das Summen eines elektrischen Ventilators unterbrochen, der bei einer der Türen auf einem Podest stand und den Totempfählen kühle Luft zufächerte. Das Licht war wie immer gedämpft, und die Decke verlor sich in geheimnisvollen Schatten. Eins nach dem anderen erstanden die riesenhaften Totems, majestätisch, ungeschlacht und dennoch schön; die grob gehauenen Gesichter starrten geradeaus oder blickten streng auf jeden Menschen herab, der es wagte, unter ihnen vorbeizugehen.

Edgar Bates stand etwa in der Mitte des Hauptgangs und starrte zu einem bösartig blickenden Vogelgott auf, der seinem Blick standhielt. »Diese fürchterlichen Kinder«, sagte er, als Tucker neben ihm stehenblieb. »Die können einem direkt Kopfschmerzen verursachen.«

»Hier herein kommen sie nur selten.«

Obwohl sie nur flüsterten, geisterten ihre Stimmen durch den Saal und trugen zur Beerdigungsatmosphäre bei.

»Ich hab vier Kopfwehpillen geschluckt«, sagte Bates, »aber ich hab immer noch das Gefühl, daß mir gleich der Schädel platzt.«

»Wie ist es dir ergangen?«

»Gut, bis ich unter diese Kinder geraten bin. Lauter heulende Derwische.«

»Hast du in letzter Zeit viel gearbeitet?«

»Wenn sich was Gutes ergab.«

»Ich brauche einen guten Schränker.«

»Um mir das anzuhören, bin ich gekommen.«

Er war von gedrungener Gestalt, nur ein wenig kleiner als Tucker, wog aber mindestens vierzig Pfund mehr, obwohl er nicht fett war. Den kräftigen, runden Schultern, dem breiten Brustkasten und den kurzen, stämmigen Beinen nach zu urteilen, hätte er ein russischer Bauer sein können, der sein Leben auf den Feldern verbracht hat. Auch sein Gesicht war slawisch, breit, gefurcht und von einer buschigen weißen Mähne gekrönt.

Obwohl er schon sechzig war, kaum jünger als Clitus Felton, dachte Edgar nicht daran, sich zur Ruhe zu setzen. Er liebte seine Tätigkeit nicht nur, sondern ging ganz und gar in seinem unorthodoxen Beruf auf. Er hatte weder eine Frau noch Kinder. Sein Talent war ihm nicht nur deshalb so wichtig, weil es ihm viel Geld einbrachte, sondern weil es ihn auch zu einem wichtigen Mann machte, der unter seinesgleichen geachtet und geschätzt wurde. Er war gut, der beste Schränker, dem Tucker je begegnet war. Er war fast ein Künstler. Er konnte jeden Safe schneller aufbrechen, auffeilen, aufätzen oder aufsprengen als jeder andere seiner Branche. Und wenn er noch zwanzig Jahre arbeitete, würde er wahrscheinlich immer noch der beste Safeknacker des ganzen Landes sein.

»In Kalifornien gibt's ein Einkaufszentrum, das geradezu danach schreit, ausgenommen zu werden«, sagte Tucker.

»Ein Einkaufszentrum?«

»Laß es mich erklären.«

»Einkaufszentrum?« Bates flaches Gesicht legte sich in Falten.

»Ich weiß, es hört sich idiotisch an. Aber das ist es nicht.«

»Dann mach weiter.«

»Nur ganz exklusive Geschäfte«, erklärte Tucker leise. Sein Flüstern lief unverständlich verzerrt an den Wänden des langen Saals entlang. »Für eine ganz exklusive Kundschaft. Stell dir vor, daß du zwanzig der besten Geschäfte von der Fifth Avenue zusammen unter ein Dach bringst. Erst mal ist da eine Handvoll erstklassiger Modesalons – Markwood und Jame, Sasbury ... dann ein Pelzgeschäft, eine Kunstgalerie, in der sie sich mit Sachen unter fünfhundert Dollar gar nicht erst abgeben, schließlich eine Rolls-Royce-Vertretung, ein Herrenschneider aus London ... und als Clou eine Sparkasse.«

»Ahhh!« sagte Bates lachend und nickte. Er blickte immer noch zu dem Vogelgott auf.

Auch Tucker hielt den Blick auf das unheilverheißende, hölzerne Antlitz gerichtet. Für einen Beobachter schienen sie über den Totempfahl zu sprechen. »Wir nehmen uns natürlich die Bank vor, aber wahrscheinlich ist der Safe sogar offen.«

Bates wandte den Blick vom Vogelgott ab und schnitt eine

Grimasse, als wolle er ihn nachahmen. »Offen? Heißt das, daß du den Überfall während der Geschäftszeit machen willst? Warum brauchst du mich dann überhaupt?«

»Nein, nach Geschäftsschluß«, sagte Tucker beruhigend.

»Und der Safe soll dann offen sein?«

»Höchstwahrscheinlich. Warum, erkläre ich dir noch. Erst …«

»Aber wenn er offen ist, warum willst du mich dabeihaben?«

»Für den Fall, daß er nicht offen ist. Und dann brauchen wir dich auch, um den Safe im Juwelierladen nebenan aufzubrechen.«

»Nimmst du denn Schmuck?« fragte Bates.

»Nur ungefaßte Steine.«

Bates schüttelte abfällig den Kopf, drehte sich um und sah wieder zu dem Totempfahl auf. Sein Gesicht war hart, alle slawische Weichheit verschwunden. Er kniff die Augen zu einem schmalen Spalt zusammen, aus dem sie sehr wach hervorblickten. »Sore!« sagte er sarkastisch. »Das Zeug mußt du an einen Hehler geben. Was das für ein Risiko ist, solltest du wissen.«

»Ich weiß, aber …«

»Das Risiko ist fast ebenso groß wie der ganze Bruch. Und was gibt dir schon ein Hehler? Ein Drittel vom Wert? Wahrscheinlicher ist, daß du nur ein Viertel kriegst.«

»Dafür kann ich ein Drittel bekommen«, sagte Tucker.

»Das bringt doch nichts.«

»Vielleicht sogar mehr als ein Drittel.«

Bates räusperte sich und hätte auf den Boden gespuckt, wenn es nicht ein Museum gewesen wäre. »Es ist immer am besten, nur Bargeld zu nehmen. Bargeld! Keine Sore!«

»Du hast recht. Du hast ja schon öfter mit mir gearbeitet und weißt, daß ich im allgemeinen nur Sachen mache, wo es um Bargeld geht. Aber ungefaßte Steine lassen sich ausgezeichnet absetzen. Und die sollten eine halbe Million wert sein. Wenn wir sie verkaufen, könnten zweihunderttausend für uns rausspringen. Es sollte mich wundern, wenn wir mehr als hunderttausend aus der Bank holen.«

»Eine halbe Million in ungeschliffenen Steinen in einem kleinen Juwelier-Safe?« fragte Bates überrascht.

»Es ist ein sehr großer Safe.« Tucker lächelte. »Ich sag dir doch, das ist kein gewöhnliches Einkaufszentrum. Der Juwelier dort arbeitet Ringe und Halsketten auf Bestellung. Er verkauft keine Uhren für neunzehn Dollar, Edgar.«

»Erzähl mir mehr von der Sache«, sagte Bates.

Tucker erklärte ihm alles: den Lageplan und jeden Schritt, den sie tun würden. Er gab sich besondere Mühe, daß es sich gut anhörte, denn er zog Edgar Bates bei weitem jedem anderen Schränker vor. Obwohl Tucker als besonders gelassener und beherrschter Mann galt, waren seine Nerven bei der Arbeit immer bis zum Äußersten angespannt, egal, ob alles gut oder katastrophal lief. Immer strahlte er eine Aura der Selbstsicherheit aus, immer riß er die Führung an sich und gab seine Befehle ganz gelassen – während er innerlich zitterte. Wenn er aber mit jemand wie Edgar Bates arbeitete, fühlte er sich sehr viel entspannter, als wenn er sich bei jemand vom Schlag eines Frank Meyers' durchsetzen mußte. »Wenn der Juwelier-Safe für dich nicht zu schwierig ist, sollten wir die ganze Sache in weniger als einer Stunde schaffen.« Er warf einen Seitenblick auf Bates. »Wie hört sich das für dich an?«

»Gut.« Bates wandte den Blick von dem Eskimogott ab.

»Was ist mit diesem Frank Meyers?«

»Was soll mit ihm sein?« fragte Tucker.

»Traust du ihm?«

»Kennst du ihn?« fragte Tucker zurück.

»Dem Namen nach schon, aber gearbeitet habe ich noch nie mit ihm. Glaubst du, daß ihm auch wirklich nichts entgangen ist? Keine Wachmannschaften oder Alarmanlagen, die er möglicherweise übersehen hat?«

»Er hat alles bis in die letzte Einzelheit.« Tucker erinnerte sich an die Gründlichkeit, mit der der Lageplan des *Oceanview Plaza* ausgearbeitet worden war. Seine übrigen Vorbehalte gegen Meyers erwähnte er nicht. Wenn Bates mitmachte, konnten sie beide jeden möglichen Schnitzer von Meyers wieder ausbügeln. »Machst du mit?«

»Bist du der Chef?« fragte Bates.

»Der bin ich immer.«

»Ich wollt's nur wissen.« Er sah sich nach allen Seiten um und stellte fest, daß sie bis auf einen dünnen, bärtigen jungen

Mann, der am anderen Ende des Saals ein Totem betrachtete, allein waren. Er richtete dann den Blick wieder auf den Vogelgott, starrte auf den gesplitterten Schnabel und die dämonisch glühenden Augen. Eine Gruppe von dreißig bis vierzig kreischenden Schulkindern raste an einer der Türen vorbei, und ihr Geschrei hallte noch im Raum wider, als sie längst verschwunden waren. Als die Stille sich wieder wie hereinwehender Nebel herabsenkte, sagte der Schränker: »Gut, ich bin mit von der Partie.«

Tucker gab einen hörbaren Seufzer der Erleichterung von sich.

»Wann?« fragte Bates.

»Am nächsten Mittwoch.«

»Das paßt mir.«

»Wir werden in Los Angeles wohnen. Ich weiß schon das richtige Hotel. Es hat über vierhundert Zimmer. Da fallen wir nicht auf, und niemand erinnert sich später an uns. Wir reisen einzeln an und fahren dann von dort zum Einkaufszentrum.«

»Können wir uns dieses *Oceanview* einmal vorher ansehen?« fragte Bates.

»Natürlich. Den ganzen Nachmittag über, ehe wir uns nach Geschäftsschluß an die Arbeit machen.«

»Drei Mann«, sagte Bates nachdenklich. »Ob das reicht?«

»Es reicht.«

Sie besprachen die Einzelheiten des Treffens in Los Angeles und verließen dann den Saal durch verschiedene Türen. Die unheilverheißenden hakennasigen Gesichter der monströsen Totems starrten ihnen böse und unverwandt nach.

6

»Dies ist ein Kompromiß, keine völlige Unterwerfung«, sagte Albert Littlefield, als er sich auf dem hochlehnigen Stuhl hinter seinem Schreibtisch niederließ. »Das müssen Sie sich klar vor Augen führen, Michael. Ihr Vater ist zu einem sehr großzügigen Entgegenkommen bereit, das heißt aber nicht, daß er jede

Ihrer Forderungen akzeptiert.« Sie vermieden die übliche Konversation. Das Eis zwischen ihnen war viel zu dick, um brechen zu können. Der Anwalt spürte Tuckers Einstellung und wußte, daß es für sie beide am besten war, wenn das Treffen rasch beendet wurde.

»Weiter«, sagte Tucker, obwohl er bereits wußte, daß jedes weitere Wort sinnlos war. Ein Kompromiß genügte ihm nicht.

Littlefields Büroeinrichtung schien eigens der kühlen Atmosphäre angepaßt, die zwischen den beiden Männern herrschte. Die Wände waren nackt und weiß wie unberührte Schneefelder. Die eisblauen Kunststoffmöbel sahen kalt und abweisend aus: quadratisch, scharfkantig, hart und schlicht. Die Einbände von Hunderten von juristischen Büchern – grün, braun, schmutzig rot – zogen in ihrer sterilen Abgestimmtheit den Blick hypnotisch an sich.

Tucker fand, daß der Mann in sein Büro paßte. Littlefield war groß, hager, aus scharfen Kanten zusammengesetzt. Das lange und schmale Gesicht hatte einen gesunden, aber etwas blassen Teint. Die schmale, gerade Nase weitete sich an den Nasenflügeln, als schnuppere er ständig nach einem unangenehmen Geruch. Die farblosen Lippen waren dünne, gespannte Bogensaiten. Er war zweifellos von guter Herkunft, aus einer Familie mit Reichtum und Einfluß, aber ohne den Charme und die Umgänglichkeit, die sonst häufig die Selbstsicherheit eines Nobelmannes ergänzen. Er war tatsächlich dermaßen reserviert und altjüngferlich, daß sich der Vergleich mit einem Schulmeister aus dem achtzehnten Jahrhundert aufdrängte.

Littlefield legte die dünngliedrigen Hände auf der Tischplatte zusammen, die Fingerspitzen gegeneinander gepreßt. »Wie Sie wissen, Michael, hat Ihr Vater Ihnen eine monatliche Zahlung von zehntausend Dollar zugesagt, die aus den Einkünften aus Ihrem Treuhandvermögen kommt. Bisher sind zweiundvierzig Schecks in dieser Höhe ausgestellt worden. Da Sie es beharrlich ablehnen, sie anzunehmen, sind sie auf ein Sonderkonto unter Ihrem Namen eingezahlt worden.«

Tucker machte sich nicht erst die Mühe zu erklären, warum er ein für allemal dieses scheinbar so großartige Angebot abgewiesen hatte. Ihnen war beiden klar, daß er durch die Unterschrift der Verzichtserklärung, die nötig war, um dieses Almosen in Empfang zu nehmen, seinem Vater die Kontrolle über den Nachlaß seiner Mutter übertrug, ehe er noch den ersten Dollar ausgegeben hatte. Mit der Unterschrift begab er sich des Rechts, weitere Prozesse zu führen, womit er zu Lebzeiten seines Vaters und vielleicht sogar zu seinen eigenen in die Abhängigkeit eines Minderjährigen gedrängt war. Und abgesehen davon: zehntausend Dollar im Monat waren nicht genug, nicht wenn ein einziger Edo-Speer fünfundsechzigtausend Dollar kostete ...

»Früher haben Sie den Text der Verzichtserklärung für unannehmbar und die Bedingungen als zu hart erklärt«, fuhr Littlefield fort.

»Ich habe bestimmt viel heftiger reagiert«, bemerkte Tucker. »Wahrscheinlich habe ich gesagt, daß sie nicht nur unannehmbar, sondern auch amoralisch und kriminell sind.«

Das Lächeln des Anwalts war brüchig. »Nun ... Ihr Vater hat eine neue Erklärung entworfen, die Ihnen besser gefallen und Ihnen die Annahme der monatlichen Zahlungen erleichtern dürfte.« Er öffnete einen großen Umschlag, der auf dem Schreibtisch lag, und nahm ein einzelnes gelbes Blatt Papier heraus. Er beugte sich nach vorn und reichte es Tucker hinüber. »Wenn Sie sich kurz die Zeit nehmen, dies zu lesen, werden Sie sehen, wie wirklich großzügig das Angebot ist.«

»Warum lesen Sie es nicht vor?« sagte Tucker, ohne Anstalten zu machen, vom Stuhl aufzustehen und das Schriftstück entgegenzunehmen.

Littlefield verfärbte sich ein wenig und setzte sich dann zurück. »Warum soll ich Sie mit juristischen Formulierungen langweilen, wenn ich die Hauptpunkte zusammenfassen kann?«

»Das ist mir nur recht.«

Littlefield legte das Blatt aus der Hand und betrachtete eine Weile seine matt polierten, manikürten Fingernägel. »Erstens wird Ihre monatliche Zuwendung auf fünfzehntausend erhöht, damit sie mehr dem entspricht, was Sie des öfteren als unbedingt notwendig genannt haben. Natürlich ist das eine starke Belastung der Einkünfte aus dem Treuhandvermögen, aber Ihr Vater ist zu diesem Kompromiß gern bereit.«

Tucker wartete.

Littlefield räusperte sich diskret hinter der vorgehaltenen Hand und blickte wieder auf das Schriftstück. »Zweitens, alle bisher an Sie gezahlten und nicht eingelösten monatlichen Schecks stehen Ihnen in einer runden Summe sofort zur Verfügung.« Er hob den Blick, sah Tucker an und seufzte, als keine Reaktion kam. Kopfschüttelnd lehnte er sich wieder zurück. »Falls Sie die Zahlungen akzeptieren, verzichtet Ihr Vater auf die Forderung, daß Sie für ihn arbeiten. Er verlangt nicht mehr, daß Sie voll für ihn tätig sind.«

»Aber halbtags?« fragte Tucker verdrossen.

Littlefield nickte. »Nur zwei Tage in der Woche.«

»So.«

»Selbst auf dieser Basis sollten Sie nach und nach einen Überblick über die Gesellschaften Ihres Vaters gewinnen und die Grundbegriffe der Verwaltung des Familienvermögens erlernen.«

Tucker hob eine Hand hoch und brachte den Anwalt zum Schweigen. »Ich will die Grundbegriffe der Verwaltung des Familienvermögens nicht lernen«, sagte er müde. »Ich dachte, das sei mittlerweile klar. Ein Finanzmanager nach der Art meines Vaters zu werden ist das letzte, was ich möchte, wie Ihnen sehr wohl bekannt sein müßte. Ich will das Leben genießen. Ich will es nicht in Banken und Vorstandszimmern verbringen und mir Magengeschwüre anärgern. Diese Einstellung mag meinen Vater ängstigen. Sie ängstigt ihn tatsächlich. Darum hat er meiner Mutter praktisch auf dem Sterbebett die Unterschrift abgezwungen. Aber er wird und kann mich nicht dazu bringen, daß ich in seine Welt komme.«

»Sie lehnen sein Angebot ab?« fragte Littlefield.

»Jawohl.«

»Wollen Sie nicht doch noch einmal erwägen …«

»Machen Sie sich keine Hoffnung.« Tucker stand auf.

»Sie urteilen zu hart über Ihren Vater.«

»Meinen Sie?« Tucker blickte auf den Anwalt herab und versuchte, seinen Ärger zu unterdrücken. »Er war so beschäftigt, mehr und mehr Geld zu verdienen, daß er seine Familie darüber vernachlässigte. Und nachdem das geschehen war, ging ihm auch die Fähigkeit, uns zu lieben, verloren. Wir waren eine Familie von Fremden. Er schickte mich auf Internate, sah mich nur in den Ferien, schrieb mir keine Briefe ... Wenn meine Mutter nicht so weich und schwach gewesen wäre, hätte sie sich von ihm scheiden lassen, weil er ihr ebenso fremd geworden war wie mir. Sie sprachen kaum noch miteinander. Manchmal sahen sie sich tagelang nicht. Und was ihr Intimleben anging – dafür hatte er seine Mätressen. Mit diesen Frauen zeigte er sich in der Öffentlichkeit, so als ob ihm seine eigene nicht nur gleichgültig geworden sei, sondern als wolle er sie absichtlich verletzen!« Wenn seine Mutter nur etwas von Elise gehabt hätte, wäre sie bestimmt von seinem Vater freigekommen, dachte Tucker. Warum war sie nicht stärker gewesen? – »Sie meinen, ich urteile zu hart über ihn? Lieber Gott, ich gehe viel zu sanft mit ihm um.«

»Ist es denn kein Zeichen der Liebe, wenn Ihr Vater wünscht, daß Sie dermaleinst die Familienbetriebe übernehmen?« fragte Littlefield. »Glauben Sie nicht ...«

»Das hat nichts mit Liebe zu tun. Das ist für ihn nur eine Frage des Stolzes. Er ist entschlossen, mich zu beherrschen. Er wird keine Ruhe geben, bis er mich gezwungen hat, das zu tun, was er will. Littlefield, mein Vater hat vor so langer Zeit jeden Kontakt mit mir verloren, daß ihm immer noch nicht klar ist, daß ich ein Mann bin, der weiß, was er will. Er glaubt immer noch, in mir einen ungezogenen kleinen Jungen vor sich zu haben, der durch Strafen und Drohungen dazu gebracht werden muß, zu tun, was ihm gesagt wird.« Er drehte sich um und ging über den eisblauen Teppich auf die Tür zu.

»Michael«, rief der Anwalt, als Tucker nach der Klinke faßte. »Noch etwas.«

Er sah sich um. »Was denn?«

Littlefield war aufgestanden. Er richtete sich steif und gerade auf. »Wie immer Sie Ihren Lebensunterhalt verdienen mögen – Ihre Art ist bestimmt weniger bewundernswert als die Ihres Vaters.«

Tucker spürte, wie sein Herz plötzlich schneller schlug. Er ließ den Türgriff los. »Was um alles in der Welt ist daran auszusetzen, wenn man mit primitiver Kunst handelt?«

Littlefield grinste süßlich. »Wir wissen beide, daß man damit nicht so viel Geld macht.«

»Wissen wir das?« fragte Tucker zugleich erschrocken und erheitert über die Wendung des Gesprächs.

»Früher oder später werden wir herausfinden, woher Ihre Einkünfte stammen.« Littlefields dünne Stimme bekam einen unangenehmen Beiklang. »Vielleicht müssen Sie dann einen Kompromiß eingehen.«

»Wollen Sie unterstellen, daß ich illegale Dinge tue?« Tucker hoffte, seine Stimme verriete echtes Staunen.

Littlefield sagte nichts, hatte aber immer noch das überhebliche Lächeln aufgesetzt. Er wäre ein guter Chefkellner oder Portier eines Luxusrestaurants, dachte Tucker.

»Warum hetzen Sie denn nicht die Polizei auf mich? Oder die Steuerfahndung?«

»Wir möchten Sie nicht im Gefängnis haben. Wir möchten Sie nur dort haben, wohin Sie gehören – in der Familie.«

»Ihr glaubt alle, ihr könnt menschliche Beziehungen wie die Fusion von Firmen erzwingen«, sagte Tucker. »Ihr seid alle Barbaren.« Er öffnete die Tür und schlug sie hinter sich zu. Es schien fast so, als wolle sein Vater ein Rudel Privatdetektive anheuern, um die Wahrheit über das Leben seines Sohnes zu erfahren.

7

Von einer öffentlichen Telefonzelle an der Ecke von Central Park rief Tucker bei Frank Meyers an, um ihm mitzuteilen, daß die Sache am kommenden Mittwoch in Kalifornien steigen sollte; dann ging er nach Hause. Da die übliche graugrüne Dunstglocke sich aufgelöst hatte und die Herbstsonne ihre Strahlen wie goldene Vorhänge zwischen die Häuser fallen ließ, beschloß er, zu Fuß zu gehen. Er sah sich öfters nach Privatdetektiven seines Vaters um, konnte aber niemand ausmachen, der ihm nachzugehen schien. Der dichte Verkehr des frühen Freitag nachmittags hatte bereits eingesetzt, die Gehwege wimmelten von Menschen, die hastig irgendwohin strebten, aber er glaubte mit ziemlicher Gewißheit, daß er nicht verfolgt wurde.

Zu Hause, in der Wohnung, mixte er sich einen Cocktail und saß dann in seinem Refugium und dachte über Meyers, Edgar Bates und das neue Unternehmen nach. Er spielte in Gedanken mit dem *Oceanview-Plaza*-Objekt herum wie eine Katze mit einem Wollknäuel. Aber glücklicherweise fand er keine losen Enden. Der Plan war gut.

Elise kam kurz vor fünf Uhr nach Hause. Sie setzte sich auf die Armlehne seines Sessels. »Wie ist es mit Littlefield gegangen?«

»Schlecht.«

»Ich dachte, sie hätten dir einen Kompromiß vorschlagen wollen.«

»Das war's ja gerade«, sagte er.

Sie gingen zum Abendessen in den *Spanischen Pavillon*, tranken sehr viel Sangria und kamen dann bald nach Hause, um früh schlafen zu gehen. Das übrige Wochenende verlief ebenso friedlich. Sie gingen ins Kino, lasen viel, sahen sich einen alten Horrorfilm im Fernsehen an, schliefen miteinander und faulenzten.

Die einzige Unterbrechung dieser kurzen Idylle war ein wilder Alptraum, aus dem Tucker am Sonntag morgen aufschreckte. Er hatte wieder von dem Einkaufszentrum geträumt, in das sie einbrechen wollten, von seinem Vater und von Dutzenden von Polizisten, die ihn durch endlose Gänge mit Glaswänden und um Warentische herum verfolgten, auf denen sich Schmuck und andere Waren türmten. Diesmal wurde wild geschossen, und es floß Blut. Es fiel ihm schwer, wieder einzuschlafen. Sich nicht auflösende Traumfetzen suchten ihn heim. Am folgenden Tag schienen ihm Elise und das Leben doppelt so kostbar wie je zuvor.

Am Montag morgen, nachdem Elise zu mehreren Besprechungen mit Werbefirmen aufgebrochen war, legte Tucker seine echten Papiere in den Safe im Wohnzimmer und tauschte sie gegen die Tucker-Ausweise aus. Danach verließ er das Haus, nahm ein Taxi und fuhr zur Radio-City-Music-Hall, von wo er Felton aus einer Telefonzelle anrief.

Als Felton zurückrief, sagte er gleich als erstes: »Tut mir leid, aber dies kommt mir wie Geldverschwendung vor.«

»Hast du nichts erfahren?«

»Ich habe herumgefragt, aber es ist nichts herausgekommen.«

»Vielleicht hast du nicht genügend Leute gefragt.«

»Ich hab jeden gefragt, den ich finden konnte. Mike, du weißt doch, wie ich arbeite.« Es schien ihn verletzt zu haben, daß Tucker seine Gründlichkeit anzweifelte. Jetzt, da er nicht mehr aktiv war, blieb Clitus Felton nur noch sein guter Ruf, über den wachte er eifersüchtig.

Tucker hielt den Hörer weiter ans Ohr gepreßt, seufzte laut, schloß die Augen, lehnte die Stirn gegen das Telefongehäuse und dachte lange angestrengt nach. »Weißt du zufällig, welches sein letzter Job war?«

»Doch. Er hat bei dieser Panzerwagenfirma in Milwaukee gearbeitet.«

»Wann war das?«

»Vor sechs Monaten.«

»Ja, doch, ich erinnere mich jetzt.«

»Das müßtest du auch«, sagte Felton. »Frank war dabei überaus erfolgreich.«

»Wer hat ihn damals unterstützt?« Tucker öffnete die Augen und starrte auf die Zigarettenstummel und Kaugummipapiere, die auf dem Boden der Zelle lagen. »Lindsay, Phillips, Spooner und Pierce«, sagte Felton, als sage er den Namen einer bekannten Maklerfirma auf.

»Hast du mit ihnen allen gesprochen?«

»Mit Lindsay und Pierce. Die anderen beiden konnte ich nicht erreichen.«

»Und was hatten Lindsay und Pierce zu sagen?«

»Das hab ich dir doch schon gesagt, Mike. Nichts. Sie halten Frank für einen prima Mann, einen echten Profi.«

Tucker lehnte sich zurück und starrte nun zur Decke der Zelle hinauf, statt auf den schmutzigen Fußboden. »Verdammt! Und ich weiß, daß irgend etwas mit ihm nicht stimmt!«

»Tja«, sagte Clitus, »da gibt es einen Punkt …«

Die Vermittlung unterbrach sie und forderte Geld nach. Felton murrte, hantierte mit klirrenden Münzen und warf den geforderten Betrag ein.

»Was für einen Punkt?« fragte Tucker, als sie wieder sprechen konnten.

»Ist dir aufgefallen, wie Frank redet?« fragte Clitus.

»Wie jemand mit einer Kehlkopfverletzung.«

»Ganz richtig. Vor zweieinhalb Jahren ist ihm übel mitgespielt worden. Er ist in falsche Gesellschaft geraten – eine organisierte Gruppe. Weißt du, wen ich meine?«

»Leute aus Italien«, sagte Tucker.

»Fast alle«, bestätigte Felton. »Auf jeden Fall ist er schwer verletzt worden, war über acht Wochen im Krankenhaus und konnte ein halbes Jahr lang nicht mehr sprechen. So was kann einen Mann verändern. Es lehrt ihn das Fürchten.«

»Das ist mehr als Furcht«, sagte Tucker.

»Das muß nicht sein. Aber selbst wenn Frank nervöser sein sollte als früher, ein guter Mann ist er trotzdem.«

»Hoffen wir, daß du recht hast«, sagte Tucker.

Felton fragte: »Wenn du dir bei der Sache nicht sicher bist, warum gibst du's nicht einfach auf?«

»Weil mir das Wasser am Hals steht.«

»Oh, das tut mir leid.«

»Das ist doch nicht deine Schuld«, sagte Tucker. »Auf Wiedersehen, Clitus.« Er hängte auf und stieß die Tür der Zelle auf. Auf der Straße winkte er einem Taxi und gab dem Fahrer eine Adresse in Queens an, die nur ein paar Häuserblocks von seinem wahren Ziel entfernt war. Er wollte zu Imrie.

»Ich fahr nicht gern nach Queens«, sagte der Fahrer. Er war ein großer, gutaussehender Mann mit kurzgeschnittenen, graumelierten Haaren. Er hatte eine gewisse Ähnlichkeit mit Peter Lawford und sah mehr wie ein Manager aus als wie ein Taxifahrer.

»Sie bekommen den halben Fahrpreis als Trinkgeld.«

Der Fahrer grinste. »Das ist anständig von Ihnen. Von da draußen bekommt man so gut wie nie eine Fahrt zurück in die Stadt. Und jede Minute, die ich frei bin, kostet mich Geld.«

»Das verstehe ich«, sagte Tucker. Als sie unterwegs waren, fragte er: »Haben Sie immer schon Taxi gefahren?«

Der Fahrer grinste in den Rückspiegel. »Seit etwa einem Jahr.«

»Ich wette, Sie waren Direktor einer großen Gesellschaft.«

»Falsch. Ich war Physiker bei der NASA. Aber da hat sich niemand mehr für die Zukunft interessiert.«

»Das nehme ich Ihnen gern ab«, pflichtete Tucker ihm bei.

Als er in Queens den Fahrer bezahlt und seine Abfahrt beobachtet hatte, sah er auf die Uhr. Zwölf Uhr und eine Sekunde. Jetzt hatte er es auf einmal eilig, die Skorpione abzuholen. War er erst einmal das Risiko eingegangen, illegale Waffen in seinem Besitz zu haben, würde er sich dem Unternehmen verschrieben fühlen und sicherer sein, wie er aus Erfahrung wußte.

Um 12 Uhr 45 hatte er die Pistolen auf Imries Schießstand im Keller geprüft und bezahlt. Imrie packte die drei Skorpione in einen alten, verbeulten Samsonitekoffer, legte mehrere Schachteln Munition dazu und stopfte den Koffer mit Zeitungspapier aus. Tucker trug ihn vier Querstraßen weit bis zur Bushaltestelle und fuhr per Bus nach Manhattan. Im Penn-Bahnhof nahm er ein Gepäckschließfach, schob den Koffer hinein und verschloß die doppelt gesicherte Stahltür, dann steckte er den roten Schlüssel ein.

Kurz nach drei Uhr war er wieder in der Wohnung in der Park Avenue und packte einen zweiten Koffer mit seinen eigenen Kleidern und Toilettensachen. Als er sicher war, nichts vergessen zu haben, ließ er sich mit einer Tasse Kaffee und einem Block und Stift am Küchentisch nieder und schrieb eine kurze Nachricht an Elise:

Es hat sich plötzlich was Geschäftliches ergeben. Ich fliege heute nachmittag nach San Francisco, um über eine Jade-Figur aus dem 12. Jahrhundert zu verhandeln. Nördliche Sung-Dynastie. Könnte ein gutes Geschäft werden. Bin in ein paar Tagen zurück. Wenn nicht, rufe ich an.

Alles Liebe
Mike

Unangenehm berührt, daß er hatte lügen müssen, stand er auf, ergriff den Koffer und verließ die Wohnung. Vor dem Haus pfiff ihm der Portier ein Taxi heran, und er fuhr damit zur Penn-Station. Dort holte er die Skorpione aus dem Schließfach und fuhr am späten Nachmittag mit dem Zug nach Philadelphia. Das war der erste Schritt einer umständlichen, genau geplanten Reise nach Santa Monica in Kalifornien.

8

Mit der Front zur Autostraße und dem dahinter liegenden Pazifik, war das Einkaufszentrum auf einem großen, geradezu erstklassigen Grundstück erstellt worden. Es maß etwa dreihundert Yards im Quadrat und war ein großes Bauwerk aus weißem Waschbeton und blinkenden Glastüren. Obwohl die Geschäfte alle auf einer Ebene lagen, hob sich das Dach in steilem Schwung und täuschte das Schilfdach einer Hütte von Südseeinsulanern vor. Normalerweise eine Geschmacklosigkeit, wenn der Architekt nicht mit einem Blick für Harmonie begabt gewesen wäre. Hinter üppig wachsenden Palmgruppen und sorgfältig gestutzten Hecken wirkte *Oceanview Plaza* kühl und freundlich – und sehr exklusiv. Keine marktschreierische Neonbeschriftung am Haus, keine Hinweise auf die einzelnen Geschäfte oder Ankündigungen von Sonderangeboten. Nur eine Reihe von Parkplätzen lag rechts und links der baumbestandenen Zufahrt zum Haupteingang. An der Südseite gab es lediglich eine zweispurige Straße und gar keine Parkplätze, denn hier wurde das Gelände zerklüftet und felsig; von Palmen und Sträuchern gesprenkelt, fiel es zur Autostraße ab und dann zum strahlendweißen Sandstrand. An der Nordseite war ein Parkplatz für vielleicht fünfhundert Autos, und auch auf der Ostseite gab es Möglichkeiten zu parken. Die meisten zur Zeit dort stehenden Wagen waren Cadillacs, Mark IVs, Thunderbirds und teure Sportwagen.

»Frank, sieh dir bloß diese fantastischen Luxuskutschen an«, sagte Edgar Bates vom Rücksitz aus, als sie sich *Oceanview Plaza* näherten.

»Was is damit?« fragte Meyers und bremste.

»Warum hast du uns nicht einen schönen bequemen Cadillac geklaut?« fragte Bates, als der schlecht gefederte, halb verrostete Combi lärmend von der Hauptstraße abbog und auf die Einfahrt des Einkaufszentrums holperte.

»Das tut mir wirklich sehr leid, Edgar«, sagte Meyers, der jetzt einen viel besseren Eindruck machte als noch in New York. »Aber der hier war der einzige, bei dem der Zündschlüssel steckte.«

Die drei Männer waren am Nachmittag in Edgars gemietetem Pontiac zur Besichtigung dagewesen. Jetzt, bei ihrem zweiten Besuch, benutzten sie einen gestohlenen Wagen, der zu keinem von ihnen zurückverfolgt werden konnte. Lief etwas schief und mußten sie den Combi aufgeben, drohte ihnen keine Gefahr, denn die Polizei würde dem Wagen nichts entnehmen können. Am nächsten Morgen allerdings würde er mehr als heiß sein. Doch das spielte keine Rolle. Sie brauchten ihn nur für eine, höchstens zwei Stunden.

Meyers fuhr den verbeulten, pfirsichfarbenen Oldsmobile auf dem Parkplatz an der Nordseite an allen Cadillacs vorbei, die in der Dunkelheit den Schein der Parkplatzbeleuchtung rötlich widerspiegelten. Er umrundete das Gebäude bis zur Rückfront und stellte den Wagen auf einem Platz neben einer Reihe Mittelklasse-Fords, Chevrolets und billiger ausländischer Wagen ab. »Hab ich's nicht gesagt?« fragte er seine beiden Mitfahrer. »Hier parken die Angestellten.« Er zeigte durch die Windschutzscheibe auf den Hintereingang des Zentrums. »Die Verkäufer und Geschäftsführer werden aus der Tür da kommen.«

Tucker sah auf die Uhr. »Halb zehn. In einer halben Stunde schließen sie. Wir sollten uns ranhalten.« Er öffnete den Samsonitekoffer, der zwischen ihm und Frank Meyers auf der Bank lag, und verteilte die Skorpione und die Munition.

»Die sehen gemein aus«, stellte Edgar Bates fest. Wie Tucker hatte auch er öfters bewaffnet gearbeitet, aber sich nie auf die Waffe verlassen oder Gefallen daran gefunden. »Meinst du nicht, wir wären mit ein paar guten, altmodischen Fünfundvierzigern besser dran gewesen, Mike?«

»Nein«, sagte Tucker, ohne sich nach dem Schränker umzudrehen. »Was Besseres als die hier gibt es nicht.« Meyers hielt seine Pistole von sich und betrachtete die schattigen Umrisse, während seine dicken Finger über den zurückgeklappten Bügel glitten. »Jetzt weiß ich, wie du das mit der Psychologie gemeint hast, Tucker. Wer bringt schon den Mut auf, gegen eins dieser teuflisch häßlichen Dinger anzugehen?«

»Keiner, hoffe ich.«

»Mit so was bin ich noch nie umgegangen«, sagte Bates. »Wie funktionieren die denn?«

»Zielen und abdrücken«, sagte Tucker.

»Wirklich?«

»Wie denn sonst?«

»Was ist mit dem Rückstoß?« fragte Bates skeptisch.

»Nicht sehr stark.«

»Hast du eine davon ausprobiert?«

»Alle drei.«

»Nach welcher Seite weicht meine ab, nach links oder rechts?« fragte Bates.

»Sie weicht nicht ab.«

»Was, nicht mal ein bißchen?«

»Nein.«

»Ich hab noch nie eine Kanone gehabt, die haargenau aufs Ziel ging«, sagte der Schränker zweifelnd.

»Der Mann, der sie mir beschafft hat«, sagte Tucker, »ist ein erstklassiger Waffenschmied. Er hat sie gereinigt und sogar die Läufe nachgebohrt. Die Pistolen sind besser als neu.« Er spürte Edgars Unbehagen und konnte es ihm nachfühlen. Er hoffte, seine gelassenen, fast geflüsterten Erklärungen würden den älteren Mann beruhigen.

Im dumpfen violetten Licht, das durch die Fenster drang, luden sie die Waffen durch und steckten die Reservemunition ein. Frank Meyers atmete hörbar, machte aber sonst einen sehr viel besseren Eindruck. Tatsächlich schien sich dieser Eindruck in zu kurzer Zeit zu sehr gebessert zu haben. Vielleicht gehörte er zu den Männern, die durch Untätigkeit depressiv wurden und erst auflebten, wenn sie voll in Aktion waren. Dennoch mißtraute Tucker einem so plötzlichen Persönlichkeitswandel, selbst wenn er die Gründe zu kennen glaubte.

»Hat man dich am Flughafen denn nicht mit einem Metalldetektor abgesucht?« fragte Bates und beugte sich von der Rückbank vor. »Und deine Koffer? Wenn man bedenkt, wie die heute hinter Luftpiraten her sind, kann ich mir nicht vorstellen, wie du die Kanonen quer durch den Kontinent transportiert hast.«

»Bis Philadelphia habe ich den Zug genommen.« Tucker steckte die sperrige Pistole in den Hosenbund und knüpfte sich das lose sitzende Jackett zu. »Von dort aus bin ich mit einem gecharterten Pendler-Flug nach Cleveland.«

»Und bei Pendler-Flügen wird das Gepäck nicht untersucht?« fragte Bates.

»Bei den ganz kleinen, regionalen Fluggesellschaften nicht. Die haben weder die Anlagen dafür noch die Zeit.«

Meyers stopfte die Waffe unter den breiten Gurt und verbarg sie unter der blauweiß gestreiften Baumwoll-Jacke. »Wie ging's dann von Cleveland weiter?«

»Mit einer anderen Chartermaschine nach Kansas City.«

In Kansas City hatte Tucker die erste Morgenmaschine nach Denver genommen und war von dort nach Reno weitergeflogen. Das kurze Stück von Reno nach San Francisco hatte er mit einem Greyhound-Bus zurückgelegt. »Von da an bin ich wieder per Flugzeug nach Los Angeles. Das hat sehr viel länger gedauert als der Direktflug von New York, aber mit den Kanonen wäre ich da nie an Bord gekommen.«

Bates schüttelte bewundernd den Kopf. »Und du hast nie durch einen Metalldetektor und keinen einzigen Koffer aufmachen müssen?«

»Nein, nie.«

»Jetzt verstehe ich, warum man dich immer als Chef akzeptiert«, sagte Meyers. Seine Stimme klang ehrlich erheitert. In New York, als Tucker ihn kennenlernte, hatte er keine Spur von Humor verraten. Woher kam die Verwandlung des Mannes? Und wie lange würde sie wohl anhalten?

Tucker sah abermals auf die Uhr. »Wir vertrödeln Zeit. Ist alles klar?«

Sie stiegen aus und schlossen die Wagentüren. Edgar Bates stellte seine als Aktenkoffer getarnte Werkzeugtasche ab, dann streiften sie alle die dünnen Baumwollhandschuhe ab, die sie in dem gestohlenen Wagen getragen hatten, und steckten sie für den nächsten Gebrauch am späteren Abend ein. Die Chance, einen auswertbaren Fingerabdruck zu hinterlassen, war äußerst gering. Fernsehen und Filme hatten die Gefahr der Identifikation von Fingerabdrücken reichlich übertrieben. Dennoch hielten sie sich an die Vorsichtsmaßnahme, Handschuhe zu tragen. Tucker bestand darauf.

»So«, sagte Meyers, »dann wollen wir mal was für unseren Lebensunterhalt tun.«

9

Jede der vier Seiten des *Oceanview Plaza*-Gebäudes hatte genau in der Mitte einen Eingang. Jede der schweren, zweiflügeligen Glastüren führte auf einen breiten, mit Terrazzoplatten ausgelegten Gang, an dessen beiden Seiten Geschäfte lagen. Die Gänge, mit rechteckigen, aus Stein gehauenen Pflanzenkästen mit Miniaturpalmen, Farnen und Tropengewächsen bestellt, liefen alle auf einen Hof in der Mitte des Zentrums zu, über dem sich das steile Dach wölbte.

Dieser runde Innenhof mit einem Durchmesser von etwas mehr als hundert Fuß, den dunklen holzgetäfelten Wänden und dem geschwungenen Dach, das bis zu der eindrucksvollen Höhe von fünfzig Fuß aufstieg, war das Herz des Bauwerks. Hier standen Polsterbänke, auf denen sich müde Käufer ausruhen und wieder zu Kräften kommen konnten. In regelmäßigen Abständen waren hohe Spiegel in die Wände eingelassen, eine günstige Gelegenheit, die äußere Erscheinung unauffällig im Vorübergehen zu überprüfen, und natürlich gab es auch hier üppig bepflanzte Blumenkästen. Doch die Hauptattraktion der Halle war ein im Zentrum befindliches tiefes Wasserbecken, ebenfalls rund und mit einem Durchmesser von etwa vierzig Fuß. Es war von lavaähnlichen Steinen und niedrigen grünen Farnen eingefaßt. Aus Hunderten von zwischen den Steinen verborgenen Düsen sprühten Fontänen, bildeten Muster in der

Luft und regneten rauschend auf die Oberfläche des Teichs. Ein aufgestelltes, farbenfrohes Schild kündete den Besuchern an, daß in der kommenden Woche täglich eine weltberühmte Gruppe von Tauchern ihr neues Programm vorführen würde. Offenbar brauchte auch ein Luxus-Einkaufszentrum voll der teuersten Geschäfte hin und wieder einen Reklameschlager.

Tucker ließ sich auf einer der Bänke nieder und faltete die Hände auf dem Schoß, um sicherzugehen, daß sich die Umrisse des Skorpions nicht unter seiner Jacke abzeichneten. Als sie durch den Osteingang hereingekommen waren, hatten sich die drei Männer aus taktischen Gründen getrennt. Während er nun auf den richtigen Zeitpunkt wartete, um Meyers und Bates an der verabredeten Stelle wiederzutreffen, betrachtete er den Geschäftsbetrieb um sich herum.

Nur vier der Läden lagen mit der Front zum Innenhof und dem Wasserbecken. Im Nordostviertel des Kreises war *Shen Yang's Orient*, ein Importgeschäft mit Schaufenstern voll schöner Jade- und Elfenbeinschnitzereien, mit handgeknüpften Teppichen und Wandschirmen in Lackarbeit. Kein Stück bei Shen Yang trug ein Preisschild, was hieß, daß alles sehr vornehm war und dreimal soviel kostete, wie es wert war. Nur wenige Kunden schlenderten durch den Orientladen, und der japanische Besitzer traf schon Vorbereitungen zum Schließen. An der Nordwestseite des Platzes wurden in *Henry's Gaslight Restaurant*, einem beliebten Lokal für Luncheons oder frühe Dinnermahlzeiten, die letzten Desserts serviert und die Gäste freundlich, aber entschieden hinauskomplimentiert. Im Südwestviertel, im *House of Books*, herrschte noch reger Betrieb, obwohl der Buchhändler im hinteren Teil des Ladens bereits einige Lampen ausgeschaltet hatte. Dies war, soweit Tucker es beurteilen konnte, die einzige große Buchhandlung außerhalb New Yorks, die keine Taschenbücher führte und sich auf teure gebundene Bücher und kostbare Geschenkausgaben spezialisierte. Und schließlich im Südosten *Young Maiden*, ein Salon für jugendlich-elegante Mode, in dem man gerade hinter der letzten Kundin die Tür abgeschlossen hatte.

Diese vier Geschäfte waren typisch, und man konnte von ihnen auf die restlichen fünfzehn schließen. Nur noch wenige

Käufer schlenderten durch die Ladenstraßen. Sehr bald würden sie alle fort sein. Danach würden die Verkäufer und Geschäftsinhaber aufbrechen, und dann konnten sie endlich den Job in Angriff nehmen.

Es würde klappen. Die Sache hatte sich wie die Fantasterei eines Wahnsinnigen angehört, als Frank Meyers zuerst davon sprach – viel zu riskant, viel zu gefährlich.

Aber sie würde klappen.

Sie mußte klappen.

Von der Tatsache abgesehen, daß er das Geld brauchte, konnte Tucker einen Fehlschlag nicht hinnehmen. Erfolg war bei ihm zur Manie geworden. Er nahm einen Job nur, wenn er hundertprozentig überzeugt war, ihn erfolgreich abschließen zu können. Wenn er versagte, und wäre es auch nur ein einziges Mal, würde er seinem Vater in die Hände spielen, und das machte ihm mehr zu schaffen als der Gedanke, für zehn Jahre ins Gefängnis zu wandern.

Nur etwas dämpfte seinen Optimismus. Er hatte einen Raum entdeckt, der auf Meyers' Lageplan nicht eingezeichnet war. Die erste Tür in dem nach Westen führenden Gang trug auf der dunkelgetäfelten Füllung die Aufschrift: OCEANVIEW PLAZA – VERWALTUNG. Er wußte, daß die Existenz dieses Büros ihr Vorhaben nicht berührte, aber Meyers Versäumnis, es auf dem Plan einzutragen, beunruhigte ihn. Warum hatte er als einziges diese Einzelheit übersehen?

Tucker sah auf die Uhr. Die Zeit zum Handeln war gekommen. Er stand auf, zog das Jackett zurecht, vergewisserte sich, daß es weiterhin die Waffe verbarg, und kehrte dann zum Ostgang zurück, durch dessen Eingang sie das Zentrum betreten hatten. Linkerhand lag ein Rolls-Citroën-Maserati-Jaguar-Ausstellungsraum, in dem die neuesten, schimmernden Modelle dieser Firmen standen. Dahinter folgte *Brandung und Strand*, ein geschmackvolles und reich bestücktes Sportgeschäft – Surfboards und Tauchausrüstungen lagen auf einem weichen Freeport-Teppich, Jagdgewehre in mit blauem Samt ausgeschlagenen Kästen. Auf der rechten Seite befanden sich die *Toolbox-Bar* und dahinter die graue Tür, die zum Hauptlager und der Werkstatt des ganzen Zentrums führte. Mit einem schnellen

Blick vergewisserte sich Tucker, daß niemand ihn beobachtete, dann hatte er die Tür mit der Aufschrift NUR FÜR ANGE-STELLTE geöffnet und war dahinter verschwunden.

Meyers und Bates erwarteten ihn mit den Pistolen im Anschlag. »Ich bin's«, flüsterte Tucker.

»Wie sieht's draußen aus?« fragte Meyers und senkte die Waffe.

»Sie schließen gerade ab.«

Der große Mann lächelte zufrieden. »Pünktlich auf die Minute.«

»Frank, ich hab mich überall umgesehen und frage mich, warum du das Verwaltungsbüro nicht auf deiner Karte eingezeichnet hast.« Er beobachtete Meyers scharf.

»Hab ich das nicht?« fragte Meyers. »Das muß ich übersehen haben.«

Tucker wußte instinktiv, daß die Antwort nicht der Wahrheit entsprach, sah aber keinen Weg und auch keinen richtigen Grund, die Sache weiter zu verfolgen. Dieser veränderte, sehr viel kompetentere Meyers gefiel ihm. Er wollte alles vermeiden, was den New Yorker Versager wieder aufleben lassen konnte.

»Wir brauchen bloß abzuwarten«, sagte Bates und wischte sich den Schweiß von der breiten Stirn. Er fühlte sich so lange unbehaglich bei einem Job, bis er sich einen Safe vornehmen und seine Kunst zur Geltung bringen konnte. Dann war er gelassen, selbstsicher und ganz entspannt. »Bloß abzuwarten«, wiederholte er.

»Hoffentlich«, sagte Tucker.

Die Lagerhalle hatte die Ausmaße eines der größeren Geschäfte des Zentrums. Sie war vierhundert Fuß lang, sechzig Fuß breit und fünfundzwanzig Fuß hoch. Gleich hinter der Tür befanden sich eine schartige Werkbank, ein schwerer Schraubstock, eine Säge und alle anderen Werkzeuge, die die Handwerker für alle Reparaturen im Gebäude brauchten. Der Rest des großen Raums diente als Lagerhalle. Auf dem Fußboden waren neunzehn verschieden große Sektoren markiert, je einer für jedes Geschäft, und jeder war vollgestapelt mit Kartons, Kisten und Behältern, die bei Bedarf mit Elektrowagen und Gabelstaplern zu den vielen unter einem Dach versammelten Läden gebracht werden konnten. Diese Elektrokarren parkten in einer Reihe neben Kanistern mit Reinigungsmitteln und Fußbodenpolituren. Zwei bis zur Decke reichende Garagentore aus Stahl, breit genug für Lastwagen, waren in die Ostwand eingelassen. Der Lagerraum hatte keine Fenster, und wenn die Garagentore wie jetzt heruntergelassen und verriegelt waren, kam alles Licht aus den in Metallreflektoren eingebauten Leuchtröhren unter der Decke. Das kalte, blauweiße, grelle Licht in Verbindung mit den Zementwänden und dem nackten Betonboden erinnerte peinlich an Krankenhäuser und Gefängnisse. Tucker erfüllte der Anblick mit Unbehagen. Er überprüfte die Zeit.

»Punkt zehn«, sagte Bates, der gleichzeitig mit Tucker den Arm mit der Uhr gehoben hatte. »Fünfzehn bis zwanzig Minuten, dann sollte die Luft rein sein.« Er warf Meyers einen Blick zu. »Bist du sicher, daß jetzt keine Handwerker im Gebäude sind?«

Meyers lachte leise und schlug dem kleineren Mann auf die Schulter. Der sanfte Schlag fand einen flüsternden Widerhall von der Decke und den kalten Zementwänden. »Hat nicht alles gestimmt, was ich bisher gesagt hab? Die Handwerker arbeiten ganz normal von neun bis fünf. Die sind längst weg. Niemand kommt hier unerwartet rein und stört uns.«

Bates fuhr sich mit einem kräftigen gedrungenen Finger durch die weißen Haare und versuchte zu lächeln. Aber mehr als eine etwas schmerzliche Grimasse brachte er nicht zustande. »Laßt euch durch mich nicht stören. Wenn's ums Warten geht, werd ich immer nervös.«

Tucker nahm seine Pistole aus dem Hosenbund und zog den Gürtel nach. »Was ist mit dem Wachhund?«

»Der is da, wo ich es gesagt hab.« Meyers zeigte über die Schulter.

Tucker ging an den beiden Männern vorbei zwischen hohen Warenstapeln durch einen engen Gang bis zum anderen Ende des Lagers. Der Hund, ein kräftiger junger Schäferhund mit schimmerndem Fell, stand dort aufmerksam und wachsam, durch Tuckers Schritte gewarnt. Er war an einen dicken Eisenring gekettet, der in die Zementwand eingelassen war. Mit flach an den wölfischen Kopf angelegten Ohren und gefährlich gefletschten Zähnen wurde er nur von der straff gespannten Kette zurückgehalten. Die funkelnden dunklen Augen richteten sich unverwandt auf Tucker. Aus seiner Kehle drang ein leises Grollen, aber er bellte nicht und versuchte auch nicht, ihn anzugreifen.

»Braver Hund«, sagte Tucker und hockte sich in gebührendem Abstand nieder.

Das Knurren des Hundes wurde lauter; es hörte sich wie ein tief unter Isolierschichten verborgener, unregelmäßig laufender Motor an. Speichel glitzerte an den Zähnen und tropfte über die Ränder der schwarzen Lefzen.

»Braver Hund«, sagte Tucker noch einmal, dem das verdammte Tier Angst einjagte, »guter, ruhiger Hund.«

Diesmal schnappte der Schäferhund nach ihm, scharrte mit den Krallen über den Fußboden und versuchte, den Abstand zwischen ihnen zu verringern.

Tucker stand auf. »Du lausiges Mistvieh.«

Die beiden Wachmänner hatten den Hund mitgebracht, als sie um neun Uhr ihren Dienst antraten. Das gehörte mit zu den vom Zentrum und ihrer Firma ausgehandelten Bedingungen und Schutzmaßnahmen: zwei Männer, ein Wachhund. Die Wächter hatten den Hund hier angekettet und waren um halb zehn ins Zentrum gegangen, um zu helfen, die letzten Einkäufer hinauszukomplimentieren. Dann mußten sie die Garderoben- und Toilettenräume prüfen und abschließen und alle Gänge und Sackgassen inspizieren, um sicher zu sein, daß kein zufälliger oder absichtlicher Nachzügler nach Geschäftsschluß zurückblieb. Sie würden das Nord-, West- und Südportal abschließen und darauf achten, daß das gesamte Personal das Haus durch den Hinterausgang, die Osttür, verließ. Wenn sich schließlich nur noch der Leiter der Bank und sein Vertreter, die laut Meyers am Mittwoch immer länger blieben, im Gebäude befanden, würden die Wärter wieder in den Lagerraum kommen und den Hund freilassen. Nur, daß heute abend der Schäferhund bleiben würde, wo er war – an der Wand angekettet.

Tucker kehrte zur Tür zurück und stellte sich zu Bates und Meyers. »Alles klar?«

Meyers nickte lebhaft. Er grinste so breit, daß er geradezu töricht aussah. Seine Augen leuchteten wie im Fieber. »Alles in schönster Ordnung. Das läuft wie am Schnürchen. Ein paar sind schon fort, jetzt kommt der Rest.«

Tucker horchte an der grauen Tür. Er konnte auf dem Gang die lachenden und schwatzenden Angestellten hören, die nur einige Schritte von ihm entfernt das Gebäude durch den Ostausgang verließen. Die meisten verabschiedeten sich mit einem »Gute Nacht, Chet« oder »Gute Nacht, Artie«. Chet und Artie waren vermutlich die beiden Nachtwächter.

Tucker wandte sich von der Tür ab und warf einen Blick auf die Regale auf der rechten Seite. Zum erstenmal fielen ihm die beiden Thermosflaschen und die blanken Aluminiumbehälter auf, denen fast etwas Pathetisches anhaftete: Chet und Artie würden wohl kaum Gelegenheit haben, ihre nächtliche Mahlzeit zu vertilgen oder ihr übliches Kartenspiel zu machen.

Nach einer Weile sah er wieder auf die Uhr. »Viertel nach zehn.«

»Gleich ist es soweit«, sagte Meyers und umklammerte mit beiden Händen die Pistole; ein dicker Finger ruhte auf der Sicherung des Abzugs.

»Was ist mit dem Hund?« fragte Bates. Er schwitzte jetzt stark, und sein Gesicht war unnatürlich blaß. Er sprach nur noch flüsternd.

»Was soll mit ihm sein?« Tucker sah ihn fragend an.

Auf Bates' Brauen stand der Schweiß. Sie sahen wie zwei Raupen aus, die durch dichten Tau krochen. Er blinzelte sich die salzige Feuchtigkeit aus den Augen. »Der sieht übel aus, was?« Er schauderte schon beim Gedanken an den Schäferhund. »Wenn der's drauf anlegt, kann er einem glatt den Arm abbeißen.«

Tucker und Meyers wechselten einen Blick. Ehe der große Mann etwas sagen konnte, kam ihm Tucker zuvor. »Der ist fest an die Wand gekettet, und da bleibt er auch, solange wir hier sind.«

»Ja, sicher«, sagte Bates beinahe entschuldigend. »Ich weiß es ja. Am besten, ihr kümmert euch gar nicht um mich. Ich vertrag bloß das Warten nicht. Warten ist für mich die Hölle. Sobald es losgeht, bin ich auf dem Damm.«

»Hoffen wir, daß das stimmt«, flüsterte Meyers und warf Bates einen harten, kalten Blick zu.

»Verlaß dich drauf«, mischte Tucker sich ein. »Edgar reißt sich schon zusammen. Ich kenn das bei ihm. Am Anfang ist er immer durchgedreht, aber wenn er sich erst mal einen Safe vornimmt, ist er die Ruhe selbst.«

»Und was is, wenn er mit dem Safe fertig ist?« fragte Meyers, als sprächen sie über einen Abwesenden.

»Dann«, sagte Bates, dem es nicht zu gefallen schien, daß über ihn gesprochen wurde, »bin ich so von meiner Arbeit begeistert, daß ich noch Tage danach auf Wolken gehe.«

»Das stimmt«, bestätigte Tucker.

»Das mußt du verstehen«, erklärte Bates, »für mich gibt's nichts außer meiner Arbeit. Ohne Arbeit bin ich wie hohl.«

Tucker wußte, daß das, was Bates sagte, der Wahrheit entsprach. Wenn er nicht an einer Tresortür arbeitete oder an einem komplizierten Kombinationsschloß, hatte der alte Schränker keine Spur von Selbstvertrauen. Er war überaus sanft, passiv und in sich gekehrt und neigte zu Minderwertigkeitskomplexen. Jetzt gerade kam er sich nutzlos und hilflos vor und so verwundbar wie ein Kind. Das änderte sich schlagartig, sobald er an einem Safe zu arbeiten begann.

»Fünf vor halb elf«, stellte Meyers nach einem Blick auf die Uhr fest. »Jetzt sollten alle draußen sein.« Er senkte die bösartige Waffe, bis sie auf das Zentrum der grauen Tür gerichtet war, und lächelte wiederum fast wie ein Idiot.

Einen Augenblick danach hörte das Lachen und Reden auf dem Flur auf. Jetzt waren nur noch Artie und Chet zu hören, die sich ein paar Worte zuriefen, während sie die Glastüren verschlossen und prüften.

Edgar schluckte laut.

»Jetzt kommen sie«, wisperte Tucker.

Meyers erstarrte.

Die beiden Nachtwächter öffneten die Lagertür und kamen herein. Sie waren beide etwa eins achtzig, beide Männer mittleren Alters, die nach zwanzig Dienstjahren bei der Polizei den Abschied genommen hatten; beide begannen Fett anzusetzen und reagierten längst nicht mehr so schnell wie früher. Sie waren so mit dem schmutzigen Witz beschäftigt, den einer gerade erzählte, daß keinem von ihnen die Gegenwart der drei Eindringlinge sofort aufging. Sie waren schon ein halbes Dutzend Schritte im Raum, als sie erkannten, daß etwas nicht stimmte. Beinahe gleichzeitig blickten beide auf und erstarrten beim Anblick der drei Männer mit den automatischen Pistolen.

»Nur keine Aufregung«, sagte Tucker mit beruhigend sanfter Stimme. »Und die Waffen steckenlassen.«

Die Wachmänner blinzelten verdutzt. Sie erfaßten die Situation immer noch nicht. Offenbar war es einige Zeit her, daß sie bei der Polizei Dienst getan hatten. Sie benahmen sich wie Amateure.

»Eine falsche Bewegung«, sagte Meyers mit der Pistole im Anschlag, »und ich puste euch die Birne weg.« Durch seine krächzende Stimme hörte sich die Drohung sehr echt an.

Und damit gab es keinen Weg mehr zurück. Sie hatten sich zu weit exponiert, um noch einen Rückzieher machen zu können. Sie hatten sich des *Oceanview Plaza* bemächtigt, ohne daß ein Tropfen Blut geflossen war – wie Meyers es versprochen hatte. Es war leicht gewesen. Eigentlich zu leicht, wie Tucker mit einem gewissen Unbehagen feststellte.

10

Grämlich wie zwei Bluthunde saßen die beiden Wärter auf der Erde, die Schultern an die Wand gelehnt, die Beine lang ausgestreckt. Die Hände waren ihnen hinter den Rücken gebunden, die Füße mit starkem Kupferdraht gefesselt, den Edgar Bates aus seiner Tasche mit dem Einbrecherwerkzeug zutage gefördert hatte.

Der größere der beiden Männer, der außerdem noch etwa fünfzehn Pfund schwerer als sein Gefährte war, mußte Ende Vierzig oder Anfang Fünfzig sein. Trotz seines Wanstes und der roten Nase des Beinahe-Alkoholikers sah er gewalttätig und gemein aus. Die Augen lagen hinter harten Hautwülsten, und tiefe Falten kerbten die Hängebacken wie Narben von

Schwertstreichen. Genau der Typ, der in der Schule als Footballstar angefangen hat, dann als Soldat zu einer Kampftruppe gegangen ist und sich schließlich als gemeiner Bulle in Polizeiuniform hervorgetan hat, dachte Tucker. Aber wie meistens bei diesen Typen war die Härte wahrscheinlich teilweise nur vorgetäuscht. Dennoch, irgendwo in seinem Inneren lauerte sicher dieses merkwürdige, gewalttätige und gefährliche amerikanische Gefühl für *machismo*. Und deswegen konnte er zu Unüberlegtheiten neigen. Als Bates den Rest der Rolle Kupferdraht wieder einpackte, sah er zu Tucker auf und zischte: »Glaub ja nicht, daß du damit durchkommst, du mieses Schwein.«

Tucker lächelte. »Sie sehen sich zu viele Krimis im Fernsehen an, was? Das klingt auswendig gelernt.«

Der Wächter verfärbte sich. Er kniff die Augen zusammen, und sein Mund wurde eine böse und messerschmale Linie. »Dein Gesicht hab ich mir gemerkt. Jeden Zug hab ich im Gedächtnis. Alle eure Visagen weiß ich in- und auswendig.«

Frank Meyers trat vor, die Pistole lässig auf das Gesicht des Mannes gerichtet – allein schon ein bedrohlicher Anblick, auch ohne die Horrorfilm-Stimme. »Du bist so dumm, daß es gefährlich werden kann«, sagte er bösartig und erwiderte den feindseligen Blick.

»Der macht uns keinen Ärger«, mischte sich Tucker schnell ein, ehe der Wärter antworten und die Lage verschlimmern konnte. Tucker fühlte den fast natürlichen Antagonismus zwischen den beiden Männern. Vom ersten Augenblick an schien es zwischen ihnen zu einer chemischen Reaktion gekommen zu sein; sie würden sich schon beim kleinsten Anlaß an die Kehle gehen. Und das durfte nicht sein. Er kniete sich neben dem Mann nieder. »Wer sind Sie – Chet oder Artie?«

Beide Nachtwächter reagierten mit Erstaunen. »Woher wißt ihr unsere Namen?« fragte der Bösartigere.

Tucker seufzte. »Ich hab an der Tür gestanden und gehört, wie Ihnen alle aus dem Haus gute Nacht gesagt haben.«

Der Expolizist ärgerte sich schwarz, daß er nicht selbst darauf gekommen war.

»Welcher sind Sie?« beharrte Tucker.

»Chet.«

Tucker wußte, wie wichtig es war, daß Chets verletzter Stolz und angeschlagener *machismo* besänftigt wurden. Je weniger sich dieser Chet wie ein Idiot vorkam, desto bereitwilliger würde er auf sie eingehen. »Chet, mir ist klar, daß Sie das nicht auf die leichte Schulter nehmen. Sie sind es nicht gewohnt, den kürzeren zu ziehen. Aber nun ist es passiert, und Sie müssen sich damit abfinden. Mein Freund hier«, er zeigte auf Frank Meyers, »steht direkt draußen auf dem Gang und bewacht den Osteingang. Er wird alle paar Minuten zu Ihnen reinschauen. Versuchen Sie also besser nicht, sich loszumachen. Sie wollen ihn doch nicht nervös machen. Es besteht kein Anlaß, daß heute nacht hier jemand sterben muß.«

Chet starrte ihn an, sagte aber nichts. Sein Mund wurde verkniffener, die Augen noch schmaler.

»Keiner wird Ihnen einen Vorwurf draus machen, daß Sie von uns überrumpelt wurden«, sagte Tucker geduldig. »Sie sind völlig überrascht worden. Zum Teufel! Das wäre jedem passiert. Sie haben alles richtig gemacht, aber wir hatten die Maschinenpistolen. Und wir waren in der Überzahl.«

Der Wächter schien sich etwas zu beruhigen. Er war nicht mehr ganz so verkrampft, und seine Lippen bekamen wieder Farbe. Er hörte auf, gegen die Drahtfesseln anzukämpfen.

Tucker sah sich nun den anderen Mann an. Er war kaum weniger kräftig gebaut als Chet, hatte aber nicht den Kampfgeist seines Kollegen. Er war blaß und hatte offensichtlich Angst. »Sie legen es auch nicht darauf an, erschossen zu werden, was, Artie?«

»Nein«, sagte Artie.

»Gut für Sie.«

Chet maß ihn kalt, dann sah er wieder Tucker an. »Ich habe mir eure Gesichter so gut gemerkt, daß die Polizei erstklassige Zeichnungen zusammensetzen kann. Eure Gesichter werden in jedem Revier im ganzen Land hängen. Damit kommt ihr nicht davon. Nie!«

»Kann sein, daß Sie recht haben.« Tucker stand auf.

»Hab ich. Sie werden es erleben.«

»Darauf müssen wir es ankommen lassen.«

»Ankommen? Daß ich nicht lache!« Aber Chet war nicht

mehr wirklich aggressiv. Er spielte nur noch seine Rolle zu Ende.

»Zwanzig vor elf«, stellte Bates fest. »Diese Leute in der Bank werden nicht die ganze Nacht durcharbeiten. Wir sollten besser loslegen.«

Tucker sah, daß die Nachtwächter einen erstaunten Blick wechselten, als Bates die Bank erwähnte; wahrscheinlich saß ihnen der Schock noch so in den Gliedern, daß ihnen erst jetzt aufging, wo der Raub stattfinden sollte, dachte er. »Also kommt«, sagte er und führte Meyers und Bates aus dem Lagerraum.

Frank blieb als Wache im Gang vor dem Osteingang zurück, durch den sie in Kürze das *Oceanview Plaza* verlassen wollten. Er hatte auch auf die Nachtwächter zu achten.

Tucker und Bates eilten leise bis zum Innenhof, an *Brandung und Strand,* am Autosalon und der Bar vorbei … In der Mitte des Hofs sprühten immer noch die Fontänen und plätscherten auf die Oberfläche des tiefen Wasserbeckens. Offenbar wurde das Wasser von einem Haupthahn im Lagerraum aus abgestellt – eine Aufgabe, die Chet und Artie nicht mehr hatten erledigen können. Das war gut so. Das plätschernde Wasser würde jedes versehentliche Geräusch übertönen. Als er am Springbrunnen stand, konnte Tucker die drei anderen Gänge überblicken, die hell erleuchtet und einsam vor ihnen lagen. Am Ende eines jeden Gangs waren die Glastüren geschlossen, und innerhalb des Gebäudes, etwa drei Fuß breit von der Tür entfernt, waren Fallgitter aus der Decke bis zum Fußboden herabgelassen und in eingelassene Riegel eingeklinkt worden. Niemand konnte durch diese drei Eingänge hereinkommen oder hinausgehen.

»Genau wie Frank es beschrieben hat. Bis ins kleinste«, sagte Bates. »Mir geht's von Minute zu Minute besser.«

Tucker dachte an die schlichte dunkle Holztür und das dahinterliegende Büro der Verwaltung – an diese Kleinigkeit, die nicht auf Meyers' Plan aufgeführt gewesen war … Dann schüttelte er das eigenartige Gefühl, daß irgend etwas an der Sache nicht stimmte, von sich ab. Es war sinnlos, sich aufzuregen, noch ehe etwas schiefging. Und es würde nichts schiefgehen. Die ganze Sache würde wie ein Uhrwerk ablaufen.

Sie bogen vom Innenhof nach links ab, in den südlichen Gang. Rechter Hand kam erst das *House of Books* und dann *Sasbury's*, eins der beiden größten Modegeschäfte des Zentrums. An der linken Seite lagen *Young Maiden, Harold Leonardo Pelze, Accent Juwelen* und endlich die *Countryside Spar- und Darlehnskasse*, zu der die meisten Geschäfte die Tageseinnahmen brachten und bei der viele der Kunden Privatkonten unterhielten, falls sie ihren Kredit bei den Geschäften einmal überziehen sollten.

Da sie aus Erfahrung gelernt hatten, daß kühnes Draufgehen fast immer am besten war, planten Tucker und Bates, sofort in die Bank einzudringen und den überstundenmachenden Filialleiter und seinen Assistenten ohne Aufhebens zu überwältigen. Doch so leicht sollte es nicht werden. Die automatischen Glastüren am Eingang der Bank waren abgeschlossen. Im Inneren brannten lediglich zwei blaue Nachtlichter über der Tresortür und direkt hinter den wenigen Kassen. Kein Direktor und Assistent waren zu sehen. Die Bank lag verlassen.

»Herr des Himmels«, stöhnte Bates unglücklich. »Wahrscheinlich machen sie seit Monaten jeden Mittwoch Überstunden – bloß heute nicht.«

Tucker preßte das Gesicht an die Scheibe und prüfte den unbeleuchteten Raum. Zweifellos befand sich keine Menschenseele darin. Meyers hatte gesagt, die Türen würden offen sein, vielleicht sogar auch der Tresorraum. Er hatte weiter gesagt, sie würden es nur mit furchtsamen Bankbeamten zu tun haben. Und hier war die Bank, leer und fest verschlossen. »Jetzt wirst du's dir doch nicht so leicht machen können, Edgar.«

»Dann muß ich den Safe sprengen und den im Juwelierladen.«

»Und zwei Alarmanlagen ausschalten.«

»Und ich hab gedacht, das hier wäre mal ein bequemer Job«, sagte der alte Schränker, ganz offensichtlich begeistert, daß es für ihn mehr zu meistern gab, als er erwartet hatte. Er setzte die Werkzeugtasche ab, streifte die dünnen Baumwollhandschuhe über und blickte zu der Verbindungsstelle der beiden Türflächen auf. Er prüfte eingehend die durchsichtige Barriere, die zwischen ihnen und der Bank lag. »Wetten, daß in den Türen auch schon ein Alarmkontakt ist?«

»Das Problem dürfte dir keine Sorgen machen«, sagte Tucker.

»Nein?«

»Chet oder Artie werden die Schlüssel haben.«

»Zur Bank?«

»Sie müssen Schlüssel haben, falls mal Feuer in einem der Läden ausbricht«, Tucker grinste über das in Falten gelegte Gesicht seines Gefährten. »Reg dich nicht auf, Edgar. Die Kombination von der Tresortür haben sie bestimmt nicht. Du wirst nicht arbeitslos.«

Bates errötete. »Ach, ich hab nur …«

Irgendwo in einem anderen Teil des Zentrums fielen in rascher Folge fünf Schüsse.

11

Als Tucker aus dem Gang der Südseite in den Innenhof unter der spitzen Decke rannte, sah er, daß Frank Meyers nicht auf seinem Posten am Osteingang war. Tucker wußte sofort, wo er suchen mußte: auf der dem Lagerraum mit den beiden gefesselten Wachmännern gegenüberliegenden Seite des Gebäudes – in dem Raum, den Meyers nicht auf dem Plan eingezeichnet hatte. Er rannte am Springbrunnen vorbei in den Westgang, lief an *Henry's Gaslight Restaurant*, dem *House of Books*, einem *Teenager Shop*, einem Schuhimporteur, einem Blumenladen und *Craftwells Geschenken* entlang. Keuchend und mit hämmerndem Herzen kam er vor der halboffenen Tür des kleinen Verwaltungsbüros zum Stehen.

»Frank?« Er hielt sich vorsichtig aus der Schußlinie, zielte aber mit dem Lauf der Waffe auf die Türöffnung.

»Hier drin«, antwortete die vertraute heisere Stimme.

»Was ist passiert?«

»Es is schon vorbei.«

»Bist du okay?«

»Klar.« Meyers hörte sich geradezu aufgeräumt an, als er an der anderen Seite an die Tür kam und sie ganz aufzog. »Es is vorbei. Komm rein.«

»Du Scheißkerl«, fluchte Tucker. »Das war geplant, ja? Du hattest es auf jemand abgesehen, nicht wahr?«

Meyers grinste. »Und ich hab ihn gekriegt.«

Verwirrt und wütend drängte sich Tucker hinter ihm in das Büro. Dies war ein Vorzimmer, ein Empfangsraum. Der Teppich war moosgrün, die Wände waren hell, die Möbel dunkel, schwer und vage südländisch. Drei Ölbilder eines guten Malers hielten einen Moment seinen Blick fest.

Im Mittelpunkt des Raums saß eine ungewöhnlich hübsche junge Frau hinter einem gewaltigen Schreibtisch. Sie war Ende Zwanzig, hatte den Teint einer Italienerin und dickes, schwarzes Haar, das ihr bis auf die Schultern fiel. Sie war vor Entsetzen gelähmt. Mit aufgerissenen braunen Augen saß sie wie eine Statue da. Sie hatte die Hände vor sich auf die Schreibtischunterlage gelegt – wahrscheinlich auf Meyers' Befehl – und die schlanken Finger so fest ineinander verkrampft, daß die Knöchel weiß hervortraten.

»Wer ist das?« fragte Tucker.

»Seine Sekretärin.«

»Wessen Sekretärin?«

Meyers zeigte auf die offene Tür zum Privatbüro.

Tucker ging hinein und blickte auf die toten Männer. Einer lag rechts neben dem Schreibtisch inmitten einer sich ausbreitenden Blutlache auf dem Fußboden. In der Hand hielt er noch die Waffe, die er nicht mehr benutzt hatte. Dem Aussehen nach hätte er ein Leibwächter sein können. Der zweite Tote saß im Drehstuhl hinter dem Schreibtisch. Er war etwa fünfzig Jahre alt, gedrungen und häßlich. Er hatte zwei Einschüsse in der Brust, einen im Hals – und er grinste Tucker an.

Tucker fühlte sich elend vor Zorn und Entsetzen. Am liebsten hätte er sich umgedreht und Meyers ebenso rücksichtslos abgeknallt, wie der es mit diesen beiden Männern gemacht hatte. Aber dazu war er nicht fähig, genauso unfähig wie zu den beiden sinnlosen Morden, die Meyers gerade verübt hatte.

Er kehrte dem Blutbad den Rücken, denn er konnte keinen Toten ansehen, ohne nicht auch an die eigene Sterblichkeit denken zu müssen. Er trat Meyers gegenüber, kämpfte gegen seine Wut und den Abscheu an und fragte: »Wer war das?«

»Rudolph Keski. Der andere sollte ihn schützen. Feiner Schutz!« Er lachte. Tucker zuckte zusammen.

»Warum hast du das getan?« Tuckers Stimme war leise und eiskalt. »Bei diesem Job sollte es keine Toten geben.«

»Keski hat mir diese Stimme verpaßt«, sagte Meyers. »Er hat mich für Monate ins Krankenhaus gebracht.«

Jetzt erst merkte er, daß Tucker Mord nicht so leichthin abtat wie er selbst. Er begann nun, sich zu rechtfertigen.

»Mafia?« fragte Tucker.

Meyers fand das erheiternd. »Ach woher.«

»Unser Freund in Harrisburg hat gesagt, du wärst an Sizilianer geraten.«

»Das is alles nur ein Gerücht. Keski war zwar der Chef der hiesigen Niederlassung, aber er war Pole, kein Mafiamann. Und mit irgendwelchen Volksgruppen hat er nie was zu tun gehabt. Er war nich grade ein kleiner Fisch, aber groß war er auch nich.«

»Warum hast du mir nichts von ihm gesagt?«

»Weil du dann nich mitgemacht hättest«, sagte Meyers. Er lächelte überlegen. Die Verwandlung, die mit ihm zwischen New York und Los Angeles vor sich gegangen war, trat nun ganz deutlich zutage. »Keiner hätte bei dem Job mitgemacht … Darum hab ich gesagt, es ging bloß um Raub – und darum geht's ja immer noch.«

»Die Story wirst du mir ganz genau erzählen müssen. Aber später.« Tucker sah die junge Frau an und versuchte zu lächeln, obwohl ihm die Metzelei ans Mark gegangen war. »Geht's wieder?«

»Die hab ich nich angerührt«, sagte Meyers.

»Geht's wieder?« fragte Tucker abermals, ohne auf Meyers' Einwurf zu achten.

Sie nickte, wollte sprechen, brachte aber kein Wort heraus. Sie gab ein leises Krächzen von sich und verschlang die Finger nur noch fester.

»Haben Sie keine Angst.« Tucker gab sich Mühe, ruhig und freundlich zu sprechen. »Niemand wird Ihnen etwas tun.«

Sie sah ihn an, als wäre sie taubstumm.

»Nein, bestimmt nicht. Sie müssen nur mit uns in den Lagerraum gehen, wo wir Sie fesseln werden. Aber wir werden Ihnen nicht weh tun.«

»Er hat Mr. Keski ermordet«, sagte sie. Ihre Stimme war leise, sinnlich, wohlklingend. Sie gehörte nicht in dieses Leichenschauhaus.

»Das weiß ich.« Tucker trat zu ihr und löste die verkrampften Hände. Er nahm ihre rechte Hand so sanft, als wären sie ein Liebespaar. »Aber das war eine Privatsache zwischen ihm und Keski. Mit Ihnen hatte das nichts zu tun. Im Augenblick geht es ihm und *mir* nur um eines: wir wollen uns das Geld aus dem Banktresor holen. Während wir das tun, müssen wir Sie fesseln. Verstehen Sie das?«

Die Hand lag kalt und bewegungslos in seiner.

»Verstehen Sie das?«

»Ja.«

»Gut«, sagte Tucker. Er ließ ihre Hand los, ging um sie herum und zog ihr, als sie aufstand, den Stuhl zurück. »Versuchen Sie nicht, davonzulaufen. Sie kommen hier nicht raus. Wenn Sie sich fügen, geschieht Ihnen nichts. Wenn …« Er verstummte, als sie von dem großen Schreibtisch zurücktrat, kam näher und beugte sich vor, um unter die Höhlung unter der Tischplatte zu sehen. Was er gesehen zu haben glaubte, war leider keine Illusion, keine Augentäuschung und kein Fleck auf dem Teppich. Es war wirklich vorhanden. »Allmächtiger!«

»Was ist denn?« fragte Meyers.

»Du dämlicher Hund!«

Auf dem Boden unterhalb der Schreibtischplatte, dort, wo ein am Schreibtisch Sitzender die Füße hinstellt, war der Teppich sauber kreisrund ausgeschnitten und mit einem Metallrand eingefaßt. Im Mittelpunkt des freien Feldes war ein kleines, rechteckiges Pedal angebracht, das wie eine verkleinerte Ausgabe eines Gaspedals aussah.

»Der Fußschalter einer Alarmanlage!« Er richtete sich auf und sah die Frau an. »Haben Sie den betätigt?«

Sie wich vor ihm bis zur Wand zurück und stieß mit dem Kopf gegen den Rokokorahmen eines der Bilder.

»Haben Sie den benutzt?« drängte er.

»Bringen Sie mich nicht um!«

»Nein, wir bringen Sie nicht um.«

»Bitte ...« Ihre Augen waren wieder riesengroß. Das schöne Gesicht hatte alle Farbe verloren. Unter der von Natur aus bräunlichen Haut war sie leichenblaß.

Tucker ging wieder zu ihr und griff nach ihrer Hand, hob sie an die Lippen und küßte die Finger. Sie sah ihn an, als hätte er den Verstand verloren. »Ich weiß, wie sehr Sie sich fürchten. Es tut mir unendlich leid, daß es zu diesem Vorfall gekommen ist.«

Sie blinzelte, und er glaubte, eine sich ausbreitende Trübung in ihren Augen zu sehen. Bald würde sie ganz im Schock sein.

»Wie heißen Sie?« fragte er schnell, um wieder Kontakt mit ihr zu bekommen.

»Wie?«

»Ihr Name? Wie ist Ihr Name?« Jede Sekunde war kostbar, wenn die Polizei schon unterwegs war, aber zu ihr konnte er nur mit Geduld vordringen. Sie war vor Entsetzen kaum mehr bei Verstand. Hätte er an ihrer Stelle miterlebt, wie Keski von Meyers über den Haufen geschossen wurde, hätte er ganz genauso reagiert, gestand sich Tucker ein.

»Evelyn Ledderson«, brachte sie endlich heraus, als sei ihr der eigene Name absolut fremd und ergäben die paar Silben nicht den geringsten Sinn.

»Evelyn«, sagte Tucker so leise, daß Meyers ihn fast nicht mehr hören konnte, »Sie verstehen doch, daß wir Ihnen nichts tun wollen, ja? Das brächte uns doch gar nichts ein. Sagen Sie mir nur ... Das Alarmpedal unter Ihrem Schreibtisch, läßt das irgendwo in der Nähe in einem Polizeirevier eine Lampe aufleuchten?« Er wunderte sich selbst über den vernünftigen, ruhigen Tonfall seiner Stimme, denn im Inneren schrie er und rannte verzweifelt im Kreis. »Wir müssen das wissen, Evelyn ... Haben Sie auf das Pedal getreten?«

Sie sah ihm in die Augen und schien plötzlich beruhigt zu sein, als könne sie seine Aufrichtigkeit wie eine Balkenüberschrift in seiner Iris lesen. Sie hatte immer noch Angst, konnte sie jetzt aber beherrschen. Sie wurde nicht mehr von ihr gelähmt. »Ja«, sagte sie. »Klar hab ich das. Ich hab wie wahnsinnig draufgetreten.«

Tucker sah Meyers an.

»Machen wir, daß wir hier rauskommen.« Die gute Laune des großen Mannes war verflogen.

Tucker griff nach dem Arm der Frau. »Sie müssen mit uns kommen«, sagte er und schob sie hinter Meyers durch die Bürotür.

Sie wollte nicht mitgehen, aber sie wußte, daß sie ihre Lage nur verschlimmerte, wenn sie Widerstand leistete.

Sie schleuderte die Schuhe von den Füßen, um nicht auf den hohen Absätzen zu stolpern, und rannte neben ihm her.

In der Ferne hörten sie die Sirenen.

12

Als sie auf den Gang an der Ostseite kamen, sahen sie Edgar Bates bei *Brandung und Strand* gegenüber der Tür zum Lagerraum stehen. Er hatte einem der Wärter ein Schlüsselbund abgenommen, hatte einen Schlüssel in ein Schloß in der Wand gesteckt und das in die Decke eingelassene Stahlgitter in Gang gebracht. Der Elektromotor summte laut, und auch das Gitter hörte sich wie die Raupenkette eines Tanks an, als es herunterkam und den Eingang in seiner ganzen Breite blockierte.

»Was machst du da?« rief Meyers. Die ruinierte Stimme knirschte.

Bates drehte sich um und sah ihnen entgegen. Sein Gesicht war starr und die Augen so weit aufgerissen wie die von Evelyn Ledderson, als Tucker sie zum erstenmal gesehen hatte. Als sie zu ihm kamen, gerade als das schwere Gitter auf den Plattenboden traf, sagte er: »Auf dem Parkplatz sind Polizisten.«

Meyers stieß ihn zur Seite und packte das Gitter, schüttelte es und versuchte, es hochzuschieben. »Idiot! Damit sitzen wir doch in der Falle.«

Bates lachte humorlos; seine Augen waren leer und glasig. »Wer ist der Idiot? Begreifst du denn nicht, Frank? Wir sitzen bereits in der Falle.«

Tucker trat ans Gitter; er zog die Frau hinter sich her. An den dünnen Stahlstäben vorbei starrte er durch die nur drei Fuß dahinterliegenden Glastüren nach draußen. Ein Streifenwagen, farblos im Schein der Außenbeleuchtung, hielt bereits wenige Schritte vor dem Eingang des Zentrums. Was Tucker noch vor wenigen Minuten zu Evelyn Ledderson gesagt hatte, galt nun für sie alle – sie kamen nicht mehr raus. Plötzlich hielt ein zweites Polizeiauto so dicht neben dem ersten an, daß es ihm fast den Lack zerkratzte. Es bremste scharf, die Reifen kreischten, und das Fahrwerk aus Detroit schwankte auf den Federn vor und zurück.

»Wir könnten uns den Weg freischießen«, sagte Meyers.

»Aussichtslos«, wehrte Tucker ab.

»Wir müssen es versuchen.«

»Wir kämen keine zwei Schritte weit.«

Edgar Bates verankerte so schnell er konnte das Gitter in den Riegeln im Fußboden. »Wir kämen nicht mal durch die Tür«, rief er über die Schulter.

»Er hat recht«, sagte Tucker zu Meyers. »Es war ganz richtig, daß er die Tür gesichert hat. Durch die können wir hier nicht mehr raus. Wir können nur noch dafür sorgen, daß die auch nicht reinkommen.«

»Aber wir können uns doch hier nicht festsetzen«, flüsterte Meyers.

»Das weiß ich.« Das Trugbild des Versagens, Arm in Arm mit dem Schemen seines Vaters, stieg vor ihm auf. Meyers zeigte auf das Gitter. »Was bringt uns am Ende die verschlossene Tür ein?«

»Zeit.«

»Zeit, in der noch mehr Streifenwagen ankommen«, murrte Meyers verächtlich.

»Es könnte uns ja schließlich was einfallen.« Tucker beobachtete die vier Polizisten, die sich den Glastüren näherten.

»Was zum Beispiel?«

»Wir könnten einen Fluchtweg entdecken.«

»Wie?«

»Das weiß ich noch nicht.«

»Wenn wir nicht durch diese Tür rauskommen, kommen wir auch durch keine andere raus«, sagte Meyers. »Die anderen drei haben sie auch inzwischen besetzt.«

»Das weiß ich. Aber alle Eingänge sind von innen fest verschlossen. Die Tore zur Laderampe im Lagerraum sind auch zu und abgesperrt. Mehr gibt es doch nicht, oder? Sie können nicht zu uns reinkommen.«

»Das hast du jetzt schon oft genug gesagt. Bei dir hört es sich wie ein fabelhafter Vorteil an. Aber wir können doch nich hier drin sitzen, bis ihnen das Warten zu lang wird, Mann!«

Zwei Polizeibeamte drückten gegen die Glastüren und deckten die Hände über die Augen, um den Lichtschein der Parkplatzlampen zu dämpfen und hineinsehen zu können.

Tucker, der die Frau immer noch so hielt, daß sie, wie er hoffte, von draußen zu sehen war, schob den Lauf der Pistole durch eine der Öffnungen im Stahlgitter und zielte auf die Polizisten.

Frank Meyers tat es ihm nach.

»Zurück!« schrie Tucker. »Gehen Sie zurück!«

Aber das brauchte ihnen nicht gesagt zu werden. Im Augenblick, da sie die Waffen sahen, wichen sie zurück, als wären sie Marionetten, die an einem Draht hingen. Sie rannten zu den Streifenwagen und gingen hinter ihnen in Deckung. Sie verständigten sich aufgeregt durch laute Rufe. Aber Tucker konnte nicht genau verstehen, was sie wollten.

»Lange halten die sich nicht zurück«, erklärte Meyers. »Darauf kannst du Gift nehmen. Wir sollten ...«

»Halt den Mund!«

Der Befehl kam so scharf und mit solcher Wucht, daß Meyers vor Überraschung verstummte. Er blinzelte, leckte sich über die dicken Lippen und wußte nicht, wie er reagieren sollte.

Tucker sagte: »In die Bredouille wären wir nie gekommen, wenn du Keski nicht umgelegt hättest! Heul mir also jetzt nicht die Ohren voll. Nimm als Profi die Verantwortung auf dich. Du bist schuld, nur du allein. Mach dir das klar, und halt verdammt noch mal dein Maul.«

Meyers räusperte sich und schüttelte den Kopf – mit einem Ausdruck, der gleichzeitig Bedauern, Ärger und Achtung ausdrückte. »Du nimmst den Mund ganz schön voll.«

Tucker maß ihn wütend. »Jawohl.«

Nach einem kurzen Messen der Blicke, bei dem Tucker als

Sieger hervorging, sagte Meyers: »Aber du mußt zugeben, daß wir böse dran sind.«

»Ich habe nie das Gegenteil behauptet.«

»Ich weiß nich, wie du das ändern willst.«

»Hör mal«, begann Edgar Bates. »Wir haben drei Geiseln. Wir können sie als Deckung nehmen.« Seine Stimme zitterte.

»Keine schlechte Idee«, stimmte Meyers zu.

Evelyn Ledderson erstarrte und machte schwache Anstalten, sich aus Tuckers Griff zu befreien. »Sie haben gesagt, Sie würden mir nichts tun. Jetzt wollen Sie sich hinter mir verstecken.«

»Sie hat recht.« Tucker wandte sich um. »Die Idee taugt nichts. Ich hab noch nie gehört, daß jemand die Flucht im Schutz von Geiseln gelungen ist. Die Bullen könnten trotzdem auf uns schießen. Neuerdings scheint ihnen das Leben harmloser Unbeteiligter nicht viel wert zu sein. Und selbst wenn sie uns mit dem Combi fahren lassen, hängen sie sich an uns an, bis wir die drei freilassen. *Dann* zersieben sie uns.«

»Aber was haben wir sonst für eine Chance?« fragte Bates.

»Mir sind schon ein paar Gedanken gekommen«, sagte Tucker. »Aber bevor wir darüber reden, will ich mit der Polizei telefonieren. Die müssen begreifen, daß wir Geiseln haben.«

»Sie haben das Mädchen gesehen.«

»Vielleicht denken sie, die gehört zu uns.«

Meyers wischte sich mit dem gestreiften Jackenärmel über das Gesicht. »Sie wissen, daß wir die Nachtwächter haben.«

»Vielleicht glauben sie, daß wir die umgelegt haben.«

Tucker warf Bates einen Blick zu. »Bring Evelyn in den Lagerraum und fessele sie mit Chet und Artie zusammen.«

Bates nahm die Pistole auf, die er neben dem Gitter abgelegt hatte. Er richtete sie auf die Frau. »Bitte, kommen Sie mit.«

Sie sah zweifelnd Tucker an.

»Schon gut«, beruhigte er sie. »Der Mann macht keine Fehler. Er tut Ihnen nichts.«

Zögernd und argwöhnisch ging sie vor Edgar Bates her in den Lagerraum. Der Schränker drehte sich unter der Tür um. »Ach, ich hab mein Werkzeug bei der Bank liegen lassen, jetzt hab ich keinen Draht. Womit soll ich sie fesseln?«

»In der Werkstatt findest du bestimmt welchen auf den Regalen«, sagte Tucker. »Such da nach.«

»Ach ja«, sagte Bates geistesabwesend. »Klar, hätte ich mir auch denken können ...« Er folgte der Frau in das Lager.

»Wenn die Lage sich weiter verschlechtert, können wir auf den nich mehr rechnen.« Meyers sah hinter dem älteren Mann her.

»Dir traue ich sehr viel weniger«, entgegnete Tucker betont und sah ihm gerade ins Gesicht.

Meyers wurde rot. Seine Augen hielten dem Blick aus Tuckers viel dunkleren Augen nicht stand. »Na schön, ich gebe zu, ich hab das vermasselt. Ich hätte Keskis Büro genausogut kennen müssen wie das ganze übrige Zentrum. Ich hätte wissen sollen, daß das Pedal unter dem Tisch war und ...«

»Heb dir das für später auf«, unterbrach ihn Tucker. »Ich muß die Bullen anrufen, ehe sie was Dummes machen.« Er blickte an Meyers vorbei auf die beiden Streifenwagen, auf die sich drehenden Lichter auf dem Dach und die vier Polizisten, die sich vorsorglich dicht an die Autos hielten. »Halte sie genau im Auge. Aber fang keine Schießerei an!«

»'türlich nich.«

»Ich meine es sehr ernst.«

»Auf mich kannst du bauen.«

Tucker lächelte etwas schief. Und ob ich das kann, dachte er. Und wie ich dem lieben Frank Meyers trauen kann! Er wünschte, er brauchte dem großen Mann nicht den Rücken zuzukehren, um zum Innenhof zu gehen.

Er schloß die Tür der Telefonzelle, um das Rauschen des Springbrunnens auszuschließen. Nun war es zwar relativ leise, aber dafür mußte er den penetranten Duft eines starken Parfüms ertragen, das die Zelle ausfüllte, gleichsam wie die zurückgelassene Aura der letzten Benützerin. Er rümpfte die Nase, versuchte flach zu atmen, warf die Münze ein und wählte das Amt.

»Telefonamt«, sagte die Frau, als wisse er möglicherweise nicht, wen er gewählt hatte.

»Ich spreche vom *Oceanview Plaza*-Einkaufszentrum«, sagte

Tucker. »Ich möchte mit der Polizei verbunden werden. Wissen Sie, welches Revier zuständig ist? Können Sie mich bitte verbinden? Es ist äußerst dringend.«

»Sie müssen die Telefonauskunft anrufen, Sir.« Sie sprach so verschnupft, als hätte sie aus Versehen einen der Kontakte in die Nase gesteckt.

»Nein, nicht die Auskunft«, beschwor er sie.

»Sir, ich kann Ihnen nicht helfen ...«

»Ich sagte Ihnen, daß es ein Notruf ist. Es ist ein Raubüberfall. Verbinden Sie mich sofort mit der Polizei.«

Sie zögerte. »Einen Augenblick, Sir.«

»Nein, ich habe keinen Augenblick Zeit.«

Mehrere Sekunden verstrichen. Klickende Geräusche drangen in sein Ohr. In der Ferne, in einer anderen Leitung, hörte er das Gespräch zweier alter Frauen. Wiederum klickte es. Am anderen Ende ertönte das Klingelzeichen.

»Polizei«, sagte eine schroffe Männerstimme.

»Mit wem spreche ich?«

»Sergeant Brice«, antwortete der Beamte verärgert, weil der Anrufer das wissen wollte. Leute, die Verbrechen meldeten, fragten normalerweise nicht nach dem Namen des Mannes in der Vermittlung. Nur Spinner standen gern auf vertraulichem Fuß.

Tucker holte tief Luft. »Sergeant, hören Sie genau zu, was ich sage. Ich wiederhole es kein zweites Mal. Im *Oceanview Plaza*-Einkaufszentrum findet ein Raubüberfall statt. Sie haben schon mehrere Streifenwagen an Ort und Stelle.« Er machte eine Pause und fuhr dann fort: »Ich bin einer der Diebe. Ich ...«

»Was sagen Sie da?« fragte Brice.

»Hören Sie mir zu?«

»Was heißt das, daß Sie einer der Diebe sind?«

»Ich rufe aus einer Zelle im Innenhof des Zentrums an.«

»Im Zentrum?«

»Jawohl. Jetzt haben Sie's begriffen.« Tucker wurde ironisch. »Ich möchte, daß Sie eine Nachricht an den Mann weitergeben, der hier draußen den Polizeieinsatz leitet.«

»Warten Sie mal einen Moment«, sagte Brice.

»Ich denke nicht daran. Ich werde weiterreden, und dann

hänge ich auf. Wenn Sie die Sache nicht richtig in die Hand nehmen, werden viele Menschen sinnlos sterben müssen.«

»Sie sind im Einkaufszentrum«, sagte Brice. »Sie sind ein Dieb.« Er sprach eigentlich nur verwundert mit sich selbst.

Tucker fuhr fort: »Es gibt sechs Eingänge in das Zentrum. Wir haben sie alle fest versperrt. Wir sitzen in einer Festung. Ihre Leute können sich keinen Eintritt verschaffen, es sei denn, sie sind bereit, dabei zu sterben.«

»Mann, Sie sind in Teufels Küche«, sagte Brice drohend. Er gab sich nun ebenso theatralisch wie vor kurzer Zeit noch Chet. Wenigstens aber hatte er begriffen und erkannt, daß dies kein dummer Scherz war.

»Hinzu kommt«, erklärte Tucker, »daß wir Geiseln haben. Wir haben zwei Wachmänner und Mr. Rudolph Keski, dem der Laden hier offenbar gehört. Mr. Keski läßt Ihnen durch mich ausrichten, daß er sich auf Ihr Fingerspitzengefühl verläßt.« Tucker wußte, daß es ein Fehler sein würde, Brice von Keskis Tod zu informieren. Wußte die Polizei erst einmal, daß bereits ein Mord geschehen war, würde sie den Geiseln keine große Überlebenschance einräumen. Vielleicht würden sie zu ihrer Rettung sogar einen Sturm auf das Gebäude riskieren. Aus diesem Grund bemühte sich Tucker, wie ein zu allem entschlossener Mann zu sprechen – aber nicht so, als habe er nichts mehr zu verlieren. »Wir haben Keskis Leibwächter und seine sehr reizende Sekretärin, Evelyn Ledderson, in unserer Gewalt. Vier Männer und eine Frau, Sergeant Brice. Wenn jemand versucht, hier zu uns hereinzukommen, werden wir alle fünf umbringen.«

»Sie sind wahnsinnig«, sagte Brice. »Sie kommen nie ...«

Tucker redete einfach weiter. »Wir sind mit automatischen Pistolen bewaffnet, und wenn wir wollen, können wir sehr viel Schaden damit anrichten. Wir sind sieben.« Die Übertreibung konnte nichts schaden. Sie konnte die Polizei veranlassen, es sich zweimal zu überlegen, ehe sie waghalsig wurde. Eine Gruppe von drei Einbrechern war nichts wie eine Handvoll kleiner Gauner – aber sieben waren eine respekteinflößende Streitmacht.

»Es wird Ihnen leid tun, sich in diese Sache eingelassen zu

haben«, sagte Brice wie ein strenger Vater, der sein Kind zurechtweist. »Das Beste, was Sie tun können, ist, sich sofort zu ergeben, ehe Sie sich noch mehr Straftaten zusammenkassieren. Ergeben Sie sich!« Er schien selber zu merken, wie nutzlos es war, in dem Tenor fortzufahren. »Was wollen Sie überhaupt von uns?«

»Eben jetzt«, erklärte Tucker, »möchte ich nur, daß Ihre Leute draußen bleiben und uns in Ruhe lassen.«

»Für wie lange?«

»Solange ich es sage.«

»Sie werden freien Abzug aus dem Gebäude verlangen, im Austausch gegen die Geiseln.«

»Nein, jetzt noch nicht. Aber das ist eine Möglichkeit, die ich unter Umständen erwägen könnte. Für die nächsten zwei Stunden möchte ich vorschlagen, daß wir ein Hinhalteabkommen treffen.«

»Sie können sich dort nicht ewig verbarrikadieren.«

»Nein, aber lange genug.«

»Was, zum Teufel, wollen Sie da drin überhaupt? Warum haben Sie sich in so einen Wahnsinn eingelassen?«

»Na, einmal wollten wir die Gelder der Bank. Und vielleicht bekommen wir sie auch noch.«

»Warten Sie!« rief Brice, der zu spüren schien, daß Tucker auflegen wollte. »Welche Nummer hat der Apparat, von dem Sie telefonieren?«

»Warum?«

»Es könnte sein, daß wir uns mit Ihnen in Verbindung setzen wollen. Wenn es irgendeinen Anlaß gibt.«

Wenn es zu einer Krise kam, dachte Tucker, war es gar keine schlechte Idee, eine Verbindung zur anderen Seite zu haben. Er nannte Brice die Nummer und hängte auf, ehe der Sergeant noch etwas sagen konnte.

Als er aus der Zelle trat, hörte er durch das plätschernde Geräusch des Springbrunnens mehrere näher kommende Polizeisirenen.

13

Während Bates den Ostgang bewachte, führte Tucker Frank Meyers ins Warenlager und an den drei Geiseln vorbei nach ganz hinten zwischen die Kartons und Kisten, wo sie sich ungestört unterhalten konnten. Hier wechselten sich von grellem Neonlicht bestrahlte Stellen mit Tümpeln dunkelblauer Schatten ab. Die Luft war schal und feucht.

»Ich versteh nich, warum du das alles wissen mußt«, knurrte Meyers, als Tucker stehenblieb und sich an eine zehn Fuß hohe Wand vollgepackter Kartons lehnte.

»Ich möchte ganz genau wissen, in was du mich da reingezogen hast.«

»Ich hab dich in nichts reingezogen.«

»In Mord, zum Beispiel.«

»*Ich* hab ihn umgelegt.« Meyers versuchte, Tuckers Ängste mit einem heftigen Schütteln des gedrungenen Kopfes abzutun. »Das kann dir doch keiner anhängen.«

»Ich kann wegen Beihilfe angeklagt werden.«

Dafür fand Meyers keine Antwort.

»Los schon. Wer war dieser Rudolph Keski?«

»So hör doch, Tucker ...«

»Wer war er?«

Meyers war viel größer und stärker, aber Tucker hatte nicht die geringste Angst vor ihm. Er war so daran gewöhnt, mit seinem Vater und dessen Helfershelfer umzugehen, daß er sich einfach nicht vor jemand fürchten konnte, der nicht mehr mitbrachte als lediglich physische Überlegenheit. Tuckers Vater hatte immer die Fähigkeit gehabt, ihn sowohl seelisch als auch finanziell und physisch zu verletzen. Verglichen mit ihm, seinen ausgekochten Anwälten, Bankiers und gekauften Politikern, war Frank Meyers wirklich nicht bedrohlich. Er gehörte einfach nicht in dieselbe Klasse. Er mochte gefährlich, gewalttätig und gerissen sein, aber mit ihm fertig zu werden war ein Kinderspiel.

Meyers starrte verdrossen auf den Fußboden, wider Willen von Tuckers Stimme eingeschüchtert. Mit der Spitze des rechten Schuhs zog er auf dem Betonboden einen Kreis. Er sah wie ein bockiges Kind aus. »Keski hat vor fünfundzwanzig Jahren in New York für eine von den Banden gearbeitet«, begann er und starrte weiter auf den Boden, um Tuckers Blick nicht begegnen zu müssen. »Dann is er hier in den Westen gekommen, um sich selbständig zu machen. Er hat in Santa Monica mit 'ner Bar angefangen. Im Hinterzimmer konnte gespielt werden. Dann is er in die Prostitution eingestiegen und hat selber Mädchen laufen lassen. Von da aus ging er ins Rauschgift, Marihuana, Hasch, Pillen und sogar Heroin. Auch Brüche hat er gemacht, Banken, Lohngelder und dann Schutzgebühren …«

»Wie hast du ihn kennengelernt?«

»Wir waren in New York befreundet. Als er hier drüben mit Bankbrüchen angefangen hat, wollte er mich als Partner. Im Lauf der Jahre haben wir vier Sachen gemacht.«

»Und das letzte Mal, daß du mit ihm gearbeitet hast, liegt zweieinhalb Jahre zurück«, sagte Tucker.

Meyers runzelte die Stirn. »Woher weißt du das?«

»Felton hat es mir gesagt.«

»Das war gegen die Regeln.«

»Ich hab dir nicht getraut. Ich wollte von Clitus mehr über dich hören. Wenn er nicht ausgepackt hätte, wär ich nie auf das Geschäft mit dir eingegangen.«

Meyers wischte sich mit einem schmutzigen Taschentuch über das schweißglitzernde Gesicht und fuhr fort: »Als mich Keski zum letztenmal geholt hat, ging's nich um Einbruch, sondern um Mord.«

Tucker wartete. Er wußte, daß der große Mann nun auspacken würde, allerdings auf seine Art. Antreiben konnte man ihn nicht.

»In den letzten fünfundzwanzig Jahren hatte Keski fast immer denselben Partner, einen Mann namens Teevers. Jeder bekam die Hälfte und nahm das gleiche Risiko auf sich. Sie waren keine Freunde, aber auch keine Feinde. So ungefähr vor vier Jahren fand Keski, daß es an der Zeit war, das Geld sauber und legal anzulegen. Er wollte die gefährlichen Geschäfte wie Drogenhandel, Glücksspiel und Schutzgeld aufgeben. Teevers war kurzsichtig. Er sah das nich ein. Er war dämlich genug zu glauben, daß man mit Verbrechen mehr Geld machen kann als mit legalen Geschäften.«

»Und Keski rechnete sich aus, daß sich diese Meinungsverschiedenheit am besten lösen ließ, wenn Teevers umgelegt wurde.«

»Hm«, murmelte Meyers. »Keski hat mich angerufen. Nur wir beide wußten davon. Wir haben's geplant und vorbereitet. Es sah wie ein Unfall aus, sogar für die Polizei und die Versicherung. Es war erstklassig.«

»Nur Keski und du kannten die Wahrheit«, sagte Tucker. »Wunderbar.«

»Ja.«

»Und du hast wirklich nicht gesehen, wie das weiterlaufen mußte?« fragte Tucker ungläubig.

Meyers blickte schuldbewußt auf. »Nee, ehrlich nich.«

»Keski hat versucht, dich zu ermorden.«

»Fast hätte er's geschafft.« Meyers setzte zu einem schiefen Lächeln an, brachte es aber nicht zustande.

»Aber wie?« fragte Tucker. »Du warst doch so viel größer als er.«

»Er hat mir die Hälfte vorweg gezahlt«, sagte Meyers. »Den Rest sollte er mir geben, wenn der Job erledigt war. Er is in Los Angeles zu mir ins Hotel in mein Zimmer gekommen, um mir das Geld zu bringen ... Mensch, ich hab doch früher schon mit ihm gearbeitet. Bei mir war er immer korrekt. Ich hab ihm den Rücken zugekehrt un bin nich im Traum drauf gekommen ... er hat sich wie eine Katze von hinten an mich rangeschlichen ... dann rumgegriffen und mir den Hals aufgeschlitzt ...« Meyers flüsternde Stimme wurde flach und gehetzt. »Wenn dich einer so aufschlitzt, hast du nichts mehr im Sinn, als die Ränder von der Wunde zusammenzuhalten, und du denkst nich dran, dich zu verteidigen. Als ich umgefallen bin, hat er mich auf den Hals getreten. Um ein Haar hätte er mir die Luftröhre zerquetscht. Dann is er raus; er hat mich für tot gehalten.«

»Das war ein Fehler.«

»Das kannste wohl sagen. Er hat die Schlagader nich erwischt, aber das übrige hat gereicht. Nur die Schlagader hat er nich getroffen.« Er grinste. Diesmal gelang es ihm.

»Aber du mußt doch fast verblutet sein. Du mußt ...«

»Mich hat mein schwacher Punkt gerettet.«

»Dein – was?«

»Ich hatte 'ne Frau mit«, sagte Meyers. »Als Keski klopfte, hab ich sie ins Schlafzimmer gescheucht. Ich wollte nich, daß sie das Geld sah. Im Augenblick, als Keski weg war, is sie reingekommen und hat gesehen, was er mit mir gemacht hat. Sie hat sofort einen Krankenwagen gerufen. Ich wär vielleicht trotzdem gestorben, aber dann stellte sich raus, daß drei Stockwerke tiefer eine Krankenwagenmannschaft einen alten Mann mit einem Schlaganfall aus dem Hotelzimmer holen sollte. Die sind sofort raufgekommen. Der alte Mann is gestorben, aber ich bin durchgekommen.«

»Und seither wolltest du dir Keski kaufen.«

»Da hast du recht«, sagte Meyers und streichelte seine Pistole, als wäre sie lebendig. »Ein Jahr danach bin ich hierher zurückgekommen und hab mir 'ne Wohnung genommen. Dann hab ich angefangen, Keski zu jagen. Ich bekam heraus, daß er nichts Krummes mehr machte, genau wie er es gewollt hatte. Er hat sich die Aktienmehrheit von dem Zentrum hier gekauft, Motels und Restaurants entlang der Küste und sonst noch allerhand. Ich bin ihm zwei Monate lang jeden Tag hierher bis ins Büro nachgegangen, um eine Gelegenheit zu finden. Aber damals hatte er zwei Wächter.«

»Hat er dich denn nie gesehen?«

»Wenn schon, erkannt hätte er mich nie. Ich hab mich früher eleganter gekleidet. Die Stoppelfrisur is auch neu. Und dann hatt ich einen Schnurrbart. Aber den bin ich im Krankenhaus losgeworden und hab ihn nich mehr wachsen lassen.«

»Und bei der Verfolgung von Keski hast du das Zentrum so genau kennengelernt.«

»Mir is aufgegangen, was das für ein fabelhafter Job sein könnte.« Meyers nickte mit dem Stoppelkopf. »Ich begriff, daß ich den Einbruch und die Sache mit Keski kombinieren konnte. Ich malte mir aus, wie der gemeine Hund staunen würde, wenn ich eine Stunde nach Geschäftsschluß in sein Büro käme und eine Kanone zückte. Aber dann noch sein Zentrum zu filzen, nachdem ich mit ihm abgerechnet hatte, war einfach der Gipfel.«

»Und es war Keski, der an jedem Mittwochabend länger blieb, und nicht der Bankdirektor«, sagte Tucker.

»Klar.«

»Du hast gelogen.«

»Ich hatte keine Wahl.«

»Das ändert nichts daran. Du hast Felton belogen. Du hast mich belogen. Wenn du heil aus dieser Sache rauskommst, bist du für immer in unserem Geschäft erledigt.«

»Ich mußte lügen, damit es sich gut genug anhörte, dich zu interessieren«, erklärte Meyers ganz ernst. Er sah in Tuckers Augen die gewaltsam beherrschte, aber lodernde Wut. »Ich war am Ende, Tucker. Wenn ich einen Job hatte, konnte ich mich noch zusammenreißen, aber dazwischen war ich kaputt. Ich saß nur noch in der Wohnung in New York und konnte an nichts anderes mehr denken. Ich mußte mir Keski kaufen, ehe ich den Verstand verlor.« Er räusperte sich und sah unsicher auf den kleineren Mann herab. »Das verstehst du doch, oder?«

»Nein.«

»Er hat mich beinahe ermordet. Er ...«

»Das war deine Privatangelegenheit«, sagte Tucker. »Damit hatten weder ich noch Edgar was zu tun.«

»So hör doch, Mann. Ob der Direktor von der Bank da is oder nich, ausnehmen können wir sie sowieso.«

»Das hätten wir gekonnt.« Tucker betonte jedes einzelne Wort. »Aber du hast das Alarmpedal unter dem Schreibtisch der Ledderson übersehen ...«

»Jesus, was für ein Mist!« Meyers sagte es, als hätte er während ihres Gesprächs total vergessen, daß sie in der Falle saßen und Wagenladungen von Polizisten das *Oceanview Plaza* umstellt hatten. Er hatte Rache genommen und Rudolph Keski erschossen, aber damit hatte Frank Meyers seinen kühlen Kopf und seine Selbstbeherrschung nicht wiedererlangt. Sein Verstand und seine Nerven würden nie wieder so sein, wie sie waren, ehe Keski ihm den Hals aufgeschlitzt hatte. Er war immer noch ein ruinierter Mann, der nur in der Erinnerung an seinen früheren Mut funktionierte. »Wir hätten uns den Weg freischießen sollen, solange es noch möglich war.«

»Dazu ist es jetzt zu spät.«

»Ich weiß, aber wenn du mich ...«

»Ich glaube, daß ich was Besseres gefunden habe«, sagte

Tucker und trat von der Mauer aus Kartons zurück, sich die Jacke mit einem Ruck der Schultern zurechtrückend. »Siehst du, was da direkt neben dir ist?«

Meyers wandte sich verblüfft von rechts nach links.

»Auf dem Fußboden.«

Meyers blickte nach unten, sah, was Tucker meinte, und begriff immer noch nichts. »Ein Abfluß. Na und?« Er wirkte ziemlich ratlos.

Tucker kniete sich neben einem Kanaldeckel nieder, der etwa um die Hälfte größer war als ein normales Gullygitter. »Im Freien, hinter dem Zentrum, sind ziemlich steile und ganz kahle Felshänge. Wenn es regnet, muß sich alles Wasser auf dem Parkplatz sammeln. Sie müssen ein Abflußsystem haben, das Gewitterregen aufnehmen kann.«

»Und?« Meyers kniete nun auch.

»Ein Kanal für Wolkenbrüche ist ganz schön groß«, murmelte Tucker nachdenklich. Er starrte durch die Rillen des schweren Kanaldeckels in den darunterliegenden Schacht. Hinter den Eisenstäben herrschte Finsternis, tief, samten und schwarz wie ein sternloser Himmel. »Es ist so gebaut, daß es große Wassermengen in ganz kurzer Zeit aufnehmen kann. Die Rohre sollten groß genug sein, daß wir durchkriechen können.«

Meyers bohrte einen Finger ins Ohr, als habe er Tucker nicht richtig gehört. »Ist das dein Ernst?«

»Es könnte klappen.«

»Daß wir durch einen Abwasserkanal rauskommen?«

»Kein Abwasser«, sagte Tucker ungeduldig. »Es ist ein Kanal für Regenwasser. Jetzt sollte er trocken sein oder fast trocken.«

»Aber wenn wir da runterklettern, wo kommen wir dann raus?« fragte Meyers. Die Idee, durch die Kanalisation zu fliehen, schien ihm wenig zu gefallen.

»Das weiß ich nicht«, gestand Tucker. »Aber du kannst Gift drauf nehmen, daß ich es herausbekommen werde.« Er legte die Waffe fort. »Los, hilf mir, den Deckel abzuheben.« Er richtete sich wieder auf und schob die Finger zwischen die Stäbe.

Wenig erfreut legte Meyers seine Pistole auf den Boden, stand auf, beugte sich vor und faßte an der anderen Seite des Kanaldeckels an.

Gemeinsam hoben sie ihn hoch und setzten ihn ein Stück seitlich wieder ab.

Tucker ging zurück und kniete sich wieder nieder. »Ich kann immer noch nichts sehen. Geh mal zur Werkbank und hol eine von den Taschenlampen.«

Meyers nahm seine Waffe wieder an sich und hielt sie mit beiden Händen. »Sonst noch was?«

»Du könntest mal einen Blick in den Gang werfen und nachsehen, ob bei Edgar alles in Ordnung ist.«

»Soll ich davon was sagen?« Meyers machte eine Kopfbewegung zum Kanalschacht.

Tucker hob den Kopf. »Ja. Das ist keine schlechte Idee. Auch wenn es zu nichts führt, möbelt es ihn vielleicht für ein paar Minuten auf. Wahrscheinlich ist ihm ganz schön flau.«

»Mir is auch flau«, stellte Meyers fest.

»Na, dann geht es uns allen gleich.«

14

Tucker setzte sich an den Rand des Schachts und sprang in die Finsternis. Er landete mit den Füßen auf dem geriffelten Eisenboden. Als er die Taschenlampe anknipste, entdeckte er, daß das Rohr größer war als erwartet; es war fast so hoch, daß er aufrecht stehen konnte, und so breit, daß er mit den Schultern nicht anstieß.

»Was hältst du davon?« fragte Meyers, der über ihm auf dem Fußboden des Lagerraums kniete und durch den runden Einstieg in das Rohr spähte.

»Vielleicht ist das was«, sagte Tucker.

Er ließ den gelben Lichtstrahl der Lampe über die Wände gleiten. Der Tunnel war schmutzig, leicht verrostet und mit lumineszierendem graugrünem Moos gefleckt. Spinnweben bedeckten die flachen Mulden zwischen einigen der Stahlwölbungen. Tausendfüßler saßen auf den Metallrippen, ihre Stielaugen zuckten unruhig hin und her, und wenn der Lichtstrahl sie traf, flüchteten sie in die Dunkelheit. Obwohl die Wände ziemlich trocken waren, standen auf dem Boden des Rohres Pfützen schmutzigen Wassers. Er watete in ein bis zwei Fingerbreit tiefem Schlamm, der im gelben Licht wie Öl glänzte.

»Soll ich runterkommen?« fragte Meyers.

»Nein, noch nicht.«

»Dann warte ich hier auf dich.«

»Ja, gut.«

Tucker hielt die Taschenlampe vor sich und lenkte den Strahl erst nach Süden, dann nach Norden. In beiden Richtungen verlor sich der Tunnel in tiefer Dunkelheit. Eine Arterie in der Erde. Tucker erinnerte sich, daß im Süden kein Parkplatz war und dort das gepflegte Gelände des Zentrums sich in schroffen Felsgruppen, steilen Schluchten, sonnenverbrannten Sträuchern, einzelnen Palmgruppen und häßlichen Erosionsgräben, die wie Dutzende trockener Bachläufe aussahen, verlor. Das Land fiel steil bis zur Autostraße und dann bis zum Ozean ab. Wenn die Regenwasserkanäle irgendwo ihren Auslauf hatten, dann doch in diesem zerklüfteten und ungenutzten Gebiet oberhalb der Küste.

Er wandte sich nach Süden und machte sich auf den Weg. Den Kopf hielt er so tief gesenkt, daß er nicht an die unebene Decke stoßen konnte. Seine Schritte widerhallten auf dem Metallboden und warfen vor und hinter ihm ihr Echo. Wenn er durch eine Pfütze waten mußte, verstärkte sich das Geräusch, bis es wie das nie endende Rauschen des großen Springbrunnens im Innenhof des Zentrums klang. Die Luft war schal, aber nicht unangenehm. Sie roch wie ein Schrank voll alter Kleidungsstücke, und wenn sie ihn in den frischen Duft der Freiheit führte, dann ließ sich das gut aushalten.

Vor ihm machte der Tunnel eine Linkskurve.

Als Tucker um die Biegung kam, spürte er deutlich eine kühle, nächtliche Brise. Er erkannte, daß er nun unmittelbar vor dem Ende des Hauptabflußkanals sein mußte. Er knipste sofort die Taschenlampe aus und blieb so lange ganz still stehen, bis sich seine Augen an die tiefe Dunkelheit gewöhnt hatten. Allmählich nahm er vor sich, in einem Abstand von vielleicht fünfzig oder sechzig Fuß, ein Nachlassen der Finsternis wahr; es war ein runder Fleck dunkelgrauen, trüben Lichts, der sich von den pechschwarzen Tunnelwänden abhob und den Blick wie der unendlich ferne Strahl eines Leuchtturms an sich zog.

Vorsichtig und so leise wie möglich ging er weiter. An der Mündung des Rohrs, die über einem der Erosionsgräben lag, blieb er stehen und kauerte sich nieder. Er preßte sich an eine der Seitenwände, um sich möglichst aus dem Schußfeld zu halten, war sich aber nur zu bewußt, wie leicht Kugeln an den gerippten Stahlwänden abprallen und zu Querschlägern werden konnten ...

Er starrte auf die in tiefem Schatten liegenden Hügel und hinunter auf den steilen, zerklüfteten Abhang bis zur hereinrollenden Brandung. Nur zwei Bewegungen gab es dort: dicke Wolkenbänke, die vom Meer nach Osten trieben, und den steten Strom der Autos auf der Hauptverkehrsstraße etwa hundert Meter unter ihm. Und dann, ganz plötzlich, wurden Stimmen laut. Tucker erstarrte.

Von etwa hundert Fuß unter ihm trafen die Lichtkegel von zwei Taschenlampen den Gullyrand.

Tucker vergewisserte sich, daß der Skorpion voll geladen war. Natürlich war er das.

Hinter den Lichtkegeln tauchten drei Polizisten auf. Sie standen am Rand der tief in den Boden eingegrabenen Furche und blickten hinauf zum Abflußrohr, in dem Tucker Deckung suchte. Offenbar konnten sie ihn in der Dunkelheit nicht sehen, denn sie gaben sich gar keine Mühe, in Deckung zu gehen oder ihre Anwesenheit geheimzuhalten. Sie kletterten lärmend in der Steilwand umher und bezogen schließlich hinter einigen Felsbrocken Posten, die keine siebzig Fuß von der Rohrmündung entfernt waren. Gleich darauf erloschen beide Taschenlampen.

Die Nacht fiel wieder ein.

Sorgsam und leise klappte Tucker den Drahtbügel der Pistole zurück und ließ ihn einrasten. Jetzt konnte er die Pistole als Maschinenpistole verwenden, falls die Polizisten dem in die Felsen eingegrabenen Bett des Abflußwassers aufwärts folgen und durch den Regenwasserkanal ins Zentrum eindringen sollten. Er hoffte inbrünstig, sie würden bleiben, wo sie waren.

Ihre Stimmen wurden immer noch von der sanften, vom

Ozean kommenden Brise zu ihm getragen, aber er konnte nicht verstehen, was sie sagten. Mehrere Minuten verstrichen, in denen die aufgeregte Unterhaltung leiser wurde und sich allmählich in einem Gemurmel verlor.

Auf der Autostraße rauschten die Wagen vorbei.

Schwarzgraue Wolken kamen wie riesige Schiffe in nicht endender Kette vom Meer herein.

Unwillkürlich mußte Tucker an Elise denken. Er beschwor sich das Bild ihres Gesichts und ihres schönen Körpers herauf, dachte an ihre Art zu gehen, zu reden, an die Weise, wie sie scherzten, sich liebten, und überhaupt an ihr gemeinsames Leben … Er fühlte sich schwach, kalt, müde und entsetzlich einsam. Wenn er Elise verlor, verlor er fast alles, was ihm im Leben wichtig war. Diese Tatsache hatte er sich bisher nur selten eingestanden. Bei all seiner kühlen Reserviertheit, bei all ihrem Gerede, selbständig bleiben zu wollen, brauchten sie einander. Und er brauchte sie vielleicht mehr als sie ihn. Beim Gedanken, sie zu verlieren, wurde er von dem Vorgeschmack der kommenden Leere beinahe gelähmt …

So weit durfte es nicht kommen. Noch war er nicht geschlagen; nicht, wenn er nun aufstand, sich bewegte und es *versuchte*. Bei vierzehn anderen Unternehmen hatte er sich einen Namen gemacht und bewiesen, was hinter dem Tucker-Pseudonym steckte. Er war stolzer auf seine falsche Identität als auf die echte. Jetzt war nicht der Zeitpunkt, das alles fortzuwerfen und sein Leben kaputtzumachen. Irgendwie würde er aus dieser Situation herauskommen.

Unter ihm, auf der Hauptstraße, ertönte ein Hupkonzert, und Bremsen kreischten; dann flog der Verkehrsstrom weiter.

Nachdem Tucker etwa fünf Minuten lang die Felsbrocken beobachtet und die drei Polizisten belauscht hatte, war er ziemlich sicher, daß sie nicht heraufkommen würden. Sie bewachten nur das Abflußrohr, um jedem Fluchtversuch zuvorzukommen.

Tucker lächelte grimmig. Der Mann, der diesen Polizeieinsatz leitete, war schlau und gefährlich, ein Mann, der an das Unwahrscheinliche dachte und sogar auf das Unmögliche vorbereitet war.

Aber das spielte keine Rolle, dachte Tucker und redete sich selber Mut ein. Wer immer dieser Mistkerl sein mochte, er war schlagbar. Jeder konnte geschlagen werden, egal wie hart und schlau er war. »Nur ich nicht«, flüsterte er abschließend. Er mußte innerlich über sich lachen, und das bewirkte mehr als alles Muteinreden. Er stand auf, streckte sich, so gut es ging, um seine Glieder wieder gelenkig zu machen, und ging den Weg zurück, den er gekommen war. Erst als er etwa zwanzig Schritte hinter der Biegung des Rohrs war, wagte er, die Taschenlampe wieder anzuknipsen. Um ihn war wieder die abgestandene Luft des Hauptrohrs.

Frank Meyers wartete auf ihn vor dem Schacht im Fußboden der Lagerhalle; sein häßliches Gesicht neigte sich über das dunkle Loch. »Ich hab mir schon Sorgen gemacht«, sagte er beunruhigt.

»Das war nicht nötig.« Tucker reichte ihm erst die Taschenlampe und dann die Pistole hinauf.

»Führt das Rohr ins Freie?«

»Hilf mir erst mal.«

Meyers streckte ihm die Hand entgegen.

Tucker ergriff sie, zog sich hoch und kletterte über den Rand des Schachts und ließ sich auf den Zementboden fallen.

»Führt der Kanal ins Freie?« fragte Meyers wiederum.

»Ja.«

»Dann können wir da raus?«

»Nein.« Tucker holte Luft. »Die sind auch schon auf die Idee gekommen. Sie haben drei Mann davor postiert.«

Meyers' Gesicht verzerrte sich zu einer häßlichen Maske aus Wut, Haß und Enttäuschung. »Scheiße!«

»Ich kann dir nur zustimmen.«

»Aber was machen wir jetzt ...«

Meyers wurde von Edgar Bates unterbrochen. Der alte Schränker kam durch die Tür vom Ostgang her in den Lagerraum und rief laut nach Tucker. »Im Innenhof klingelt das Telefon!«

»Die Bullen?« fragte Meyers.

Tucker nickte und stand auf. »Das ist für mich.«

15

Lieutenant Norman Kluger, der Polizeibeamte, der vor dreißig Minuten zum *Oceanview Plaza*-Einkaufszentrum beordert worden war, um dort die Polizeiaktion zu leiten, wußte genau, daß sein direkter Vorgesetzter bei der Nachtschicht die Sache an ihn abgewimmelt hatte und sich auf diese Art vor einem Einsatz drückte, der nicht nur gefährlich war, sondern auch politische Komplikationen mit sich bringen konnte. Man mußte damit rechnen, daß es noch vor Ende der Nacht Tote geben konnte, sowohl bei der Polizei als auch bei den Einbrechern. Und möglicherweise entstand dabei innerhalb und außerhalb des luxuriösen Bauwerks ein Schaden von Tausenden von Dollar. Am Morgen bekam die Polizei vielleicht wieder eine schlechte Presse wegen der Methoden, mit denen sie diese Gangster da drinnen behandelte. Aber daran mochte Kluger jetzt nicht denken. Er hatte in relativ kurzer Zeit bei der Polizei einen steilen Aufstieg geschafft und war gerade deshalb befördert worden, weil er sich nicht scheute, Risiken einzugehen oder sich mitten in Teufels Küche zu begeben. Er hatte sich ein Ziel gesetzt: den Posten des Polizeichefs; und er wollte, bevor er vierzig war, hinter diesem Schreibtisch sitzen und damit der jüngste Polizeichef aller Zeiten werden. Und einer der besten, wie er fest glaubte.

Kluger stand in einer Telefonzelle auf der erhöhten Rampe des automatisierten Drive-in-Postamts am Nordostrand des Parkplatzes. Er lehnte mit der linken Schulter am Telefonkasten, rechts von ihm, hinter der Zelle, folgte die Reihe der Briefmarkenautomaten, Waagen und Postkästen. Genau vor ihm, durch die Plexiglasmauer gut sichtbar, lag das *Oceanview Plaza*, vor dem sich jetzt die meisten der zwanzig Polizeibeamten versammelt hatten, die Klugers Verantwortung unterstanden. Er beobachtete seine Männer und lauschte gleichzeitig auf das Klingeln am anderen Ende der Leitung. Es klingelte und klingelte …

Norman Kluger sah jünger aus als fünfunddreißig Jahre, aber niemand würde jemals seine Autorität angezweifelt haben. Er war fast eins neunzig groß, geschmeidig und muskulös und hatte die Arme und Hände eines Basketballstars. Sein Gesicht war kantig und faltenlos, aber hart und kalt. Er hatte ein Ronald-Reagan-Kinn und wußte das. Er schob es ebenso bewußt und wirkungsvoll vor wie Reagan. Die dunklen, beweglichen Augen lagen tief unter der breiten Stirn, die die einzige Faltenkerbe seines Gesichts trug. Glücklicherweise begann das rotbraune Haar schon an den Schläfen zu ergrauen; das trug wesentlich mehr als das kantige Kinn dazu bei, daß er alt und erfahren genug aussah, um kommandieren zu können.

Im Zentrum klingelte es nicht mehr. Eine ruhige, beherrschte Stimme sagte: »Hallo?«

»Mein Name ist Kluger«, erklärte der Lieutenant. »Ich bin der Leiter des Polizeieinsatzes.«

»Und?«

Kluger versuchte, seinen Ärger zu unterdrücken. »Ich möchte wissen, was Sie zu tun gedenken.«

»Das hängt von Ihnen ab«, sagte der Fremde.

»Ach?«

»Ja. Es hängt davon ab, wie intelligent Sie reagieren. Wenn Sie den Helden spielen und etwas mit Gewalt erzwingen wollten, würde ich das nicht für intelligent halten.«

Der Lieutenant runzelte die Stirn. Die dichten, rotbraunen Brauen zogen sich zusammen und standen wie ein Balken quer über die Stirn. Er hatte erwartet, in der Stimme des Mannes ununterdrückbare Verzweiflung mitklingen zu hören. Schließlich waren der Fremde und seine Verbrecherkumpane da drin wie Schlangen in einem Sack gefangen. Dieser da aber hörte sich furchtlos und beinahe heiter an. »Sergeant Brice hat mir gesagt, Sie hätten Geiseln.«

»Ja, fünf.«

»Dann werden Sie die ja wohl vorschicken wollen?«

»Das bezweifle ich.«

»Solange Sie die in Ihrer Gewalt haben, werden wir Sie laufen lassen müssen«, sagte Kluger. »Uns bleibt keine Wahl. Wir möchten nicht, daß Unschuldige verletzt oder getötet werden.«

»Lassen Sie den Schmus«, sagte der Mann am Telefon ruhig. »Wenn wir versuchten, sie als Deckung zu benützen, und Sie nur eine Lücke fänden, ginge die Schießerei los. Sie würden sich auf Treffsicherheit und Glück verlassen und hoffen, die

Geiseln zu verfehlen. Wenn dabei welche umkämen, würden Sie alles tun, uns die Sache anzuhängen. Und wir würden es nicht abstreiten können, weil wir nicht mehr lebten.«

Das entsprach etwa dem, was Kluger in den letzten zwanzig Minuten in Gedanken erwogen hatte. Der Scharfsinn des Fremden brachte ihn aus der Fassung.

»Im Augenblick wollen wir nur eines von Ihnen«, fuhr der Mann im Zentrum fort, »und das ist dasselbe, was ich schon Brice gesagt habe. Wir wollen, daß Sie draußen bleiben. Gehen Sie zurück, und bleiben Sie dort. Versuchen Sie nicht, hier hereinzukommen.«

»So?« fragte Kluger. »Was wollen Sie denn machen? Wie lange soll das dauern? Wollen Sie sich da drin häuslich niederlassen?«

Der Fremde lachte. Sein Lachen war leicht und gedämpft, wie das eines Schauspielers. Kluger mißtraute Leuten, die zu leicht oder zu kultiviert lachten. »Wenigstens ist es nett«, sagte der Fremde, »mit einem Polizeibeamten umzugehen, der Sinn für Humor hat.«

Kluger schnitt seinem Spiegelbild in der Plexiglaswand eine Grimasse. »Das war nicht komisch gemeint, Mister.« Er sprach schroff und betonte das Wort ›Mister‹ mit militärischer Strenge. »Ich habe Ihnen eine ernste Frage gestellt. Wie lange, zum Teufel, glaubt ihr Idioten, daß ihr euch da halten könnt?«

Der Mann blieb einen Moment still und paßte sich Klugers Stimmung an. »Wir bleiben hier, bis wir ungefährdet entkommen können. Vielleicht ein paar Stunden, vielleicht ein paar Tage.«

»Tage?« Kluger glaubte, nicht richtig gehört zu haben.

»Das habe ich gesagt.«

»Sie sind wahnsinnig.«

Der Fremde sagte nichts.

»Sie sind in einer hoffnungslosen Lage.«

»Meinen Sie?«

»Sie wissen das.«

»Nein, ich weiß es nicht«, erklärte der Fremde. »Im Augenblick sieht es so aus, als könnten wir nicht hinaus, ohne Ihnen in die Arme zu laufen.«

»Sie haben es erfaßt.«

»Aber andersherum können Sie nicht hereinkommen, ohne uns in die Arme zu laufen. Schön, wir werden belagert, aber wir befinden uns zufällig in einer Festung. Festungen sind gebaut, um Belagerungen standzuhalten. Wenn Sie versuchen, durch diese Türen einzudringen, sterben Sie wie die Fliegen. Ach, und noch etwas, Kluger, schicken Sie die drei Männer lieber nicht durch den Regenwasserkanal zu uns herein. Die sind tot, ehe sie noch bis zum Lagerraum vordringen.«

Kluger spürte, daß ihm Schweiß auf der Stirn stand. Das Gespräch nahm eine Wendung an, der er sich kaum gewachsen fühlte. »Woher wissen Sie das?«

»Wir haben zwei von unseren Leuten im Kanalsystem. Die haben Ihre Polizisten zwischen den Felsen gesehen. Das war ein paar Minuten vor Ihrem Anruf.«

Kluger hätte am liebsten mit der Faust gegen die Wand der Zelle gehauen, aber er beherrschte sich. »Etwas nehme ich Ihnen nicht ab«, sagte er in dem Versuch, das Thema zu wechseln. »Sie haben keine sieben Mann da drin. Das glaube ich nicht. Nie im Leben.«

»Ach?«

»Da alle Lichter brennen, können wir mit Ferngläsern durch die Türen sehen. Wir wissen, was Sie treiben. Wir haben nur drei gesehen, drei, keine sieben.«

»Und die beiden im Kanal, vergessen Sie die nicht.«

»Vielleicht sind gar keine zwei im Kanal«, knurrte Kluger wütend mit zornrotem Gesicht.

»Nein, vielleicht nicht«, stimmte ihm der Fremde zu und verwirrte und verunsicherte den Lieutenant wiederum. »Probieren Sie's lieber nicht aus.«

Eine Weile herrschte auf beiden Seiten Schweigen. Dann sagte Kluger: »Ich will Ihnen ein Angebot machen.«

»Dann tun Sie das.«

Der Lieutenant sprach gleichmäßig, langsam, aber angespannt und strapazierte das Ronald-Reagan-Kinn bis zur Zerreißprobe. »Ich biete Ihnen zwei meiner Leute, zwei unbewaffnete Polizeibeamte, zum Tausch an. Sie schicken mir die Geiseln heraus und behalten dafür meine beiden Männer.«

»Kommt nicht in Frage.«

»Wir schießen nicht auf unsere eigenen Leute!« sagte Kluger ungeduldig. Warum nahm dieser Fremde keine Vernunft an? Warum fiel er auf gar nichts herein? Wieso war er so gottverdammt anders als die Hunderte anderer Ganoven, mit denen Kluger in der Vergangenheit so leichtes Spiel gehabt hatte? »Zwei Mann vom Streifendienst sind doch bei Gott ein besserer Schild als die fünf, die Sie jetzt haben.«

»Ich habe bereits nein gesagt. Möchten Sie sonst noch was?«

Jetzt rann Schweiß über Klugers Schläfen. Die Sehnen in seinem Hals traten seildick heraus. »Was Sie auch vorhaben mögen, es wird nicht klappen. Sie haben es nicht mit einer Bande von Trotteln zu tun. Ich war vier Jahre in Südostasien. Freiwillig! Sie haben einen Mann mit Kampferfahrung vor sich, Mister.«

»Sie auch«, sagte der Fremde. Dann lachte er und fuhr fort: »Sagen Sie mir Ihre Telefonnummer?«

»Warum?«

»Na … ich könnte anrufen wollen, um mich zu ergeben.«

Kluger antwortete nicht sofort; er mußte sich erst fassen, ehe er wieder sprechen konnte. »Die Chance haben Sie verpaßt, Sie Witzbold.«

Der Mann lachte wieder. »Ach, kommen Sie, Lieutenant. Die Nummer können Sie mir trotzdem geben.« Kluger las sie ihm vor. »Es ist eine Zelle hier draußen auf dem Parkplatz. Ich stelle einen Mann in die Nähe, damit ich erfahre, wenn Sie anrufen. Und wenn Sie noch einen Funken Verstand haben …«

Der Fremde hatte aufgelegt.

Kluger knallte den Hörer so hart auf, daß das Geräusch in der engen Zelle wie ein Schuß krachte. Als er sich durch die Falttür schob, stach ihn eine Stechmücke in den Nacken. Fluchend schlug er danach, fing sie auf der Handfläche und zog die Hand vor, um sie anzusehen. Sie war ungewöhnlich groß und rot vom Blut des Lieutenants, das sie bereits aufgesaugt hatte. Obwohl das Insekt längst tot war, zerrieb er es zwischen den Fingern, bis nur noch ein brauner Schmier übrigblieb.

Im Innenhof des *Oceanview Plaza* stieß Michael Tucker die Tür der Telefonzelle auf und entfloh dem Duft des französischen Parfüms. Er ging zum Springbrunnen, tauchte eine Hand ins Wasser und benetzte sich das Gesicht mit kaltem Wasser. Das fühlte sich gut an. Es rann ihm über den Hals und tränkte sein Hemd, und auch das fühlte sich gut an. Das Wasser spülte das süße Parfüm und den schlechten Geruch fort, der seit dem Gespräch mit Kluger an ihm zu haften schien.

Erfrischt ging er über den Hof auf den Ostgang zu, und dann verhielt er ganz plötzlich den Schritt bei einem plötzlichen, ganz unglaublichen Gedanken. Fast benommen von der Kühnheit des Plans, der ihm gerade gekommen war, kehrte er ohne Eile zum Springbrunnen zurück und setzte sich auf die imitierten Lavasteine am Beckenrand. Minutenlang starrte er in das niederfallende Wasser und dachte angespannt nach. Als er aufstand, grinste er idiotisch, obwohl er genau wußte, daß er kein Idiot war. Es könnte gelingen …

Meyer's und Bates erwarteten ihn am Ende des Ostgangs in der Nähe der Tür.

»Was war mit dem Anruf?« fragte Meyers.

Bates sagte nichts. Er war blaß und womöglich noch nervöser als vorher.

»Wartet mal einen Moment«, sagte Tucker. Er ging in den Lagerraum und lächelte Chet, Artie und Evelyn Ledderson zu.

»Was geht da draußen vor sich?« wollte Chet wissen.

»Wir sind dabei, die Bank auszurauben. Danach verschwinden wir von hier.«

»Was ich für unwahrscheinlich halte«, sagte Chet.

Artie schwieg, aber die junge Frau war anderer Meinung als Chet. Sie sah Tucker an und erklärte: »Der schafft es. Der kommt raus.«

Tucker blinzelte ihr zu.

Er suchte nach der Schalttafel für die Innenbeleuchtung des Zentrums. Als er sie gefunden hatte, entzifferte er ziemlich bald die Abkürzungen unter den einzelnen Schaltern. Er löschte je zwei der drei Deckenröhren in jedem der vier Hauptgänge. Als er hinausging, schloß er hinter sich die Tür zum Lagerraum und erklärte Meyers und Bates, aus welchem Grund sie mit nur minimaler Beleuchtung auskommen mußten. »Dieser Kluger ist gescheiter, als es erlaubt ist. Wenn er uns weiter beobachten kann, wird er bald raushaben, daß wir nur zu dritt sind. Sobald er das weiß, könnte er versuchen, mit Gewalt durch einen der Eingänge einzudringen.«

»Aber wir haben doch Geiseln!« sagte Bates.

»Kluger geht über Leichen.« Tucker erinnerte sich an den humorlosen Mann, mit dem er gerade gesprochen hatte, an die knirschende, harte Stimme, die so klang, als schlüge man mit einem Feuerstein Funken. »Dem ist es gleich, wer dabei draufgeht.«

»Aber er wird doch keine Geiseln umbringen«, sagte Bates ungläubig. »Vor allem, wenn eine Frau dabei ist!«

»Nicht, wenn es sich vermeiden läßt. Aber wenn er sie zufällig doch umlegen sollte, dann endet für ihn alles nur mit einer weiteren Beförderung. Der ist so ein Typ.«

»Wenn der hier reinkommt, verliert er aber eine Menge von seinen Leuten.« Meyers fuchtelte mit dem Skorpion.

»Wenn er hier hereinkommt«, korrigierte ihn Tucker, »macht das nichts aus, weil wir, meine Freunde, dann nicht hier sein werden.«

Meyers und Bates starrten ihn begriffsstutzig an.

Plötzlich blinzelte der Schränker, räusperte sich und sagte: »Also ist dir was eingefallen, ja?« Er war immer noch blaß und zittrig, lächelte aber nun.

»Hast du einen Ausweg entdeckt?« fragte Meyers.

»Einen Ausweg«, bestätigte Tucker etwas theatralisch. »Nur führt der Weg nicht direkt nach draußen.«

Meyers und Bates sahen sich an.

»Ja«, bestätigte Tucker, »so kann man es am besten beschreiben – wie in *Alice im Wunderland*. Sicher, es ist ein Ausweg, nur nicht genau ein Weg hinaus.«

»Was soll das?« fragte Meyers. »Is jetzt Rätselstunde?«

Halb hoffte er, daß Tucker etwas ausgeklügelt hatte, aber Tucker konnte genausogut den Verstand verloren haben.

»Und das Beste ist, daß wir trotzdem die Bank und den Juwelierladen ausnehmen können«, erklärte Tucker.

»Können wir?« fragte Edgar Bates eifrig.

Im abgedunkelten Gang leuchteten die roten Signallampen der draußen geparkten Polizeiwagen nun sehr viel heller als zu der Zeit, als die drei Leuchtröhren gebrannt hatten. Sie tauchten alles in einen blutfarbenen Schein.

»Wir können uns das Geld und die Steine holen.«

»Du meinst das tatsächlich ernst?« Meyers trat näher an Tucker heran und sah ihm starr in die Augen.

»Ja.«

Meyers grinste zögernd, dann etwas sicherer und dann von einem Ohr zum anderen. »Du Erzgauner! Du meinst es wirklich!« Er lachte und schlug ihm auf die Schulter.

Bates lachte auch, nur etwas unsicherer. »Nun erzähl doch, um Gottes willen!«

Tucker erzählte.

16

Die Tür zum Haupttresor der *Countryside Spar- und Darlehnskasse* maß acht Fuß vier Zoll mal sechs Fuß zwei Zoll und war nach Edgar Bates' Expertenmeinung wenigstens neun, aber nicht mehr als zwölf Zoll dick. Sie war aus achtundzwanzig bis vierundfünfzig Schichten stoßfestem und feuersicherem legiertem Stahl konstruiert, fugenfrei in die Wand eingelassen und hatte konische, einen halben Zoll tiefe und einen Zoll breite Ränder, die sich in den Stahlrahmen einfügten. Oben, unten und an der rechten Seite waren diese Ränder mit einer fest gestopften, durchgehenden Ladung Gelatinedynamit gefüllt, einem grauen Plastiksprengstoff, der an Fensterkitt erinnerte, obwohl er viel gummiartiger war und fester haftete.

An der rechten Seite, wo sich Tür und Rahmen trafen, waren drei massive Angeln von der Größe von Autostoßdämpfern, jede zwölf Zoll lang und vier Zoll im Durchmesser.

Sie wurden von schweren Stahlgehäusen geschützt, die, nach den Scharnierzylindern geformt, beim Einhängen der Tür zugenietet worden waren. Edgar Bates hatte sorgfältig sechs Unzen Gelatinedynamit an jedem der Gehäuse angebracht.

»Einer der besten Tresore, die ich je gesehen habe«, sagte Edgar bei der Arbeit. Er hatte frische Farbe bekommen und war glücklich. »Pekins-and-Boulder in Ashland in Ohio. Bei der Firma wird es immer zu einem Wettkampf.«

Tucker kniete auf der anderen Seite von Bates' geöffneter Werkzeugtasche vor der Tresortür auf dem Fußboden. »Hast du schon mal vor einem ihrer Safes kapituliert?« fragte er.

Bates fühlte sich durch die Frage angegriffen und reagierte unwirsch. »Himmel, nein! Natürlich nicht. Du weißt doch, was ich kann.«

Tucker lächelte. »Entschuldige die Frage.«

»Ich hab im Lauf der Jahre so etwa dreißig davon geknackt und aufgesprengt. Es hat nie Schwierigkeiten gegeben. Und es macht Spaß, das kannst du mir glauben.«

Das lukenartige Öffnungsrad der Tresortür, das einen Durchmesser von zwei Fuß hatte – die Konstruktion schien geradewegs von den wasserdichten Luken der Unterseeboote übernommen zu sein –, war ebenfalls rundherum mit Gelatinedynamit bepackt. Wahrscheinlich war es zu glatt und nahtlos in die Tür eingelassen, um leicht heraussprengbar zu sein. Aber es schadete ja nichts, wenn man es versuchte.

Bates hatte das manuell einstellbare Kombinationszifferblatt über dem Rad herausgemeißelt, die darunter eingeschweißte Schutzscheibe herausgeholt und mehrere Unzen Gelatinedynamit in den Öffnungsmechanismus der Tür gestopft. Diese Sprengstoffmasse war mit der, die um das Rad lief, und der entlang der Türöffnung durch dicke graue, aus Gelatinedynamit geformte Bahnen verbunden.

Tucker warf einen Blick auf die Armbanduhr. »Fünf vor eins. Bist du bald fertig?«

»Fertig«, sagte Bates, stand auf und massierte sich die verkrampften Schenkelmuskeln. Abermals sah er wie ein russischer Bauer aus, der sich nach einem langen Tag auf den Feldern die müde gewordenen Glieder rieb. »Nur noch die Zündkapseln.«

Tucker suchte in der Tasche und holte eine Sprengkapsel heraus, die halb so groß wie ein Brötchen war. Er gab sie Bates, klappte die ordentlich gepackte schwarze Tasche des Schränkers zu und stand auf.

Nachdem er Batterie und Zeiteinstellung der Kapsel geprüft und für in Ordnung befunden hatte, stellte Bates sie auf eine Zeit von zwei Minuten ein. Im Augenblick, da er die beiden Pole in den Sprengstoff an einem der Türscharniere gesteckt hatte, sagte er: »Und jetzt nichts wie raus hier.«

Sie liefen hastig um die Schreibtische hinter den Kassiererzellen und durch eine schmale Tür in den Schalterraum der Bank. Draußen im Gang rannten sie noch etwa dreißig Schritte zu einem der steinernen Blumenkübel und warteten dann auf die Explosion.

Tucker händigte Bates die Passepartoutschlüssel aus, die er dem Nachtwächter Chet abgenommen hatte. »Sobald feststeht, daß der Safe offen ist, kannst du dir den Juwelier vornehmen. Ich hole das Bargeld aus der Bank und komme dann anschließend zu dir. Wir dürfen keine Zeit mehr verlieren.«

»Wir kommen gut voran«, sagte Bates. »Wir …«

Die Explosion hörte sich wie ein gedämpfter Donnerschlag an. Die Glasfront der Bank zersplitterte und wurde in einer Welle glitzernder Glasteilchen auf den Gang geworfen. Dem Glas folgte wie Schaum auf den Wellen wogender Rauch.

In der Bank schlug eine Alarmglocke an.

Im Polizeipräsidium würde nun ebenfalls eine Alarmglocke läuten.

»Gehen wir«, sagte Tucker.

Mit knirschendem Glas unter den Füßen drangen sie in die Kassenhalle der Spar- und Darlehnskasse ein, den beißenden Rauch wedelten sie mit den Armen fort. Die Tresortür war aus den beiden oberen Angeln gerissen und hing nur noch lose an der dritten. Das Rad war auseinandergebrochen, und der Schloßmechanismus war nur noch eine Masse scharfkantiger Metallsplitter. Der Verputz rund um den Eingang zum Tresor war abgeplatzt und verrußt, aber es war kein Feuer ausgebrochen.

»Wunderschön«, stellte Bates stolz fest.

Tucker hustete und wischte sich die tränenden Augen. »Es sieht gut aus«, stimmte er zu.

»Es sieht erstklassig aus.«

»Du mußt dich um den Juwelierladen kümmern.«

Trotz des Korditgestanks pfiff Bates vor sich hin, machte kehrt und verschwand auf dem Gang.

Tucker ging wieder hinter die Kassierergehäuse zu dem aufgebrochenen Tresor und wünschte, er könnte irgendwie die Alarmglocke zum Verstummen bringen. Aber das würde Zeit kosten. Und jetzt brauchten sie jede Minute, um zu vollenden, was sie geplant hatten, ehe Kluger eindringen und sie daran hindern würde.

Er trat in den Tresorraum, vorbei an der vielschichtigen Tür, die der Sprengstoff aufgeblättert hatte wie die Lagen eines Blätterteigs. Dahinter fand er eine Falttür, die ihn von der Beute trennte. Er legte die Mündung des Skorpions an das Schloß und schoß den schweren Riegel ab.

Damit war das Hindernis überwunden. In einer Ecke stand ein Mahagoniregal, auf dem leere Geldsäcke aus Segeltuch mit der Aufschrift *Countryside Spar- und Darlehnskasse* lagen. Tucker griff sich zwei und füllte sie mit den Banknotenbündeln, die auf den Regalen, Theken und in den Schubladen des Innentresors wie Blumen blühten.

Zehn Minuten später, als er nebenan im Hinterraum des Juweliergeschäfts wieder mit Edgar Bates zusammentraf, pfiff der alte Mann immer noch fröhlich vor sich hin. »Na, wie klappt es denn hier?«

Bates grinste strahlend, pfiff die letzten Takte zu Ende und sagte: »Nach dem Pekins-and-Boulder-Tresor ist der hier ein Kinderspiel.«

»Du bist ein Wunder.«

»Weiß ich.«

»Wie lange brauchst du noch?«

»Ach, ein paar Minuten.«

Der Safe von *Accent Juwelen* war nicht so groß wie der der Bank, aber immerhin war er ein begehbares Modell. Er sah sehr eindrucksvoll aus. Wenigstens wäre er – so vermutete Tucker – für jeden anderen ein schweres Problem gewesen, aber nicht für Edgar Bates.

»Hast du das Geld?« fragte Bates, während er die elektrische Zündung einstellte und prüfte.

»Alles, bis auf das Kleingeld.«

»Wieviel ist es?«

»Ich hab mir nicht die Zeit genommen zu zählen.«

»Kannst du es nicht schätzen?«

Tucker deutete auf die beiden grauen Segeltuchsäcke. »Na, es scheint mehr zu sein, als ich anfangs dachte.«

Bates zog die weißen Augenbrauen hoch. »Was? Mehr als hunderttausend?«

»Vielleicht doppelt soviel.«

»Aah!« Bates war mit der Zündkapsel fertig und stöpselte sie in das Gelatinedynamit.

Sie liefen wieder auf den Gang hinaus und warteten auf die Explosion, die, als sie kam, nur halb so stark war wie die in der Bank. Die Schaufenster barsten, Scherben klirrten auf dem Gang. Eine Alarmanlage machte: »Bong, bong, bong«, Rauch drang aus dem zertrümmerten Geschäft.

»Wunderbar«, sagte Bates zufrieden.

Sie gingen hinein, um die Steine zu holen.

An den drei Innenwänden des Tresors waren Metallgerüste mit Schubladen über Schubladen angebracht; es waren Hunderte, und sie reichten vom Fußboden bis knapp unter die Decke. Jede der schmalen Schubladen ließ sich etwa zwanzig Zoll weit herausziehen. In jeder war nur eine Lage von Edelsteinen, sauber ausgebreitet auf dunkelblauem Samt, nach Qualität, Größe und Farbe sortiert.

»Das müssen ein paar tausend Steine sein«, stellte Bates fest. »Anscheinend haben wir wieder den Haupttreffer gemacht.«

Sie begannen damit, die Schubladen herauszuziehen und sie über den Säcken auszukippen, in denen schon das Geld war. Sie machten sich nicht die Mühe, die Brillanten, Smaragde, Rubine und anderen Steine zu sortieren. Dazu blieb ihnen nicht die Zeit.

Zwanzig Minuten später, als sie die letzten Schubladen leerten, kam Frank Meyers zu ihnen in den Tresor. »Es ist alles parat«, sagte er zu Tucker; dann ging er zu den offenen Säcken, betrachtete die grünen Banknoten und die glitzernden Edelsteine. »Sag mir, daß ich nicht träume!«

»Du träumst nicht«, sagte Tucker.

Tucker und Meyers nahmen jeder einen Sack und zerrten ihn

aus dem Tresor, durch den Juwelierladen und in den Südgang hinaus. Edgar Bates, der entzückt vor sich hinsummte, folgte ihnen mit seiner Pistole und der Werkzeugtasche.

»Okay … Sobald wir Chet, Artie und Evelyn fortgebracht haben …«, begann Tucker schwer atmend.

»Ich hab sie schon weiterbefördert«, unterbrach ihn Meyers.

»Was? Wie denn?«

»Auf einem der elektrischen Transportkarren aus dem Lager. Die hast du doch gesehen.«

Sie gingen in Richtung Innenhof. Als sie fast dort waren, verhielt Tucker den Schritt. »Heißt das, daß du sie einzeln auf den Karren gehoben hast?«

»Ja. Dann hab ich den Wagen auf die andere Seite gefahren, ihn dicht bei dem verdammten Hund abgeladen und den nächsten geholt«, beendete Meyers seinen Bericht.

»Du bist sogar noch stärker, als du aussiehst.«

Meyers lachte. »Das war nich schwer. Die Frau hat fast nichts gewogen. Artie hat sich leichtgemacht. Chet gefiel es nich, darum is er dann ein paarmal runtergefallen und hat sich blaue Flecken geholt.«

Tucker lachte. »Ja … dann wären wir wohl soweit.«

»Oh, es klappt ganz bestimmt«, erklärte Bates. Er schien auf Wolken zu schweben, vom Erfolg in Hochstimmung versetzt und so aufgedreht, als hätte er Drogen genommen.

»Hoffentlich hast du recht«, sagte Tucker.

Sie gingen zum Ende des Ostgangs. Hinter ihnen gellten die Alarmglocken, und vor ihnen rotierten die roten Lichter auf den Streifenwagen. Neben der Lagerraumtür ließen sie die Säkke und die Waffen fallen. »Ich schalte jetzt die restlichen Lichter aus und erledige das Telefongespräch«, sagte Tucker. »Ihr könnt euch schon fertigmachen.«

Er öffnete die Lagerraumtür und ging hinein, während die anderen sich in die entgegengesetzte Richtung entfernten. Am Schaltbord legte er die vier Hebel für die letzten Deckenröhren in den Gängen um. Das Zentrum lag nun in völliger Dunkelheit. Kluger konnte nichts mehr sehen. Das war von größter Wichtigkeit.

17

Als das Licht im letzten Gang des Zentrums erlosch, kauerte Lieutenant Norman Kluger hinter der offenen Tür eines der Streifenwagen, nur wenige Schritte vom Osteingang entfernt. Die Dunkelheit überraschte ihn nicht. Nachdem die Explosion im Inneren des Zentrums ihm verraten hatte, daß der Banktresor gesprengt war, und er gleich darauf die Bestätigung aus der Alarmzentrale erhalten hatte, war ihm klar, daß sie etwas Verrücktes vorhatten. Wenn sie versuchten, die Bank auszurauben, obwohl es keine Hoffnung auf ein Entkommen gab, dann waren die Leute zu allem fähig. Das Ausschalten aller Lichter konnte nur die erste Stufe eines aberwitzigen Plans sein. Obwohl schon vorher Lichter ausgeschaltet worden waren, hatten Klugers Männer immer noch sich bewegende Schatten wahrnehmen können. Jetzt war nichts mehr zu sehen. Mit gut berechnetem Wagemut – er wußte, daß das seinen Leuten nicht entgehen würde – richtete er sich zu seiner vollen Größe auf und strich sich konsterniert über den Hinterkopf. »Was hat dieser Hund denn jetzt wieder vor?«

»Die machen was, was wir nicht sehen sollen«, sagte der junge, rundliche Polizeibeamte neben ihm.

»Ach, meinen Sie?« fragte Kluger ironisch. Der junge Anwärter, ein halbes Kind namens Muni, nickte blinzelnd. »Ja ... was denn sonst, Sir?« Ironie war an ihn verschwendet.

Eine Zeitlang beobachtete Kluger angespannt die Tür zum Zentrum. Aber dort geschah nichts, und er war überzeugt, daß auch nichts geschehen würde, bis *er* die Initiative übernahm. Schon bald mußten er und seine Leute aktiv werden. Mit anderen Worten – sie mußten das Gebäude stürmen und in ihre Gewalt bringen, wie er es bei seinen Kommandos in Vietnam gelernt hatte. Er erwog gerade alle Möglichkeiten und versuchte zu entscheiden, welches die beste Methode war, als Patrolman Hawbaker, auch ein Polizeianwärter, der ebenso mager und ungeschickt wie Muni rundlich und – seltsamerweise – graziös war, von der Telefonzelle herangerannt kam, um ihm mitzuteilen, daß ihn ein Anruf erwartete. »Es ist der Mann von da drin«, sagte Hawbaker und deutete auf das Zentrum. Sein vorstehender Adamsapfel hüpfte auf und ab. »Er will Sie sofort sprechen, Sir.«

Kluger folgte Hawbaker quer über den Parkplatz durch tiefe Schatten und Flecken roten Lichts bis zum automatisierten Postamt. Er betrat die erste der drei Zellen und schob die Tür hinter sich zu.

Hawbaker blickte zu ihm herein wie ein Zoobesucher, der ein Tier in einem Käfig betrachtet.

Kluger machte die Tür wieder auf. »Gehen Sie zurück, Hawbaker.«

»Sir?«

»Sie sollen fortgehen.«

»Ach so«, sagte Hawbaker. Er drehte sich um, ging ein Dutzend Schritte weit, blieb stehen, das Gesicht dem Zentrum zugekehrt.

Kluger zog die Tür der Zelle wieder zu und nahm den Hörer auf. »Hallo?«

»Kluger?«

»Was wollen Sie?«

»Wie geht es Ihnen?«

»Was?«

»Sind Sie okay?« fragte der Fremde.

»Was soll das?«

»Ich wollte nur sicher sein, daß Sie nicht durchdrehen«, erklärte der Mann im Zentrum. »Ich kann mir denken, daß Ihnen zugesetzt wird, uns hier herauszuholen.«

»Was geht Sie das an?«

Tatsächlich wurde Kluger praktisch von niemand unter Druck gesetzt; wenn er unter Druck stand, dann nur unter dem, den er in seinem Inneren produzierte und der ihm noch jedesmal geholfen hatte, bei seinen Einsätzen Überdurchschnittliches zu leisten. Bisher hatten nur zwei Zeitungen etwas erfahren, und nur drei Reporter und zwei Fotografen waren aufgetaucht. Noch keiner von ihnen hatte etwas an seine Redaktion weitergegeben. Sehr wenige Leute wußten, was vor sich ging. Die meisten Politiker und anderen Publicity-Süchtigen waren zu Hause und im Bett. Wahrscheinlich war sogar noch nicht einmal der Polizeipräsident informiert worden. Der

Chef reagierte wie ein verwundeter Bär, wenn er wegen einer Krise geweckt wurde, und darum störte man ihn üblicherweise nicht, wenn es keine Toten gab. Aus all diesen Gründen blieb Kluger eine Stunde, vielleicht sogar ein wenig länger, diese Sache auf seine Art und nach seinen Bedingungen zu regeln, ohne daß sich jemand um seine Methoden kümmerte.

»Ich rufe nur an, um Sie zu beruhigen«, sagte der Fremde. »Es ist so gut wie vorbei.«

»Was?«

»Sie können reinkommen.«

»Ist das Ihr Ernst?«

»Warten Sie fünfzehn Minuten«, sagte der Mann, »dann können Sie kommen. Wir werden keinen Widerstand leisten.«

»Ergeben Sie sich?« fragte Kluger. Es klang zu gut, um wahr zu sein, und dennoch war er merkwürdig enttäuscht über die Erkenntnis, da es nun doch zu keinem Kampf kommen würde.

»Ergeben? Nein, keineswegs. Sie können hereinkommen, weil wir nicht da sein werden, um Sie aufzuhalten.«

»Was?«

»Wir gehen jetzt.«

»Was tun Sie?« fragte Kluger, der sich wie eine gesprungene Schallplatte vorkam und nicht mehr vernünftig reden konnte. Seine Gedanken überschlugen sich und suchten nach etwas, was er im Zusammenhang mit dem Zentrum übersehen haben könnte.

»Wir haben einen Weg nach draußen gefunden, Lieutenant.«

»Zum Teufel, das haben Sie nicht!«

»Wenn Sie mir nicht glauben, dann können Sie sich in fünfzehn Minuten von der Richtigkeit meiner Worte überzeugen.«

»Wir haben alles umstellt!«

»Etwas ist Ihnen doch entgangen.«

»Nichts ist mir entgangen!«

Klugers Gesicht war zornrot, das Blut pulsierte in seinen Schläfen und am Hals. Er spannte die Kinnmuskeln so stark an, daß sie schmerzten.

»Tut mir leid, aber es ist so.«

»Hören Sie, Sie …«

»Vergessen Sie nicht«, sagte der Fremde. »In fünfzehn Minuten. Wenn Sie nur eine Minute früher kommen, werden wir die Geiseln töten müssen.«

»Ich weiß nicht, was Sie vorhaben ...«

»Wir haben vor, zu fliehen«, erklärte der Fremde lachend. Dann legte er den Hörer auf und ließ, wie beim ersten Gespräch, Kluger nicht mehr zu Wort kommen. Der Lieutenant riß die Zellentür mit solcher Gewalt auf, daß sie fast herausbrach.

»Sir?« Hawbaker drehte sich zu ihm um.

»Halten Sie den Mund. Ich muß nachdenken.«

Kluger stand vor dem automatisierten Postamt, stützte die Fäuste auf die Hüften und unterzog das Gebäude des Einkaufszentrums einer eingehenden Prüfung. Er ließ den Blick über die ebenerdige Front der Nord- und Ostseite wandern, die er von seinem Standpunkt aus sehen konnte. Zwei Publikumseingänge. Beide geschlossen. Zwei Mann an der Osttür. Drei am Nordeingang. Es gab keine Fenster nach draußen. Die einzig möglichen anderen strategischen Punkte waren die beiden großen Tore in der Ostmauer, die Lastwageneinfahrten in die Lagerhalle. Aber auch die waren geschlossen; seine Männer hatten das gleich zu Anfang nachgeprüft. Wenn sie das Zentrum durch sie verlassen wollten, mußten die Männer im Inneren sehr viel Lärm machen. Und Klugers Beamte würden die Tore, lange bevor jemand herauskommen konnte, hochgehen sehen. Kluger hatte sechs Mann zur Bewachung der Lagertore abkommandiert und wußte, daß es dort keine Überraschungen geben würde. Aber wo dann?

Er schloß einen Moment die Augen und versuchte sich die Süd- und die Westfront vorzustellen. An jeder der Seiten war wieder ein doppeltüriger Eingang für die Käufer. Keine Fenster. Keine Laderampen. Er hatte auf beiden Fronten genügend Leute, um mit jedem Ausbruchsversuch fertig zu werden.

Das Dach?

Er blickte zu dem extravaganten, spitzen, imitierten Schilfdach hinauf und schloß es sofort aus. Selbst wenn sie auf das Dach gelangen sollten – und Kluger bezweifelte das –, wohin konnten sie dann? Nirgendwohin.

Die Regenwasserabflüsse?

Kluger hatte nicht zum ersten Polizeikontingent gehört, das ausgeschickt wurde, die Ursache des Alarms in *Oceanview Plaza* zu untersuchen. Darum war er auch nicht unvorbereitet in die Sache hineingeraten. Er war in einer Dienstpause im Revier gewesen und hatte die halbe freie Stunde benützt, am Schreibtisch Liegengebliebenes aufzuarbeiten. Er war da, als Sergeant Brice den ersten Anruf des Mannes im Plaza-Gebäude entgegennahm, und war mit dem Fall recht gut vertraut, ehe er ihn übertragen bekam. Als er, Minuten nach dem Anruf bei Brice, das Kommando übernahm, hatte er einen Mann zum Gericht geschickt, um die Bauzeichnungen des Einkaufszentrums zu beschaffen; dann erst war er dorthin gerast. Noch bevor die Pläne eintrafen, hatte er drei Mann in das steile, brachliegende Gelände unterhalb des Zentrums geschickt und ihnen befohlen, nach großen Abflußrohren zu suchen und sie zu bewachen. Das war gute, saubere, vorausschauende Polizeiarbeit. Als die Pläne gebracht wurden und er sie auf dem Asphalt hinter einem der Streifenwagen entrollte, hatte er entdeckt, daß es tatsächlich einen Weg gab, aus dem Zentrum durch die Kanalisation zu entkommen: nämlich den, den seine Leute bereits kontrollierten. Das war der einzige Ausgang, der groß genug für einen Menschen war. Er wußte mit Bestimmtheit, daß er die Pläne richtig gelesen hatte. Darum spielte die Kanalisation hierbei keine ...

Was sonst?

Nichts sonst.

Was hatte es dann mit dieser Ankündigung der Flucht auf sich? War es eine Finte, ein Trick, ein Bluff?

Eine dicke Stechmücke surrte hartnäckig um den Kopf des Lieutenants und wollte auf seinem linken Ohr landen. Diesmal erschlug er sie nicht. Er wischte sie fort, ohne sie wahrzunehmen, ohne überhaupt zu merken, daß er eine Bewegung gemacht hatte.

Überall auf dem Parkplatz drangen die rauhen und gespenstisch entstellten Stimmen der Sprecher der Funkzentralen auf zehn Polizeifrequenzen aus den Autoradios und hoben sich wie Geisterbotschaften aus einer anderen Welt in die Nachtluft. Sie erreichten Lieutenant Kluger, aber in diesem Augenblick hörte er sie nicht. Seine Gedanken waren abwesend, drehten Fakten wie Steine um und suchten nach den darunter verborgenen Würmern. Ein Bluff? Konnte es das sein?

Und was konnte der Mann durch einen Bluff erreichen? Nichts, dessen war sich Kluger gewiß.

Wenn der Lieutenant in fünfzehn Minuten eine Gruppe in das Zentrum führte und wenn diese Gangster da drin auf sie warteten, dann würde es zu einer Schießerei kommen. Einige der Polizisten würden sterben. Das war unvermeidlich. Jede Schlacht verlangte ihre Opfer. Was aber konnten die Räuber am Ende gewinnen? Sie würden durchlöchert werden. Aber vielleicht wollten sie einen gloriosen Abgang ... Nein, er war sicher, daß der Mann, mit dem er telefoniert hatte, nicht der Typ war, der es aus Effekthascherei zu einem letzten Feuerwerk kommen lassen wollte. Der Mann hatte vor, weiterzuleben.

Ein Trick?

Es gab unter diesen Bedingungen keinen Trick, der mehr war als ein schierer Bluff.

Er geriet fast in Versuchung, die Sache abzutun und vorzugehen, wie er es geplant hatte, wenn der Fremde nicht angerufen und ihm dieses Märchen von einer Flucht aufgetischt hätte. Dennoch ... Etwas an der Stimme des Mannes, an seinem Stil und an seinem offenkundigen Selbstbewußtsein ließen Kluger glauben, daß er genau das meinte, was er sagte, egal, wie unmöglich es auch erscheinen mochte. Er hatte gesagt, er und seine Männer würden fortgehen. Und wenn er die Wahrheit sagte ... Kluger sah auf die Uhr.

Ein Uhr vierunddreißig.

Er hatte fast fünf Minuten vertan. Plötzlich ging ihm auf, daß dies vielleicht die kostbarsten fünf Minuten der ganzen Nacht sein konnten. Diese Wartefrist von fünfzehn Minuten, die der Mann im Zentrum gefordert hatte, war eine völlig willkürliche Zeiteinheit. Kluger ärgerte sich über sich selbst, darauf hereingefallen zu sein. Wenn sie einen Weg nach draußen gefunden hatten, würden sie ihn längst gegangen sein. Sie würden die fünf Geiseln zurückgelassen haben und konnten sie nun nicht mehr erreichen und ihnen etwas antun. In jeder Minute, die Kluger verstreichen ließ, in jeder Minute, die er hier länger auf seinen großen platten Füßen herumstand, konnten sie weiter und weiter fliehen. Sie mochten sogar ungestraft davonkommen.

»Hawbaker!«

Der junge Mann wirbelte herum. »Ja, Sir?«

»Ich hab einen Azetylenschneidbrenner aus dem Revier mitgebracht, um die Gitter hinter den Türen aufzuschweißen, falls es nötig wird.«

Hawbaker blinzelte ihn nur an.

»Er liegt im Kofferraum meines Wagens. Holen Sie ihn – aber ein bißchen dalli!«

»Ja, Sir.«

»Vergessen Sie die Gasflasche nicht.«

»Nein, Sir.« Hawbaker rannte tolpatschig fort.

Kluger sah wiederum das Plaza-Gebäude an, dachte an den Mann am Telefon, dachte an die Beförderungen, die er brauchte, dachte an den Stuhl des Chefs ...

»Verdammt!« Er rannte auf den Osteingang zu und rief seinen Männern zu: »Los! Wir gehen rein!«

18

Kluger ergriff den Schneidbrenner und den Zuführschlauch mit einer Hand, hob die kleine Gasflasche mit der anderen hoch und ging über einen Teppich von Glasscherben durch die äußeren Eingangstüren, die zwei seiner Männer mit Hämmern eingeschlagen hatten. Er allein war die Vorhut. Die anderen waren auf seinen Befehl hin zurückgeblieben und hatten nur allzu gern Deckung hinter den Streifenwagen gesucht.

In den neun Jahren und sechs Monaten, die er bei der Polizei war, hatte Norman Kluger nie gezögert, sein Leben zu riskieren, wenn die Situation es verlangte. Er hatte den Ruf eines kühnen Draufgängers, aber das war er keineswegs. Natürlich war ein bißchen Aufspielerei dabei, denn er ging oft ein Risiko ein, um seinen Vorgesetzten aufzufallen. Meistens aber nahm er echte Risiken auf sich und setzte sich Gefahren aus, weil er nicht wußte, wie er einen Einsatz anders erfolgreich ausführen sollte – und weil er schon seit langem daran glaubte, daß er zu denen gehörte, die im Leben Glück haben; er hielt sich für den tollen Kerl, der eine Schlangengrube durchqueren kann, ohne gebissen zu werden. Er hatte zwei Jahre in Südostasien an der Front gekämpft und sich, als seine reguläre Dienstzeit abgelaufen war, für zwei weitere Jahre verpflichtet. In all den Jahren hatte er keinen Kratzer abbekommen, während um ihn herum die Männer starben. Allmählich hielt er sich für unverwundbar. Er war gefeit, geschützt, und jemand wachte über ihn.

Weiter glaubte er fest, daß dieser plötzliche Zauberbann ihn vor Strafverfahren und der zwangsweisen Pensionierung schützen würde, falls er jemals wegen Überschreitung seiner Autorität als Polizeibeamter oder wegen Brutalität gegen seine Opfer belangt werden sollte. Lange bevor das Nixon-Gericht damit begann, die liberalen Entscheidungen der vergangenen Dekaden rückgängig zu machen, war Norman Kluger mit Verdächtigen, die er mit einiger Sicherheit für schuldig hielt und denen er die Schuld nachweisen zu können glaubte, nach Gutdünken umgesprungen. Manchmal waren ihm dabei natürlich auch Unschuldige in die Quere gekommen, und er hatte Menschen, die sich ihm wissentlich oder unwissentlich in den Weg stellten, über den Haufen gerannt, aber – bei Gott – er hatte jedesmal seine Pflicht erfüllt. Und obwohl es Murren und Proteste über seine Methoden gegeben hatte, war es am Ende niemandem gelungen, Beschwerde oder Anklage gegen ihn zu erheben, die nicht abgewiesen worden wäre. Er war gefeit; er war dazu ausersehen, das wußte er, in fünf Jahren an der Spitze zu sein. Mit etwas Glück vielleicht sogar noch früher.

Vor dem Stahlgitter, drei Fuß hinter den zertrümmerten Glastüren, setzte er die Gasflasche ab. Er lehnte sich an die Wand, und wie ein Soldat, der seinen Karabiner im Dunkeln zusammensetzt, befestigte er den Schlauch am Schneidbrenner und an der Düse der Flasche. Er arbeitete im matten roten Blinklicht auf den Dächern der Streifenwagen mit verblüffender Schnelligkeit.

Vor ihm, hinter dem Gittertor, lag der Ostgang des Zentrums in tiefer Dunkelheit. Drei oder sieben Männer hätten dort auf ihn warten können, die Maschinenpistolen im Anschlag.

Kluger blickte kein einziges Mal in den Gang.

Er atmete ruhig, zog eine Schutzbrille mit geschwärzten Gläsern aus der Hüfttasche und wischte mit dem Hemdsärmel über die Linsen. Silberfarbene Asbesthandschuhe waren mit einer Klammer am Schlauch befestigt. Er nahm sie ab, zog sie an und bewegte die großen Hände so lange, bis sie richtig saßen. Dann drehte er das Gas an und entzündete die Flamme des Brenners, warf das Streichholz fort und stellte die starke, blau-weiße Flamme richtig ein. Er richtete sie auf die Stelle neben dem linken Riegel des Gitters, nur etwa einen Fingerbreit über dem Teppichboden.

Tausende geschmolzener Metallpartikel sprühten über die Flamme und seine Handschuhe und formten bizarre Muster aus rotem, blauem, gelbem und weißem Licht auf den spiegelnden Gläsern der Brille. Es kam ein lautes, zischendes Geräusch, das sich wie tausend Schlangen anhörte, dann teilte sich das Metall vor der Flamme. Ein Stück Stahl löste sich aus dem Gittermuster des Tors, klirrte an den anderen Stangen entlang und sank geräuschlos auf den Teppich. Einen Augenblick später hatte Kluger durch das Gitter geschnitten und traf auf den dahinterliegenden Riegel; nach etwa einer weiteren Minute hatte er das Schloß abgetrennt.

Der Teppich schwelte, er war aber nicht brennbar und entzündete sich nicht.

Kluger zog die Gasflasche auf die andere Seite, hockte sich nieder und arbeitete weiter. Wiederum gaben ihm die Funken Licht. Beim zweiten Riegel ging es ebenso leicht wie beim ersten. Kaum fünf Minuten, nachdem er mit dem ersten Schloß begonnen hatte, war er mit dem zweiten fertig.

Er stellte das Gas ab. Die Flamme erlosch sofort. Dann stand er auf, streifte erst die Handschuhe mit den Brandflecken ab und dann die Schutzbrille, warf alles auf die Erde und schob es mit dem Fuß zur Seite. Über die Schulter rief er zu den Streifenwagen hinaus: »Ich brauche vier Mann zur Unterstützung. Herkommen!«

Muni, Hawbaker und zwei ältere Polizisten – Peterson und Haggard – liefen herbei, hakten die Finger in das Gitter, bückten sich und stemmten es soweit hoch, daß Kluger darunter hindurchkriechen konnte. Sobald er auf der anderen Seite war, faßte er in das Gestänge und nahm Munis Platz ein, der sich auf dem Bauch zu ihm robbte. Dann half Muni beim Hochhalten, bis Haggard ebenfalls darunter durch war. Gleich darauf befanden sich alle vier im Zentrum.

»Hier is es so dunkel wie in 'nem Scheißhaus«, brummte Hawbaker.

»Nur keine Aufregung«, sagte Peterson. »Wenn die auf uns schießen wollten, hätten sie es längst gemacht.«

Kluger tastete sich an der linken Wand entlang, bis er auf die Tür zum Lager traf. Er trat dicht an die Wand, drehte den Türknopf und stieß die Tür weit zurück. Helles Licht drang heraus, aber niemand eröffnete das Feuer. »Hallo? Jemand da drin?« rief der Lieutenant.

Sofort meldeten sich mehrere aufgeregte Stimmen, jede versuchte die andere zu überschreien, keine war richtig zu verstehen.

»Was soll das denn?« fragte Peterson.

Kluger blickte vorsichtig um die Ecke, sah die Werkbänke, die Säge, die Gabelstapler und die großen Stapel von in Kisten und Kartons verpackten Waren. Niemand war in Sicht. »Zwei Mann mitkommen!« befahl er. Peterson und Hawbaker folgten. Der erste voller Pflichtgefühl, der zweite resigniert.

Die Rufe am anderen Ende der langen Halle wurden lauter, hektischer und noch viel unverständlicher. An den hohen Wänden widerhallend, hörte sich das Geschrei an, als käme es aus einem Tollhaus.

Kluger trat in einen der Gänge zwischen den aufgestapelten Waren. »Mal sehen, was wir da haben«, sagte er. Was sie hatten, waren drei hysterische Geiseln: die beiden Wachmänner und eine ungewöhnlich attraktive Frau von etwa Ende Zwanzig. Sie waren mit Drähten an den Hand- und Fußgelenken gefesselt, hockten nebeneinander an der Wand aufgereiht auf dem Fußboden. Sobald sie den Lieutenant sahen, hörten sie auf zu schreien.

»Gott sei Dank!« brachte die junge Frau heraus. Sie hatte große dunkle Augen und eine Haut wie Samt. Sie interessierte Kluger.

»Habt ihr sie? Habt ihr den Anführer, diesen Mistkerl?« fragte der größere der beiden Wärter.

»Nein«, sagte Kluger. »Wissen Sie, wo sie sind?«

»Sind sie nicht an Ihnen vorbeigekommen?«

»Nein.«

»Dann sind sie noch im Haus«, sagte der Wärter.

Hawbaker trat vor und begann, die Frau loszubinden, während Peterson sich mit dem redseligeren der beiden Wärter befaßte.

»Keine Angst. Wir kriegen sie!« Kluger fiel der eigenartige Gesichtsausdruck der jungen Frau auf. Er wandte sich an sie. »Das glauben Sie mir nicht?«

Sie massierte sich die tauben Finger und Handgelenke. Es waren die zartesten Finger und schmalsten Handgelenke, die Kluger jemals gesehen hatte.

»Das glauben Sie mir nicht?« wiederholte er.

»Nein«, antwortete sie entschieden. Sie hatte eine warme, sympathische Stimme. »Wenigstens nicht den Anführer.«

»So? Warum nicht?«

»Weil das kein Mann ist, der auch nur eine Nacht in einer Zelle verbringt«, gab sie zurück.

19

Um drei Uhr morgens, eine Stunde und fünfzehn Minuten, nachdem Kluger die Polizei in das Gebäude von *Oceanview Plaza* geführt hatte, waren alle Suchmannschaften zum Kommandoposten des Lieutenants beim Springbrunnen im Innenhof zurückgekehrt. Sie hatten nicht die geringste Spur der Räuber entdeckt.

Peterson und zwei weitere Beamte hatten alle Läden durchgekämmt, die am Ostgang lagen. Sie hatten sich jeden Winkel von *Brandung und Strand* vorgenommen und jede Ritze in *Shen Yang's Orient. Beim Rolls-Royce-Autosalon* hatten sie in und unter den fünf ausgestellten schimmernden Automobilen gesucht, die Kofferräume geöffnet, jede Sekunde gewärtig, von einer

Salve empfangen zu werden, und sogar unter die Motorhauben geblickt, um sicher zu sein, daß kein Gangster sich um den Motorblock rollte. In der *Toolbox-Lounge*, einer sehr exklusiven Bar, die ihren Namen den riesigen Hämmern, Schraubenziehern und Schraubenschlüsseln an den Wänden verdankte, leuchteten sie mit Taschenlampen unter alle Tische, in die Nischen, suchten hinter der Bar, im Whisky-Vorratsschrank und sogar in den beiden großen Bierkühlern. Gleich nebenan, bei *Young Maiden*, entweihten sie rücksichtslos die Heiligkeit eines rosa und hautfarben getönten Toilettenraums für Damen und zogen die Vorhänge aller Umkleidekabinen zurück. Sie suchten den Lagerraum des Zentrums von einem Ende zum anderen ab, prüften die schmalen Zwischengänge, die Wandborde und jedes tote Ende; sie hatten sogar einige der großen Kisten aufgebrochen, weil es ja sein konnte, daß die Diebe sich in ihnen versteckt hielten.

Während Petersons Mannschaft emsig und aufgeregt auf der Ostseite hin und her eilte, erforschten Haggard und zwei Beamte die Geschäfte im Nordgang. Ihre schwerste Aufgabe war *Markwood und Jame*, eins der beiden größten Geschäfte des Zentrums, da es voller Verkaufstische und Trennwände war, die Tausende von möglichen Verstecken boten. Haggards Männer wurden tatsächlich bei der Suche in *Markwood und Jame* derartig verunsichert, daß sie das Gefühl nicht loswurden, die Diebe huschten hinter ihnen vorbei, kröchen von einer Theke zur nächsten und tauchten immer am Rande ihres Gesichtsfeldes auf. Dennoch: sie fanden niemand. Verglichen damit war es ein Kinderspiel, die Umkleideräume von *Archer's Tailor Shop* zu durchsuchen und das Geschäft für leer zu erklären. Auch *Gallery-Gallery* – die sehr exklusive Kunstgalerie des Zentrums – war schnell zu erledigen. *Krawalle und Halstuch* bot nur wenig Versteckmöglichkeiten, keine davon war genützt worden. *Freskin's Inneneinrichtung* war systemlos in unübersichtliche Musterzimmer eingeteilt, aber alle lagen still und unbewohnt da.

»Ich komme mir vor wie in meiner Kinderzeit beim Versteckspielen«, erklärte einer von Haggards Männern angeekelt.

»Mit einem Unterschied«, sagte Haggard. »Damals warst du nie in Gefahr, plötzlich eine Kugel in den Kopf zu bekommen.«

Die Polizeianwärter Hawbaker und Muni arbeiteten unter Officer Shrout im Westgang an der Frontseite des Zentrums. Sie brauchten nicht im Verwaltungsbüro zu suchen, dort wimmelte es bereits von Beamten der Mordkommission und Technikern aus dem Polizeilabor. Alles andere aber mußten sie überprüfen. Sie hielten sich dicht beisammen und hatten die Revolver schußbereit. Shrout stand sieben Monate vor der Pensionierung; er wollte nicht erschossen und um die Rente betrogen werden, und die Polizisten Hawbaker und Muni waren viel zu jung, um nicht vor Angst zu schlottern. Vorsichtig nahmen sie sich das Blumengeschäft vor, dann *Craftwells-Geschenke*, danach kam das elegante Schuhgeschäft an die Reihe und schließlich, auf der anderen Seite, *The New Place*, ein Laden für Hippie-Moden mit Preisen, die kein Hippie bezahlen konnte. Im *House of Books*, in dem einige Regale bis unter die Decke reichten, kam es beinahe zur Katastrophe, als Hawbaker und Muni, aus verschiedenen Regalreihen kommend, zusammenstießen und sich vor Schrecken fast gegenseitig erschossen. *Henry's Gaslight Restaurant* mit den vielen intimen Nischen und der großen Küche mit riesigen Vorratsschränken entlang der Wände wurde zu ihrer härtesten Aufgabe, aber auch dort fand sich am Ende niemand an. Im Südflügel arbeiteten wieder Beamte vom Labor im Juweliergeschäft und in der *Countryside Spar- und Darlehnskasse*. Hätte sich dort jemand versteckt gehalten, wäre längst einer der Polizisten über ihn gestolpert. Darum konzentrierten sich Officer Brandywine und seine beiden Beamten auf *Sasbury's*, das zweite große Bekleidungshaus des Zentrums. Wie Haggards Mannschaft in *Markwood und Jame* wurden die drei Männer dermaßen nervös, daß sie ständig über die Schulter blickten, statt aufzupassen, wohin sie gingen. Aber auch sie fanden keine Diebe. Sie stapften über die Glasscherben, die fast den ganzen Gang bedeckten, wurden von dem knirschenden Geräusch unter ihren Schuhen ziemlich beunruhigt und betraten dann *Harold Leonardo Pelze* und wühlten sich durch die gekühlten tresorartigen Lagerräume für Felle. Alles, was sich bei Harold verbarg, war ein Rudel toter Nerze.

Als Peterson, der Führer der letzten Suchmannschaft, sich mit negativem Ergebnis bei Lieutenant Kluger zurückmeldete, schob dieser das Kinn vor und begann zu schreien. Er hieb mit der Faust auf den Spieltisch, der ihm als Schreibunterlage diente, und seine Stimme schwoll an, bis sie das stete Rauschen des Springbrunnens übertönte. »Sie müssen hier sein! Sie können nicht rausgekommen sein! Es gibt keinen Fluchtweg!«

Peterson, Haggard, Shrout, Brandywine und die anderen starrten ihn nur an. Es gab nichts, was sie hätten sagen können, ihn zu beruhigen.

»Sie müssen sich hier versteckt haben«, preßte Kluger durch die zusammengebissenen Zähne. »Irgendwo in diesem Zentrum haben Sie ein Versteck übersehen, das groß genug für drei Männer ist.« Er funkelte sie an und lauerte auf Widerspruch. Als sie stumm blieben, fuhr er fort: »Wechseln Sie jetzt. Jeder sucht in einem anderen Gang. Peterson, Sie übernehmen den Nordgang. Haggard, Sie gehen zur Westseite, wo Shrout vorher war; vielleicht finden Sie, was er übersehen hat. Shrout, Sie nehmen den Südgang. Brandywine, Sie suchen im Lager und im Ostgang.«

Haggard wollte etwas zu Peterson sagen.

»Officer Haggard!« sagte Kluger schroff. »Ich ziehe es vor, daß Sie Peterson nicht mitteilen, wo Sie schon gesucht haben. Er soll unvoreingenommen neu damit anfangen.«

Haggard runzelte die Stirn und nickte mürrisch.

»Machen Sie sich an die Arbeit!«

Als sie sich gerade entfernten, tauchte Evelyn Ledderson auf. Obwohl es nach drei Uhr morgens war und obwohl sie in der Nacht allerhand durchgemacht hatte, schien sie gerade geduscht, sich frisch zurechtgemacht und eben erst den Dienst angetreten zu haben. Der kurze grüne Rock und die weiße Rüschenbluse waren zerknittert und angeschmutzt, aber sie wirkte frisch und wach und ungeheuer anziehend. »Ich hab gehört, Sie wollten mir ein paar Fragen stellen?«

Kluger lächelte. »Ja.« Er deutete auf den Klappstuhl, der auf der anderen Seite des Spieltisches stand. »Nehmen Sie doch Platz und helfen Sie mir, ein klares Bild zu bekommen. Wir können Sie dann sicher sehr bald nach Hause entlassen.«

Sie setzte sich. »Warum werde ich zweimal verhört?« Kluger ließ sich auf dem anderen Stuhl nieder und faltete die Hände

auf der Tischplatte. »Die anderen Beamten sind von der Mordkommission. Ich bin vom Einbruchsdezernat. Es finden gleichzeitig zwei Ermittlungen statt.« Ihre Gegenwart machte ihn beinahe befangen.

»Also gut«, sagte sie.

»Sie haben für Mr. Rudolph Keski gearbeitet?«

»Ja.«

»War er der Besitzer dieses Einkaufszentrums?«

»Der größte Teil davon gehörte ihm.«

»Was waren Sie – seine Sekretärin?«

Sie lächelte kühl. »Ja.«

»Haben Sie oft abends gearbeitet?«

»Nur mittwochs abends.« Sie schlug die schlanken Beine
übereinander. »An jedem Mittwoch aßen Mr. Keski und seine
Geschäftspartner ziemlich früh in *Henry's Gaslight* zu Abend.«
Sie deutete auf das Restaurant, dessen Front zum Innenhof ging.
»Dann kamen sie ins Büro und besprachen, bis das Zentrum geschlossen wurde, die Finanzlage der Woche. Mr. Keski und ich
blieben danach noch etwa eine Stunde länger, um die Dinge zu
erledigen, die sich aus der Besprechung ergeben hatten.«

»War der Tote, der bei ihm war, einer der Partner?« fragte
Kluger.

»Nein. Das war sein Leibwächter.«

»Hm.« Er dachte einen Augenblick nach und starrte ihr un-
geniert ins Gesicht, auf die schlanken Schultern und vollen Brüste. Dann sagte er: »Berichten Sie, wie das geschehen ist. Wie
wurde Keski getötet?«

Sie erzählte es kurz und knapp.

»Alle Achtung, daß Sie sofort das Alarmpedal getreten haben!«

»Da gibt es nichts zu bewundern. Es war reine Todesangst.«

Er lächelte und überlegte sich, wie er sich mit ihr verabreden
könnte. »Und dann hat man Sie ins Lager gebracht und dort gefesselt?«

»Ja.« Unbewußt rieb sie sich die vom Draht eingegrabenen
Kerben an den Handgelenken. »Ich habe schon mit den beiden
Nachtwächtern gesprochen«, sagte Kluger. »Damit brauchen
wir keine Zeit zu verschwenden.«

»Ich bin auch entsetzlich müde.«

»Das ist mir klar, Miss Ledderson«, sagte er in mitfühlendem Ton. »Oder ... Darf ich Sie Evelyn nennen?«

Sie beugte sich verführerisch vor, dann blinzelte sie ihn an und sagte: »Warum bleiben Sie nicht lieber bei Miss Ledderson?« Ihre dunklen Augen durchdrangen ihn und sahen viel mehr, als ihm lieb war.

Er wurde rot, blickte auf seine Hände, sah zum Springbrunnen hinüber und kam sich wie ein Schuljunge vor, der bei etwas Unanständigem ertappt worden ist. »Ja, natürlich ... Sie haben viel mitgemacht. Ich wollte nur freundlich sein.«

»Ich weiß, was Sie wollten«, sagte sie.

In dem Augenblick, da Kluger erkannte, daß sie nicht zu den Frauen gehörte, die sich leicht erobern lassen, verlor er jedes Interesse an ihr. Selbständige Frauen, Frauen, die klug und urteilsfähig waren und sich nicht scheuten, ihre Meinung zu sagen, hatten ihn noch nie angezogen. Sie störten sein Traditionsgefühl für die männlich-weibliche Rangordnung. Er mochte zarte, hilflose Frauen, die von Sonnenaufgang bis Sonnenuntergang Unterstützung und Führung brauchten. Er wollte auch im Schlafzimmer mit einer Frau nicht in Wettstreit treten. Es ging ihm nie auf – wenigstens nicht rational bewußt –, daß er Angst hatte, bei diesem Wettkampf zu unterliegen.

Seine Stimme bekam nun auf einmal einen unangenehmen Unterton. »Sie müssen gewußt haben, daß Rudolph Keski nicht der ehrbare Geschäftsmann war, für den er gelten wollte.«

»Ach?« Sie hörte sich erheitert an.

»Er gehörte zur Unterwelt.«

Sie lächelte. »Dann war er sicher im Gefängnis?«

»Es konnte ihm nie etwas nachgewiesen werden.«

»Ja, aber dann ist es doch nichts weiter als Hörensagen.« Sie lehnte sich in ihrem Stuhl zurück. Ganz offensichtlich gefiel es ihr, Lieutenant Kluger in die Ecke gedrängt zu haben.

»Wußten Sie denn nichts von diesem Hörensagen-Ruf?« fragte der Lieutenant beharrlich weiter.

»Wenn ich es gewußt hätte, was würde das schon ausmachen? Es kann doch mit dem, was heute abend hier geschehen ist, nichts zu tun gehabt haben.« Ihre Stimme wurde härter und war nun gar nicht mehr erheitert. »Sie sind verärgert, weil ich Sie durchschaut habe, und jetzt wollen Sie sich rächen und mir angst machen. Ich werde hier nicht länger sitzenbleiben und mich einschüchtern lassen.«

»Sie werden hier sitzen, bis ich Ihnen sage, daß Sie gehen können.« Klugers Stimme war hart und bösartig.

»Tut mir leid, das werde ich nicht.«

»Sie werden ...«

»Haben Sie wirklich noch sinnvolle Fragen? Oder sind Sie am Ende Ihrer Weisheit? Wenn Sie noch was Ernsthaftes zu fragen haben, fragen Sie lieber gleich.« Sie schob den Stuhl zurück und stand auf.

Kluger blickte auf seine Hände. Sie waren zu Fäusten geballt. Er gab sich keine Mühe, gelassen zu erscheinen. »Der Deckel zum Regenwasserkanal im Lager war abgehoben. Glauben Sie, daß sie durch den Kanal geflohen sind?«

»Das weiß ich wirklich nicht.«

»Sie haben Sie erst alle gefesselt und an der Nordseite des Lagers gelassen. Dann hat einer von ihnen Sie mit einem Elektrokarren an die Südseite der Halle transportiert. Warum das?«

»Ich vermute, daß sie an der Nordseite irgend etwas vorhatten, was wir nicht sehen sollten.«

»Wäre es möglich, daß sie durch die Kanalisation fliehen wollten, ohne daß Sie es merkten?«

Sie hob die Schultern; ihr volles, dunkles Haar wippte.

»Was hätte es ausgemacht, wenn wir es wußten? Wir waren alle gefesselt. Wir konnten nichts dagegen unternehmen.«

Kluger stand auf, weil es ihn störte, daß sie auf ihn herabsehen konnte. »Möglicherweise werde ich noch mal mit Ihnen sprechen müssen. Geben Sie mir Ihre Adresse und Telefonnummer.«

»Die hab ich schon den Beamten von der Mordkommission gegeben«, sagte sie und legte den Kopf spitzbübisch zur Seite.

»Ich brauche sie auch.«

»Sie können sie sich von Ihren Kollegen geben lassen.«

»Ich will sie von Ihnen haben.«

»An Wochentagen können Sie mich nachmittags immer hier erreichen«, sagte sie, den Befehl ignorierend. »Ich bin bei der

Gesellschaft angestellt, nicht bei Mr. Keski. Selbst wenn der neue Geschäftsführer eine neue Sekretärin anstellt, werde ich noch ein paar Wochen hierbleiben, um sie einzuarbeiten. Und bis dahin werden Sie den Fall längst abgeschlossen haben, davon bin ich überzeugt, Lieutenant.« Sie wandte sich ab, schritt quer durch den Innenhof und verschwand um die Ecke des Ostgangs.

Um 3.25 Uhr entfaltete Kluger den Gebäudeplan auf dem Kartentisch und studierte ihn noch gründlicher als zuvor. Er fand keine verborgenen Räume, keine geheimen Gänge, keine Belüftungsschächte, die groß genug waren, daß ein Mann durchkriechen konnte. Nichts.

Um 3.40 Uhr kehrte die drei Mann starke Suchmannschaft zurück, die er in die Regenwasserkanalisation geschickt hatte, ohne etwas von Bedeutung gefunden zu haben. Soweit sie es hatten feststellen können, waren die Bauzeichnungen in jeder Einzelheit korrekt. Die Einlässe auf den Parkplätzen waren alle zu klein für einen ausgewachsenen Mann. Es gab nur einen Ausgang: den, den Klugers Männer draußen auf dem Brachland schon von Anfang an bewachten.

Um 4.00 Uhr traf ein Vertreter der größten örtlichen Fernsehanstalt ein, um die Dreherlaubnis auszuhandeln. Er war ein kleiner, gedrungener Mann, der für Klugers Geschmack zu bunt gekleidet war und zu schnell sprach.

»Ich hab Ihnen gesagt, daß ich niemandem gestatte, hier hereinzukommen«, fauchte der Lieutenant wütend.

»Die Medien haben ein Recht ...«

»Aber nach meiner Meinung halten sich diese Gangster immer noch im Zentrum auf.«

Der Mann vom Fernsehen sah sich verunsichert um. »Sie glauben, daß sie noch hier sind?«

»Das weiß ich«, erklärte Kluger, als sage er in der Kirche das Glaubensbekenntnis auf. »Und ich lasse mich von niemand bei einer Aktion stören, die gerade das heißeste Stadium der Verfolgungsjagd erreicht hat.«

»Das heißeste Stadium der Verfolgung?« fragte der Mann. »Wo?«

Um 4.10 Uhr machten die Männer vom Labor und von der Mordkommission Schluß. Sie stellten Barrieren vor der Bank und dem Juweliergeschäft auf und schlossen und verriegelten den Raum, in dem Keski und sein Leibwächter ermordet worden waren. Der Chef der mit dem Fall befaßten Kriminalbeamten – ein unauffälliger, ruhiger kleiner Mann namens Bretters – kam zum Kartentisch beim Springbrunnen, um zu erfahren, wie die Dinge bei Kluger standen.

»Sie dürfen jetzt nicht fort«, sagte Kluger. »Die müssen noch hier drin sein und warten, bis wir alle fort sind.«

»Sie können nicht hier sein«, wandte Bretters leise ein.

»Aber sie können nicht rausgekommen sein!«

»Es ist wirklich ein Rätsel, wie die an Ihnen vorbeigekommen sind«, bestätigte Bretters. »Aber in ein, zwei Tagen werden wir das sicher herausknobeln.«

»Sie sind nicht an mir vorbeigekommen!«

»Wo sind sie dann?«

»Hier!«

»Haben Ihre Männer denn nicht überall gesucht?«

»Ja, überall.«

»Wir werden in ein, zwei Tagen dahinterkommen«, wiederholte Bretters. Dann folgte er seinen Kollegen nach draußen.

Um 4.20 Uhr erfuhr Kluger, daß die Zentrale begonnen hatte, seine Leute abzuziehen und sie überall in der Stadt zu dringenden Einsätzen zu schicken. Um 4.30 Uhr befanden sich nur noch er, Hawbaker und Haggard im Einkaufszentrum. Die beiden gingen zu ihrem Streifenwagen und warteten dort auf ihn.

Die Zeitungsreporter und die Radio- und Fernsehleute hatten es auch endlich aufgegeben und waren abgefahren. Der Besitzer des Juweliergeschäfts, sein sehr aufgeregter Versicherungsvertreter und der Direktor der *Countryside Spar- und Darlehnskasse* waren ebenfalls nach Hause gefahren, um den Rest der Nacht schlaflos zu verbringen. Die vier Gänge und die neunzehn Geschäfte lagen stumm und verlassen.

Lieutenant Kluger ging zum Teich und setzte sich auf die imitierten Felsen. Vor ihm stieg die Fontäne in die Luft. Zweihundert Wasserstrahlen, die zwanzig Fuß hoch in die Luft schossen und als Regen auf den Kunstteich zurückfielen. Die Oberfläche des Teichs war wie undurchsichtiges Milchglas, durch das und auf dem man nichts sehen konnte als weiße, gebrochene Flächen, kleine Strudel aus Schaum und Fäden silberner Blasen. Der Anblick wirkte beruhigend auf ihn, während er die Ereignisse der Nacht überdachte und überlegte, ob er etwas – irgend etwas – übersehen hatte.

Die beiden Wachmänner kamen in den Innenhof. Sie fragten, ob er noch etwas brauche oder wünsche.

»Nehmen Sie den Tisch und die Stühle fort«, sagte er und faltete den Plan zusammen.

Als sie die Stühle zusammenklappten, sagte der größere von ihnen: »Wie, zum Teufel, haben die das gemacht, Lieutenant?«

»Was gemacht?« Kluger blickte vom Wasser zu ihm auf.

»Daß sie rausgekommen sind.«

»Sind sie nicht.«

»Wie meinen Sie das?«

»Sie sind hier.«

Der Wächter sah sich nach allen Seiten um. »Das kann ich mir nicht denken«, sagte er mit einem mitleidsvollen Blick auf Kluger.

Der andere, der stillere von den beiden, sagte: »Als wir losgebunden wurden, ist uns gesagt worden, wir sollten nichts anrühren. Gilt das noch? Oder können wir jetzt endgültig alles abschließen?«

Der Lieutenant zögerte, dann sagte er seufzend: »Ja, machen Sie das.«

»Gehen Sie auch bald?« fragte der erste.

»Ja, bald«, murmelte Kluger niedergeschlagen.

Die Männer trugen die Klappstühle und den zusammengelegten Tisch vom Innenhof durch den Ostgang zum Lagerraum. Der Teppich schluckte das Geräusch ihrer Schritte. Gleich darauf war alles wieder ganz still. Wie? fragte sich Kluger.

Durch den Nordeingang? Nein, der war auch bewacht worden.

Durch die Westtür? Nein.

Durch die Südtüren oder die im Osten? Nein.

Waren sie aufs Dach geklettert? Unmöglich und sinnlos.

Durch den Regenwasserabfluß?

Er stand auf und hielt den Plan in der Hand. Immer noch überlegend und nach dem Schlupfloch suchend, durch das sie entkommen waren, wanderte er langsam über den Innenhof.

Hinter ihm erstarb plötzlich der Springbrunnen.

Er wirbelte herum, dann erkannte er, daß die Nachtwächter ihn vom Schaltbrett im Lager aus abgestellt hatten.

Vielleicht durch eins der Tore an der Rampe an der Ostseite? Unmöglich.

Er schritt langsam durch den Ostgang und war gerade unter dem aufgebrochenen Gitter, als zwei der drei langen Leuchtröhren an der Decke hinter ihm flackernd erloschen.

»Gute Nacht, Lieutenant«, sagte Artie, der hinter ihm aus der Tür zum Lagerraum kam. »Sie haben Pech gehabt.«

»Ja«, bestätigte Kluger.

»Früher oder später schnappen Sie sie.«

»Ja.«

Auf dem Parkplatz war er ganz allein; der Wind vom Pazifik rauschte über ihm und an ihm vorbei. Er brachte den Duft von Salz und Tang mit sich. In den letzten Stunden war die Wolkendecke dichter geworden, und es roch nun stark nach Regen.

Hawbaker und Haggard hatten wider Erwarten nicht auf ihn gewartet. Wahrscheinlich waren auch sie zu einem anderen Einsatz kommandiert worden.

Kluger sah auf die Uhr. 4.43 Uhr.

Er drehte sich um und starrte auf das *Oceanview Plaza*. Er fragte sich, ob es wirklich erst drei Stunden her sein konnte, seit er mit der Azetylenflamme dort eingedrungen war. Er sah einen der Nachtwächter das defekte Gitter herunterlassen, und das war alles, was er sah. Alles andere lag in tiefer Stille, eingehüllt in die Ruhe des frühen Morgens.

Bald würde die Dämmerung einsetzen. Schon schien der Himmel heller zu werden und die Schwärze sich hinter die Wolken zu flüchten. Er ging über den Asphaltplatz zu seinem Ford ohne Polizeikennzeichen, öffnete die Tür und setzte sich hinter das Steuer. Das Radio pfiff und knackte, und die Stimme des Mannes von der Zentrale schwankte auf den anderen Frequenzen zwischen laut und leise. Er ließ den Motor an, fuhr aus dem Parkplatz und bog in Richtung Norden auf die Autostraße. Er fuhr eine halbe Meile, drehte dann in weitem Bogen, kehrte zurück und parkte am Straßenrand, nur etwa zweihundert Schritt von *Oceanview Plaza* entfernt.

»Okay«, sagte er.

Er dachte an den mit allen Wassern gewaschenen Schurken, mit dem er telefoniert hatte, an den aufgesprengten Banktresor, die gestohlenen Edelsteine und die beiden toten Männer. Er dachte an Evelyn Ledderson und wie sie ihn behandelt hatte, und an den mitleidigen Blick des Nachtwächters mit dem Kugelbauch. All diese Dinge verschmolzen in seinen Gedanken, als wären sie nicht voneinander zu trennen, als wären sie eine einzige Beleidigung. Sie formten einen dicken Brei der Erniedrigung, gepfeffert mit der Erkenntnis, daß sich auf dem Marsch zum Stuhl des Chefs ein Hindernis vor ihm aufgebaut hatte.

»Okay.«

Er nahm den Revolver aus dem Lederhalfter unter der linken Achsel und prüfte nach, daß er auch voll geladen war.

»Sie müssen zu Fuß von hier weg, weil wir den gestohlenen Combi abgeschleppt haben«, sagte Kluger, obwohl niemand da war, der ihm zuhörte.

Er legte den Revolver auf den Sitz neben sich. »Okay«, wiederholte er. »Okay, auf denn! Kommt nur raus. Kommt nur herausgetanzt! Kommt raus, ihr Hunde!«

20

Als Tucker den Blick zur Wasseroberfläche des Teichs hinaufsandte, konnte er nichts sehen als weiße, gebrochene Flächen, kleine Strudel aus Schaum und Fäden silberner Blasen. Sie war wie undurchsichtiges Milchglas, das den Blick auf alles versperrte, was dahinter lag, nur daß sie noch viel zerbrechlicher war als Glas und sich jeden Augenblick klären konnte. Während der mehr als drei Stunden, die sie sich vor der Polizei versteckt halten mußten, war Tuckers größte Angst, daß plötzlich jemand den Springbrunnen des Zentrums abstellen könnte. Ohne den künstlichen Regen, der aus zweihundert Düsen rund um das Becken hochgeschleudert wurde und in Kaskaden wieder herabfiel, mußte die Wasserfläche durchsichtig werden. Jeder konnte an den Rand treten, ins Wasser schauen und die drei Männer sehen, die acht Fuß tief auf dem Grund saßen. Oder jemand konnte vom Geräusch der drei sprudelnden Blasenketten angezogen werden, die aus den drei Atemgeräten aufstiegen und nicht länger vom viel lauteren Platschen des Springbrunnens übertönt wurden. Wenn die Fontäne abgestellt wurde und die Wasseroberfläche des Teichs zur Ruhe kam, mußten sie geschnappt werden.

Trotzdem: wenn dies auch seine größte Sorge war, so doch nicht seine einzige. Er machte sich Gedanken, ob ihr Luftvorrat – drei Stunden, die bei sparsamster Bewegung auf drei Stunden und zehn Minuten ausgedehnt werden konnten – vielleicht doch nicht genügte, um die Durchsuchung des Zentrums zu überdauern. Vielleicht wurden sie gezwungen aufzutauchen, bevor die Polizei abgezogen war; dann nützte ihnen ihre Schlauheit und ihr guter Plan nicht das geringste.

Er machte sich auch Gedanken, daß ein Bulle bei der Durchsuchung von *Brandung und Strand* zufällig die leeren Kartons entdecken könnte, in denen die Tauchanzüge und Aqualungen gelegen hatten, die er, Meyers und Bates gerade gebrauchten. Meyers hatte gesagt, er habe die Kartons, in denen die Ausrüstung gewesen war, so wieder auf die Regale gestellt, wie er sie vorgefunden hatte, ohne Spuren zu hinterlassen. Ebenso war er mit den Schachteln der leuchtendgelben wasserdichten Säcke verfahren, in denen sie nun das Geld, die Edelsteine und ihre Kleidung verborgen hatten; außerdem hatte er sich vergewissert, daß die Gasbehälter, aus denen sie die Atemgeräte gefüllt hatten, abgedreht waren und so standen, wie sie sie angetroffen hatten. Dennoch …

Tucker war unruhig. Er fragte sich, ob er das Plakat neben dem Wasserbecken, auf dem die Tauchvorführung der kommenden Woche angekündigt wurde, hätte fortbringen sollen.

Wenn Kluger es sah und sich die Zeit nahm, es zu lesen, ging ihm dann vielleicht auf, daß das Becken, das für eine Tauchvorführung tief genug war, auch tief genug war, drei zu allem entschlossenen Männern als Versteck zu dienen?

Hatte sich, als sie zu dritt mit den beiden in Plastik verpackten Banksäcken und den wasserdichten Beuteln mit ihren Kleidungsstücken ins Wasser getaucht waren, der Wasserspiegel merklich gehoben? Würde das jemandem dort oben, der mit dem Zentrum sehr gut vertraut war, vielleicht auffallen? Hatten sie den Wasserspiegel so stark angehoben, daß das Wasser über den Rand geschwappt war und auf dem Innenhof stand? Waren die aufsteigenden Blasen aus ihren Atemgeräten wirklich auf der vom Springbrunnen unruhigen Wasseroberfläche verborgen geblieben? Oder waren sie so auffällig, daß es nur eines scharfen Blicks und eines wachen Verstands bedurfte, um richtig gedeutet zu werden? Er war beunruhigt.

Alle zehn Minuten hob er das Handgelenk zum Gesicht, legte das Zifferblatt seiner Uhr auf die Sichtplatte seiner enganliegenden Tauchermaske und prüfte die Zeit nach. Mit allem Galgenhumor, dessen er noch fähig war, dachte er, daß dies einen fabelhaften Fernseh-Werbespot für die Uhrenfirma abgeben könnte, ein überzeugendes Beispiel der Haltbarkeit ihrer erstklassigen Produkte. Die dünnen, leuchtenden Zeiger krochen langsam, aber unaufhaltsam an den grünen Leuchtziffern entlang, während der gleichfalls leuchtende Sekundenzeiger sich drehte und drehte …

2.30 Uhr.

Das Gummimundstück, das hinter seinen Zähnen festsaß und ihn mit Luft versorgte, schmeckte abscheulich. Seine Zunge schien von bitterem Schleim umgeben, und sein Speichel wurde dick und schal. Die Übelkeit kroch bis in den Magen. Sogar die Luft aus dem Tank war schal, dick, unangenehm und enthielt zuviel Sauerstoff. Er arbeitete mit den Lippen an dem Mundstück herum, um ihm einen besseren Halt zu geben, und dann sah er, daß Frank Meyers und Edgar Bates genau dasselbe taten.

3.00 Uhr.

Er hatte das eigenartige Gefühl, gleichzeitig erhitzt zu sein und zu frieren. In dem enganliegenden Gummianzug fühlte er sich glitschig an, weil er aus Nervosität schwitzte, spürte aber gleichzeitig die nie nachlassende Kälte, die sich vom Wasser auf ihn übertrug.

3.30 Uhr.

Er lehnte sich an die Innenwand des Beckens und versuchte, an Elise zu denken und an alles, was sie gemeinsam unternommen hatten und noch unternehmen wollten. Er starrte auf das schimmernde grünlichblaue Wasser vor sich und suchte, den Edo-Schild und Speer und andere kleinere Kunstschätze aus seinem Besitz vor seinem inneren Auge heraufzubeschwören … Aber das verhalf ihm nicht dazu, sich besser zu fühlen. Seine Augen richteten sich immer von neuem auf die Ketten dicker Luftblasen, die von Meyers und Bates aufstiegen, und folgten ihnen bis zur leuchtenden, schäumenden Oberfläche.

3.40 Uhr.

3.50 Uhr.

4.00 Uhr.

Er machte sich Sorgen.

Es gab nichts anderes zu tun.

Und seine Ängste schienen berechtigt, als um 4.40 Uhr der Springbrunnen abgestellt wurde. Die Wasseroberfläche schimmerte nicht länger. Die Milchglasschicht wurde hell. Die Haut aus Blasen und Schaum zerplatzte und löste sich auf. Innerhalb von zwei Minuten war die Fläche völlig durchsichtig. Tucker konnte bis zur spitzen Decke hinaufsehen und bis zu den künstlichen Felsen am Beckenrand … Er stellte sich vor, daß es nur Sekunden dauern würde, bis ringsum uniformierte Polizisten auftauchten, die zu ihm hinunterstarrten.

Aber dann verstrichen fünf Minuten, ohne daß sich etwas ereignete. Dann noch einmal fünf Minuten …

Um 4.50 Uhr, als er nur noch für drei oder vier Minuten Luft im Tank hatte, stieß er sich ab, hielt dicht am Beckenrand und stieg so langsam und vorsichtig, wie es ihm in diesem fremden Element möglich war, bis zur Wasseroberfläche auf. Im Schutz der niedrigen Kunstfelsen hob er den Kopf, bis er den Ostgang überblicken konnte. Wenn eine Kugel darüber hinweggepfiffen wäre, würde er sich kaum gewundert haben, aber nichts dergleichen geschah. Der Innenhof lag verlassen vor ihm, und fast alle Lichter waren gelöscht. Auch die anderen drei Gänge waren leer und dunkel. Es herrschte eine fast unnatürliche Friedhofsstille. Er wartete und beobachtete die zurückliegenden Eingänge der Geschäfte, ob sich dort etwas bewegte, aber er konnte nichts entdecken. Offenbar war die Polizei vor gar nicht langer Zeit mit Sack und Pack abgerückt – vermutlich kurz bevor die Fontäne abgestellt worden war. Er ließ sich wieder auf den Boden des Beckens sinken und gab Bates und Meyers ein Zeichen mit dem Daumen. Mit möglichst wenig Geplätscher, sich bewußt, wie wichtig es war, daß sie sich still verhielten, tauchten sie mit den Köpfen aus dem Wasser.

Tucker zog das Mundstück heraus und schob die Maske auf die Stirn. »Sie sind fort«, flüsterte er. »Aber die Wachmänner werden noch hier sein.«

Ohne die Mundstücke oder Masken abzunehmen, gaben Meyers und Bates mit einem Kopfnicken zu verstehen, daß sie begriffen hatten. Bates wischte sich die Wassertropfen von den blassen Wangen.

»Wir müssen uns ganz still verhalten«, wisperte Tucker. »Noch haben wir es nicht hinter uns.«

Sie nickten wiederum.

Er zog die Maske über die Augen, vergewisserte sich, daß die Ränder um die Sichtscheibe fest anlagen, dann nahm er das Mundstück des Luftschlauchs wieder in den Mund und preßte die Zähne fest dagegen. Der faulige Geschmack war sofort wieder da, aber er versuchte nicht darauf zu achten. Mit Meyers und Bates zusammen tauchte er auf den Grund, um die Kleider, die Pistolen und die Beute heraufzuholen.

Zehn Minuten danach waren sie aus dem Wasserbecken heraus und hatten alle ihre Sachen in den tiefen Schatten des zurückliegenden Eingangs zu *Shen Yang's Orient* gebracht. Sie hatten die sperrigen und unbequemen Atemgeräte und Masken abgelegt, aber nicht die Tauchanzüge, von denen die letzten Tropfen rannen.

»Die Pistolen«, flüsterte Meyers.

Tucker kniete vor dem gelben, wasserdichten Sack, in den

sie die Waffen gepackt hatten. Er teilte sie aus. Sie waren knochentrocken.

Sie zogen sich die Kleidungsstücke über die nun trockenen schwarzen Tauchanzüge. Ohne daß sie darüber ein Wort verlieren mußten, war ihnen allen klar, daß die Zeit nicht ausreichte, sich aus den festhaftenden Gummianzügen zu befreien.

»Was nun?« fragte Meyers, als er angezogen war.

Tucker band sich die Schuhbänder zu und richtete sich auf. »Jetzt warten wir.«

»Auf die beiden Wärter?«

»Ja.«

»Wie lange?«

»Bis sie kommen.«

Meyers zog eine Braue hoch. »Meinst du, daß die jetzt noch ihre normalen Runden machen?«

Tucker nickte.

»Nachdem *das* passiert ist?«

»Gerade deswegen«, antwortete Tucker kaum hörbar.

»Und wenn sie nicht kommen?«

»Können wir später drüber nachdenken.«

Meyers hielt sich im Schatten von *Shen Yang*, außer Sichtweite von jedem, der aus dem Lagerraum durch den Ostgang zum Innenhof kommen konnte. Er spreizte die Beine, um sicherer zu stehen, hielt seine Pistole mit beiden Händen vor die Brust und bereitete sich auf eine lange Wartezeit vor.

Tucker und Bates schlichen quer durch den Innenhof zum dunklen Eingang von *Young Maiden* auf der gegenüberliegenden Seite des Ostgangs und postierten sich dort.

Um 5.30 Uhr kamen Chet und Artie aus dem Lager und gingen in Richtung Innenhof durch den Gang. Sie sprachen über den Einsatz und die Methoden der Polizei, und aus der Art, in der sie aufeinander einredeten, ging deutlich hervor, daß sie nichts Böses ahnten.

Meyers hob die Hand.

Tucker nickte bestätigend.

Als die beiden Wärter aus dem Gang in den Innenhof traten,

waren Tucker und Bates mit einem Sprung neben ihnen. Sie hielten sie mit den Pistolen in Schach.

»Eine falsche Bewegung und Sie sind tot«, sagte Tucker. »Sie haben beim erstenmal vernünftig reagiert und Ruhe bewahrt. Machen Sie jetzt keine Dummheiten.«

Artie, der schweigsamere, stöhnte auf. »Oje ... Oje, ich hab das Gefühl, daß ich zweimal denselben bösen Traum habe!«

Chet war zu wütend, um etwas sagen zu können. Er stammelte und erstickte fast vor Zorn und hob seine geballte Faust in einer sinnlosen Drohgebärde, die niemanden beeindruckte.

Tucker trat hinter sie, um ihnen die Revolver aus den Taschen zu ziehen. »Immer mit der Ruhe.«

»Du Schwein!« brachte Chet schließlich heraus, als er die Stimme wiederfand.

Tucker griff gerade nach Arties Revolver, als er hinter sich ein seltsames, heiseres Keuchen hörte. So merkwürdig es war, er wußte sofort, was es damit auf sich hatte. Der verfluchte Hund lief frei herum.

21

Der Schäferhund, der abgerichtet war, den beiden Wärtern in einigem Abstand zu folgen, war aus der offenen Tür des Lagers gekommen und jagte nun mit großen Sprüngen und angelegten Ohren auf sie zu. Der Abstand zwischen ihnen verringerte sich in Windeseile. Der Teppich gab ihm festen Halt und dämpfte das Geräusch der Hundepfoten.

Tucker wirbelte zu ihm herum und hob automatisch die Pistole. Aber dann zögerte er beim Gedanken an das, was ein Berufskollege ihm einmal über Wachhunde gesagt hatte ...

Vor zwei Jahren hatte sich Tucker mit drei anderen Männern zusammengetan, um in einem großen Warenhaus am letzten Einkaufstag vor Weihnachten die Tageskasse zu rauben. Mitten während des Überfalls war einer der Männer, ein ausgekochter Profi namens Osborne, von einem abgerichteten Hund angegriffen worden. Nur mit nackten Händen hatte er ihn rasch und geschickt getötet, ohne eine einzige Biß- oder Kratzwunde abzubekommen. Es ergab sich, daß sie nach dem Job mehrere Tage lang in einem verlassenen Bauerngehöft Unterschlupf suchen mußten, und damals hatte Osborne Tucker erklärt, wie man mit Hunden umgehen mußte. Osborne hatte diese Kenntnisse in der Arm erworben, wo er auch gelernt hatte, Menschen zu töten; er hatte sein Wissen gern an Tucker weitergegeben.

Der Hund kam immer näher.

Sicher war er nicht darauf abgerichtet, zu töten. Er sollte nur den Wärtern in einigem Abstand folgen, um in Notsituationen da zu sein. Wie gerade jetzt. Aber Tucker mußte mit ihm umgehen, als wäre er auf den Mann dressiert. Das Tier würde ihn so lange anfallen, bis es entweder tot oder schwer verletzt war, und in der Zwischenzeit konnte die Verwirrung so groß werden, daß Chet und Artie plötzlich Herr der Lage wurden. Menschen hatten den Hund unterrichtet anzugreifen, hatten ihn verdorben, und nun mußte er für dieses unerwünschte und ungesuchte Wissen bezahlen.

»Achtung!« schrie Edgar.

Und noch während der Schränker unbewußt laut aufschrie, drängte Meyers: »Um Gottes willen, leg ihn um!« Weder er noch Bates konnten ihre Waffen gebrauchen, ohne die Nachtwächter oder Tucker zu gefährden. »Schieß!«

Laut Len Osborne war jede nur denkbare Schußwaffe gegen einen gut ausgebildeten Wachhund nutzlos. Erstens einmal bot jeder Hund eine zu kleine Zielfläche, vor allem, wenn er von vorn auf einen zukam. Sogar ein großer Schäferhund war einfach zu schmal, um ihn gut ins Visier zu bekommen. Zweitens war er zu kompakt, angriffslustig und schnell. Selbst ein hervorragender Schütze hatte nicht Zeit genug, richtig zu zielen und abzudrücken, bevor der Hund ihm an den Arm oder Hals sprang. Aus der Hüfte zu schießen, wie es so schön hieß, ohne richtig zielen zu können, war nicht genau genug. Ebensogut, hatte Osborne gesagt, könne man auch mit einem Prügel nach ihm werfen.

Tucker ließ die Pistole fallen und hörte Bates' Aufschrei. Hoffentlich, dachte er, hindert mich der Tauchanzug nicht zu sehr. Falls er es nämlich tat, war er entweder tot oder übel zerbissen. Und selbst wenn der Hund ihn in Schach hielt, ohne ihn zu verletzen, waren ihm viele Jahre Gefängnis sicher.

Es gab nur einen Augenblick, hatte Osborne gesagt, in dem der Hund verwundbar war: wenn er nach dem Absprung durch die Luft flog, in der Sekunde vor dem Zupacken. Bis zu dem Augenblick hatte er volle Bewegungsfreiheit, konnte angreifen, ausweichen oder in Sekundenbruchteilen anders planen. Wenn er aber einmal abgesprungen war und auf sein Opfer gerichtet in der Luft lag, war er verhältnismäßig wehrlos. Die Zähne erreichten das Opfer noch nicht, die Krallen waren während des Sprungs durch die Luft ungefährlich. Er hielt die Vorderbeine eingewinkelt; sie würden erst im Augenblick vor dem akuten Angriff nach vorn schnellen und die Krallen entblößen. Wenn man rasch und sicher genug war ... Wenn man vorsprang, statt zurückzuweichen, wenn es einem gelang, einen der Vorderläufe zu packen und so zu drehen, wie man den Arm eines Mannes verdrehte, sich dabei auf den Boden fallen ließ und den Hund mit aller Kraft über den Kopf schleuderte ... Die eigene Fliehkraft würde dafür sorgen, daß er weit von einem entfernt und mit beträchtlicher Wucht auf den Boden schlug. Im schlechtesten Fall würde er benommen sein und zu verwirrt, um sofort wieder anzugreifen. Sehr viel wahrscheinlicher aber würde eins der Beine brechen. Ein Krüppel war keine Bedrohung mehr. Und wenn man ihn richtig schleuderte, würden der Hals und das Rückgrat brechen wie ein trockenes Stück Holz.

Diese Gedanken zuckten durch Tuckers Kopf, jede Einzelheit der Lektion hob sich wie ein Scherenschnitt vom grellen Licht der Furcht ab. Und dann blieb keine Zeit mehr, sich an weitere Ratschläge Osbornes zu erinnern, weil der Schäferhund ihn ansprang.

Gegen jeden Instinkt trat Tucker in den Sprung hinein, griff verzweifelt nach einem der Vorderbeine des Hundes, schloß die Hand um Knochen, Muskeln und Fell, drehte, fiel und schleuderte. Er sah ein furchteinflößendes, starräugiges Gesicht, gefletschte Zähne ... Er glaubte, seine Zeiteinteilung könne nicht richtig gewesen sein, obgleich sein Körper in genau der richtigen Weise auf eben diese Zeiteinteilung reagierte.

Hinter ihm wurden Rufe laut.

Und gleichzeitig schlug hinter ihm etwas schwer auf den Boden auf.

Er rollte gegen die Wand des Gangs, stieß sich mit beiden Händen ab und kam wieder auf die Füße. Er atmete schwer, und die Schultern taten ihm gemein weh; dennoch schien er nicht zu bluten, zumindest nicht viel. Er schaute zu den anderen hinüber und sah, daß sie dem Schäferhund auswichen, der versuchte, sich auf seinen gebrochenen Vorderlauf aufzustellen. Er schnappte ins Leere, starrte aus blutunterlaufenen Augen auf Tucker, stieß dann einen eigenartigen, armseligen, jaulenden Laut aus, rollte auf die Seite und verendete. Wie bei der Entdeckung von Meyers' Opfern im Verwaltungsbüro des Zentrums, wenn auch nicht ganz so stark, stieg in Tucker die Übelkeit auf.

Vom plötzlichen Ausbruch roher Gewalt gelähmt, sagte lange Zeit niemand ein Wort. Alle starrten auf den toten Hund, um den sich eine Blutlache ausbreitete. Obwohl sie alle Zeugen seines Todes geworden waren, schien ihnen der ganze Vorgang unwirklich.

»Mann!« stöhnte Meyers schließlich.

Tucker wischte sich über das Gesicht und blickte auf die schweißtriefende Hand. »Mann!« sagte er zustimmend.

»Wo, um alles in der Welt, hast du das gelernt?« fragte Bates.

Alle Augen richteten sich auf ihn, auch die der beiden Wachmänner. Jeder erwartete seine Antwort.

»In Milwaukee«, sagte Tucker.

»Milwaukee?« wiederholte Bates.

»Ich hab da Weihnachten mit einem ehemaligen Angehörigen eines Einsatz-Kommandos verbracht.«

»Aber du hast das noch nie vorher ausprobiert?«

»Nein, nur theoretisch in Gedanken.« Tucker beugte sich vor und hob die Pistole wieder auf, die er fortgeworfen hatte, als er sich an Osbornes Anweisungen erinnerte. »So, und nun her mit den Fesseln für Chet und Artie, damit wir endlich aus diesem verflixten Bau rauskommen.«

»Ganz meiner Meinung«, sagte Meyers.

Als Tucker den beiden Wärtern die Waffen abnahm, sagte Chet: »Damit kommt ihr nie davon.«

Tucker lachte schallend.

22

Frank Meyers sah nicht ein, warum sie das Einkaufszentrum durch den Regenwasserkanal verlassen sollten. Der Gedanke allein verursachte ihm Platzangst, und er starrte kopfschüttelnd und voll böser Vorahnungen in das schwarze Loch im Fußboden des Lagers. »Das verstehe ich nicht. Warum gehen wir nicht durch die Tür, genauso wie wir reingekommen sind?«

»Es ist jetzt zehn nach sechs«, erklärte Tucker geduldig. »Also beinahe hell. Wenn die Bullen einen Streifenwagen vor dem Zentrum postiert haben, entdecken sie uns im Augenblick, in dem wir rauskommen.«

»Darauf sollten wir es nicht ankommen lassen.« Sogar jetzt noch und trotz all der Dinge, die bei diesem Job schiefgegangen waren, segelte Edgar Bates immer noch auf den Wogen seines persönlichen Erfolgs.

Meyers runzelte die Stirn. »Glaubt ihr, die Bullen liegen hier noch auf der Lauer, nachdem sie das ganze Gebäude ergebnislos durchsucht haben?«

»Ja«, sagte Tucker,

»Warum?« fragte Meyers. »Warum sollten sie das?«

»Kluger gibt sich so leicht nicht geschlagen. Mich würde es gar nicht wundern, wenn er selber da draußen wartete.«

»Na ja.« Meyers kratzte sich das Kinn und dachte nach. »Du hast bisher immer recht gehabt.«

»Stimmt.«

Er hörte auf zu kratzen. »Hm … dann werd ich mich wohl mit euch in den Abgrund stürzen müssen.«

»Ganz so pessimistisch brauchst du es nicht auszudrücken«, stellte Tucker grinsend fest.

»Wir haben es geschafft«, sagte Bates.

»Noch nicht«, mahnte Tucker.

Meyers rieb sich seufzend den Nacken. »Meinst du, dieser Kluger hat einen Mann vor das Abflußrohr gestellt, obwohl sie im Zentrum vergeblich gesucht haben?«

»Wenn ich das glaubte, gingen wir nicht durch den Kanal.«

»Ja, aber dann haben wir es doch geschafft, wie Edgar gesagt hat, oder etwa nicht?«

»Darüber reden wir erst, wenn wir die Sache hinter uns haben.« Tucker angelte aus der Jackentasche eine Rolle Drops. »Limonen«, sagte er. »Wollt ihr?«

Weder Bates noch Meyers wollten.

Tucker steckte einen Ring in den Mund, schob die Rolle wieder in die Tasche, setzte sich dann auf den Rand des Lochs und sprang in den Kanal hinunter. Er drehte sich um und ließ sich von Bates die beiden wasserdichten Säcke mit den Geldbeuteln der Bank und den ungeschliffenen Steinen reichen. Der Geldschrankknacker kam als nächster, dann folgte Meyers.

Sie hatten zwei Taschenlampen, die die Dunkelheit und die Tausendfüßler verscheuchten, und in drei bis vier Minuten hatten sie das Ende des Tunnels erreicht. Meyers begrüßte den ersten Blick auf den Ausgang mit einem lauten Seufzer der Erleichterung.

Die Sonnenstrahlen, die an ihnen vorbeidrangen, überfluteten das tief eingefressene trockene Wasserbett und ließen das Buschland verwaschen und tot aussehen. Sie stachen ihnen in die Augen und raubten ihnen nun am Ende der Flucht den Schutz der Nacht. Aber sie zeigten ihnen auch ganz deutlich, daß hinter den Felsbrocken keine Polizisten verborgen waren.

Müde, steif und mit schmerzenden Gliedern kletterten die drei aus dem Abflußrohr ins Freie und schleppten die beiden großen Säcke mit sich. Tucker hielt bei dem Felsbrocken an, hinter dem sich in der vergangenen Nacht die Polizisten versteckt hatten. »Hier vergraben wir die Pistolen.«

Meyers blickte rasch auf die Sträucher und die vereinzelten Palmen und sah zurück in die Richtung von *Oceanview Plaza*, das vom steil ansteigenden Gelände verborgen war. »Was is, wenn wir sie noch brauchen?«

»Wir brauchen sie nicht.«

Sie schürften den lockeren Boden auf, legten die Waffen in die Mulde und häuften die Erde wieder darüber.

»Was is, wenn sie sie finden?« Es war Meyers anzusehen, daß er seine Waffe am liebsten wieder ausgegraben hätte.

»Laß sie sie doch finden.«

»Dann können sie herausbekommen, wo die herstammen.«

»Nein.«

»Bist du ganz sicher?«

»Komm schon«, sagte Tucker müde. »Machen wir, daß wir fortkommen.«

Sie hielten sich in der in den Fels eingegrabenen Abflußrinne des Wassers. Die sechs bis sieben Fuß hohen Ränder zu beiden Seiten schützten sie von Norden und Süden vor jedem Einblick, während hinter ihnen nur das leere Brachland lag. Und je weiter sie sich der Autostraße näherten, desto sicherer konnten sie sein, nicht von irgendwelchen Autofahrern entdeckt zu werden, denn die tiefeingeschnittene Wasserrinne fiel noch steiler ab und ging in einen mannshohen Tunnel über, der unter der Straße hindurchführte. Sie zerrten die Säcke durch den Kanal und kamen auf der anderen Seite der Straße, auf dem letzten der sanften Hügel oberhalb des Strands wieder heraus.

Die Luft duftete angenehm nach Salzwasser und Tang. Möwen schwebten über den Gischtwellen, stießen ihre schrillen Schreie aus und wiegten sich in den Luftströmungen.

»Das Meer ist heute wunderschön«, sagte Edgar Bates, als er hinter den anderen beiden aus dem Tunnel kam.

Obwohl ihm jeder Muskel und jedes Gelenk schmerzten, die Augen voll Sand zu sein schienen und er den Geschmack von Gummi im Mund hatte, blickte Tucker auf die rollenden Wogen und den endlosen Himmel. Er konnte nur zustimmen. »Ja, wirklich.«

Sie krochen den Abhang bis zum Strand hinunter und wandten sich auf dem gelblichweißen weichen Sand in Richtung Süden. In noch nicht einmal fünf Minuten erreichten sie eine gepflasterte Zufahrtsstraße zum Strand. Über ihnen, die Bucht überragend, tauchten die ersten teuren, aus Glas, Chrom und Rotholz gebauten Häuser auf, die im frühmorgendlichen Sonnenschein glänzten.

»Wir brauchen ein Auto«, sagte Tucker. Er drehte sich zu Meyers um. »Glaubst du, daß du da oben eins auftreibst?«

»Aber sicher.«

»Laß dir Zeit.«

»Fünf Minuten.«

»Laß dir Zeit«, sagte Tucker abermals. »Wir dürfen jetzt keinen Fehler machen, nicht nachdem wir das alles hinter uns haben.«

Tucker setzte sich auf die Geldsäcke. Er stützte die Ellbogen auf die Knie, legte das Kinn in die Hände und sah Meyers nach, bis dieser auf der gewundenen Zufahrtsstraße hinter einem Hügel aus Sand und Strandhafer verschwand.

Edgar setzte seine Werkzeugtasche ab und ging ans Wasser. Er feuchtete sich das Gesicht an und begann wieder zu pfeifen.

Zwanzig Minuten später, um 6.45 Uhr, kam Meyers mit einem neuen Jaguar 2 + 2 zurück, einem eleganten schwarzen Wagen, dessen Motor leiser schnurrte als sein Namensgeber.

Sie legten die Säcke in den Kofferraum. Edgar setzte sich mit seiner Werkzeugtasche nach hinten, und Tucker nahm auf dem Schalensitz neben Meyers Platz.

»Na, wie gefällt dir dieses Wunder?« fragte Meyers grinsend und das hölzerne Lenkrad streichelnd.

»Mußtest du den auffälligsten Wagen nehmen, den du finden konntest?« fragte Tucker. »Es ist nicht nötig, daß sich die Leute nach uns die Köpfe verdrehen. Wir wollen nur unauffällig wieder in die Stadt zurück, wie drei ganz gewöhnliche Leute auf dem Weg zur Arbeit.«

»Mir gefällt es so«, sagte Edgar Bates von der Rückbank her.

»Es war vielleicht ein halbes Dutzend anderer Wagen da, die ich hätte haben können«, erklärte Meyers. »Aber bei allen war es umständlicher als bei dem hier. Der Motor war zwar kalt, aber der Schlüssel steckte im Zündschloß.« Er lachte. »Nicht mal die Drähte mußte ich kurzschließen. Der Mann is sicher spät nach Hause gekommen. Wahrscheinlich war er blau und steht erst in Stunden auf. Wißt ihr was, wir sehen wie drei ganz gewöhnliche, stinkreiche Kerle auf dem Weg zur Arbeit aus.«

»In gewisser Weise sind wir das ja auch«, meinte Bates grinsend.

Tucker lächelte, entspannte sich und lehnte sich in das Polster aus echtem Leder zurück. »Nur daß wir nicht zur Arbeit gehen, sondern von der Arbeit kommen.« Er legte sich den Sicherheitsgurt um und hakte ihn ein. »Aber nun nichts wie weg von hier!«

Lieutenant Norman Kluger, der in seinem Streifenwagen gegenüber von *Oceanview Plaza* auf der Autostraße wartete, beobachtete das Aufsteigen der Sonne. So unabwendbar, wie die Nacht dem warmen Sonnenlicht weichen muß, löste sich Klugers Selbstsicherheit in Ärger, Zorn, Verwirrung und endlich in Verzweiflung auf. Niemand hatte das Zentrum verlassen. War überhaupt jemand darin gewesen? Er wünschte, er könnte die Sonne über den Himmel zurückdrehen, sie um die halbe Welt schieben und diesen Fall von Anfang an wieder aufgreifen.

Lange nach Sonnenaufgang, als der Verkehr lebhafter wurde, entschloß er sich widerstrebend zum Aufgeben. Er legte den Gurt an, startete den Motor und fuhr an. Den Weg ins Revier legte er wie in lähmender Trance zurück.

Er lieferte den Wagen im Fahrzeugdepot ab und betrat das flache, mörtelverputzte Gebäude, um seinen Bericht zu schreiben. Seine Augen schmerzten, sein Mund war trocken und spröde. Er wollte nur noch nach Hause und ins Bett.

Am Tisch des Einsatzleiters gab es irgendeine Aufregung. Er achtete nicht darauf, ging zu seinem Schreibtisch im großen Büroraum, füllte einen vorläufigen Bericht aus und legte ihn zu den Akten. Sein erster Fehlschlag …

Als er sich zum Gehen anschickte, hielt ihn einer der dienstfreien Beamten aus der Menge auf. »Hatten Sie nicht heute nacht mit dem Raub im *Oceanview* zu tun?« Kluger zuckte innerlich zusammen. »Ja.« Er gähnte.

»Was halten Sie davon?«

»Von was?« Kluger war plötzlich ganz wach.

»Die Tagschicht des Bewachungsdiensts vom *Oceanview Plaza* hat vor ein paar Minuten den Dienst angetreten. Sie haben die Nachtwächter gefesselt vorgefunden. Es sieht so aus, als wäre der Laden zweimal überfallen worden.«

Kluger stand stocksteif da. Er sah den Kollegen an, aber was er in Wirklichkeit sah, war der Stuhl des Polizeichefs, auf dem er nun mit vierzig nicht sitzen würde.

Sie parkten sechs Querstraßen vom Hotel entfernt in Downtown Los Angeles. Bates machte sich auf den Weg zu seinem Leihwagen, mit dem sie die letzte halbe Meile fahren wollten.

Im Hotel gingen sie in ihre Zimmer, duschten, rasierten sich, zogen saubere Sachen an, bezahlten und verließen das Hotel im Abstand von jeweils einer halben Stunde. Dann fuhr Bates sie nach Van Nuys, wo sie zwei Zimmer im *Carriage Inn* nahmen, einem Motel, in dem sie völlig ungestört waren. Erschöpft schliefen sie den ganzen Nachmittag über.

Um sieben Uhr abends erschienen Meyers und Bates in Tuckers Zimmer mit einem Karton von Saul's Stadtküche, einem erstklassigen jüdischen Feinkostgeschäft mit Restaurantbetrieb am Ventura. Sie aßen, tranken eisgekühltes Coors-Bier und unterhielten sich über alles, nur nicht über den erst am Morgen abgeschlossenen Job.

Als sie das Mahl beendet und die Reste fortgeräumt hatten, öffnete Tucker die beiden gelben, wasserdichten Säcke und dann die Bank-Geldbeutel, und dann wurden Geld und Edelsteine getrennt. Eine Stunde lang zählten sie das Geld, dann prüften sie gegenseitig ihre Endsummen. Die Gesamtbeute aus der *Countryside Spar- und Darlehnskasse* betrug 212 210 Dollar. Nachdem Tucker tausend Dollar an sich genommen hatte, um die Kosten für die Pistolen zu decken, hatte jeder von ihnen 70 400 Dollar. Es war ein hübscher Anblick. »Was machen wir mit den restlichen zehn Dollar?« fragte Meyers und deutete auf den letzten Geldschein, der einsam mitten auf der Bettdecke lag.

»Den bekommt das Zimmermädchen.« Tucker legte ihn auf die Schreibunterlage auf dem Tisch.

»Und was geschieht nun mit den Steinen?« fragte Edgar, hob zwei Handvoll hoch und ließ sie durch seine Finger rieseln. »Du kennst den Hehler. Nimmst du sie mit nach New York?«

»Das würde ein verdammt schwerer Koffer werden. Und im übrigen zeigen einige von diesen Metalldetektoren auf den Flughäfen auch Edelsteine auf.«

»Was dann?«

»Morgen früh«, erklärte Tucker, »besorge ich drei oder vier Ein-Pfund-Dosen mit Pfeifentabak. Ich nehme den Tabak heraus, fülle die Steine in die Dosen, packe die Dosen in eine Kiste und schicke sie an meine Adresse.«

Meyers runzelte die Stirn. »Is das sicher?«

»Ich könnte die Kiste versichern, für tausend Dollar.«

Sie sahen ihn mit offenen Mündern an, kapierten und lachten.

»Wenn die Post sie verliert«, sagte Meyers, »werd ich meine dreihundertdreiunddreißig Dollar bei dir anfordern.«

Sie tranken noch ein paar Flaschen Coors, redeten über Berufskollegen und brachen dann kurz nach Mitternacht auf.

Unter der Tür von Tuckers Zimmer fragte Meyers: »Reist du gleich morgen ab?«

»Mit der ersten Frühmaschine«, sagte Tucker.

»Ich bleib wahrscheinlich noch ein paar Tage hier, übers Wochenende. In New York bin ich wieder in der alten Wohnung zu erreichen, wenigstens in den nächsten Wochen. Wenn du mit dem Hehler klar bist, weißt du, wo du mich finden kannst.«

»Okay.«

»Es war mir ein Vergnügen.«

Tucker nickte.

»Vielleicht machen wir so was bald wieder.«

»Vielleicht«, sagte Tucker, obwohl er wußte, daß er sich niemals mehr mit Frank Meyers zusammentun würde.

23

Freitag, am frühen Abend, betrat Tucker seine Wohnung an der Park Avenue und rief nach Elise. Als er feststellte, daß sie nicht zu Hause war, öffnete er den großen Schrank, trat hinein und drehte am Kombinationsschloß des Wandsafes. Seine Tucker-Brieftasche mit den Tucker-Papieren wurde gegen die echte Brieftasche mit den echten Papieren ausgetauscht. Er öffnete den kleineren der beiden in Los Angeles gekauften Koffer und packte die 70 000 Dollar in den kleinen Tresor.

In der Küche lag die angesammelte Post der letzten vier Tage für ihn auf dem Tisch bereit. Es sah sie durch. Es waren Rechnungen, Reklamedrucksachen, eine Buch-Club-Sendung und Zeitschriften, nichts von besonderer Bedeutung.

Er machte sich ein Sandwich aus kaltem Roastbeef und einer

Scheibe Käse, mixte sich einen Cocktail und ging in die große Diele. Er blieb vor dem Edo-Schild und dem Speer stehen und aß und trank, während seine Augen auf den vertrauten Formen der Kunstwerke ruhten.

Als Elise um halb zehn noch nicht aufgetaucht war, wußte er, daß sie entweder bei nächtlichen Filmaufnahmen oder mit Freunden zum Abendessen und ins Theater gegangen war. Vermutlich würde sie erst um Mitternacht oder noch später zurückkommen.

In seinem Zimmer griff er nach Smiths und Wan-gos *Geschichte der chinesischen Kunst,* aber seine Gedanken und seine Augen schweiften dauernd von den gedruckten Wörtern ab. Er legte das Buch aus der Hand und stellte den Fernsehapparat an.

Den Blick auf den Bildschirm gerichtet, ohne die sich darauf bewegenden Gestalten wahrzunehmen, dachte er an die beiden blutüberströmten Leichen im Verwaltungsbüro des Zentrums. Ein Zittern überlief ihn und gleichzeitig die Übelkeit. Er versuchte immer, seine Jobs so zu organisieren, daß es kein Blutvergießen gab. Es fiel ihm nicht leicht, eine Waffe zu zücken, und noch viel schwerer, sie zu benutzen. Bisher hatte er immer entdeckt, daß er zu brutaler Gewalt unfähig war, es sei denn, um das eigene Leben zu retten. Das war nur zweimal vorgekommen. Einmal war er von einem korrumpierten, brutalen Polizeibeamten in die Ecke getrieben worden, der einen Anteil an der Beute verlangte – seinen Anteil; und einmal hatte er einen Partner gehabt, der ihn ermorden wollte, um das unerfreuliche Ritual des Teilens der Beute zu umgehen. Beide Male hatte Tucker den einzigen Ausweg gewählt, den sie ihm offenließen: er hatte getötet. Aber die Alpträume hatten ihn monatelang verfolgt, und das Schuldgefühl begleitete ihn noch immer. Obwohl er an den Morden an Keski und seinem Leibwächter nicht beteiligt war, wußte er, daß er sich immer mit dafür verantwortlich fühlen würde. Neue Alpträume würden kommen.

Plötzlich wurde er sich zum erstenmal des farbigen Bilds auf der Scheibe bewußt – vor ihm war Elise, die Parfüm auf die schlanken Handgelenke und den schönen Hals sprühte. Als die

Stimme des Sprechers die Marke anpries, lächelte Elise durch die Kamera Tucker zu ... Sie schien absolut wirklich zu sein, kein Bild auf einem Filmstreifen, sondern eine Frau aus Fleisch und Blut.

Tucker hätte am liebsten die Hand ausgestreckt und sie berührt. Als er im *Oceanview Plaza* auf dem Boden des Wasserbeckens gesessen hatte, war er voller Angst gewesen, sie verlieren zu können – und dieselbe Angst suchte ihn nun heim. Er brauchte sie mehr, als er es sich je zuvor eingestanden hatte. Sie hatte ihm über die Alpträume hinweggeholfen und über soviel anderes. An wen er auch denken mochte – er hatte nur sie.

Der Werbespot war zu Ende. Elise verschwand.

Ehe seine Gedanken sich wieder den toten Männern aus der Vergangenheit zuwenden konnten, ging er hinaus und mixte sich noch einen Cocktail. Von hier aus konnte er sich umdrehen und Elise in dem Augenblick sehen, in dem sie durch die Wohnungstür trat. Dieser Augenblick konnte nicht bald genug kommen.

Dean Koontz,
ein Meister des Schreckens

Innerhalb von 20 Jahren schrieb Koontz 51 Bücher. Schaffenskrisen kennt er nicht. »Es ist beinahe, als ob ich mit Ideen bombardiert würde. Ich kann mich 15 Minuten lang hinsetzen und ein Dutzend Einfälle haben. Viele Schriftsteller stehen mit diesem Die-Muse-hat-mich-verlassen-Gefühl vom Schreibtisch auf. Mich verläßt die Muse nie. Ich muß sie rausschmeißen.«

Der 1945 in Pennsylvania geborene Horror-Spezialist begann schon als Kind, Geschichten zu schreiben. Lesen und Schreiben bedeuteten für ihn die Flucht aus der Realität: Seine Familie lebte in Armut, der Vater, ein Alkoholiker ohne festen Job, schlug seinen Sohn.

Noch während seiner Studentenzeit begann Koontz, seine Werke – damals Science-fiction-Romane – zu verkaufen. Er verdiente sehr wenig damit und war deshalb gezwungen, große Mengen zu produzieren. 1966 schloß er sein Studium ab. Bis 1969 arbeitete Koontz als Englischlehrer. Danach schlug er sich als freier Schriftsteller durch – zunächst mit finanzieller Unterstützung seiner Frau, die er 1966 geheiratet hatte. Seine Romane erschienen zum Teil unter verschiedenen Pseudonymen.

Der Erfolg kam 1972 mit dem Thriller »Chase«, den endgültigen Durchbruch schaffte Koontz 1980 mit »Whispers« (»Flüstern in der Nacht«).

Inzwischen wird der Autor längst in einem Atemzug mit Stephen King und anderen Horror-Größen genannt. Seine Bücher sind in rund 20 Sprachen erhältlich. Weltweit wurden über 70 Millionen Exemplare verkauft. Kritiker loben neben der atemberaubenden Spannung immer wieder auch die ausgezeichnete literarische Qualität seiner Werke.

Dean Koontz lebt heute zusammen mit seiner Frau in Orange, Kalifornien. Sein Haus enthält eine zirka 25.000 Bände umfassende Bibliothek, die ihm das Recherchieren erleichtert. Der produktive »Meister des Schreckens« ist ein Workaholic: Er arbeitet täglich 10 bis 15 Stunden.

Verzeichnis lieferbarer Titel

(Stand Oktober 1995)

Die Bandnummern der Heyne-Taschenbücher sind jeweils in Klammern angegeben.

Dean Koontz

"Er bringt den Leser dazu, die ganze Nacht lang weiterzulesen... das Zimmer hell erleuchtet und sämtliche Türen verriegelt." NEWSWEEK

Als Heyne-Taschenbuch:

Unheil über der Stadt
01/6667

Wenn die Dunkelheit kommt
01/6833

Das Haus der Angst
01/6913

Die Maske
01/6951

Die Augen der Dunkelheit
01/7707

Schattenfeuer
01/7810

Schwarzer Mond
01/7903

Tür ins Dunkel
01/7992

Todesdämmerung
01/8041

Brandzeichen
01/8063

In der Kälte der Nacht
01/8251

Schutzengel
01/8340

Mitternacht
01/8444

Ort des Grauens
01/8627

Vision
01/8736

Zwielicht
01/8853

Die Kälte des Feuers
01/9080

Das Versteck
01/9422

Titel im Jumbo Format:

Die Kälte des Feuers
41/32

Schlüssel der Dunkelheit
41/40

Zwielicht
41/29

Als Hardcover:

Drachentränen
43/14

Wilhelm Heyne Verlag
München